Gertraud Gregor / Armin Volkmar Wernsing

Französische Grammatik

für die Mittel- und Oberstufe

Neue Ausgabe

Französische Grammatik
für die Mittel- und Oberstufe
Neue Ausgabe

Im Auftrag des Verlages erarbeitet von: Gertraud Gregor und Dr. Armin Volkmar Wernsing

Redaktion: Julia Goltz (Projektleitung), Nina Boie

Berater: Anke Rogge (Bonn) und Axel Polleti (Passau)

Bildredaktion: Nadja Hantschel

Illustrationen: Christoph Grundmann, Darmstadt

Gesamtgestaltung und technische Umsetzung: Heike Börner, Berlin

Die Mediencodes enthalten ausschließlich optionale Unterrichtsmaterialien; sie unterliegen nicht dem staatlichen Zulassungsverfahren.

www.cornelsen.de

1. vollständige Neubearbeitung

2. Auflage, 10. Druck 2023

Alle Drucke dieser Auflage sind inhaltlich unverändert und können im Unterricht nebeneinander verwendet werden.

© 2010 Cornelsen, Berlin
© 2017 Cornelsen Verlag GmbH, Berlin

Druck und Bindung: Livonia Print, Riga

ISBN 978-3-464-22014-6

Gebrauchsanleitung

Diese Französische Grammatik für die Schule umfasst den gesamten grammatischen Stoff: von der Mittelstufe bis zum Abitur.

Sie ist in drei große Teile gegliedert:

Wörter In diesem Teil kannst du alle Wortarten (z. B. Nomen, Verben, Adjektive), ihre Formen und ihren Gebrauch nachsehen.

Sätze Dieser Teil informiert dich darüber, wie du französische Sätze bildest (z. B. Aussagesätze, Fragesätze, Nebensätze), wie du Sätze miteinander verknüpfst und was du dabei beachten musst.

Texte In diesem Teil werden Fragen behandelt, die mit dem Schreiben von französischen Texten zu tun haben. Du findest darin praktische Hinweise zum Verfassen von Texten und Beispieltexte zu verschiedenen Textsorten, die du in der Schule brauchen kannst: Zusammenfassung, Kommentar, Karikaturbeschreibung u.a.

In den meisten Fällen wirst du diese Grammatik aber dann aufschlagen, wenn du Erklärungen zu einem ganz bestimmten grammatischen Problem suchst. Wie kannst du in dieser Grammatik etwas finden?

dont? leur? si? Du suchst ein bestimmtes Wort, kennst aber den grammatischen Fachausdruck dafür nicht.
→ Du suchst das Wort im Register. Dort sind die Seiten und Kapitel angegeben, auf denen du alles über dieses Wort nachlesen kannst, z. B. **dont** (Relativpronomen S. 60/3.9.5).

Inversionsfrage? Bedingungssatz? Du suchst eine Erklärung zu einem grammatischen Begriff.
→ Diesen Begriff suchst du ebenfalls im Register und wirst dort auf die Seiten und Kapitel verwiesen, auf denen du Erklärungen dazu findest, z. B. Bedingungssatz S. 239ff/20.

Du willst ein ganzes Grammatikkapitel wiederholen (z. B. die Adjektive).
→ Du suchst im Inhaltsverzeichnis das Kapitel zu den Adjektiven (4. Das Adjektiv).

Die erste Seite des betreffenden Kapitels ist grün hervorgehoben. Dort findest du eine Übersicht über den Kapitelinhalt.

Innerhalb der Kapitel gibt es unterschiedliche Hinweise:

Merke !   Kurz gefasste Regeln zum Lernen

 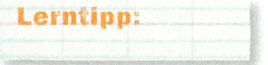   Hinweise zum Lernen bestimmter Regeln, Merksprüche oder schlaue Wege, sich etwas zu merken

        Ausnahmen oder bestimmte Dinge, die man besonders beachten muss

[S.311]  Erklärungen zur Aussprache auf der angegebenen Seite im Anhang
la liaison

[S.313] Hinweise zur reformierten Rechtschreibung auf der angegebenen Seite im Anhang

 Vergleiche mit anderen Sprachen (Deutsch und Englisch)

 Zusatzwissen: Grammatischer Stoff, der für die Oberstufe gedacht ist, d.h. für Schüler und Schülerinnen, die die Grundregeln schon beherrschen. In der Mittelstufe musst du dich nicht damit beschäftigen.

▶ s. S.11 (Der bestimmte Artikel) Sehr hilfreich sind die zahlreichen Querverweise. Sie zeigen dir, auf welcher Seite du weiterführende Informationen finden kannst, die über das Thema eines Kapitels hinausgehen oder eng damit verbunden sind.

 Auf einen Blick: In diesen Tabellen findest du Übersichten über grammatische Formen, Zusammenfassungen oder Gegenüberstellungen.

 **Qui dit mieux: Wie vermeide ich Fehler?** Diese Abschnitte beenden jedes Kapitel. Es ist in jedem Fall sinnvoll, sie dir anzusehen. Dort findest du
– Tipps zur Vermeidung typischer Fehler,
– Übersetzungshilfen für Fälle, in denen du dich im Französischen ganz anders ausdrückst als im Deutschen und
– Hinweise zur Verbesserung deines Stils.
Vielleicht findest du dort genau das, was du suchst.

 **Bilan:** Nach jedem Kapitel hast du in einem Test die Möglichkeit, dein Wissen zu überprüfen. Die Lösungen der Bilan-Aufgaben findest du im Internet unter dem auf der Seite angegebenen webcode.

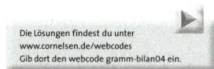

Im Anhang findest du
– die Konjugation der **unregelmäßigen Verben**,
– Erklärungen zur **Aussprache** des Französischen,
– zehn Regeln zur reformierten **französischen Rechtschreibung**,
– die französischen **Satzzeichen** und
– ein ausführliches **Register** mit **grammatischen Begriffen** und **Stichwörtern**, die dir ein schnelles Auffinden des Gesuchten ermöglichen. (▶ s. S. 318–326)

Französische Verben und ihre Anschlüsse In diesem Beiheft (▶ s.hintere Umschlagseite) findest du 120 Verben mit ihren Anschlüssen und häufig gebrauchten Redewendungen. Auch hier lohnt es sich nachzuschlagen: Möglicherweise findest du dort eine von dir gesuchte Redewendung.

Übrigens: Die Beispielsätze in dieser Grammatik sind übersetzt. Es ist also egal, mit welchem Französischbuch du arbeitest und welche Vokabeln du schon kennst. Hier kannst du alle Beispiele verstehen.

Wir wünschen Dir ein erfolgreiches Arbeiten mit der Französischen Grammatik.

Inhalt

Wörter

Sätze

Texte

1. Die Begleiter des Nomens
Les déterminants du nom

Nomen werden meist von anderen Wörtern begleitet. Diese Wörter bestimmen das Nomen näher:
z.B.: *der Baum, die Pflanze, ein Kind, sein Auto, diese Reise, welcher Bus?, irgendeine Idee, alle Freunde*.
Diese Wörter heißen Begleiter.

Im folgenden Kapitel findest du alle französischen Begleiter und ihren Gebrauch:

1.1 Der unbestimmte Artikel	un, une, des
1.2 Der bestimmte Artikel	le, la, les
1.3 Der mit einer Präposition zusammengezogene Artikel	du, des, au, aux
1.4 Der Gebrauch des bestimmten Artikels	
1.5 Das partitive **de**	un kilo de, beaucoup de, ...
und der Teilungsartikel	du, de la, de l', des
1.6 Der Possessivbegleiter	mon, ma, mes, ...
1.7 Der Demonstrativbegleiter	ce/cet, cette, ces
1.8 Der Frage- und Ausrufebegleiter	quel, quelle, quels, quelles
1.9 Die indefiniten Begleiter	autre, chaque, tout, ...

Außerdem findest du:
→ **Qui dit mieux: Wie vermeide ich Fehler?**, S. 28–29,
→ einen **Bilan**, S. 30, in dem du dein Wissen überprüfen kannst.

1.1 Der unbestimmte Artikel L'article indéfini

[S. 311]
la liaison

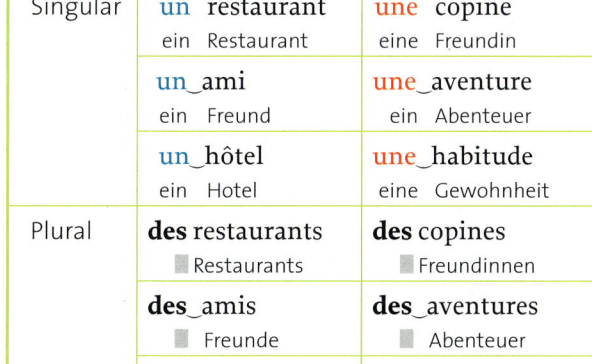

	männlich	weiblich
Singular	un restaurant ein Restaurant	une copine eine Freundin
	un_ami ein Freund	une_aventure ein Abenteuer
	un_hôtel ein Hotel	une_habitude eine Gewohnheit
Plural	**des** restaurants ▪ Restaurants	**des** copines ▪ Freundinnen
	des_amis ▪ Freunde	**des**_aventures ▪ Abenteuer
	des_hôtels ▪ Hotels	**des**_habitudes ▪ Gewohnheiten

Französische Nomen sind männlich oder weiblich. Sächliche Nomen wie im Deutschen (z.B. *das Kind*) gibt es nicht.
Der unbestimmte Artikel im Singular lautet **un** vor männlichen Nomen und **une** vor weiblichen Nomen. Im Plural gibt es nur eine Form: **des**.

Merke!

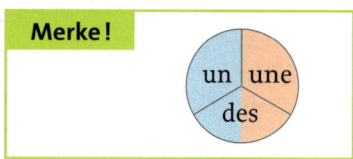

Im Deutschen und im Englischen gibt es im Plural keinen unbestimmten Artikel.

 un portable   **des** portables

ein Handy   Handys

a mobile phone   mobile phones

 J'ai acheté **des** livres sur Paris.
Ich habe Bücher über Paris gekauft.

J'ai acheté **de** <u>beaux</u> livres sur Paris.
Ich habe schöne Bücher über Paris gekauft.

Zum attributiven Gebrauch des Adjektivs ▶ s.S.79.

Vor Adjektiven wird **des** zu **de**. In der gesprochenen Sprache hörst du aber trotzdem häufig **des**: des beaux livres.

➕ **Zusatzwissen:**

des petits pains   Brötchen
des petits pois   grüne Erbsen
des grands magasins   Kaufhäuser

Des petits pains, des petits pois usw. sind zusammengesetzte Nomen. Die Adjektive (**petit**, **grand**) bilden hier mit den Nomen (**pain, pois, magasin**) eine neue Sinneinheit. In solchen Fällen steht der unbestimmte Artikel im Plural: **des**.

1.1.1 Die Verneinung des unbestimmten Artikels

Vous avez **un** livre sur le Festival de Cannes?
Haben Sie <u>ein</u> Buch über das Filmfestival in Cannes?

Non, je **n'**ai **pas de** livre sur ce festival.
Nein, ich habe <u>kein</u> Buch über dieses Festival.

In verneinten Sätzen werden die unbestimmten Artikel **un/une** zu **de**.
Kein/keine wird mit **ne** + Verb + **pas de** ausgedrückt.

 aber:

Ce n'est pas **un** livre sur la Provence; c'est un livre sur la Côte d'Azur.
Das ist <u>kein</u> Buch über die Provence; das ist ein Buch über die Côte d'Azur.

Je n'ai pas **une** maison, j'ai un appartement.
Ich habe <u>kein</u> Haus, ich habe eine Wohnung.

Elle n'a pas **une** voiture bleue, mais une voiture verte.
Sie hat <u>kein</u> blaues Auto, sondern ein grünes.

Der unbestimmte Artikel bleibt erhalten:
– in verneinten Sätzen mit **être**,
▶ s.S.271 (Verneintes **être**)

– in Richtigstellungen.

Die Begleiter des Nomens

1.2 Der bestimmte Artikel L'article défini

Im Deutschen kennst du die bestimmten Artikel *der, die, das* im Singular und *die* im Plural.
Im Französischen hat der bestimmte Artikel die folgenden Formen:

	männlich	weiblich
Singular	le restaurant das Restaurant	la voiture das Auto
	l' ami der Freund	l' aventure das Abenteuer
	l' hôtel das Hotel	l' habitude die Gewohnheit
Plural	les restaurants die Restaurants	les voitures die Autos
	les_amis die Freunde	les_aventures die Abenteuer
	les_hôtels die Hotels	les_habitudes die Gewohnheiten

Le steht vor männlichen Nomen im Singular. Vor weiblichen Nomen im Singular steht la. Vor Vokal und „stummem h" (h muet) werden le und la zu l' verkürzt.
Im Plural gibt es nur eine Form: les.

[S.311]
la liaison

Merke!

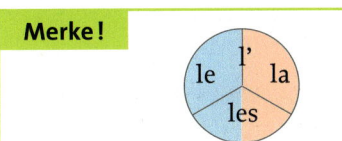

le — l' — la — les

[S.310]
stummes h

l'**a**venture	**aber:** la grande aventure
das Abenteuer	das große Abenteuer
l'**h**ôtel	**aber:** le grand_hôtel
das Hotel	das große Hotel

Le und la werden nur verkürzt, wenn sie direkt vor einem Vokal oder einem „stummen h" stehen.

Lerntipp:
Lerne französische Nomen mit dem unbestimmten Artikel, z.B. **un** hôtel statt **l'**hôtel.
Nur so weißt du, welches Geschlecht sie haben.

[S.311]
behauchtes h

le hamburger	le hollandais	
der (Ham-)Burger	der Holländer	
la honte	la Hollande	la Hongrie
die Scham	Holland	Ungarn

Vor einem „behauchten h" (h aspiré) verkürzt du le und la nicht.

Lerntipp:
Ob es sich um ein Nomen mit „behauchtem **h**" handelt, steht im Wörterbuch.
Lerne diese Nomen immer mit dem bestimmten Artikel, z.B. le **h**éros *der Held*.

11

1.3 Der mit einer Präposition zusammengezogene Artikel
L'article contracté

Artikel, die mit Präpositionen zusammengezogen werden, gibt es auch im Deutschen:
z.B.: *Ich bin im (in dem) Schwimmbad. Ich gehe zum (zu dem) Arzt. Ich klettere aufs (auf das) Dach.*

Je suis	à l'école,	Ich bin in der Schule,
mais je pense	à la piscine.	aber ich denke ans Schwimmbad.
Je vais	au marché.	Ich gehe auf den Markt.
Le marchand parle	aux clients.	Der Händler spricht mit den Kunden.
C'est une photo	de l'école.	Das ist ein Foto der Schule.
Elle fait	de la musique.	Sie macht Musik.
Il vient	du Portugal.	Er kommt aus Portugal.
C'est une photo	des amis de Damien.	Das ist ein Foto der Freunde von Damien.

Die bestimmten Artikel **le** und **les** werden mit den Präpositionen **à** und **de** zusammengezogen. **La** und **l'** werden nicht mit den Präpositionen zusammengezogen.

Merke!

mit **à**	mit **de**
à + le = au	de + le = du
à + les = **aux**	de + les = **des**

près **de**	+ le cinéma	→ près du cinéma	Die Präpositionen **de** und **à** kommen auch in präpositionalen Ausdrücken vor. Auch hier ziehst du die Artikel mit den Präpositionen zusammen.
jusqu'**à**	+ le collège	→ jusqu'au collège	
à côté **de**	+ les maisons	→ à côté **des** maisons	
grâce **à**	+ les élèves	→ grâce aux élèves	

1.4 Der Gebrauch des bestimmten Artikels
L'emploi de l'article défini

> Oui, la boulangerie de M. Dubois.

> Il y a une boulangerie dans ce quartier?

Wie im Deutschen verwendest du den bestimmten Artikel im Französischen, wenn du von Personen oder Sachen sprichst, die du als bekannt voraussetzt.

Die Begleiter des Nomens

In folgenden Fällen weicht der Gebrauch des bestimmten Artikels im Französischen vom Deutschen ab:

1.4.1 Der bestimmte Artikel bei Zeitangaben

Tu es libre **vendredi** après-midi?	… am Freitag Nachmittag …
Non, **le vendredi**, je joue toujours au basketball.	… freitags …
La bibliothèque sera fermée **lundi prochain**.	… am nächsten Montag …
Ce restaurant est fermé **le lundi**.	… montags …

Der Wochentag ohne Artikel bezeichnet einen bestimmten Tag.
Der Wochentag mit Artikel steht für regelmäßige Wiederkehr (freitags = jeden Freitag).

Merke!

le samedi	samstags
samedi	am Samstag

 Zusatzwissen:

Je viendrai **le lundi de Pâques**.
Ich komme am Ostermontag.

Ein genaues Datum gibt man mit dem bestimmten Artikel an.

Le vendredi 12 décembre 2010
Freitag, 12. Dezember 2010

Nous sommes **le vendredi 12 décembre**.
Wir haben Freitag, den 12. Dezember.

Tageszeiten gibst du folgendermaßen an:

hier matin	gestern Morgen	– ohne Artikel, wenn ein Zeitadverb
demain après-midi	morgen Nachmittag	oder ein Wochentag davor steht,
lundi soir	Montagabend	
le matin, **l'**après-midi	morgens, nachmittags	– mit bestimmtem Artikel, wenn
le soir, **la** nuit	abends, nachts	etwas regelmäßig stattfindet,
ce soir, **cette** nuit	heute Abend, heute Nacht	– mit Demonstrativbegleiter, wenn
cet après-midi	heute Nachmittag	der heutige Tag gemeint ist.

1.4.2 Der bestimmte Artikel nach Verben wie *aimer, préférer, détester* u. a.

J'aime **la** musique pop,	Ich mag ▪ Popmusik,	Nach den Verben **adorer, aimer,**
mais je préfère **le** rock.	aber ▪ Rock mag ich lieber.	**détester, préférer** wird das Objekt
Elle adore **les** spaghettis,	Sie liebt ▪ Spaghetti,	mit dem bestimmten Artikel ange-
mais elle déteste **les** frites.	aber sie hasst ▪ Pommes frites.	schlossen.

1.4.3 Der bestimmte Artikel vor Schulfächern und Wissenschaften

Il enseigne **la** géographie.	Er unterrichtet Geographie.
Pourquoi étudier **les** mathématiques?	Warum muss man ▉ Mathematik lernen?
Elle étudie **la** chimie.	Sie studiert ▉ Chemie.

Schulfächer und Wissenschaften werden mit dem bestimmten Artikel verwendet.

⚠ **aber:**

À huit heures, on a ▉ français.

Um acht Uhr haben wir Französisch.

Nach **avoir** steht bei Schulfächern kein Artikel:
z. B. **avoir français.**

1.4.4 Der bestimmte Artikel vor Körperteilen

Laure a **les** cheveux longs et **les** yeux bleus.	... hat ▉ lange Haare und ▉ blaue Augen.
J'ai mal à **la** tête, mal à **l'**estomac et mal **au** dos.	... Kopfweh, Magenschmerzen und Rückenschmerzen.

Im Französischen steht vor Körperteilen meistens der bestimmte Artikel.

1.4.5 Der bestimmte Artikel vor geographischen Namen

l'Europe *f.*	le Portugal	la France	les États-Unis *m. pl.*
l'Asie *f.*	le Danemark	l'Allemagne *f.*	les Pays-Bas *m. pl.*
l'Amérique *f.*	le Luxembourg	la Russie	les Émirats Arabes Unis *m. pl.*
l'Australie *f.*	le Mexique	l'Autriche *f.*	les Philippines *f. pl.*

Im Französischen steht vor den Kontinenten und Ländernamen der bestimmte Artikel.

⚠ **Ausnahmen:**

Israël *f.*, Andorre *f.*, Madagascar *f.*, Monaco *m.*, Cuba *m.*

 Lerntipp:

Ländernamen, die auf -e enden, sind meistens weiblich.
Ausnahmen: le Mexique, le Mozambique, le Zaïre, le Zimbabwe.

Ländernamen, die auf einen Konsonanten oder einen anderen Vokal als -e enden,
sind meistens männlich.
Ausnahmen: Israël *f.*, Madagascar *f.*

Die Begleiter des Nomens

Wie im Deutschen steht der bestimmte Artikel vor:

la Provence, **l'**Alsace, **la** Normandie, **la** Bretagne, **le** Haut-Rhin	– Regionen, Departements,
le Rhin, **le** Rhône, **la** Loire, **la** Seine	– Flüssen,
les Alpes, **les** Cévennes, **le** Jura, **les** Pyrénées	– Gebirgen
l'Atlantique, **la** mer du Nord, **la** Baltique, **le** Pacifique	– und Meeren.

Die meisten Städtenamen stehen ohne Artikel.

Le Havre, Le Mans, La Rochelle, Le Caire Kairo, La Havane Havanna	Einige wenige Städtenamen werden mit dem bestimmten Artikel verwendet.
Le Mans: Ils vont **au** Mans demain. Sie fahren morgen nach Le Mans. Le Havre: Elle vient **du** Havre. Sie kommt aus Le Havre.	Dieser Artikel wird auch mit den Präpositionen à und de zusammengezogen.

Auch die deutschen Bundesländer werden im Französischen mit dem bestimmten Artikel verwendet:

männlich	weiblich
le Bade-Wurtemberg le Brandebourg le Mecklembourg-Poméranie- Occidentale le Schleswig-Holstein	la Basse-Saxe la Bavière la Hesse la Rhénanie-du-Nord-Westphalie la Rhénanie-Palatinat la Sarre la Saxe la Saxe-Anhalt la Thuringe

 aber:

Berlin, **Brême** und **Hambourg** erhalten keinen Artikel.

1.4.6 Der bestimmte Artikel bei Titeln und Anreden

Anders als im Deutschen steht der bestimmte Artikel:

Bonjour, **les** enfants. Salut, **les** copains.	Guten Tag, ▪ Kinder. Hallo, ▪ Freunde.	– in der Begrüßung und Anrede an mehrere Personen,
le docteur Calvet **le** commissaire Maigret **le** roi Philippe	▪ Doktor Calvet ▪ Kommissar Maigret ▪ König Philipp	– vor Titel + Namen,
Monsieur **le** maire Madame **la** maire Bonjour, monsieur **le** directeur.	Herr ▪ Bürgermeister Frau ▪ Bürgermeisterin Guten Tag, Herr ▪ Direktor.	– zwischen **Monsieur/Madame** und dem Titel.

 aber:

Bonjour, docteur.	Guten Tag, Herr Doktor.	Vor **docteur** steht in der Anrede kein Artikel.

15

Zusatzwissen:

Monsieur Herr	**le** monsieur der Herr	Im Unterschied zu **monsieur**
aber:		steht vor **madame** und
Madame Frau	**la** dame die Dame	**mademoiselle** nie ein Artikel.
Mademoiselle Fräulein	**la** demoiselle das Fräulein	Sie sind reine Anredeformeln.

1.4.7 Die Auslassung des Artikels

Nicht immer musst du im Französischen einen bestimmten Artikel vor dem Nomen gebrauchen.

In folgenden Fällen wird der bestimmte Artikel im Französischen nicht verwendet:

Elle est programmeuse. Il veut devenir informaticien.	Sie ist Programmiererin. Er will Informatiker werden.	– vor Berufsangaben,
Elle habite rue Gambetta.	Sie wohnt in der Rue Gambetta.	– in Adressen,
Il boit le café sans sucre.	Er trinkt den Kaffee ohne Zucker.	– nach **sans**,
Noblesse oblige. J'ai faim.	Adel verpflichtet. Ich habe Hunger.	– in Sprichwörtern und Wendungen,
Violents orages dans le Nord Disparition de Thomas	Heftige Gewitter im Norden Das Verschwinden von Thomas	– in Schlagzeilen,
Accès interdit Stationnement interdit	Zufahrt/Zutritt verboten Parken verboten	– auf Schildern,
Elle **change de** train. Il **manque de** courage. Elle a **besoin d'**argent.	Sie steigt um. Er hat keinen Mut. Sie braucht Geld.	– nach Verben mit **de**.

⚠ **aber:**

| Il a accès à Internet / à l'internet. Elle cherche sur Internet / sur l'internet. | Er hat Zugang zum Internet. Sie sucht im Internet. | **Internet** kannst du mit oder ohne Artikel verwenden. |

1.5 Das partitive *de* und der Teilungsartikel
Le *de* partitif et l'article partitif

Mengenangaben kennst du aus dem Deutschen: *ein Kilo Orangen, zwei Liter Wasser, ein Glas Saft*. Im Deutschen steht zwischen der Mengenangabe und dem Nomen nichts. Das ist im Französischen anders.

Die Begleiter des Nomens

1.5.1 Das partitive *de* nach Mengenangaben

Mengenangaben können u.a. sein:

Nomen		Adverbien	
un kilo **de**	ein Kilo	peu **de**	wenig
deux litres **de**	zwei Liter	beaucoup **de**	viel
un pot **de**	ein Glas/Topf	assez **de**	genug
un paquet **de**	ein Paket/Päckchen	trop **de**	zu viel
une tasse **de**	eine Tasse	combien **de**	wie viel
un verre **de**	ein Glas	tant **de**	so viel
un groupe **de**	eine Gruppe	ne ... pas **de**	kein/e
un tas **de**	ein Haufen	ne ... plus **de**	kein/e ... mehr
un million **de**	eine Million	plus **de**	mehr als
une minorité **de**	eine Minderheit von	moins **de**	weniger als

> Nach Mengenangaben verwendest du im Französischen das partitive **de**. Das gilt auch für eine nicht vorhandene Menge (*Er kauft keine Äpfel* = **Il n'achète pas de pommes.**).
> Vor Vokal und „stummem h" wird **de** zu **d'** verkürzt.

Im Unterschied zum Französischen und Englischen steht im Deutschen nichts zwischen der Mengenangabe und dem Nomen.

 une tasse **de** thé
a cup **of** tea
eine Tasse ▪Tee

 Nach den folgenden Mengenangaben steht nicht de sondern des:

La moitié des internautes achète sur Internet. Die Hälfte der Internetbenutzer kauft übers Internet.	la moitié des,
Un tiers des habitants a moins de vingt ans. Ein Drittel der Einwohner ist jünger als zwanzig.	un tiers des,
Quarante-cinq pour cent des élèves passent leur bac. Fünfundvierzig Prozent der Schüler machen Abitur.	quarante-cinq pour cent des,
La majorité des garçons réussit bien à l'école. Die Mehrheit der Jungen ist in der Schule erfolgreich.	la majorité des,
La plus grande partie des jeunes ne fume pas. Der größte Teil der Jugendlichen raucht nicht.	la plus grande partie des,
La plupart des élèves lisent entre 0 et 2 heures par semaine. Die meisten Schüler lesen zwischen 0 und 2 Stunden pro Woche.	la plupart des.

 Zusatzwissen:

Eine weitere Ausnahme bilden auch verneinte Sätze mit dem Verb **être**:

Ce n'est pas **du** café, c'est du chocolat.
Das ist kein Kaffee, das ist Schokolade.

In einem Satz mit **être** verwendest du trotz der Verneinung den Teilungsartikel (**du, de la, de l', des**) und nicht nur **de**.

1.5.2 Der Teilungsartikel

> Tu prends du café?

> Non, je prends de l'eau.

Willst du nur eine unbestimmte Menge angeben (*Äpfel, Milch, Marmelade, Wasser*), so verwendest du im Französischen den Teilungsartikel.

Il achète **du** pain. Er kauft ▪ Brot. Hier, on a mangé **de la** viande. Gestern haben wir ▪ Fleisch gegessen. Je voudrais **de l'**eau. Ich möchte gern ▪ Wasser. Aujourd'hui on mange **des** pâtes. Heute essen wir ▪ Nudeln.	Der Teilungsartikel wird aus der Präposition **de** + bestimmter Artikel gebildet. Er hat im Singular dieselbe Form wie der zusammengezogene Artikel mit der Präposition **de** und im Plural wie der unbestimmte Artikel im Plural.
Il a **du** courage / **de l'**esprit / **de l'**humeur / **de la** chance. Er hat ▪ Mut/Witz/Humor/Glück.	Auch vor abstrakten Begriffen wie *Mut, Witz, Humor* oder *Glück* wird der Teilungsartikel verwendet.
Il a **du** courage.⠀Il n'a pas **de** courage. Er hat ▪ Mut.⠀⠀Er hat keinen Mut. Il a **des** amis.⠀Il n'a pas **d'**amis. Er hat ▪ Freunde.⠀Er hat keine Freunde.	Nach einer Verneinung (= nicht vorhandene Menge) steht nur **de**, nicht der Teilungsartikel.

Merke!

de + le = du
de + la = de la
de + l' = **de l'**
de + les = **des**

Im Deutschen gibt es keinen Teilungsartikel:

🇫🇷 Je voudrais **du** pain.
🇩🇪 Ich möchte gerne ▪ Brot.

🇫🇷 Aujourd'hui on mange **des** pâtes.
🇩🇪 Heute essen wir ▪ Nudeln.

Moi, j'aime **les** pâtes. Ich liebe Nudeln. Mais Louis n'aime pas **les** pâtes. Il préfère **les** frites. Aber Louis mag Nudeln nicht. Er mag lieber Pommes.	Nach den Verben **aimer, adorer, préférer, détester, supporter** steht der bestimmte Artikel, kein Teilungsartikel. Dies gilt auch für verneinte Sätze.

▸ s. S. 11 (Der bestimmte Artikel)

Die Begleiter des Nomens

 Zusatzwissen:

Ce n'est pas **de la** musique. C'est **du** bruit.

Das ist keine Musik. Das ist Lärm.

In einem verneinten Satz mit **être** verwendest du trotz der Verneinung den Teilungsartikel und nicht nur de.

1.6 Der Possessivbegleiter   Le déterminant possessif

Possessivbegleiter kennzeichnen die Zugehörigkeit von Personen oder Sachen: *sein Bruder*, *eure Eltern*, *mein Telefon*, *dein Buch*.

Voilà mes parents.
Ça, c'est notre chien,
et ça, ce sont nos chats.

[S. 311]
la liaison

ein „Besitzer" 🧍	männlich		weiblich	
	vor Konsonant	vor Vokal	vor Konsonant	vor Vokal
	mon livre	mon_ami	ma sœur	**mon_**amie
	ton livre	ton_ami	ta sœur	**ton_**amie
	son livre	son_ami	sa sœur	**son_**amie
		mes livres / amis / sœurs / amies		
		tes livres / amis / sœurs / amies		
		ses livres / amis / sœurs / amies		
mehrere „Besitzer" 👪				
		notre livre / ami / sœur / amie		
		votre livre / ami / sœur / amie		
		leur livre / ami / sœur / amie		
		nos livres / amis / sœurs / amies		
		vos livres / amis / sœurs / amies		
		leurs livres / amis / sœurs / amies		

Ein Besitzer: **Mon, ton, son** stehen vor allen männlichen Nomen und vor weiblichen Nomen im Singular, die mit einem Vokal beginnen. **Ma, ta, sa** stehen nur vor weiblichen Nomen im Singular, die mit einem Konsonanten beginnen. **Mes, tes, ses** stehen vor männlichen und weiblichen Nomen im Plural.

Mehrere Besitzer: **Notre, votre, leur** stehen vor allen Nomen im Singular, **nos, vos, leurs** stehen vor allen Nomen im Plural.

1.6.1   Gebrauch der Possessivbegleiter

Laure et **son** père
Laure und ihr Vater

Marc et **son** père
Marc und sein Vater

Lucie et **ses** enfants
Lucie und ihre Kinder

Laure et **sa** mère
Laure und ihre Mutter

Marc et **sa** mère
Marc und seine Mutter

Bernard et **ses** enfants
Bernard und seine Kinder

> Anders als im Deutschen richtet sich im Französischen der Possessivbegleiter nicht nach dem Geschlecht des Besitzers (hier: **Laure, Marc, Lucie, Bernard**). Er richtet sich nach dem Geschlecht des Nomens, vor dem er steht.

Les Duval et **leur** enfant
Die Duvals und ihr Kind

Les Martin et **leurs** enfants
Die Martins und ihre Kinder

> **Leur** steht vor Nomen im Singular, **leurs** steht vor Nomen im Plural.

On a invité **nos** copains. Wir haben unsere Freunde eingeladen. **On** a passé **nos** vacances dans **notre** maison de campagne. Wir haben unsere Ferien in unserem Landhaus verbracht.	Zu on in der Bedeutung von *wir* gehören die Possessivbegleiter **notre/nos**.
Hé les enfants, c'est **votre** chien? **Hé** les enfants, ce sont **vos** chiens? He, Kinder, ist das euer Hund? He, Kinder, sind das eure Hunde?	Votre/vos (*euer/eure*) verwendest du bei mehreren Personen, die du duzt.
Pardon, Madame, c'est **votre** chien? Entschuldigen Sie, ist das Ihr Hund? **Pardon**, Mesdames, ce sont **vos** chiens? Entschuldigen Sie, sind das Ihre Hunde?	Votre/vos steht auch in der höflichen Anrede, wenn du eine oder mehrere Personen siezt (*Ihr/Ihre*).

Die Begleiter des Nomens

 Zusatzwissen:

Il fait trop chaud. Enlève **ton** manteau.
Es ist zu heiß. Zieh <u>den</u> Mantel aus.

Mets **ta** robe noire, ce soir.
Zieh heute Abend <u>das</u> schwarze Kleid an.

Häufiger als im Deutschen steht der Possessivbegleiter im Französischen vor Kleidern.

Prenez **votre** temps! / Prends **ton** temps!
Lassen Sie sich Zeit. / Lass dir Zeit.

En juin, elle a passé **son** bac.
Im Juni hat sie Abitur gemacht.

Anders als im Deutschen steht der Possessivbegleiter in einigen festen Wendungen.

C'est **ton** cahier ou le mien?
Ist das <u>dein</u> oder mein Heft?

Abweichend vom Deutschen kann vor einem Nomen nur ein Possessivbegleiter (hier: **ton**) stehen. Anstelle des zweiten Possessivbegleiters steht im Französischen das Possessivpronomen (**le mien**).
▶ s. S. 63 (Die Possessivpronomen)

1.7 Der Demonstrativbegleiter Le déterminant démonstratif

Mit Demonstrativbegleitern weist du auf bestimmte Personen oder Gegenstände hin:
dieser Junge, *dieser* Rock, *dieses* T-Shirt.

[S. 311]
la liaison

	männlich	weiblich	Der Demonstrativbegleiter wird wie im Deutschen in Geschlecht und Zahl dem Nomen angeglichen, vor dem er steht. Im Singular hat der männliche Demonstrativbegleiter zwei Formen: Ce steht vor Konsonant, cet steht vor Vokal oder „stummem h". Die weibliche Form lautet immer cette. Im Plural gibt es nur eine Form für männliche und weibliche Nomen: ces [se].
Singular	ce garçon cet_exercice	cette fille cette_idée	
Plural	ces garçons ces_exercices	ces filles ces_idées	

cet homme [sɛtɔm] dieser Mann
cette femme [sɛtfam] diese Frau

Beim Hören kann man zwischen cet [sɛt] und cette [sɛt] nicht unterscheiden.

ces livres [selivʀ] diese Bücher
ses livres [selivʀ] seine/ihre Bücher

In der Aussprache gibt es zwischen ces und ses keinen Unterschied. Ob der Possessivbegleiter ses oder der Demonstrativbegleiter ces gemeint ist, musst du dem Textzusammenhang entnehmen.

Merke!

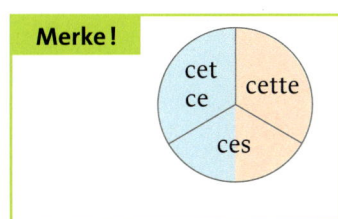

Nicht immer wird der französische Demonstrativbegleiter mit *dieser/diese/dieses* ins Deutsche übersetzt. Lerne diese häufig gebrauchten Ausdrücke:

ce matin / **ce** soir	heute Morgen / heute Abend
cet/**cette** après-midi	heute Nachmittag
un de **ces** jours	in den nächsten Tagen
ces derniers jours	in den letzten Tagen
ces derniers temps	in der letzten Zeit

Vous voulez ces pommes-ci ou ces pommes-là?

Möchten Sie diese Äpfel hier oder diese Äpfel da drüben?

-**ci** und -**là** in Verbindung mit dem Demonstrativbegleiter dienen vor allem in der gesprochenen Sprache zur Verstärkung und zur Gegenüberstellung. Du hängst sie an das Nomen an, das auf den Demonstrativbegleiter folgt.

1.8 Der Frage- und Ausrufebegleiter
Le déterminant interrogatif et exclamatif

	männlich	weiblich	
Singular	Quel livre? Welches Buch? Quel ami? Welcher Freund?	Quelle ville? Welche Stadt? Quelle émission? Welche Sendung?	Mit dem Frage- und Ausrufebegleiter **quel** fragst du nach Personen und Sachen. Er richtet sich in Geschlecht und Zahl nach dem Nomen, vor dem er steht.
Plural	Quels livres? Welche Bücher? Quels_amis? Welche Freunde?	Quelles villes? Welche Städte? Quelles_émissions? Welche Sendungen?	

[S. 311]
la liaison

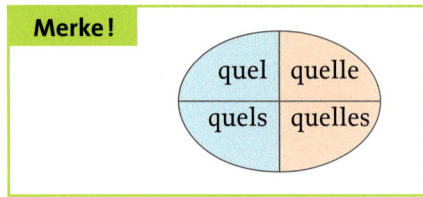

Merke!

quel	quelle
quels	quelles

⚠️ Alle vier Formen werden vor einem Konsonanten gleich ausgesprochen [kɛl].
Vor einem Vokal wird das s von **quels** und **quelles** als [z] gebunden: **quels_amis?** [kɛlzami].

Die Begleiter des Nomens

1.8.1   Gebrauch des Fragebegleiters

Quelle horreur!

Quel dient zur Einleitung von:

Quels films français connais-tu? <u>Welche</u> französischen Filme kennst du? **Quel** est ton CD préféré? <u>Welche</u> ist deine Lieblings-CD?	– direkten Fragen,
Je me demande **quels** romans il connaît déjà. Ich frage mich, <u>welche</u> Romane er schon kennt.	– indirekten Fragen
Quelle bédé! Was für ein Comic! **Quel** temps! Was für ein Wetter!	– und Ausrufen.

De quelle fille parles-tu? <u>Von welchem</u> Mädchen sprichst du? **Dans quelle** ville est-ce qu'elle habite? <u>In welcher</u> Stadt wohnt sie? **À quel** chanteur penses-tu? <u>An welchen</u> Sänger denkst du? Quel tee-shirt va **avec quel** jean? Welches T-Shirt passt <u>zu welcher</u> Jeans? **Sur quels** sites Internet chercher? <u>Auf welchen</u> Internetseiten soll ich / kann man suchen?	Der Fragebegleiter **quel** kann auch mit Präpositionen verwendet werden.

Nicht immer wird quel mit *welcher/welche/welches* ins Deutsche übersetzt.
Lerne diese häufig gebrauchten Wendungen:

Quel est ton nom?	*Wie heißt du?*
Quelle est ton adresse?	*Wie ist deine Anschrift?*
Quel est ton numéro de portable?	*Wie ist deine Handynummer?*
Quel est ton problème?	*Was ist dein Problem?*
Quel âge as-tu? / Tu as **quel** âge?	*Wie alt bist du?*
Il est **quelle** heure? / **Quelle** heure est-il?	*Wie viel Uhr ist es? / Wie spät ist es?*
Quel jour sommes-nous?	*Der Wievielte ist heute?*
Quelle est la hauteur / la longueur / la taille de ...?	*Wie hoch/lang/groß ist ...?*

1.9 Die indefiniten Begleiter   Les déterminants indéfinis

Indefinite Begleiter sind unbestimmte Begleiter. Hier eine Übersicht:

aucun/e (+ ne)		kein/e
autre		(ein) anderer / (eine) andere / (ein) anderes
chaque		jede/r/s
n'importe quel/quelle		jede/r/s beliebige, irgendein/irgendeine, egal welche/r/s
pas un/e (seul/e)	+ Nomen	kein/e, nicht ein/e (einzige/r/s)
plusieurs		mehrere
quelques		einige
tel/telle		solche
tout/toute + Begleiter		... ganz/e/r/s
tous/toutes + Begleiter		alle

▶ s. S. 69 (Auf einen Blick: Begleiter und Pronomen)

> Je n'ai reçu aucun SMS. Pas un seul pendant toute la journée!

1.9.1 Aucun/e – pas un/e (seul/e)

Je **n'**ai vu aucun cinéma dans cette ville. Je **n'**ai pas vu un seul cinéma dans cette ville. <small>Ich habe <u>kein (einziges)</u> Kino in dieser Stadt gesehen.</small>	Aucun/e und **pas un/e (seul/e)** stehen in verneinten Sätzen und immer zusammen mit **ne**. **Ne** steht vor dem konjugierten Verb. ▶ s. S. 264 (Die Verneinung mit **ne ... aucun / pas un seul**)
Aucune chanson **ne** m'a plu. Pas une seule chanson **ne** m'a plu. <small><u>Kein (einziges)</u> Lied hat mir gefallen.</small>	Aucun/e und **pas un/e (seul/e)** stehen nur vor Nomen im Singular. Du gleichst sie dem Nomen im Geschlecht an.

1.9.2 Autre

Il a encore **un autre** problème. <small>Er hat noch <u>ein anderes</u> Problem.</small> Elle a trouvé **d'autres** solutions. <small>Sie hat <u>andere</u> Lösungen gefunden.</small> **Les autres** élèves ne sont pas venus. <small><u>Die anderen</u> Schüler sind nicht gekommen.</small> **Mon autre** copain n'est pas venu. <small><u>Mein anderer</u> Freund ist nicht gekommen.</small> Je l'ai vu avec **cette autre** fille. <small>Ich habe ihn mit <u>diesem anderen</u> Mädchen gesehen.</small>	Der Begleiter **autre** (*m./f.*) wird dem Bezugsnomen nur in der Zahl angeglichen. Wie auch im Deutschen steht vor **autre** in der Regel noch ein anderer Begleiter: der unbestimmte Artikel, der bestimmte Artikel, der Possessivbegleiter oder der Demonstrativbegleiter.

Die Begleiter des Nomens

J'ai trouvé **d'autres** exemples. Ich habe <u>andere</u> Beispiele gefunden. Il y a encore **d'autres** moyens. Es gibt noch <u>andere</u> Mittel. en **d'autres** termes mit <u>anderen</u> Worten	*Andere* (Plural) + Nomen drückst du mit **d'autres** + Nomen aus. Vor **autres** wird der unbestimmte Artikel im Plural (**des**) zu **de** bzw. **d'**.

Lerne diese Wendungen:

C'est **autre** chose.	Das ist etwas anderes.
l'**autre** jour	neulich
un **autre** jour	ein anderes Mal

1.9.3 *Chaque*

Chaque chose en son temps.

Chaque garçon porte un pantalon bleu, **chaque** fille un pantalon rouge. <u>Jeder</u> Junge trägt eine blaue Hose, <u>jedes</u> Mädchen eine rote.	**Chaque** steht immer vor einem Nomen im Singular und ist unveränderlich.
chaque_homme <u>jeder</u> (einzelne) Mann **chaque** femme <u>jede</u> (einzelne) Frau	**Chaque** + Nomen im Singular bezeichnet *jeder einzelne / jede einzelne / jedes einzelne / jeden einzelnen*.

 Unterscheide:

Chaque élève doit passer un examen.
<u>Jeder</u> Schüler muss eine Prüfung ablegen.
Chacun est bien préparé.
<u>Jeder</u> ist gut vorbereitet.

Verwechsle nicht den Begleiter **chaque** und das Pronomen **chacun/e**.
Chaque steht vor einem Nomen, **chacun/e** anstelle eines Nomens.

▶ s.S.69 (Auf einen Blick: Begleiter und Pronomen)
▶ s.S.67 (Das Pronomen **chacun/chacune**)

1.9.4 *N'importe quel*

N'importe quel élève peut te donner la réponse. <u>Jeder (beliebige)</u> / <u>Irgendein</u> Schüler kann dir die Antwort geben. Presse **n'importe** quelle touche. Drücke <u>irgendeine</u> Taste. Ils regardent **n'importe** quels films. Sie sehen <u>irgendwelche</u> Filme. Posez-leur **n'importe** quelles questions. Stellt / Stellen Sie ihnen <u>irgendwelche</u> Fragen.	Das französische **n'importe quel** entspricht dem deutschen *irgendein/e, jede/r/s beliebige, egal welche/r/s* und im Plural *irgendwelche*. **Quel** wird dem Nomen, vor dem es steht, angeglichen.

Il achète **à n'importe quel** prix.	**N'importe quel** kannst du auch mit Präpositionen verwenden.
Er kauft zu jedem beliebigen Preis.	
Ils parlent **dans n'importe quelle** langue.	
Sie sprechen in irgendeiner Sprache.	
Vous pouvez chercher **sur n'importe quel** site.	
Ihr könnt / Sie können auf irgendeiner Internetseite suchen.	
Il va te répondre **n'importe quoi**.	Häufig hat **n'importe quoi/quel** eine negative Bedeutung.
Er wird dir irgendwas / irgendeinen Unsinn antworten.	

N'importe kann auch mit anderen Fragewörtern zusammengesetzt werden:

n'importe comment	irgendwie	**n'importe** qui	irgendwer
n'importe où	irgendwo/irgendwohin	**n'importe** quoi	irgendwas
n'importe quand	irgendwann		

1.9.5 *Plusieurs/Quelques*

450 hectares de forêt brûlés en quelques heures

Il a proposé **plusieurs** titres.	Die Begleiter **plusieurs** und **quelques** stehen beide immer im Plural und sind unveränderlich.
Er hat mehrere Titel vorgeschlagen.	
Il parle **plusieurs** langues.	
Er spricht mehrere Sprachen.	
Elle va à Paris pour **quelques** jours.	
Sie fährt für einige Tage nach Paris.	
450 hectares de forêt brûlés en **quelques** heures	
450 Hektar Wald in einigen (wenigen) Stunden niedergebrannt	
Les quelques gouttes de pluie n'ont pas empêché le prof de faire l'excursion.	Vor **quelques** kann wie im Deutschen ein bestimmter Artikel oder ein Demonstrativbegleiter stehen.
Die wenigen Regentropfen haben den Lehrer nicht davon abgehalten den Ausflug zu machen.	
Laisse-moi te poser **ces quelques** questions.	
Lass mich dir diese wenigen Fragen stellen.	

Quelque als Begleiter im Singular wird vor allem in feststehenden Ausdrücken gebraucht:

pour **quelque** temps	für einige Zeit	**quelque** chose	etwas
depuis **quelque** temps	seit einiger Zeit	**quelque** part	irgendwo
dans **quelque** temps	in einiger Zeit	**quelque**fois	manchmal

Die Begleiter des Nomens

1.9.6 *Tel*

Il a fait **un** tel **bruit** qu'il m'a réveillé. Er hat <u>solch einen Lärm</u> gemacht, dass er mich geweckt hat. Je ne pouvais pas laisser passer **une** telle **occasion**. <u>Eine solche Gelegenheit</u> konnte ich nicht vorbeigehen lassen.	Tel steht zwischen dem unbestimmten Artikel und dem Nomen, dem es in Geschlecht und Zahl angeglichen wird.
Elle adore lire **de** tels **textes**. Sie liest gerne <u>solche Texte</u>. Comment travailler dans **de** telles **conditions**? Wie soll man unter <u>solchen Bedingungen</u> arbeiten?	Vor **tels/telles** wird der unbestimmte Artikel im Plural (**des**) zu **de**.

In einigen Wendungen steht **tel** ohne weitere Begleiter.

à **telle** heure	um die und die Zeit	Monsieur Un**tel** Madame Une**telle**	Herr Soundso/Sowieso Frau Soundso/Sowieso

1.9.7 *Tout*

Un bateau a perdu tout **son pétrole**. Ein Schiff hat sein <u>ganzes</u> Erdöl verloren. Toute **la Bretagne** a peur. Die <u>ganze</u> Bretagne hat Angst. Tous **les oiseaux** sont en danger. <u>Alle</u> Vögel sind in Gefahr. Il y a des taches noires sur toutes **les plages**. Auf <u>allen</u> Stränden gibt es schwarze Flecken.	Der Begleiter **tout** wird in Geschlecht und Zahl dem Nomen angepasst, vor dem er steht. **Tout** bedeutet im Singular *ganz* und im Plural *alle*.

Nach tout steht meist ein weiterer Begleiter:

Il a roulé **toute la** nuit. Er ist <u>die ganze</u> Nacht gefahren.	– der bestimmte Artikel,
On a passé **toute une** nuit à terminer ce travail. Wir haben <u>eine ganze</u> Nacht damit verbracht diese Arbeit zu beenden.	– der unbestimmte Artikel,
Tous ces travaux sont urgents. <u>Alle diese</u> Arbeiten sind dringend.	– der Demonstrativbegleiter,
Je vous remercie de **tout mon** cœur. Ich danke Ihnen von <u>ganzem</u> Herzen.	– der Possessivbegleiter.

 aber:

In feststehenden Ausdrücken und Redewendungen kann **tout** auch ohne weiteren Begleiter stehen:

en **tout** cas	auf jeden Fall	à **tout** prix	um jeden Preis / unbedingt
de **toute** façon	jedenfalls	**toutes** directions	alle Richtungen
à **tout** moment	in jedem Augenblick	**toutes** sortes de …	alle möglichen …
à **toute** heure	jederzeit	écrire en **toutes** lettres	(ein Wort) ausschreiben

Tout kann auch ein Pronomen sein ▶ s. S. 66 (Das Indefinitpronomen **tout**).

Qui dit mieux: Wie vermeide ich Fehler?

Der bestimmte und der unbestimmte Artikel

Abweichend vom Deutschen wird in den folgenden Ausdrücken mit **avoir** der bestimmte Artikel verwendet:

avoir	**le** temps	▨ Zeit haben
	le trac	▨ Lampenfieber haben
	la trouille	▨ Angst haben (*ugs.*)
	la peau dure	ein dickes Fell haben
	l'esprit clair	einen klaren Kopf haben
	l'œil vif	▨ lebhafte Augen haben
	le sida / **la** grippe	▨ Aids/Grippe haben

Ebenso in den folgenden Wendungen:

Je suis arrivée **la** dernière.	Ich bin als ▨ Letzte angekommen.
Ils ont fait **la** paix.	Sie haben ▨ Frieden geschlossen.

Auch vor Farben wird im Französischen der bestimmte Artikel verwendet:

le rouge, **le** vert	▨ rot, ▨ grün
Cette année, **le** noir est à la mode.	Dieses Jahr ist ▨ Schwarz Mode.

Nach den Verben **adorer, aimer, détester, préférer** wird das Objekt mit dem bestimmten Artikel angeschlossen:

Il aime **le** jazz,	Er mag ▨ Jazz,
mais il préfère **le** rock.	aber noch lieber hört er ▨ Rockmusik.
Elle adore **le** volley, mais elle déteste **le** handball.	Sie liebt ▨ Volleyball, hasst aber ▨ Handball.

Abweichend vom Deutschen wird in folgenden Ausdrücken der unbestimmte Artikel verwendet:

avoir	**un** cancer	▨ Krebs haben
	des ennuis	▨ Ärger haben
	des soucis	▨ Sorgen haben
	des courbatures	▨ Muskelkater haben

In folgenden Wendungen mit **perdre** steht kein Artikel:

perdre patience/courage/espoir/connaissance	die Geduld / den Mut / die Hoffnung / das Bewusstsein verlieren

Der Possessivbegleiter

Ihr/ihr wird je nach seiner Funktion unterschiedlich ins Französische übersetzt:

Pardon, Madame, c'est **votre** chien?	… Ihr Hund?	Possessivbegleiter 2.Ps.Pl.
Voilà Yasmina et **son** copain.	… ihr Freund.	Possessivbegleiter 3.Ps.Sg.
Voilà les Muller et **leur** fils.	… ihr Sohn.	Possessivbegleiter 3.Ps.Pl.

Die Begleiter des Nomens

Der Demonstrativbegleiter

ce livre	ces livres
cet_échange	ces_échanges
cette fille	ces filles
cette_idée	ces_idées

Der Demonstrativbegleiter hat im Plural nur eine Form für männliche und weibliche Nomen: ces. Eine Form wie ~~cettes~~ gibt es nicht.

In folgenden Ausdrücken verwendest du im Französischen den Demonstrativbegleiter:

heute Morgen / heute Abend	**ce** matin / **ce** soir
heute Nachmittag	**cet/cette** après-midi
in den nächsten Tagen	un de **ces** jours
in den letzten Tagen	**ces** derniers jours
in der letzten Zeit	**ces** derniers temps
an jenem Tag	**ce** jour-là
jetzt, zurzeit	en **ce** moment

Welcher Begleiter gehört hierher?

■ Tee ist gesund / nicht teuer.

Le thé est bon pour la santé / n'est pas cher.
In diesem Fall sprichst du von Tee im Allgemeinen. Du verwendest den bestimmten Artikel im verallgemeinernden Sinn.

Haben wir noch ■ Orangensaft?

On a encore **du** jus d'orange?
Für unbestimmte Mengen verwendest du den Teilungsartikel.

Ich habe noch eine Flasche ■ Orangensaft.

J'ai encore une bouteille **de** jus d'orange.
Nach Mengenangaben steht **de**.

Wir haben keinen ■ Orangensaft.

Nous n'avons pas **de** jus d'orange.
Auch Verneinungen können eine Menge anzeigen, nämlich eine nicht vorhandene Menge. Auch nach der Verneinung steht **de**.

Wollen Sie einen Orangensaft?

Voulez-vous **un** jus d'orange?
Hier ist ein Glas / eine Flasche Orangensaft gemeint.

Abschlussübung   Bilan

1. **Le, la, l'** oder **les**? Bestimmter Artikel oder nicht? Ergänze die Sätze, wenn nötig.

a. – On a allemand ☐? vendredi? – On a toujours allemand ☐? vendredi.
b. – Je n'aime pas beaucoup ☐? allemand. Mais j'aime bien ☐? maths.
c. – Écoute, tu es libre ☐? samedi après-midi?
   – Non, ☐? samedi je joue toujours au badminton. Pourquoi?
   – C'est ☐? anniversaire de Clara.
   – C'est vrai. Je lui offre un CD. Elle aime bien ☐? musique pop.

2. **À la, à l', au, aux** oder **de la, de l', du** oder **des**? Ergänze.

a. – Tu vas ☐? stade ce soir? – Non, je dois rester ☐? maison.
b. – Je ne trouve plus les photos ☐? école. – Elles sont dans la salle ☐? professeurs.
c. Les enfants sortent ☐? maison à 7 heures 30 pour aller ☐? école.
d. Les copains sortent ☐? cinéma vers 16 heures et après ils vont ☐? marché ☐? puces.

3. **De la, de l', du, des** oder nur **de**? Setze die richtigen Begleiter ein.

À midi, Lucas et Inès déjeunent à la cantine. Il y a toujours ☐? viande ou ☐? poisson avec ☐?
légumes. Lucas prend toujours beaucoup ☐? pain. Comme dessert il y a ☐? fruits ou ☐? salade
☐? fruits. Ils boivent ☐? eau ou quelquefois ☐? jus ☐? fruits.

4. **Son, sa, ses, leur** oder **leurs**? Setze die richtigen Possessivbegleiter ein.

a. Paul et Zoé parlent à ☐? mère. Ils veulent partir pour le week-end avec ☐? copains.
   ☐? copain Marc doit rester à la maison parce qu'il doit préparer ☐? exposé de géo. Mais
   ☐? sœurs vont aussi partir avec Paul et Zoé.
b. Voilà une photo de Thomas avec ☐? sœur, ☐? parents et ☐? amie Virginie.
c. Théo et Noah ne font pas ☐? devoirs. Ils rangent ☐? chambre: Théo met ☐? livres sur
   l'étagère et Noah jette ☐? affaires dans l'armoire. Et ☐? sœur? Elle écoute ☐? musique
   préférée.

5. **Chaque, plusieurs, tous les, toutes les**? Ergänze die Sätze mit dem richtigen indefiniten
Begleiter.

Le Festival de la bande dessinée a lieu ☐? année à Angoulême. Pendant ☐? jours vous pouvez
regarder ☐? bandes dessinées de ☐? auteurs célèbres. Sur le site Internet vous pouvez admirer
☐? affiches du Festival depuis 1974.
Le Festival organise ☐? année un concours international pour des jeunes talents. Ce concours
est gratuit et ouvert à ☐? jeunes à partir de 17 ans. Le thème est libre: ☐? styles, ☐? genres,
☐? techniques sont permis.

Die Lösungen findest du unter
www.cornelsen.de/webcodes
Gib dort den webcode gramm-bilan01 ein.

2. Das Nomen
Le nom

Nomen – man sagt auch Substantive – sind Wörter, die Personen (*der Student*), Dinge (*das Heft*) oder etwas Abstraktes (*das Glück*) bezeichnen.

Das Geschlecht: Jedes Nomen hat ein Geschlecht.
Im Französischen gibt es nur zwei Geschlechter:
weiblich: la famille – *die Familie*   und
männlich: le fleuve – *der Fluss.*
Sächliche Nomen wie im Deutschen (z. B. *das Kind*) gibt es nicht.

Das Geschlecht eines Nomens erkennst du im Französischen immer am unbestimmten Artikel im Singular:
l'arbre – un arbre,
l'idée – une idée.

Das Geschlecht französischer und deutscher Nomen stimmt in der Regel nicht überein:
la lune – *der Mond*
le soleil – *die Sonne*

Im Unterschied zu deutschen Nomen haben französische Nomen keine Kasusendung (Fälle).
Le client entre.   *Der Kunde kommt herein.*
Je ne connais pas **le client**.   *Ich kenne den Kunden nicht.*

Die Zahl: Französische und deutsche Nomen stehen entweder im
Singular (Einzahl): **la** table – *der Tisch*   oder im
Plural (Mehrzahl): **les** tables – *die Tische.*

Im folgenden Kapitel findest du:

Außerdem findest du:
→ **Qui dit mieux: Wie vermeide ich Fehler?**, S. 43–44,
→ einen **Bilan**, S. 45, in dem du dein Wissen überprüfen kannst.

2.1 Das Geschlecht des Nomens
Le genre du nom

2.1.1 Kennzeichnung des Geschlechts durch den Begleiter

> **Le maire** de Neuilly a rencontré **la maire** de Reims.
> Der Bürgermeister von Neuilly hat die Bürgermeisterin von Reims getroffen.

Einige Nomen können für Personen beider Geschlechter verwendet werden.
Das ist insbesondere bei Berufsbezeichnungen der Fall.

un/une architecte	ein Architekt / eine Architektin	un/une artiste	ein Künstler / eine Künstlerin
un/une auteur	ein Autor / eine Autorin	un/une assassin	ein Mörder / eine Mörderin
un/une chef	ein Chef / eine Chefin	un/une camarade	ein Kamerad / eine Kameradin
un/une dentiste	ein Zahnarzt / eine Zahnärztin	un/une collègue	ein Kollege / eine Kollegin
		un/une élève	ein Schüler / eine Schülerin
un/une écrivain	ein Schriftsteller / eine Schriftstellerin	un/une enfant	ein Kind *m./f.*
		un/une expert	ein Experte / eine Expertin
un/une guide	ein Fremdenführer / eine Fremdenführerin	un/une locataire	ein Mieter / eine Mieterin
		un/une maire	ein Bürgermeister / eine Bürgermeisterin
un/une ingénieur	ein Ingenieur / eine Ingenieurin		
		un/une ministre	ein Minister / eine Ministerin
un/une juge	ein Richter / eine Richterin	un/une partenaire	ein Partner / eine Partnerin
un/une peintre	ein Maler / eine Malerin	un/une pianiste	ein Pianist / eine Pianistin
un/une pilote	ein Pilot / eine Pilotin	un/une témoin	ein Zeuge / eine Zeugin
un/une prof(esseur)	ein Lehrer / eine Lehrerin	un/une touriste	ein Tourist / eine Touristin
un/une secrétaire	ein Sekretär / eine Sekretärin	un/une vainqueur	ein Sieger / eine Siegerin

Diese Nomen können männlich und weiblich sein. Das Geschlecht erkennst du nur am Artikel.

Caroline Fontaine

avocate

männlich		weiblich	
un auteur	ein Autor	**une** auteur**e**	eine Autorin
un avocat	ein Rechtsanwalt	**une** avocat**e**	eine Rechtsanwältin
un ingénieur	ein Ingenieur	**une** ingénieur**e**	eine Ingenieurin
un président	ein Präsident	**une** président**e**	eine Präsidentin
un professeur	ein Lehrer	**une** professeur**e**	eine Lehrerin

Heute werden für Berufe immer öfter weibliche Formen verwendet. Die weibliche Form wird häufig durch das Anhängen eines -e an die männliche Form gebildet.

Das Nomen

Zusatzwissen:

Les **hommes médecins** ont beaucoup plus d'enfants que les **femmes médecins**.

Ärzte haben viel mehr Kinder als Ärztinnen.

Sa recherche porte sur les **femmes auteurs** de la Renaissance.

In seiner/ihrer Forschung beschäftigt er/sie sich mit den Schriftstellerinnen der Renaissance.

une **femme auteur/médecin/peintre**

eine Autorin/Ärztin/Malerin

Das Wort **femme** kann der Berufsbezeichnung vorangestellt werden.
So vermeidet man Unklarheiten.

Dans ce collège, il y a de nombreux **professeurs femmes**.

In diesem collège gibt es viele Lehrerinnen.

In seltenen Fällen wird **femme** nachgestellt.

Madame **le** juge / **le** ministre

Frau Richterin / Frau Ministerin

Madame **la** juge / **la** ministre

Frau Richterin / Frau Ministerin

Vor Titel wird **Madame** gestellt.

⚠ Achtung:

1) Weibliche Formen von Berufsbezeichnungen auf **-esse** sind familiär oder abwertend,
   z.B. **la poétesse** – *die unbegabte Dichterin*
   Ausnahme: **la maîtresse** – *die Grundschullehrerin*.
2) le médecin – *der Arzt* aber: la médecine – *die Medizin*

2.1.2 Kennzeichnung des Geschlechts durch die Endung

Viele Nomen, die eine Person bezeichnen, haben sowohl eine männliche als auch eine weibliche Form:

un Allemand [ɛ̃nalmɑ̃]	ein Deutscher	une Allemande [ynalmɑ̃d]	eine Deutsche
un Américain [ɛ̃namerikɛ̃]	ein Amerikaner	une Américaine [ynamerikɛn]	eine Amerikanerin
un président [ɛ̃prezidɑ̃]	ein Präsident	une présidente [ynprezidɑ̃t]	eine Präsidentin
un assistant [ɛ̃nasistɑ̃]	ein Assistent	une assistante [ynasistɑ̃t]	eine Assistentin
un avocat [ɛ̃navɔka]	ein Anwalt	une avocate [ynavɔkat]	eine Anwältin
un client [ɛ̃klijɑ̃]	ein Kunde	une cliente [ynklijɑ̃t]	eine Kundin
un voisin [ɛ̃vwazɛ̃]	ein Nachbar	une voisine [ynvwazin]	eine Nachbarin

Die weibliche Form dieser Nomen unterscheidet sich durch das Endungs **-e** von der männlichen Form. Bei Nomen, deren männliche Form auf einen Konsonanten endet, ist der Unterschied zwischen der männlichen und der weiblichen Form hörbar.

un ami	ein Freund	une amie	eine Freundin
un ennemi	ein Feind	une ennemie	eine Feindin
un employé	ein Angestellter	une employée	eine Angestellte
un invité	ein (männlicher) Gast	une invitée	ein (weiblicher) Gast

Bei Nomen, deren männliche Form auf einen Vokal endet, wird zum Bilden der weiblichen Form zwar ebenfalls ein **-e** angehängt. Der Unterschied ist aber nicht hörbar.

Cherchons jeune **programmeur/programmeuse**
dans la région. Travail à domicile possible.
Tél. 03 56 98 45 81

Andere Nomen haben unterschiedliche männliche und weibliche Endungen:

männlich			weiblich		
un étrang**er**	ein Ausländer	-er	une étrang**ère**	eine Ausländerin	-ère
un ouvri**er**	ein Arbeiter		une ouvri**ère**	eine Arbeiterin	
un vend**eur**	ein Verkäufer	-eur	une vend**euse**	eine Verkäuferin	-euse
un programm**eur**	ein Programmierer		une programm**euse**	eine Programmiererin	
un anima**teur**	ein Betreuer	-teur	une anima**trice**	eine Betreuerin	-trice
un ac**teur**	ein Schauspieler		une ac**trice**	eine Schauspielerin	
un princ**e**	ein Prinz	-e	une princ**esse**	eine Prinzessin	-esse
un maîtr**e**	ein Meister/		une maît**resse**	eine Meisterin/	
	Grundschullehrer			Grundschullehrerin	
un sporti**f**	ein Sportler	-f	une sporti**ve**	eine Sportlerin	-ve
un veu**f**	ein Witwer		une veu**ve**	eine Witwe	
un ép**oux**	ein Gatte	-oux	une ép**ouse**	eine Gattin	-ouse

Folgende Nomen bilden die weibliche Form durch die Verdoppelung des Endkonsonanten + -e:

männlich			weiblich		
un cha**t**	eine Katze (Gattung)	-t	une cha**tte**	eine Katze (weibl. Tier)	-te
un paysa**n**	ein Bauer	-n	une paysa**nne**	eine Bäuerin	-ne
un Europée**n**	ein Europäer		une Europée**nne**	eine Europäerin	
un patro**n**	ein Chef		une patro**nne**	eine Chefin	
un chie**n**	ein Hund		une chie**nne**	eine Hündin	

 Lerntipp:
Vergleiche die Endungen dieser Nomen mit den Endungen der Adjektive.
▶ s. S. 74–78 (Die Formen des Adjektivs)

Das Nomen

Typische männliche Endungen sind:

le mariage, le jumelage, le garage, un étage, le stage, le paysage, le voyage, le fromage	-age
aber: la cage, une image, la page, la plage, la rage, la nage	
le carnaval, le signal, un hôpital, le canal, un animal, le journal	-al
le travail, le détail	-ail
le bureau, le château, le manteau	-eau
le collège, le manège	-ège
le soleil, le réveil	-eil
un accent, l'argent	-ent
le billet, le guichet, le carnet	-et
le panier, le cahier, le fruitier	-ier
le tourisme, l'alpinisme, l'athlétisme, le socialisme	-isme
un appartement, le monument, le renseignement, le comportement, un événement, le département	-ment
aber: la jument	
le devoir, le trottoir, un espoir	-oir
le moteur, un ordinateur, le radiateur	-teur

Lerntipp:
Deutsche Nomen auf **-eur, -ent, -ismus** sind wie die französischen Nomen auf -eur, -ent und -isme ebenfalls männlich, z. B.: *Friseur, Ingenieur, Student, Konsument, Realismus, Idealismus u.a.*

Männlich wie im Deutschen sind außerdem:

le nord, l'est, le sud, l'ouest	– Himmelsrichtungen,
le lundi, le mardi, le dimanche etc.	– Wochentage,
le (mois de/d') mars, mai, août, décembre etc.	– Monatsnamen
le printemps, l'été, l'automne, l'hiver	– und Jahreszeiten.

Anders als im Deutschen sind außerdem männlich:

le chêne die Eiche, **le bouleau** die Birke, **le sapin** die Tanne	– die meisten Bäume,
le vert das Grün, **le blanc** das Weiß, **le rouge** das Rot, **le noir** das Schwarz	– Farben,
le fer das Eisen, **le bronze** die Bronze, **l'or** das Gold	– Metalle,
le français (das) Französisch(e), **l'allemand** (das) Deutsch(e), **le suédois** (das) Schwedisch(e), **le chinois** (das) Chinesisch(e)	– Sprachen
le Portugal, le Danemark, le Japon, le Canada, le Maroc, le Brésil	– und die meisten Ländernamen, die nicht auf -e enden ▶ s.S.14 (Der bestimmte Artikel vor geographischen Namen).

Typische weibliche Endungen sind:

la salade, la promenade, la balade aber: le stade, le grade, le jade	-ade
la correspondance, la connaissance, une ambiance	-ance
la différence, la conférence, la concurrence	-ence
la journée, la soirée, la randonnée, une idée aber: le musée, le lycée, le trophée	-ée
une adresse, la jeunesse, la gentillesse, la tristesse	-esse
la cassette, la fourchette, une assiette, une omelette aber: le squelette	-ette
la friteuse, la tondeuse	-euse
la librairie, la boucherie, la boulangerie, la maladie aber: un incendie, le génie, le parapluie	-ie
la question, la réunion, la discussion, une expression, la révision aber: un avion, le million, le camion	-ion
la crise, la chemise, la surprise	-ise
la publicité, la qualité, la spécialité, une unité, une université, une activité, la nationalité, la localité	-ité
la cruauté, la liberté, la santé	-té
une amitié, la moitié, la pitié	-tié
une addition, une attention, la correction, une exposition, une information, la conversation aber: le bastion	-tion
une étude, la solitude, une habitude	-tude

Lerntipp:
Alle Nomen auf -**tion** sind für die weibliche Person.
Deutsche Nomen auf -**tion, -enz** (≈ ance), -**esse** und -**ette** sind ebenfalls weiblich,
z.B.: *Information, Revolution, Konversation, Korrespondenz, Differenz, Konferenz, Konkurrenz, Adresse, Kassette u.a.*

Weiblich sind außerdem:

l'Afrique, l'Europe, l'Asie, l'Amérique, l'Australie	– die Kontinente,
la France, l'Allemagne, la Russie	– die meisten Ländernamen auf -e,
la Provence, la Normandie, la Bretagne Ausnahme: le Périgord	– Regionen,
la Seine, la Loire, la Dordogne Ausnahme: le Rhône	– Flüsse, die auf -e enden,
la Renault, la Mercedes, la Volkswagen	– und Automarken.

Das Nomen

La grande vedette du cinéma américain:
Brad Pitt en France

la personne	die Person
la victime	das Opfer
la star	der Star
la vedette	der/die Hauptdarsteller/in, der Star
la connaissance	die Bekanntschaft
la canaille	der Halunke

> Einzelne Nomen haben nur eine weibliche Form, die für Personen beider Geschlechter verwendet wird.

Wie im Deutschen gibt es bei vielen Nomen keinen Anhaltspunkt für deren Geschlecht:

la table	der Tisch
la fenêtre	das Fenster
une armoire	ein Schrank
le livre	das Buch
le soleil	die Sonne
un arbre	ein Baum

Lerntipp:
Lerne französische Nomen immer mit dem unbestimmten Artikel.
Schreibe sie farbig auf: männlich → blau, weiblich → rot.
un arbre   *une armoire*

Zusatzwissen:

[S.313]

Tu peux venir **cet après-midi / cette après-midi**?
Kannst du heute Nachmittag kommen?

J'y ai passé **un/e** très **bon/bonne après-midi**.
Ich habe dort einen sehr schönen Nachmittag verbracht.

Je joue au tennis **tous/toutes les après-midi**.
Ich spiele jeden Nachmittag Tennis.

L'après-midi ist unveränderlich und kann männlich oder weiblich sein.

2.2 Singular und Plural der Nomen
Le singulier et le pluriel des noms

Singular		Plural	
le livre [lǝlivʀ]	das Buch	**les** livres [lelivʀ]	
la lettre [lalɛtʀ]	der Brief	**les** lettres [lelɛtʀ]	
un livre [ɛ̃livʀ]	ein Buch	**des** livres [delivʀ]	
une lettre [ynlɛtʀ]	ein Brief	**des** lettres [delɛtʀ]	

> Die meisten französischen Nomen erhalten im Plural ein -s. Dieses Plural -s wird nicht gesprochen. Plural- und Singularform dieser Nomen erkennst du in der gesprochenen Sprache nur am Begleiter.

Zusatzwissen:

[S.314]

le graffiti	les graffitis	Die meisten Wörter, die aus anderen Sprachen
le hobby	les hobbys	übernommen sind, bilden den Plural ebenfalls auf -s.
le sandwich	les sandwichs (les sandwiches)	Neben der Pluralform auf -s existiert in
le match	les matchs (les matches)	manchen Fällen parallel auch die Pluralform der Herkunftssprache.

Einige Nomen haben besondere Pluralformen:

2.2.1 Nomen auf -s, -x, -z

le bras	der Arm	les bras	Nomen, die im Singular auf -s, -x oder -z enden, sind unveränderlich.
la fois	das Mal	les fois	
le vers	der Vers	les vers	
le nez	die Nase	les nez	
le prix	der Preis	les prix	
la voix	die Stimme	les voix	
la noix	die Nuss	les noix	
le choix	die Wahl	les choix	
le boss	der Chef	les boss	Auch Wörter aus anderen Sprachen, die auf -s enden, sind unveränderlich.

[S.314]

2.2.2 Nomen auf -al

l'animal	das Tier	les anim**aux**	Nahezu alle Nomen auf -al haben im Plural die Endung -aux.
le cheval	das Pferd	les chev**aux**	
l'hôpital	das Krankenhaus	les hôpit**aux**	
le journal	die Zeitung	les journ**aux**	
le signal	das Signal	les sign**aux**	

⚠ **aber:**

le carnaval	der Karneval	les carnaval**s**	Nur wenige Ausnahmen haben im Plural ein -s.
le festival	das Festival	les festival**s**	
le bal	der Ball	les bal**s**	
le cérémonial	das Zeremoniell	les cérémonial**s**	

2.2.3 Nomen auf *-ail*

le détail	das Detail	les détails	Die meisten Nomen auf -ail haben im Plural die Endung -s.
le rail	die (Eisenbahn-)Schiene	les rails	
le portail	das Portal	les portails	
l'éventail	der Fächer	les éventails	

 aber:

le travail	die Arbeit	les travaux	Nur einige wenige Ausnahmen bilden den Plural auf -aux.
le corail	die Koralle	les coraux	
le vitrail	das (Kirchen-)Fenster	les vitraux	

2.2.4 Nomen auf *-au, -eau, -eu, -œu*

le noyau	der Kern	les noyaux	Nomen, die im Singular auf -au,
le tuyau	das Rohr / der Tipp	les tuyaux	
le bateau	das Schiff	les bateaux	-eau,
le château	das Schloss	les châteaux	
le cadeau	das Geschenk	les cadeaux	
la peau	die Haut	les peaux	
le feu	das Feuer	les feux	-eu oder
le jeu	das Spiel	les jeux	
le cheveu	das Haar	les cheveux	
le neveu	der Neffe	les neveux	
le vœu	der Wunsch	les vœux	-œu enden, haben im Plural die Endung -x.

 aber:

le pneu	der Reifen	les pneus	Davon ausgenommen sind les pneu(matique)s und les bleus.
le bleu	der blaue Fleck	les bleus	

2.2.5 Nomen auf *-ou*

le clou	der Nagel	les clous	Die meisten Nomen auf -ou bilden den Plural auf -s.
le cou	der Hals	les cous	
le trou	das Loch	les trous	
le fou	der Verrückte	les fous	
le matou	der Kater	les matous	
le bisou	das Küsschen	les bisous	
le voyou	der Gauner	les voyous	

aber:

Nur sieben Nomen auf -ou bilden den Plural mit -x:

le bijou	das Schmuckstück	les bijoux	le hibou	die Eule	les hiboux
le caillou	der Stein	les cailloux	le joujou	das Spielzeug	les joujoux
le chou	der Kohl	les choux	le pou	die Laus	les poux
le genou	das Knie	les genoux			

39

2.2.6 Besondere Pluralformen

Besondere Pluralformen:

un **œil** [ɛ̃nœj]	das Auge	des **yeux** [dezjø]
le **ciel** [ləsjɛl]	der Himmel	les **cieux** [lesjø]
un **œuf** [ɛ̃nœf]	ein Ei	des **œufs** [dezø]
le **bœuf** [ləbœf]	das Rind / der Ochse	les **bœufs** [lebø]

Die Pluralformen von **œil** und **ciel** sind unregelmäßig. Die Pluralformen von **œuf** und **bœuf** werden regelmäßig gebildet, aber die Aussprache ist unregelmäßig.

Madame	**Mesdames**	Von diesen drei Anredeformeln werden beide Bestand-
Mademoiselle	**Mesdemoiselles**	teile, der Possessivbegleiter und das Nomen, in den
Monsieur	**Messieurs**	Plural gesetzt.

Les Nollet	die Nollets	Familiennamen bekommen – anders als im Deutschen –
Les Dupont	die Duponts	in der Regel kein Plural-s.

 aber:

Les Bourbons	Eigennamen stehen nur im Plural,
Les Capétiens	wenn es sich um Namen eines Herrscher-
Les Pharaons	hauses oder eines Adelsgeschlechts handelt.

2.2.7 Nomen ohne Singular

J'ai cassé **mes lunettes** pendant **les vacances** en allant **aux toilettes**.
Ich habe meine Brille kaputt gemacht, als ich in den Ferien auf die Toilette gegangen bin.

les lunettes	die Brille	les fiançailles	die Verlobung
les vacances	die Ferien, der Urlaub	les environs	die Umgebung
les épinards	der Spinat	les alentours	die Umgebung
les vivres	die Lebensmittel	les dégâts	der Schaden
les ciseaux	die Schere	les échecs	das Schachspiel
les toilettes	die Toilette		

Diese Nomen werden nur im Plural verwendet.

Einige dieser Nomen haben eine Singularform mit einer anderen Bedeutung:

la lunette	das Fernrohr
la toilette	die Kleidung, das Waschen
le ciseau	der Meißel
un échec	ein Misserfolg (auch: les échecs – die Misserfolge)

Das Nomen

2.3 Der Plural der zusammengesetzten Nomen
Le pluriel des noms composés

> **Les centres-villes ne doivent plus être des musées**

Wörter wie **centre-ville**, **l'appareil photo**, **auberge de jeunesse**, **grand-père** oder **après-midi** sind zusammengesetzte Nomen. Zusammengesetzte Nomen können aus Nomen, Verben, Adjektiven und Präpositionen zusammengesetzt sein. Die Pluralbildung ist hier nicht ganz einfach, weil es von den Bestandteilen der Zusammensetzung und ihrem Sinn abhängt, wo in der Schrift das Pluralzeichen erscheint. Allgemein gilt: Nur die Bestandteile Nomen und Adjektive können ein Pluralzeichen bekommen. Im Folgenden werden die möglichen Kombinationen vorgestellt.

2.3.1 Die Kombination „Nomen-Nomen"

[S. 313 f.] 🖉

le centre-ville	die Stadtmitte	les centre**s**-ville**s**
le mot-clé	das Schlüsselwort	les mot**s**-clé**s**
le wagon-lit	der Schlafwagen	les wagon**s**-lit**s**
le chou-fleur	der Blumenkohl	les choux-fleur**s**

Werden zwei Nomen mit einem Bindestrich zu einem zusammengesetzten Nomen verbunden, erhalten beide Nomen ein Pluralzeichen.

aber:

| l'assurance-vie | die Lebensversicherung | les assurance**s**-vie ▪ |
| le timbre-poste | die Briefmarke | les timbre**s**-poste ▪ |

2.3.2 Die Kombination „Nomen Nomen"

[S. 313 f.] 🖉

le lecteur laser	der CD-Player	les lecteur**s** laser
l'imprimante couleur	der Farbdrucker	les imprimante**s** couleur
l'appareil photo	der Fotoapparat	les appareil**s** photo

Bei zwei Nomen, die ohne Bindestrich verbunden sind, wird nur das erste Nomen in den Plural gesetzt.

⚠ **Achtung:**
Die Pluralbildung zusammengesetzter Nomen folgt nur zum Teil einheitlichen Regeln und hat viele Ausnahmen. Schlage die Wörter am besten im Wörterbuch nach.

Zur neuen Rechtschreibung zusammengesetzter Nomen ▶ s. S. 313–314.

2.3.3   Die Kombination „Nomen Präposition Nomen"

le graveur de CD	der CD-Brenner	les graveurs de CD
l'agence de presse	die Presseagentur	les agences de presse
la carte à puce	die Chipkarte	les cartes à puce
le terrain de camping	der Campingplatz	les terrains de camping
une auberge de jeunesse	eine Jugendherberge	des auberges de jeunesse
le chef-d'œuvre	das Meisterwerk	les chefs-d'œuvre

Werden zwei Nomen mit einer Präposition (z.B. **à** oder **de**) verbunden, wird nur das erste Nomen in den Plural gesetzt.

aber:

la banque de données	die Datenbank	les banques de données
la brosse à dents	die Zahnbürste	les brosses à dents
la lime à ongles	die Nagelfeile	les limes à ongles

Bei diesen zusammengesetzten Nomen steht das zweite Nomen immer im Plural.

2.3.4   Die Kombination „Adjektiv-Nomen" / „Nomen-Adjektiv"

la belle-mère	die Schwiegermutter	les belles-mères
le grand-père	der Großvater	les grands-pères
la petite-fille	die Enkelin	les petites-filles
le coffre-fort	der Safe	les coffres-forts

Bei Zusammensetzungen aus Adjektiv (z.B. **grand**) und Nomen (z.B. **père**) werden beide Bestandteile in den Plural gesetzt.

aber:

la demi-heure	les demi■-heures

2.3.5   Die Kombination „Verb-Nomen" / „Präposition-Nomen"

[S. 313 f.]

le porte-monnaie	die Geldbörse	les porte-monnaie
le gratte-ciel	der Wolkenkratzer	les gratte-ciel
un hors d'œuvre	eine Vorspeise	des hors d'œuvre
un/une après-midi	ein Nachmittag	des après-midi
le sans-abri	der Obdachlose	les sans-abri

Verben (z.B. **porter** oder **gratter**) und Präpositionen (z.B. **après** oder **sans**) sind in zusammengesetzten Nomen unveränderlich. Auch das Nomen wird hier selten verändert.

aber:

une arrière-pensée	ein Hintergedanke	des arrière-pensées
une arrière-cour	ein Hinterhof	des arrière-cours
un arrière-plan	ein Hintergrund	des arrière-plans

Das Nomen

Qui dit mieux: Wie vermeide ich Fehler?

Französische Nomen werden im Allgemeinen kleingeschrieben. Großgeschrieben werden:

Victor Hugo, une Parisienne, un Marseillais, les Français, les Allemands	– Namen von Personen, Einwohnern und Völkern,
Lyon, l'Espagne, la Provence, la Corse, le Rhône	– geographische Namen,
Noël, Pâques, la Toussaint	– Feiertage,
la République française, l'Église protestante, le Ministère de l'Éducation nationale	– Namen, die öffentliche Einrichtungen bezeichnen.

Viele Obstsorten sind im Französischen weiblich, die dazugehörigen Bäume aber männlich.

weiblich		männlich	
la cerise	die Kirsche	le cerisier	der Kirschbaum
la pomme	der Apfel	le pommier	der Apfelbaum
la poire	die Birne	le poirier	der Birnbaum
la prune	die Pflaume	le prunier	der Pflaumenbaum
la banane	die Banane	le bananier	der Bananenbaum
la pêche	der Pfirsich	le pê**ch**er	der Pfirsichbaum
une orange	eine Orange	un orang**er**	ein Orangenbaum

aber:

un abricot	eine Aprikose	**un** abricotier	ein Aprikosenbaum
le citron	die Zitrone	**le** citronnier	der Zitronenbaum

Die folgenden Nomen werden gleich ausgesprochen. Sie haben aber ein unterschiedliches Geschlecht und unterschiedliche Bedeutungen:

männlich		weiblich	
le critique	der Kritiker	la critique	die Kritik
le livre	das Buch	la livre	das Pfund
le manche	der Stiel	la manche	der Ärmel / der Ärmelkanal
le mode	die Art, Weise	la mode	die Mode
le moral	die Stimmung	la morale	die Moral
le mort	der Tote	la mort	der Tod
le parti	die Partei	la partie	der Teil
le parallèle	der Breitengrad	la parallèle	die Parallele
le physique	das Aussehen	la physique	die Physik
le poêle	der Ofen	la poêle	die Bratpfanne
le tour	die Tour	la tour	der Turm
le voile	der Schleier	la voile	das Segel

Französische Nomen, die auf -**age** enden, sind meistens männlich, im Deutschen dagegen weiblich:

männlich			
le montage	die Montage	le garage	die Garage
le reportage	die Reportage	un étage	eine Etage

Die folgenden Nomen haben eine ähnliche Bedeutung im Deutschen und im Französischen. Aber Achtung! Sie unterscheiden sich im Geschlecht:

männlich	weiblich
un axe	eine Achse
le banc	die (Sitz-)Bank
le CD / le DVD	die CD / die DVD
le chiffre	die Ziffer
le chocolat	die Schokolade
le contrôle	die Kontrolle
un e-mail	eine E-Mail
un épisode	eine Episode
un étage	eine Etage
le geste	die Geste
le groupe	die Gruppe
le masque	die Maske
le melon	die Melone
le million	die Million
le numéro	die Nummer
un opéra	eine Oper
le parti	die Partei
le rôle	die Rolle
le SMS	die SMS
le tour	die Tour
le tube	die Tube
le vase	die Vase
le violon	die Violine
le zéro	die Null

weiblich	männlich
une alarme	ein Alarm
la danse	der Tanz
la place	der Platz
la planète	der Planet
la rime	der Reim
la salade	der Salat
la tour	der Turm
la comète	der Komet

weiblich	sächlich
la chanson	das Chanson
la date	das Datum
une interview	ein Interview
la mer	das Meer
la molécule	das Molekül
la photo	das Foto
la radio	das Radio
aber:	
un autoradio	

Es gibt deutsche Nomen, die ihrer Form nach französischen Nomen entsprechen oder sehr ähnlich sind. Da sie aber eine andere Bedeutung haben, nennt man sie: **faux amis** – *falsche Freunde*.

die Akte	le dossier	l'acte (*m.*)	die Handlung, die Urkunde
ein Artist	un/une acrobate	un/une artiste	ein/e Künstler/in
die Balance	l'équilibre (*m.*)	la balance	die Waage
die Batterie	la pile	la batterie	das Schlagzeug
die Bluse	le chemisier	la blouse	der Arbeitskittel
die Boutique	le magasin de mode	la boutique	der kleine Laden/Shop
die Chance	l'occasion (*f.*), la possibilité	la chance	das Glück, der Zufall
die Delikatesse	la spécialité gastronomique	la délicatesse	die Zartheit, die Feinheit
der Dirigent	le chef d'orchestre	le dirigeant	der Leiter
der Dom	la cathédrale	le dôme	die Kuppel
der Etat	le budget	l'État	der Staat
die Figur	la silhouette	la figure	das Gesicht
der Funktionär	le responsable	le fonctionnaire	der Beamte
die Infusion	la perfusion	une infusion	ein Kräutertee
das Klavier	le piano	le clavier	die Tastatur
das Kostüm	le tailleur	le costume	der Anzug

Das Nomen

Abschlussübung   Bilan

1. **Un** oder **une**? Setze die richtigen unbestimmten Artikel vor die Nomen.

a. étranger   f. ouvrier   k. balade   p. stage
b. voyage   g. soirée   m. chemise   q. photo
c. chocolat   h. SMS   n. fois   r. soleil
d. million   i. planète   o. fenêtre   s. journal
e. table   j. danse

2. **Un président / une présidente**. Bilde die weibliche Form der folgenden Nomen.

a. un acteur   d. un serveur   g. un directeur   j. un chanteur
b. un Allemand   e. un client   h. un animateur   k. un maître
c. un Français   f. un sportif   i. un Européen   m. un voisin

3. **Une invitée / un invité**. Bilde die männliche Form der folgenden Nomen.

a. une élève   d. une étudiante   g. une copine   i. une patronne
b. une ouvrière   e. une programmeuse   h. une Italienne   j. une Bretonne
c. une ennemie   f. une employée

4. **Les** oder **des**? -**s**, -**x**, -**aux** oder -**eux**? Setze die Nomen in den Plural.

a. le prix   f. un animal   k. le travail   q. le bateau
b. le jeu   g. le bijou   m. un œil   r. le hobby
c. le jeans   h. le cheveu   n. un œuf   s. le journal
d. le cadeau   i. le cheval   o. le château   t. le nez
e. le boss   j. le bisou   p. une tasse   u. le ciel

5. **Le timbre-poste / les timbres-poste.** Setze die zusammengesetzten Nomen in den Plural.

a. le grand-père   d. la grand-mère   g. la petite-fille   j. le centre-ville
b. le lecteur laser   e. le pèse-lettres   h. un ouvre-boîte   k. le mot-clé
c. la carte postale   f. un appareil photo i. le porte-bonheur   m. une imprimante
                                                                         couleur

6. Welche der folgenden Nomen werden in der männlichen und in der weiblichen Form gleich ausgesprochen?

a. un Allemand /une Allemande   f. un avocat / une avocate
b. un ami / une amie   g. un guide / une guide
c. un élève / une élève   h. un assistant / une assistante
d. un enfant / une enfant   i. un Espagnol / une Espagnole
e. un voisin / une voisine   j. un Français / une Française

Die Lösungen findest du unter
www.cornelsen.de/webcodes
Gib dort den webcode gramm-bilan02 ein.

45

3. Die Pronomen
Les pronoms

Pronomen sind Stellvertreter. Sie stehen für ein Nomen mit seinen Begleitern und seinen Erweiterungen.

In diesem Kapitel findest du folgende Pronomen und ihren Gebrauch:

Außerdem findest du:
→ **Auf einen Blick:** Die Pronominalisierung von direkten und indirekten Objekten, S. 54,
→ **Auf einen Blick:** Begleiter und Pronomen, S. 69,
→ **Qui dit mieux: Wie vermeide ich Fehler?**, S. 70–72,
→ einen **Bilan**, S. 73, in dem du dein Wissen überprüfen kannst.

3.1 Die verbundenen Personalpronomen
Les pronoms personnels conjoints

Je	viens de Paris.	ich	Die verbundenen Personalpronomen können nicht alleine stehen. Sie werden auch Subjektpronomen genannt, weil sie wie im Deutschen als Subjekte vor Verben gebraucht werden. Man nennt sie „verbunden", weil sie immer mit einem Verb verbunden stehen.
Tu	viens de Paris?	du	
Il	vient de Paris.	er	
Elle	vient de Paris.	sie	
On	vient de Paris.	man/wir	
Nous	venons de Paris.	wir	
Vous	venez de Paris?	ihr/Sie	
Ils	viennent de Paris.	sie	
Elles	viennent de Paris.	sie	

Die Pronomen

[S.312]
Apostro-
phierung

[S.311]
la liaison

J'habite à Toulouse. J'ai trente-deux ans.	Vor einem Vokal oder „stummem h" wird **je** zu **j'**.
Nous_avons, vous_habitez, ils_écrivent, elles_écoutent	In der Aussprache wird das -s von **nous**, **vous**, **ils** und **elles** mit dem folgenden Vokal gebunden.
Il pleut. **Il** neige. Es regnet. Es schneit. **Il** s'agit d'une question importante. Es handelt sich um eine wichtige Frage.	Unpersönliche Verben haben das Pronomen **il**. **Il** entspricht in diesem Fall dem deutschen *es*. Zum neutralen Pronomen **il** ▶ s. S. 62.
On va en Provence en été. Wir fahren im Sommer in die Provence. C'est un restaurant où **on** mange très bien. Das ist ein Restaurant, in dem man gut essen kann. **On** était très contents de cet hôtel. Wir waren mit diesem Hotel sehr zufrieden.	**On** kann *man* oder *wir* bedeuten. Die Bedeutung musst du dem Gesprächszusammenhang entnehmen. Im gesprochenen Französisch wird **on** häufig anstelle von **nous** (*wir*) verwendet. Dann stehen die dazugehörigen Adjektive und Partizipien im Plural (hier: **contents**).

Vous êtes contente, Madame?

1. Sind Sie zufrieden?

Vous êtes contents de votre chambre?

2. Sind Sie zufrieden?

Alors, vous êtes contents?!

3. Seid ihr nun zufrieden?!

Vous ist zugleich das Pronomen für die Höflichkeitsform *Sie* im Singular und Plural und für die 2. Person Plural *ihr*. Achte auf die Angleichung von Adjektiven und Partizipien nach **vous**. (Bild 1–3)

Voilà Max et Damien.
Ils sont de Montpellier.

Voilà Juliette et Marie.
Elles sont de Rennes.

Voilà Aurélie et Christophe.
Ils sont de Lyon.

Im Französischen gibt es in der 3. Person Plural ein männliches und ein weibliches Personalpronomen. **Ils** wird auch als zusammenfassendes Pronomen für männliche und weibliche Personen und Sachen verwendet.

Um Missverständnisse zu vermeiden, musst du die Aussprache von **ils/elles ont** (*sie haben*) und **ils/elles sont** (*sie sind*) deutlich unterscheiden:

[S.311]
la liaison

ils_ont / elles_ont sie haben   ils sont / elles sont sie sind
[ilzɔ̃] / [ɛlzɔ̃] mit stimmhaftem s   [ilsɔ̃] / [ɛlsɔ̃] mit stimmlosem s

3.2 Die unverbundenen Personalpronomen
Les pronoms personnels disjoints

Die unverbundenen (oder betonten) Personalpronomen werden verwendet:

Qui a parlé à Monsieur Lafarge? **Toi** ou **elle**? – **Moi.**	Du oder sie? – Ich.	– in Sätzen ohne Verb,
J'ai longtemps discuté avec **lui.** Pour **lui** tout est clair.	… mit ihm. Für ihn …	– nach Präpositionen,
Ce sont tes sœurs sur la photo? Oui, ce sont **elles.**	… das sind sie.	– nach c'est und ce sont,
Paul est plus grand que **moi.**	… als ich.	– in Vergleichssätzen nach que
Ce livre est à **moi.** Mais les bédés sont à **eux.**	… gehört mir. … gehören ihnen.	– und mit der Präposition à, um Zugehörigkeit auszudrücken.

Merke!

Singular	Plural
moi	nous
toi	vous
lui, elle	eux, elles

1. **Moi**, je pense souvent à eux. Ich (*betont*) denke oft an sie. 2. **Nous**, on ne voit plus personne. Wir (*betont*) sehen niemanden mehr. 3. **Eux**, je vais les voir demain. / Je vais les voir demain, **eux.** Ich werde sie (*betont*) morgen sehen.	Die unverbundenen Personalpronomen werden im Französischen auch zur Verstärkung verwendet. Sie stehen dann zusätzlich zum verbundenen Personalpronomen im Satz. Im Deutschen drückt man das lediglich durch stärkere Betonung aus.

Hier wird ein Subjekt (Beispiele 1 und 2) oder ein direktes Objekt (Beispiel 3) verstärkt.
Das unverbundene Personalpronomen kann am Anfang oder am Ende des Satzes stehen. In beiden Fällen wird es durch Komma abgetrennt.

 Zusatzwissen:

Die unverbundenen Personalpronomen können durch **-même** verstärkt werden:
Tu as fait le gâteau **toi-même**? Hast du den Kuchen selbst gemacht?
Oui, je l'ai fait **moi-même**. Ja, ich habe ihn selbst gemacht.
Ils viennent **eux-mêmes**. Sie kommen selbst.

Même wird mit einem Bindestrich an das unverbundene Personalpronomen angehängt. Nach Personalpronomen im Plural steht: -**même**s.

Die Pronomen

3.3 Die direkten Objektpronomen Les pronoms objet direct

[S.312]
Apostro-
phierung

Tu	**me**	photographies?	mich
Oui, je	**te**	photographie.	dich
Tu	**m'**	entends?	mich
Oui, je	**t'**	entends bien.	dich
Et Marc? Je	le	photographie aussi.	ihn
Et Lucie? Je	la	photographie aussi.	sie
Tu vas appeler Paul? – Oui, je vais	l'	appeler.	ihn
Et Louise? – Non, je ne vais pas	l'	appeler.	sie
Les copains	**nous**	attendent.	uns
Je vais	**vous**	appeler demain.	euch/Sie
Tu vois les oiseaux? – Non, je ne	**les**	vois pas.	sie

Direkte Objektpronomen ersetzen direkte Objekte ▶ s.S.219 (Das direkte Objekt).
Sie stehen für männliche oder weibliche Personen oder Sachen. Vor Vokal und „stummem **h**"
werden **me, te, le/la** zu **m', t', l'** verkürzt.

 Lerntipp:
Die direkten Objektpronomen der 3. Person Singular und Plural entsprechen in ihrer Form den
bestimmten Artikeln (**le, la, les**).

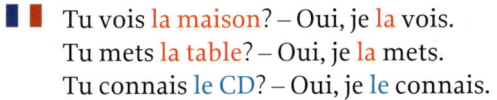 Tu vois la maison? – Oui, je la vois.   Siehst du **das Haus**? – Ja, ich sehe **es**.
Tu mets la table? – Oui, je la mets.   Deckst du den Tisch? – Ja, ich decke ihn.
Tu connais le CD? – Oui, je le connais.   Kennst du die CD? – Ja, ich kenne sie.

Nicht immer kannst du le mit *ihn* und la mit *sie* übersetzen, da Nomen im Deutschen und im
Französischen ein unterschiedliches Geschlecht haben können.
Überlege also immer, welches Geschlecht das französische Nomen hat, das du ersetzen willst.

 Zusatzwissen:

On cherche la rue Victor Hugo. Vous pouvez **nous** aider, s'il vous plaît?
Wir suchen die Rue Victor Hugo. Können Sie uns bitte helfen?

Zu **on** in der Bedeutung von *wir* gehört das Objektpronomen **nous**.

En cinquième, **on** doit beaucoup travailler seul, mais les professeurs **vous** aident aussi.
In der „cinquième" muss man viel alleine arbeiten, aber die Lehrer helfen einem auch.

Zu **on** in der Bedeutung von *man* gehört das Objektpronomen **vous**.

Mes copines? Je les ai rencontrées hier soir.
Meine Freundinnen habe ich gestern Abend getroffen.

Ses livres, il les a enfin rangés.
Seine Bücher hat er endlich weggeräumt.

Als vorangehende direkte Objekte lösen die direkten Objektpronomen die Angleichung des Partizips
nach dem Hilfsverb **avoir** aus.
▶ s.S.164–165 (Die Angleichung des Partizip Perfekt nach dem Hilfsverb **avoir**)

49

3.4 Die indirekten Objektpronomen
Les pronoms objet indirect

[S.312]
Apostro-
phierung

Mes parents	**me**	font un cadeau.	mir
La prof	**te**	donne une bonne note.	dir
Je vais	**t'**	écrire une carte postale.	dir
Les amis de David ne	**lui**	écrivent pas souvent.	ihm
Les amies de Marie	**lui**	écrivent souvent.	ihr
Ils	**nous**	demandent notre avis.	uns
Je vais	**vous**	écrire bientôt.	euch/Ihnen
Il	**leur**	a raconté son histoire.	ihnen

Die indirekten Objektpronomen ersetzen indirekte Objekte ▶ s.S.220 (Das indirekte Objekt),
die mit **à** an ein Verb angeschlossen werden (z.B. **téléphoner à qn** – *jemanden anrufen,*
écrire une carte postale à qn – *jemandem eine Postkarte schreiben*).
Vor Vokal und „stummem h" werden **me** und **te** zu **m'** und **t'** verkürzt.

Lerntipp:
Lui und **leur** steh'n für Objekte,
aber nur für indirekte.

Lerntipp:
Nur **lui** und **leur** unterscheiden sich in ihrer Form
von den direkten Objektpronomen. Für die 3. Person
Singular steht immer nur **lui**.

▶ s.S.55–58 (Die Stellung der Pronomen im Satz)
▶ s.S.54 (Auf einen Blick: Die Pronominalisierung von direkten und indirekten Objekten)

Zusatzwissen:

Je me suis adressée **à la voisine**.
Ich habe mich an die Nachbarin gewendet.

Martin pense **à ses copains**.
Martin denkt an seine Freunde.

Je me suis adressée **à elle**.
Ich habe mich an sie gewendet.

Il pense **à eux**.
Er denkt an sie.

Das indirekte Objekt einiger Verben kann man nicht durch ein indirektes Objektpronomen ersetzen.
Es wird mit einer Präposition und einem unverbundenen Personalpronomen an das Verb ange-
schlossen: penser **à ses sœurs** – penser **à elles**. ▶ s.S.48 (Die unverbundenen Personalpronomen),
▶ s.S.54 (Auf einen Blick: Die Pronominalisierung von direkten und indirekten Objekten)

Zu diesen Verben zählen:

comparer qn à qn	jdn mit jdm vergleichen
faire attention à qn	auf jdn aufpassen
penser à qn	an jdn denken
prendre garde à qn	auf jdn aufpassen
tenir à qn	an jdm hängen

Und alle reflexiven Verben, z.B.:

s'adresser à qn	sich an jdn wenden
s'attaquer à qn	jdn angreifen
se confier à qn	sich jdm anvertrauen
s'intéresser à qn	sich für jdn interessieren
s'habituer à qn	sich an jdn gewöhnen
se plaindre à qn	sich bei jdm beschweren

3.5   Die Reflexivpronomen   Les pronoms réfléchis

Reflexive Verben werden wie im Deutschen von einem Reflexivpronomen begleitet.

Je	**me**	dépêche.	Ich beeile <u>mich</u>.
Tu	**te**	lèves à cinq heures demain?	Stehst du morgen um fünf Uhr auf?
Il	ne **se**	promène jamais.	Er geht nie spazieren.
On	**se**	retrouve à six heures.	Wir treffen <u>uns</u> um sechs Uhr.
Elle	**se**	cache derrière la porte.	Sie versteckt <u>sich</u> hinter der Tür.
Nous	**nous**	baignons chaque jour.	Wir baden jeden Tag.
Vous	**vous**	appelez Dubois?	Heißt ihr / Heißen Sie Dubois?
Ils	**se**	connaissent depuis longtemps.	Sie kennen <u>sich</u> schon lange.
Elles	**s'**	amusent beaucoup.	Sie amüsieren <u>sich</u> sehr.

[S.312]
Apostro-
phierung

Das Reflexivpronomen steht in derselben Person wie das Subjekt. Es kann direktes oder indirektes Objekt des Verbs sein.
Me, te und **se** werden vor Vokal und „stummem h" zu **m', t', s'** verkürzt.

▶ s. S.175–180 (Die reflexiven Verben)

 Lerntipp:
Die Reflexivpronomen unterscheiden sich nur in der 3. Person Singular und Plural von den direkten Objektpronomen: **se**.

Das Reflexivpronomen steht vor den einfachen Verbformen:

Elles **se** dépêchent.	Sie beeilen <u>sich</u>.	– bei einfachen Zeiten,
En **me** promenant j'ai trouvé un trèfle à quatre feuilles.	Beim Spazierengehen habe ich ein vierblättriges Kleeblatt gefunden.	– beim **gérondif**,
Ne **t'**inquiète pas.	Mach dir keine Sorgen.	– bei verneintem Imperativ,
Te souviens-tu?	Erinnerst du <u>dich</u>?	– in der Inversionsfrage,
Elle ne **se** dépêche jamais.	Sie beeilt <u>sich</u> nie.	– und innerhalb der Verneinungsklammer.

Das Reflexivpronomen steht vor dem Infinitiv:

Elle va **se** séparer de lui.	Sie wird <u>sich</u> von ihm trennen.	– beim **futur composé**,
Il vient de **se** lever.	Er ist gerade aufgestanden.	– beim **passé récent**,
Elle est en train de **se** doucher.	Sie duscht gerade.	– beim **présent duratif** und
Ils veulent **se** marier en juin. Elle ne veut pas **se** dépêcher.	Sie wollen im Juni heiraten. Sie will <u>sich</u> nicht beeilen.	– bei Modalverben.

Das Reflexivpronomen steht vor dem Hilfsverb:

Ils **se** sont levé<u>s</u> trop tard. Il ne **s'**est pas levé trop tard.	Sie sind zu spät aufgestanden. Er ist nicht zu spät aufgestanden.	– bei allen anderen zusammengesetzten Zeiten.

▶ s. S.177–178 (Die Angleichung des Partizip Perfekt der reflexiven Verben)

| Dépêche-**toi**. | Beeile dich. |
| Levez-**vous**. | Steht auf. / Stehen Sie auf. |

Nur beim bejahten Imperativ steht das Reflexivpronomen (wie im Deutschen) hinter dem Verb. Es wird mit einem Bindestrich angeschlossen. In der 1. und 2. Person Singular stehen statt **me** und **te** die betonten Formen **moi** und **toi**.

▶ s. S. 56 (Die Stellung der Pronomen beim Imperativ)

3.6 Das Pronomen *y* Le pronom *y*

Tu as pensé à envoyer la lettre?

Désolé. Je n'y ai pas pensé.

Das Pronomen y steht für:

Elle est toujours **à Paris**?	Ist sie noch in Paris?	– Ortsangaben mit allen Präpositionen, außer mit **de**,
Elle **y** est depuis trois mois.	Sie ist seit drei Monaten dort.	
Tu as cherché **sous ton lit**?	Hast du schon unter deinem Bett gesucht?	
Oui, j'**y** ai déjà regardé.	Ja, ich habe dort schon geschaut.	
Tu as répondu **à la lettre**?	Hast du schon auf den Brief geantwortet?	– indirekte **Sach**objekte mit **à** (keine Personen),
Oui, j'**y** ai répondu.	Ja, ich habe darauf geantwortet.	
Tu as pensé **à mes livres**?	Hast du an meine Bücher gedacht?	
Oui, j'**y** ai pensé.	Ja, ich habe daran gedacht.	
Tu as pensé **à envoyer la lettre**?	Hast du daran gedacht, den Brief abzuschicken?	– Infinitivergänzungen mit **à**.
Non, je n'**y** ai pas pensé.	Nein, ich habe nicht daran gedacht.	

⚠ aber:

Tu as montré la photo **à ton professeur**?   Oui, je la **lui** ai montrée.

Hast du das Foto deinem Lehrer gezeigt?   Ja, ich habe es ihm gezeigt.

Ein indirektes **Personen**objekt mit à ersetzt du nie mit **y**, sondern mit dem indirekten Objektpronomen.

▶ s. S. 50 (Die indirekten Objektpronomen)

Lerntipp:
Für **à** + Person steht **NIE** das Pronomen **y**.

Die Pronomen

Merke dir folgende geläufige Wendungen mit **y**:

Je n'**y** comprends rien.	Ich verstehe gar nichts.
Il s'**y** connaît.	Er kennt sich aus.
Ça **y** est.	Geschafft. / Es ist soweit.
Vous **y** êtes?	Seid ihr soweit? / Haben Sie es?
Je n'**y** suis pour rien.	Ich kann nichts dafür.
Vas-**y**. / Allez-**y**.	Los. Auf geht's. Mach doch. / Macht doch. / Machen Sie doch.

3.7 Das Pronomen *en*   Le pronom *en*

Das Pronomen **en** steht für:

Vous venez **de Paris**? Oui, j'**en** viens.	Kommen Sie aus Paris? Ja, ich komme von dort (daher).	– Ortsangaben mit **de**,
Tu as acheté **du pain**? Non, je n'**en** ai pas acheté. On a encore **des oranges**? Oui, on **en** a cinq ou six.	Hast du Brot gekauft? Nein, ich habe keins gekauft. Haben wir noch Orangen? Ja, wir haben fünf oder sechs (davon).	– Nomen, vor denen der Teilungs-artikel oder ein unbestimmter Artikel im Plural steht,
Tu as beaucoup **de CD**? Oui, j'**en** ai beaucoup.	Hast du viele CDs? Ja, ich habe viele (davon).	– Nomen, vor denen eine Men-genangabe steht,
Tu cherches **un couteau**? Il y **en** a **un** dans le tiroir.	Suchst du ein Messer? Es ist eines in der Schublade.	– ein direktes Sachobjekt, vor dem ein unbestimmter Artikel steht.
Tu as **un chat**? Non, j'**en** ai trois. Vous avez **un lecteur MP3**? Non, je n'**en** ai pas.	Hast du eine Katze? Nein, ich habe drei (davon). Haben Sie einen Mp3-Player? Nein, ich habe keinen.	Im bejahten Satz stehen zusätz-lich zu en Zahlwörter und Mengenangaben. Im verneinten Satz steht nur **en**.

 En wird meist nicht ins Deutsche übersetzt.

Sache: On parle beaucoup **de ce livre**. On **en** parle beaucoup. Man spricht viel von diesem Buch. Man spricht viel davon/darüber. Person: On parle beaucoup **de cette actrice**. On parle beaucoup **d'elle**. Man spricht viel von dieser Schauspielerin. Man spricht viel von ihr.	**En** kann nur **Sach**objekte erset-zen. Indirekte **Personen**objekte mit de werden durch de + unverbundenes Personalprono-men ersetzt.

Merke dir folgende geläufige Wendungen mit **en**:

Je n'**en** peux plus.	Ich kann nicht mehr.
Je n'**en** croyais pas mes yeux/oreilles.	Ich traute meinen Augen/Ohren nicht.
J'**en** ai assez.	Ich habe es satt.
J'**en** ai marre. (*ugs.*)	Ich habe die Nase voll.
Elle m'**en** veut.	Sie ist mir böse.
Je n'**en** reviens pas.	Ich kann es nicht fassen.
Il n'**en** est pas question.	Das kommt nicht in Frage.
Ne t'**en** fais pas.	Mach dir nichts draus.

🔍 Auf einen Blick: Die Pronominalisierung von direkten und indirekten Objekten

Direkte Objekte

direkte **Personen**objekte		direkte **Sach**objekte	
werden immer durch die direkten Objektpronomen ersetzt:		werden durch die direkten Objektpronomen ersetzt. Aber: Steht vor dem Objekt ein Teilungsartikel, eine Mengenangabe, ein unbestimmter Artikel oder ein Zahlwort, ersetzt du es durch **en**:	
Elle voit **sa copine**. Il cherche **ses copines**.	→ Elle **la** voit. → Il **les** cherche.	Elle mange **la poire**. Elle mange **cette poire**. Elle mange **ma poire**.	→ Elle **la** mange.
		aber: Elle mange *de la* **soupe**. Elle mange *des* **poires**. Elle mange *un kilo* **de poires.** Elle mange *une* **poire**. Elle a mangé *six* **poires**.	→ Elle **en** mange. → Elle **en** mange. → Elle **en** mange **un kilo**. → Elle **en** mange **une**. → Elle **en** a mangé **six**.

Indirekte Objekte

indirekte **Personen**objekte		indirekte **Sach**objekte	
Verb + à qn	Verb + de qn	Verb + à qc	Verb + de qc
ersetzt durch:			
indirekte Objektpronomen	de + unverbundene Personalpronomen	y	en
Il donne le livre **à son frère**. → Il **lui** donne le livre.	Il parle **de sa copine**. → Il parle **d'elle**.	Elle répond **à la lettre**. → Elle **y** répond.	Il parle **de son travail**. → Il **en** parle.
bei einigen Verben: à + unverbundene Personalpronomen Elle pense **à son copain**. → Elle pense **à lui**. ▶ s. S. 48/3.2			

Die Pronomen

3.8 Die Stellung der Pronomen im Satz
La place des pronoms dans la phrase

Tu as les clés?

Mais non, je ne les trouve pas!
Je les cherche encore.

3.8.1 In Aussagesätzen

Est-ce que Marc a trouvé ses clés? Hat Marc seine Schlüssel gefunden?	
Il **les** cherche encore, mais il ne **les** trouve pas. Er sucht sie noch, aber er findet sie nicht. Je **leur** téléphonerai, mais je ne **leur** écrirai pas. Ich rufe sie an, aber ich schreibe ihnen nicht. Je n'**y** vais pas. Ich gehe nicht (dort)hin.	Bei den einfachen Verbformen (**présent, imparfait, futur simple, conditionnel présent** usw.) stehen die Objektpronomen vor dem konjugierten Verb. Die Verneinungsklammer umschließt das Pronomen und das konjugierte Verb.

Il a cherché ses clés, mais il ne **les** a pas trouvées. Er hat seine Schlüssel gesucht, aber er hat sie nicht gefunden. Je **leur** ai écrit, mais je ne **leur** ai pas téléphoné. Ich habe ihnen geschrieben, aber ich habe sie nicht angerufen. Je n'**y** suis pas allé. Ich bin nicht dorthin gegangen. J'**en** ai rêvé, mais je n'**en** ai jamais parlé. Ich habe davon geträumt, aber ich habe nie davon gesprochen.	Bei den zusammengesetzten Verbformen (mit **avoir** und **être**) stehen die Objektpronomen vor dem Hilfsverb. Die Verneinungsklammer umschließt das Pronomen und das Hilfsverb.

 Bei vorangestellten direkten Objektpronomen musst du überlegen, ob du das folgende Partizip Perfekt an das Objektpronomen angleichen musst.
▶ s. S. 163–167 (Die Angleichung des Partizip Perfekt)

Il va **les** chercher. Er wird sie suchen. Je vais **leur** téléphoner, mais je ne vais pas **leur** écrire. Ich werde sie anrufen, aber ich werde ihnen nicht schreiben. Je ne veux pas **en** parler. Ich will nicht darüber reden. Son message? Je viens de **le** lire. Seine Nachricht? Ich habe sie gerade gelesen.	Beim **futur composé, venir de** und den Modalverben + Infinitiv stehen die Objektpronomen vor dem Infinitiv, auf den sie sich beziehen. Die Verneinungsklammer umschließt weder das Pronomen noch den Infinitiv.

3.8.2 Beim Imperativ

Regarde-**moi**.	Sieh mich an.	Ne **me** regarde pas.	Sieh mich nicht an.
Regarde-**la**.	Sieh sie an.	Ne **la** regarde pas.	Sieh sie nicht an.

Im bejahten Imperativsatz steht das Objektpronomen hinter dem Verb. Es wird mit Bindestrich angeschlossen. Statt **me** und **te** werden die betonten Formen **moi** und **toi** verwendet.
Im verneinten Imperativsatz steht das Objektpronomen ohne Bindestrich vor dem Verb und innerhalb der Verneinungsklammer.

Vas-**y**.	Geh hin.	N'**y** va pas.	Geh nicht hin.
Penses-**y**.	Denke daran.	N'**y** pense pas.	Denke nicht daran.
Achètes-**en**.	Kauf (davon).	N'**en** achète pas.	Kauf nicht (davon).

Endet die Verbform des bejahten Imperativs auf einen Vokal, so steht vor **en** und **y** ein -s.

3.8.3 Die Stellung von zwei Objektpronomen im Satz

> Tu connais ma corres?
> Je te la présente.

Im Französischen wie im Deutschen können zwei Objektpronomen in einem Satz stehen.

Je le **lui** donne. Ich gebe es ihm/ihr.	Du kannst aber nur die direkten Objektpronomen le, la oder les mit anderen kombinieren.
Je **te** la montre. Ich zeige sie dir.	Me, te, nous, vous (direkte Objektpronomen) stehen nie mit lui oder leur (indirekte Objektpronomen) zusammen.

Wenn du zwei Objektpronomen in einem Satz verwendest, gelten folgende Stellungsregeln:

	indirektes Objekt	direktes Objekt			indirektes Objekt	direktes Objekt
Marc	me montre	ses photos.	→	Il	me	les montre.
Je	te traduis	la phrase.	→	Je	te	la traduis.
Ils	se racontent	les histoires.	→	Ils	se	les racontent.
Il	nous raconte	l'histoire.	→	Il	nous	la raconte.
Elle	vous donne	le livre.	→	Elle	vous	le donne.

Die indirekten Objektpronomen me, te, se, nous, vous stehen immer vor den direkten Objektpronomen le, la, les.

Das ist anders als im Deutschen:
🇫🇷 Je te raconte l'histoire. → Je te la raconte.
🇩🇪 Ich erzähle dir die Geschichte. → Ich erzähle sie dir.

Die Pronomen

	direktes Objekt	indirektes Objekt		direktes Objekt	indirektes Objekt
Marc montre	ses photos	à Jeanne.	→ Il	les	lui montre.
Marie montre	le livre	à ses parents.	→ Elle	le	leur montre.

Die indirekten Objektpronomen **lui** und **leur** stehen hinter den direkten Objektpronomen **le, la, les**.

Das ist wie im Deutschen:

🇫🇷 Marc montre ses photos à Jeanne. Il les lui montre.
🇩🇪 Marc zeigt Jeanne seine Fotos. Er zeigt sie ihr.

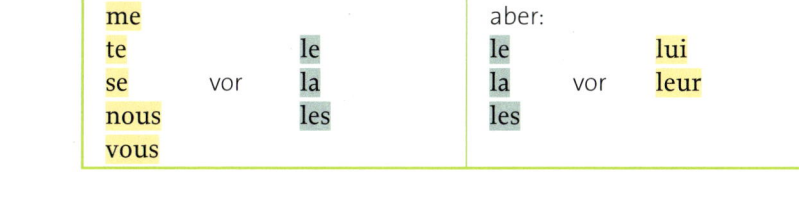

Luc parle à ses copains de son travail.	→ Il leur en parle.
Luc erzählt seinen Freunden von seiner Arbeit.	Er erzählt ihnen davon.
J'ai rencontré Pauline à l'hôtel.	→ Je l'y ai rencontrée.
Ich habe Pauline im Hotel getroffen.	Ich habe sie dort getroffen.
Il y a peu de magasins dans les rues.	→ Il y en a peu.
Es gibt wenig Geschäfte in den Straßen.	Es gibt dort wenige davon.

Die Pronomen **y** und **en** stehen immer hinter allen anderen Pronomen.
En steht an letzter Stelle.

Merke!

Die Reihenfolge der direkten und indirekten Objektpronomen

me			aber:		
te		le	le		lui
se	vor	la	la	vor	leur
nous		les	les		
vous					

Lerntipp:

Wenn du dir nicht sicher bist, verwende nur ein Pronomen und stelle das andere Objekt in ganzer Länge hinter das Verb, z.B.:
Statt: Elles **se les** racontent.   Elles **se** racontent **les histoires**.
oder: Luc **leur en** parle.   Luc **leur** parle **de son travail**.

➕ **Zusatzwissen:**

Il **la lui** présente.	⚠ aber: Il **me** présente **à elle**.
Er stellt sie ihm/ihr vor.	Er stellt mich ihr vor.
Je **les leur** présente.	Il **te** présente **à eux**.
Ich stelle sie ihnen vor.	Er stellt dich ihnen vor.

Me, te, se, nous, vous kannst du nicht mit **lui** oder **leur** kombinieren.
Deshalb steht bei Verben mit zwei Personenobjekten: **à lui / à elle / à eux** oder **à elles**
(à + unverbundenes Personalpronomen).

▶ s. S. 48 (Die unverbundenen Personalpronomen)

3.8.4 Die Stellung von zwei Objektpronomen beim Imperativ

Comme il est petit.
Montre-le-nous.

Donne-le-moi.	Gib es/ihn mir.	Beim bejahten Imperativ stehen beide Objektpronomen mit Bindestrichen hinter dem Verb im Imperativ. Hier steht das direkte Objektpronomen vor dem indirekten. Das ist wie im Deutschen.
Montre-les-nous.	Zeig sie uns.	
Raconte-la-leur.	Erzähle sie ihnen.	
Promets-le-lui.	Versprich es ihm/ihr.	

Ne me le donne pas.	Gib es/ihn mir nicht.	Beim verneinten Imperativ stehen die Objektpronomen wie im Aussagesatz.
Ne nous les montre pas.	Zeig sie uns nicht.	▶ s. S. 56–57 (Die Stellung von zwei Objektpronomen im Satz)
Ne la leur raconte pas.	Erzähle sie ihnen nicht.	

 Zusatzwissen:

Présente-moi à elle.	Stelle mich ihr vor.
Présente-moi à eux.	Stelle mich ihnen vor.

Me, te, se, nous, vous bzw. die betonten Formen moi und toi kannst du nicht mit lui oder leur kombinieren. Deshalb steht bei Verben mit zwei Personenobjekten auch im Imperativ: à lui / à elle / à eux oder à elles (à + unverbundenes Personalpronomen).

3.9 Die Relativpronomen Les pronoms relatifs

3.9.1 *qui*

1. Elle voit un garçon	**qui** joue de la guitare.	… einen Jungen, der Gitarre spielt.
2. Tu as une copine	**qui** aime la danse?	… eine Freundin, die den Tanz mag.
3. Il voit la fille	**qui** joue du piano.	… das Mädchen, das Klavier spielt.
4. Tu connais ces jeunes	**qui** te regardent?	… diese Jugendlichen, die dich ansehen.
5. Ils voient des filles	**qui** chantent.	… Mädchen, die singen.

Das Relativpronomen qui ist unveränderlich. Es ist Subjekt des Satzes.
Auf qui folgt ein Verb, vor dem auch noch ein Objektpronomen stehen kann (Beispiel 4).

Die Pronomen

3.9.2 *que*

C'est toi que j'aime!

Elle appelle l'ami	**qu'**elle veut inviter.	... den Freund, den sie einladen will.
J'écoute le CD	**que** tu aimes.	... die CD, die du magst.
Quelle est la chanson	**que** tu aimes le plus?	... das Lied, das du am liebsten magst?
Voilà les papiers	**que** tu cherches.	... die Papiere, die du suchst.
Tu connais les filles	**que** Luca appelle?	... die Mädchen, die Luca anruft?

Das Relativpronomen **que** ist unveränderlich. Es ist das direkte Objekt des Relativsatzes.
Que wird vor einem Vokal zu **qu'** (**qui** nicht).
Auf **que** folgt meistens das Subjekt des Relativsatzes (... **qu'elle** veut inviter).

 Voilà **la** lettre qu'il t'a écrit**e**.
Voilà **les** chanson**s** qu'on a chanté**es**.
Ce sont **les** garçon**s** que j'ai vu**s**.

Fast immer musst du ein Partizip, das nach **que** steht, in den zusammengesetzten Zeiten dem vorangehenden direkten Objekt angleichen.

▶ s.S.163–167 (Die Angleichung des Partizip Perfekt)

3.9.3 *ce qui / ce que*

1. Vous ne savez pas	**ce qui** arrivera demain.	..., was morgen passieren wird.
2. Je ne sais pas	**ce qui** l'intéresse.	..., was ihn interessiert.
3. Lucie fait	**ce qui** lui plaît.	..., was ihr gefällt.
4. Je n'ai pas compris	**ce que** Marc a dit.	..., was Marc gesagt hat.
5. Tu sais	**ce qu'**il veut?	..., was er will?

Die Relativpronomen **ce qui** und **ce que** beziehen sich auf Sachverhalte (nicht auf Personen oder Dinge). Man übersetzt sie mit *was*.
Ce qui ist das Subjekt des Relativsatzes. Auf **ce qui** folgt ein Verb, vor dem ein Objektpronomen stehen kann (Satz 2 und 3: ce qui l'intéresse, ce qui lui plaît).
Ce que ist das direkte Objekt des Relativsatzes. Auf **ce que** folgt das Subjekt des Relativsatzes (Satz 4 und 5: ce que Marc a dit, ce qu'il veut).

3.9.4 *où*

1. Le café **où** ils veulent aller est loin d'ici.	Das Café, in das sie gehen wollen, ist weit von hier.
2. Je connais la ville **où** vous habitez.	Ich kenne die Stadt, in der ihr lebt / Sie leben.
3. Je n'oublierai jamais l'année **où** il a passé son bac.	Ich werde nie das Jahr vergessen, in dem er Abitur gemacht hat.

Das Relativpronomen **où** ist unveränderlich. Es steht anstelle einer Ortsangabe. In manchen Fällen steht es auch anstelle einer Zeitangabe (Satz 3).

3.9.5 *dont*

> Marc a besoin **d'informations**. L'office de tourisme peut lui donner ces informations.
>
> L'office de tourisme peut lui donner les informations **dont** il a besoin.
> Das Fremdenverkehrsamt kann ihm die Informationen geben, die er braucht.
>
> Das Relativpronomen **dont** ist unveränderlich.
> Es steht für Personen und Sachen, männlich und weiblich, Singular und Plural.

Dont vertritt verschiedene Ergänzungen mit de. Das können sein:

Marc parle du séjour	**dont** il rêve depuis longtemps. ..., von dem er seit langem träumt.	– Ergänzungen eines Verbs (rêver de qc),
Qui est le garçon	**dont** Sophie est tombée amoureuse? ..., in den Sophie sich verliebt hat?	– Ergänzungen eines Adjektivs mit **de** (tomber amoureux/ -euse de qn),
Tu connais le livre	**dont** j'ai oublié le titre? ..., dessen Titel ich vergessen habe?	– Ergänzungen eines Nomens (le titre de qc).
Elle a trois frères Il a quatre enfants	**dont** un habite en Allemagne. ..., von denen einer in Deutschland lebt ... **dont** trois filles. ..., darunter drei Mädchen.	**Dont** kann auch partitiv (d. h. wenn von einem Teil einer Menge die Rede ist) gebraucht werden.

Einer französischen Ergänzung mit **de** entsprechen im Deutschen ganz unterschiedliche Ergänzungen. Da **dont** diese Ergänzungen vertritt, muss es auch unterschiedlich übersetzt werden:

parler de qn/qc
Le séjour **dont** il parle ...   Der Aufenthalt, von dem er spricht, ...

s'occuper de qn/qc
L'enfant **dont** elle s'occupe ...   Das Kind, um das sie sich kümmert, ...

avoir envie de qc
Le voyage **dont** j'ai envie ...   Die Reise, auf die ich Lust habe, ...

avoir besoin de qc
Le dictionnaire **dont** j'ai besoin ...   Das Wörterbuch, das ich brauche, ...

être content/e de qc
Le résultat **dont** je suis content ...   Das Ergebnis, über das ich glücklich bin, ...

être fier/fière de
Les photos **dont** je suis fier ...   Die Fotos, auf die ich stolz bin, ...

▶ s. S. 214–216 (Das Verb und seine Ergänzungen)
▶ s. S. 250 (Relativsatz mit **dont** ohne Verb)

Die Pronomen

3.9.6 *lequel*

> C'est le film
> auquel tu t'intéresses?

	männlich	weiblich
Singular mit **à** mit **de**	lequel auquel duquel	laquelle à laquelle de laquelle
Plural mit **à** mit **de**	lesquels auxquels desquels	lesquelles auxquelles desquelles

Das Relativpronomen **lequel** richtet sich in Geschlecht und Zahl nach dem Nomen, das es vertritt. Es wird aus einem bestimmten Artikel und einer Form des Fragebegleiters **quel** zusammengesetzt. Wie die bestimmten Artikel **le** und **les** werden **lequel, lesquels** und **lesquelles** mit den Präpositionen **à** und **de** zusammengezogen.

Lerntipp:

Das Relativpronomen **lequel** hat dieselben Formen wie das Fragepronomen **lequel**

▶ s. S. 65–66 (Das Fragepronomen **lequel**).

Il y a des textes **dans lesquels** Voltaire se moque de la justice.

Es gibt Texte, in denen Voltaire sich über die Justiz lustig macht.

Ce sont des textes **à cause desquels** il doit prendre la fuite.

Dies sind Texte, derentwegen er die Flucht ergreifen muss.

Quelle est la raison **pour laquelle** il doit quitter la France?

Was ist der Grund, weshalb er Frankreich verlassen muss?

Lequel wird in Verbindung mit Präpositionen verwendet.

Le jeune homme **à qui** elle écrit de temps en temps s'appelle Damien.

Der junge Mann, dem sie von Zeit zu Zeit schreibt, heißt Damien.

Lequel wird fast nur verwendet, wenn das Bezugswort eine Sache ist.
Ist das Bezugswort eine Person, wird eine Präposition + **qui** vorgezogen.

Zusatzwissen:

J'ai vu la sœur de Patrick **avec laquelle** je suis allé prendre un café.

Ich habe die Schwester von Patrick gesehen, mit der ich einen Kaffee trinken gegangen bin.

Nur um Verwechslungen auszuschließen, verwendet man **lequel** auch mit Personen. **Avec qui** wäre in diesem Beispielsatz nicht eindeutig, da es sich auf **la sœur** oder auf **Patrick** beziehen könnte.

 J'ai beaucoup d'amis **parmi lesquels** il y a aussi des Américains.
Je ne connais pas les femmes **entre lesquelles** Frédéric est assis.

Mit den Präpositionen **parmi** und **entre** steht immer **lequel**, auch wenn das Bezugswort eine Person ist.

3.10 Die neutralen Pronomen Les pronoms neutres

3.10.1 *Il, ce, cela/ça, ceci*

Il pleut. Es regnet. **Il** est deux heures. Es ist zwei Uhr. **C'**est vrai? Ist das wahr? **Ce** n'est pas compliqué. Das ist nicht schwierig.	Il und ce sind immer Subjekte. Ce steht nur vor être, nicht aber vor anderen Verben.

Cela/Ça ne fait rien. Das macht nichts. M. Morel a dit **cela/ça** à ses élèves. M. Morel hat das zu seinen Schülern gesagt. **Ceci** me plaît beaucoup. Das gefällt mir gut. Je vais te dire **ceci**. Ich werde dir Folgendes sagen.	Cela/ça und ceci können sowohl Subjekt als auch Objekt sein. Cela (eher standardsprachlich) und ça (eher umgangssprachlich) sind meistens austauschbar, außer in den Wendungen: Ça va? *Wie geht es dir?* Ça va. *Gut.*
Cela me plaît, **ceci** non. Das gefällt mir, dieses nicht.	Cela und ceci dienen auch der Gegenüberstellung.

3.10.2 *le*

Il **le** fait exprès. Er macht es absichtlich. Je **le** sais. Ich weiß es.	Das neutrale Pronomen le ist immer direktes Objekt des Satzes und wird mit *es* ins Deutsche übersetzt.

▶ s. S. 70–71 (Wie übersetzt du *es* ins Französische?)

3.10.3 *soi*

Chacun pense à **soi** d'abord. Cela va de **soi**. Là où on est bien, on est chez **soi**. Il faut savoir ce qui est bon pour **soi**-même.	Jeder denkt an sich zuerst. Das versteht sich von selbst. / Das ist selbstverständlich. Da, wo man sich wohl fühlt, ist man zu Hause (bei sich). Man muss wissen, was gut für einen selbst ist.
Soi bezieht sich auf ein unbestimmtes Subjekt im Singular (**on, chacun, cela, personne**). Es kann durch -**même** verstärkt werden.	

▶ s. S. 72 (Wie übersetzt du *sich* ins Französische?)

Romain Gary (Émile Ajar)
La vie devant soi

folio

3.11   Die Demonstrativpronomen   Les pronoms démonstratifs

Tu prends **le sac** à 35 €?	– Non, je prends celui à 22 €.	... den zu 22 €.
Est-ce que ce sont **tes jeux vidéo**?	– Non, ce sont ceux de mon frère.	... die meines Bruders.
Tu parles de **quelle fille**?	– De celle qui joue du piano.	... von der, die Klavier spielt.
Quelles baskets me vont le mieux?	– Celles à 49 €.	Die zu 49 €.

Das Demonstrativpronomen steht anstelle eines Nomens. Mit dem Demonstrativpronomen verweist man auf Personen oder Sachen. Es wird in Geschlecht und Zahl dem Nomen angeglichen, das es vertritt.

Merke !

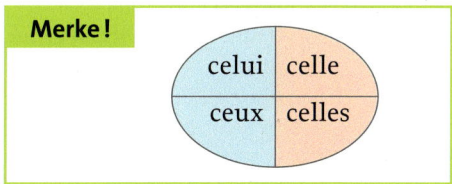

Die französischen Demonstrativpronomen stehen nie alleine. Auf **celui, celle, ceux, celles** folgt eine weitere Angabe:

celle **qui joue du piano**	– ein Relativsatz,
ceux **de ma sœur** ceux **à 30 €**	– eine Ergänzung mit de oder à,
celui-**ci**, celle-**ci**, ceux-**ci**, celles-**là**	– -ci oder -là.

3.12   Die Possessivpronomen   Les pronoms possessifs

J'ai oublié **mon** portable.
Ich habe mein Handy vergessen.

– Tu me prêtes **le tien**?
– Leihst du mir deins?

Im Französischen wird zwischen den Possessiv**begleitern** (mon, ton, son, etc.), die vor einem Nomen stehen, und den Possessiv**pronomen** (le mien, le tien, le sien, etc.) unterschieden. Possessivpronomen ersetzen ein Nomen.

Singular		Plural		Possessivpronomen werden in
männlich	weiblich	männlich	weiblich	Geschlecht und Zahl dem Nomen angeglichen, das sie vertreten.
le mien	la mienne	les miens	les miennes	Sie werden immer mit dem be-
le tien	la tienne	les tiens	les tiennes	stimmten Artikel verwendet.
le sien	la sienne	les siens	les siennes	
le nôtre	la nôtre	les nôtres		
le vôtre	la vôtre	les vôtres		
le leur	la leur	les leurs		

Zusatzwissen:
Beachte die unterschiedliche Aussprache von **notre**, **votre** und **nôtre**, **vôtre**:

Possessiv**begleiter**		Possessiv**pronomen**	
notre bureau	**vo**tre bureau	le n**ô**tre	le v**ô**tre
[nɔtʀ]	[vɔtʀ]	[notʀ]	[votʀ]

J'ai oublié mon portable. Tu me prêtes le tien?
Ich habe mein Handy vergessen. Leihst du mir <u>deins</u>?
Ta sœur est plus grande que la mienne.
Deine Schwester ist größer als <u>meine</u>.
Notre professeur de français est plus gentil que le vôtre.
Unser Französischlehrer ist netter als <u>eurer</u>.
Ce sont mes baskets ou les tiennes?
Sind das meine oder <u>deine</u> Turnschuhe?

Anders als im Deutschen kann nur ein Possessivbegleiter bei einem Nomen stehen.
Anstelle des zweiten Possessivbegleiters steht ein Possessivpronomen. ▶ s. S. 20 (Gebrauch der Possessivbegleiter)

3.13 Die Fragepronomen   Les pronoms interrogatifs

3.13.1 Frage nach Personen mit *qui*

Qui est venu?
Qui est-ce qui est venu?

<u>Wer</u> ist gekommen?

Qui a-t-elle invité?
Qui est-ce qu'elle a invité?

<u>Wen</u> hat sie eingeladen?

Qui kann das Subjekt oder das Objekt eines Fragesatzes sein.
Qui est-ce qui ist immer Subjekt des Fragesatzes (*Wer …?*).
Qui est-ce que ist immer Objekt des Fragesatzes (*Wen …?*).
Qui als Objekt des Fragesatzes erfordert die Inversion (**Qui a-t-elle invité?**).

À qui penses-tu?	**À qui est-ce que** tu penses?	<u>An wen</u> denkst du?
De qui parlez-vous?	**De qui est-ce que** vous parlez?	<u>Von wem</u> sprecht ihr / sprechen Sie?
Pour qui écrit-on?	**Pour qui est-ce qu'**on écrit?	<u>Für wen</u> schreiben wir?

Qui und qui est-ce que können mit Präpositionen verwendet werden.

Die Pronomen

3.13.2 Frage nach Sachen mit *que* (*quoi*)

Qu'est-ce qui se passe ici? Was geht hier vor?	Qu'est-ce qui ist immer das Subjekt des Fragesatzes (*Was …?*)
Qu'est-ce que tu fais? **Que** fais-tu? Tu fais **quoi**? Was machst du?	Qu'est-ce que, que und quoi sind das Objekt des Fragesatzes (*Was …?*). Que als Objekt erfordert immer die Inversion des Subjekts (Que fais-tu?). Die Frage mit nachgestelltem quoi ist umgangssprachlich.
De quoi s'agit-il? Worum handelt es sich? **À quoi** penses-tu? Woran denkst du? **Avec quoi** fais-tu cela? Womit machst du das?	In Verbindung mit Präpositionen kann nur quoi (nicht que) stehen.

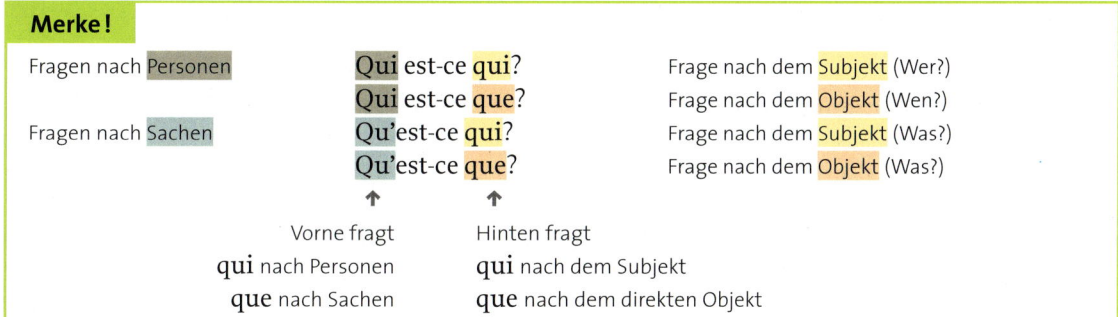

Merke!		
Fragen nach Personen	**Qui** est-ce **qui**?	Frage nach dem Subjekt (Wer?)
	Qui est-ce **que**?	Frage nach dem Objekt (Wen?)
Fragen nach Sachen	**Qu'est-ce qui**?	Frage nach dem Subjekt (Was?)
	Qu'est-ce que?	Frage nach dem Objekt (Was?)

⬆   ⬆

Vorne fragt   Hinten fragt

qui nach Personen   qui nach dem Subjekt

que nach Sachen   que nach dem direkten Objekt

3.13.3 Das Fragepronomen *lequel*

Mit dem Fragepronomen **lequel** fragst du nach Personen oder Sachen, die du aus einer Gruppe auswählst: *Welcher? Welche? Welches?* (Singular) *Welche?* (Plural).

Ils ont déjà choisi une voiture. Sie haben schon ein Auto ausgesucht.	Laquelle? Welches?	Das Fragepronomen **lequel** richtet sich in Geschlecht und Zahl nach dem Nomen, das es vertritt. Es setzt sich aus einem bestimmten Artikel und einer Form des Fragebegleiters **quel** zusammen.
Je connais un très bon guitariste. Ich kenne einen sehr guten Gitarristen.	Lequel? Welchen?	
Lesquels de ces films allez-vous voir? Welche von diesen Filmen werdet ihr / werden Sie sehen? Lesquelles de ces phrases comprenez-vous? Welche von diesen Sätzen versteht ihr / verstehen Sie?		
Il s'est adressé à plusieurs collègues. Er hat sich an mehrere Kollegen gewendet.	Auxquels? An welche?	Wie die bestimmten Artikel le und les werden lequel, lesquels und lesquelles mit den Präpositionen à und de zusammengezogen.
Hugo a beaucoup parlé de cette chanson. Hugo hat viel über dieses Lied gesprochen.	De laquelle? Über welches?	

▶ s. S. 226–234 (Der Fragesatz)

	männlich	weiblich	
Singular mit **à** mit **de**	lequel auquel duquel	laquelle à laquelle de laquelle	Das Fragepronomen **lequel** hat dieselben Formen wie das Relativpronomen **lequel**.
Plural mit **à** mit **de**	lesquels auxquels desquels	lesquelles auxquelles desquelles	

▶ S. 61 (Das Relativpronomen **lequel**).

3.14 Die Indefinitpronomen Les pronoms indéfinis

Indefinitpronomen stehen für nicht näher bestimmte Personen oder Sachen.

3.14.1 *tout le monde*

Tout le monde connaît cette actrice. <u>Jeder</u> kennt diese Schauspielerin. Ce livre s'adresse à **tout le monde**. Dieses Buch wendet sich an <u>alle</u>. On ne peut pas plaire à **tout le monde**. Man kann nicht <u>jedem</u> / nicht <u>allen</u> gefallen.	Tout le monde bedeutet *jeder/alle*. Es kann Subjekt oder Objekt des Satzes sein. Als Subjekt steht **tout le monde** immer mit einem Verb in der 3. Person Singular.

Verwechsle nicht:

tout le monde	jeder, alle		le monde entier	die ganze Welt

3.14.2 *tout*

Tout m'a plu. <u>Alles</u> hat mir gefallen.	**Tout** est gratuit. <u>Alles</u> ist gratis.	Réponse à **tout**. Antwort auf <u>alles</u>.
J'ai déjà **tout** fait. Ich habe schon <u>alles</u> gemacht.	Je n'ai pas **tout** fait. Ich habe nicht <u>alles</u> gemacht.	

Tout (*alles*) ist unveränderlich. Es kann Subjekt und Objekt eines Satzes sein.
In zusammengesetzten Zeiten steht **tout** vor dem Partizip. In einem verneinten Satz steht es hinter **pas**.

Die Pronomen

3.14.3   *chacun/chacune*

Alex a quatre frères. Chacun a sa copine.	Alex hat vier Brüder. Jeder hat eine Freundin.
M. Brun a trois filles. Il achète un cadeau pour chacune.	M. Brun hat drei Töchter. Er kauft für jede ein Geschenk.
Chacun de nous peut sauver des vies.	Jeder von uns kann Leben retten.
Chacun de vous est responsable.	Jeder von euch/Ihnen ist verantwortlich.

Das unbestimmte Pronomen **chacun/e** hat eine männliche und eine weibliche Form. Es kann Subjekt und Objekt in einem Satz sein.
Chacun/e bezeichnet *jeden Einzelnen / jede Einzelne* aus einer (bekannten) Gruppe. Häufig wird diese Gruppe mit einer **de**-Ergänzung angegeben: **chacun/e de nous** – *jede/r von uns*.

⚠️ Begleiter   Pronomen
Chaque participant s'est bien préparé.   **Chacun** s'est bien préparé.
Jeder Teilnehmer hat sich gut vorbereitet.   Jeder hat sich gut vorbereitet.

Verwechsle nicht das Indefinit**pronomen** chacun mit dem Indefinit**begleiter** chaque: Chaque steht vor einem Nomen, **chacun/e** steht alleine.
► s.S.69 (Auf einen Blick: Begleiter und Pronomen)

3.14.4   *tous/toutes*

Elle a beaucoup de copains.
Elle les a tous invités. Ils sont tous venus. / Tous sont venus.
Sie hat sie alle eingeladen. Sie sind alle gekommen. / Alle sind gekommen.

Il a beaucoup de copines.
Il les a toutes invitées. Elles sont toutes venues. / Toutes sont venues.
Er hat sie alle eingeladen. Sie sind alle gekommen. / Alle sind gekommen.

Tous/Toutes bedeutet *alle* und hat im Unterschied zum Deutschen eine männliche und eine weibliche Form.

3.14.5   *quelqu'un*

1. **Quelqu'un** nous a appelés.   3. J'entends **quelqu'un** parler.
   Jemand hat uns angerufen.   Ich höre jemanden sprechen.

2. Tu as parlé à **quelqu'un**?   4. J'ai reçu un mail de **quelqu'un** que je ne connais pas.
   Hast du mit jemandem gesprochen?   Ich habe eine Mail von jemandem bekommen, den ich nicht kenne.

Quelqu'un steht nur für Personen. Es kann Subjekt (Satz 1), direktes (Satz 3) oder indirektes Objekt (Sätze 2 + 4) eines Satzes sein. **Quelqu'un** steht nur in bejahten Sätzen.

⚠️ In verneinten Sätzen steht **personne**: Personne n'a appelé. Niemand hat angerufen.

3.14.6 *quelque chose*

1. **Quelque chose** m'a réveillé.
   Etwas hat mich geweckt.

2. J'ai entendu **quelque chose**.
   Ich habe etwas gehört.

3. Tu as besoin de **quelque chose**?
   Brauchst du etwas?

4. Je pensais à **quelque chose** de désagréable.
   Ich habe an etwas Unangenehmes gedacht.

Quelque chose steht nur für Sachen. Es kann Subjekt (Satz 1), direktes (Satz 2) oder indirektes Objekt (Sätze 3 + 4) eines Satzes sein. Nach **quelque chose** werden Adjektive mit **de** angeschlossen (Satz 4). **Quelque chose** steht nur in bejahten Sätzen.

 In verneinten Sätzen steht **rien**: Rien ne va plus. Nichts geht mehr.

3.14.7 *quelques-uns/quelques-unes*

Tu connais ses chansons?

1. Quelques-unes sont très célèbres.
   Einige sind sehr berühmt.

2. J'ai lu quelques-uns de ses articles.
   Ich habe einige von seinen Artikeln gelesen.

Quelques-uns/Quelques-unes bedeutet *einige* und hat im Unterschied zum Deutschen eine männliche und eine weibliche Form. Es kann Subjekt (Satz 1) und Objekt (Satz 2) eines Satzes sein und steht nur in bejahten Sätzen.

 In verneinten Sätzen steht **aucun**: Aucun ne m'a plu. Keiner hat mir gefallen.

3.14.8 *n'importe + Fragewort*

N'importe qui peut entrer ici.
Jeder (x-beliebige) kann hier hereinkommen.

Il va répondre **n'importe quoi**.
Er wird dir irgendetwas / irgendeinen Unsinn antworten. (*meist abwertend*)

Tu peux poser la question à **n'importe qui**.
Du kannst diese Frage irgendjemandem/jedem stellen.

Tu prends quelle limonade?
Je prends **n'importe laquelle**.
Welche Limonade nimmst du? – Ich nehme irgendeine.

n'importe où irgendwo n'importe comment irgendwie n'importe lequel / n'importe laquelle, n'importe lesquels / n'importe lesquelles irgendein/e, irgendwelche n'importe quand irgendwann	N'importe kannst du mit verschiedenen Fragewörtern kombinieren.

Die Pronomen

🔍 Auf einen Blick: Begleiter und Pronomen

Einige Begleiter und Pronomen sind leicht zu verwechseln, weil sie gleiche oder ähnliche Formen haben.

> **Merke!**
>
> Begleiter **begleiten** Nomen.
> Pronomen **ersetzen** Nomen.

	Begleiter	Pronomen	
bestimmte Artikel	le, la, les	le, la, les	direkte Objektpronomen
C'est la voiture de Marc.			Je la connais.
Fragebegleiter	quel/quelle	lequel, laquelle	Fragepronomen
Quelle maison?			Ton chat? Lequel?
Demonstrativbegleiter	ce, cette	celui, celle	Demonstrativpronomen
Cette chambre est à moi.			Celle de gauche?
Possessivbegleiter	mon, ton	le mien, le tien	Possessivpronomen
J'ai oublié mon portable.			Tu me prêtes le tien?
unbestimmter Begleiter	chaque	chacun/e	Indefinitpronomen
Chaque participant s'est bien préparé.			Chacun s'est bien préparé.
unbestimmter Begleiter	quelques	quelqu'un, quelques-uns/unes	Indefinitpronomen
Il pleut quelques gouttes.			Quelqu'un m'a appelé.
unbestimmter Begleiter	plusieurs	plusieurs	Indefinitpronomen
J'ai plusieurs livres de Schmitt.			Plusieurs de ses livres ont gagné des prix.
Possessivbegleiter	leur, leurs	leur	indirektes Objektpronomen
Ce sont leurs enfants?			Je leur écris une lettre.

Qui dit mieux: Wie vermeide ich Fehler?

Die „verflixten" *sie*

Sie ist schön.	**Elle** est belle.	Subjektpronomen 3.Ps.Sg. (*f.*)
Sie sind Monsieur Bertrand?	**Vous** êtes M. Bertrand?	Subjektpronomen 2.Ps.Pl.
Lisa und Marie, sind sie da?	Lisa et Marie, **elles** sont là?	Subjektpronomen 3.Ps.Pl. (*f.*)
Maxime und Léo, sind sie da?	Maxime et Léo, **ils** sont là?	Subjektpronomen 3.Ps.Pl. (*m.*)

Ich sehe sie. (Marie)	Je **la** vois.	direktes Objektpronomen 3.Ps.Sg. (*f.*)
Ich sehe Sie. (Monsieur Bertrand)	Je **vous** vois.	direktes Objektpronomen 2.Ps.Pl.
Ich sehe sie. (Maxime und Léo)	Je **les** vois.	direktes Objektpronomen 3.Ps.Pl. (*m.*)

Das deutsche *sie* wird je nach Funktion unterschiedlich ins Französische übersetzt.

Wie übersetzt du *es* ins Französische?

Im Deutschen wird häufig das unpersönliche *es* zum Einleiten von Sätzen verwendet.

Es fehlen noch zwei Beispiele.	**Il** manque encore deux exemples.
Es bleiben noch 20 Euro übrig.	**Il** reste encore 20 Euros.

Steht das unpersönliche *es* für ein Nomen, übersetzt du es am besten mit **il**. Dabei richtet sich das Verb des französischen Satzes nach **il** (hier: **il manque**) und nicht wie im deutschen Satz nach dem Nomen (hier: *es fehlen*).

Es ist klar, dass sie Recht hat.	**C'est / Il est** évident qu'elle a raison.
Es ist wahr, dass ich mich getäuscht habe.	**C'est / Il est** vrai que je me suis trompé/e.
Es ist schade, dass Sie keine Zeit haben.	**C'est** dommage que vous ne soyez pas libre.
Es ist dumm, so zu reagieren.	**C'est** une bêtise de réagir ainsi.
Es ist richtig/falsch/ärgerlich ...	**C'est** juste/faux/ennuyeux ...

Sätze mit *Es ist* + Adjektiv kannst du immer mit **C'est** übersetzen. Vor einigen Adjektiven kann auch das unpersönliche **il est** stehen.
C'est steht aber immer dann, wenn das unpersönliche **il est** zu Verwechslungen mit dem persönlichen **il est** (*er ist*) führen könnte: Il est ennuyeux. = *Er ist langweilig.* (und nicht: *Es ist langweilig.*)

Es ist mir peinlich, unpünktlich zu sein.	**Cela (ça) me gêne** d'être en retard.
Es passt mir gut, dass er kommt.	**Cela (ça) m'arrange** qu'il vienne.

Es macht nichts.	**Cela (ça)** ne fait rien.
Es geht nicht.	**Cela (ça)** ne va pas.
Es geht dich nichts an.	**Cela (ça)** ne te regarde pas.
Es kommt darauf an.	**Cela (ça)** dépend.
Es tut mir weh.	**Cela (ça)** me fait mal.

Ce steht nur vor être (c'est / ce sont / ce sera / c'était). Vor anderen Verben steht immer cela oder ça.

Die Pronomen

Er macht es absichtlich.	Il **le** fait exprès.
Sie weiß es.	Elle **le** sait.
Er glaubt es nicht.	Il ne **le** croit pas.

Mit **le** übersetzt du *es*, wenn es im deutschen Satz Objekt ist.

Er will es nicht, dass …	Il ne veut pas que …
Ich finde es nicht gut, dass …	Je ne trouve pas bien que …
Sie glaubt es nicht, dass …	Elle ne croit pas que …

+ subjonctif

Es übersetzt du gar nicht ins Französische, wenn es einen Nebensatz mit *dass* ankündigt.

Wie übersetzt du *was* ins Französische?

1. Was liegt auf dem Tisch?	**Qu'est-ce qui** se trouve sur la table?
2. Was hat sie gesagt?	**Qu'est-ce qu'**elle a dit?

In diesen beiden Sätzen ist *was* **Fragepronomen**, das nach dem Subjekt (Satz 1) oder nach dem Objekt (Satz 2) fragt.

1. Lucie hat mir erzählt, was passiert ist.	Lucie m'a raconté **ce qui** s'était passé.
2. Max hat vergessen, was er einkaufen soll.	Max a oublié **ce qu'**il devait acheter.

In diesen beiden Sätzen ist *was* **Relativpronomen** und ersetzt das Subjekt (Satz 1: ce qui) oder ein Objekt (Satz 2: ce que) im Relativsatz.

Wie übersetzt du *alles/alle/allen* und *jeder/jede/jedes/jeden/jedem* ins Französische?

Alles

Alles ist möglich/fertig.	**Tout** est possible/fini.
Wir haben alles versucht.	On a **tout** essayé.
Wir haben nicht alles gesagt.	On n'a pas **tout** dit.
Er hat eine Antwort auf alles.	Il a une réponse à **tout**.
Sie haben an alles gedacht.	Ils ont pensé à **tout**.
Etwas von allem.	Un peu de **tout**.
Sie erinnert sich an alles.	Elle se souvient de **tout**.

Alle

Alle sprechen davon/darüber.	**Tout le monde** en parle.
Er hat alle eingeladen.	Il a invité **tout le monde**.
Der Film gefällt allen.	Le film plaît à **tout le monde**.
Sie kümmert sich um alle.	Elle s'occupe de **tout le monde**.
Alle beide …	**Tous/Toutes** les deux …

Jeder

Die Jungen arbeiten in Gruppen.	Les garçons travaillent en groupe.
Jeder muss sein Möglichstes tun.	**Chacun** doit faire son possible.

Das Buch hat sechs Lektionen.	Le livre a six leçons.
Jede hat ein anderes Thema.	**Chacune** a un sujet différent.

Er hat jedem seiner Schüler ein Buch geschenkt.	Il a offert un livre à **chacun** de ses élèves.
Er kümmert sich um jeden von uns.	Il s'occupe de **chacun** de nous.
Sie hat drei Töchter.	Elle a trois filles.
Sie hat jeder ein Fahrrad geschenkt.	Elle a offert un vélo à **chacune**.

Wie übersetzt du *sich* ins Französische?

Er wäscht sich.	Il **se** lave.
Sie beeilen sich.	Ils/Elles **se** dépêchent.

Hier ist *sich* Reflexivpronomen und wird mit **se** wiedergegeben.

Jeder für sich.	Chacun pour **soi**.
Man muss seine Papiere bei sich haben.	On doit avoir ses papiers sur **soi**.
Jeder denkt zuerst an sich.	On pense d'abord à **soi**.

Sich bezieht sich hier auf ein unbestimmtes Pronomen (*jeder, man*) und wird mit **soi** (= betonte Form von **se**) übersetzt. **Soi** bezieht sich nur auf ein unbestimmtes Subjekt im Singular (**on, chacun, cela, personne**).

 aber:

Er denkt nur an sich.	Il ne pense qu'à **lui-même**.
Haben Sie ihre Papiere bei sich?	Vous avez vos papiers sur **vous**?
Sie hat ihre Papiere bei sich.	Elle a ses papiers sur **elle**.

Bei einem bestimmten Subjekt (**il, vous, elle**) stehen die unverbundenen Personalpronomen.

Wie übersetzt du die Relativpronomen *deren* und *dessen* ins Französische?

Ich habe einen Cousin,	J'ai un cousin
dessen Sohn genauso alt ist wie ich.	**dont** le fils a le même âge que moi.

Ich habe eine Cousine,	J'ai une cousine
deren Tochter genauso alt ist wie ich.	**dont** la fille a le même âge que moi.

Ich habe Freunde,	J'ai des copains
deren Eltern sehr streng sind.	**dont** les parents sont très sévères.

Dont ist im Unterschied zu den entsprechenden deutschen Relativpronomen (*dessen, deren*) unveränderlich. Denke an die Verwendung des bestimmten Artikels nach **dont**.

Er zeigt Fotos von seinen Kindern,	Il montre des photos de ses enfants
auf die er sehr stolz ist.	**dont** il est très fier.
Das sind Dinge, über die	Ce sont des choses
wir schon früh diskutiert haben.	**dont** on a discuté très tôt.

Auch andere deutsche Relativpronomen übersetzt du mit **dont** ins Französische.

Abschlussübung   Bilan

1. **Le, la** oder **les**? Antworte auf die Fragen mit den richtigen Objektpronomen. Achte auf die richtige Wortstellung im Satz. Denke an die Angleichung des **participe passé**, wenn nötig.

a. – Tu regardes souvent la télé?   – Non, je ne 🔲 jamais.
b. – Où est-ce que tu as mis mes livres?   – Je 🔲 sur l'étagère.
c. – Tu as fait ton exposé avec Tom?   – Non, je 🔲 avec Arthur.
d. – Vous allez rencontrer Léa et Lola samedi?   – Non, nous 🔲 dimanche.
e. – Tu as vu mes baskets quelque part?   – Non, je ne 🔲 .
f. – Tu peux ranger la cuisine, s'il te plaît?   – Non, je ne 🔲 maintenant. Je dois partir.

2. **Le, la, les** oder **lui, leur**? Setze ein direktes oder ein indirektes Objektpronomen ein.

a. – Je ne trouve pas mon casque.   – Je crois que je 🔲 ai oublié au collège.
b. – Est-ce que tu as raconté l'histoire à tes copines?   – Non, je ne 🔲 ai rien raconté.
c. – Tu as déjà parlé à ton prof d'anglais?   – Non, je ne 🔲 ai pas encore parlé.
d. – Tu as aussi invité Marie et Charlotte?   – Non, je ne 🔲 ai pas invitées.
e. – Ce pantalon te va très bien.   – Je vais 🔲 prendre.
f. – Où est-ce que je mets la photo de ma classe?   – Tu 🔲 mets dans ton album.
g. – Tu as aussi demandé à Louis s'il peut venir?   – Non, je ne 🔲 ai pas encore demandé.

3. **Y** oder **en**? Setze das richtige Pronomen ein.

a. – Elle est toujours à Paris?   e. – Tu as pensé à mes CD?
   – Oui, elle 🔲 est depuis trois mois.   – Oh, non, je n' 🔲 ai pas pensé. Excuse-moi.
b. – On a encore du chocolat?   f. – Vous n'avez pas de chats?
   – Oui, on 🔲 a encore deux tablettes.   – Mais si, on 🔲 a trois.
c. – Où est mon sac-à-dos?   g. – Est-ce que Léo a beaucoup d'amis?
   – Tu as cherché dans ta chambre?   – Oui, il 🔲 a beaucoup.
   – Oui, j' 🔲 ai déjà regardé.
d. – Je cherche du papier.   h. – Tu as pensé à envoyer la lettre à l'école?
   – Il y 🔲 a dans le tiroir.   – Oh zut! Je n' 🔲 ai pas pensé.

4. **Qui, que, ce qui, ce que** oder **dont**? Setze das richtige Relativpronomen ein.

a. Céline adore le CD 🔲 tu lui as offert.
b. Olivier a rencontré une jeune fille 🔲 il est tombé follement amoureux.
c. Je ne comprends jamais 🔲 il nous explique.
d. Ça, c'est le livre 🔲 ton frère m'a prêté; celui 🔲 nous parlions l'autre jour.
e. Tu as entendu 🔲 s'est passé au centre-ville?
f. Comment s'appelle déjà l'écrivain 🔲 a écrit «Entre les murs»?

5. Übersetze ins Französische und achte besonders auf die unterstrichenen Wörter.

a. Es fehlen noch zwei Beispiele, aber <u>das</u> macht nichts.
b. Lucie hat <u>an alles</u> gedacht. <u>Alles</u> ist fertig.
c. Ich weiß nicht, <u>was</u> er getan hat,
   aber <u>alle</u> sprechen darüber.

Die Lösungen findest du unter
www.cornelsen.de/webcodes
Gib dort den webcode gramm-bilan03 ein.

4. Das Adjektiv
L'adjectif

Adjektive beschreiben Eigenschaften von Personen, Sachen und Begriffen, z.B. *ein netter Mann*, *ein schönes Haus, eine tolle Idee.*

Die meisten französischen Adjektive sind veränderlich: Sie richten sich in Geschlecht (männlich oder weiblich) und Zahl (Singular oder Plural) nach dem Nomen oder dem Pronomen, zu dem sie gehören:

le **grand** pas	der große Schritt	Il est **grand.**	Er ist groß.
la **grande** maison	das große Haus	Elle est **grande.**	Sie ist groß.
les **grands** pas	die großen Schritte	Ils sont **grands.**	Sie sind groß.
les **grandes** maisons	die großen Häuser	Elles sont **grandes.**	Sie sind groß.

Das folgende Kapitel enthält:

4.1 Die Formen des Adjektivs
4.2 Attributiver und prädikativer Gebrauch des Adjektivs
4.3 Die Stellung des attributiv gebrauchten Adjektivs beim Nomen
4.4 Die Steigerung des Adjektivs
4.5 Adjektive und ihre Ergänzungen

Außerdem findest du:
→ **Qui dit mieux: Wie vermeide ich Fehler?**, S. 89–90,
→ einen **Bilan**, S. 91, in dem du dein Wissen überprüfen kannst.

4.1 Die Formen des Adjektivs   Les formes de l'adjectif

Man unterscheidet verschiedene Gruppen von Adjektiven.

4.1.1 Unveränderliche Adjektive

la musique **pop**	un tee-shirt **citron**	des yeux **bleu foncé**
die Popmusik	ein zitronenfarbenes T-Shirt	dunkelblaue Augen
des yeux **marron**	des vacances **extra**	une location **bon marché**
braune Augen	klasse Ferien	eine billige Unterkunft
des vêtements **sport**	des baskets **tendance**	une chemise **vert clair**
Sportsachen	modische Turnschuhe	ein hellgrünes Hemd

Unveränderlich sind unter anderem verkürzte Adjektive (**pop**), adjektivisch gebrauchte Nomen (**citron, tendance**), zusammengesetzte Farbadjektive (**bleu foncé**) und **bon marché**. Diese Adjektive haben nur eine Form.

Das Adjektiv

 aber:

Die Tendenz geht im Französischen dahin, auch verkürzte Adjektive in der Zahl an das Nomen anzugleichen.

des jeunes gens **sympas**   des vêtements **chic(s)**
des filles **sympas**   des robes **chic(s)**

Die verkürzte Form von **sympathique** (**sympa**) erhält im Plural ein -s.
Chic kann ebenfalls ein Plural-s haben.

4.1.2 Adjektive mit gleicher männlicher und weiblicher Form

	männlich	weiblich
Singular	un roman **drôle** ein witziger Roman un peintre **moderne** ein moderner Maler	une chanson **drôle** ein witziges Lied une maison **moderne** ein modernes Haus
Plural	des collègues **formidables** ■ tolle Kollegen des trains **rapides** ■ schnelle Züge	des idées **formidables** ■ tolle Ideen des voitures **rapides** ■ schnelle Autos

Adjektive, deren männliche Singularform auf -e endet, haben nur eine Singular- und eine Pluralform. Die Pluralform wird mit -s gebildet. Alle vier Formen werden gleich ausgesprochen.

Zu dieser Gruppe gehören insbesondere Adjektive, die auf -able, -ible, -esque und -ique enden, z.B.:
agréable *angenehm*, **visible** *sichtbar*, **pittoresque** *malerisch*, **pratique** *praktisch*.

4.1.3 Adjektive, deren weibliche Form durch Anhängen eines -e an die männliche Form gebildet wird

Die meisten Adjektive bilden die weibliche Form durch Anhängen von -e an die männliche Form und den Plural mit -s. Das ist die größte Gruppe von Adjektiven.

männlich		weiblich	
Singular	Plural	Singular	Plural
bleu	bleu**s**	bleu**e**	bleu**es**
joli	joli**s**	joli**e**	joli**es**
vrai	vrai**s**	vrai**e**	vrai**es**
gai	gai**s**	gai**e**	gai**es**

Bei diesen Adjektiven werden die männlichen und weiblichen Formen unterschiedlich geschrieben. Alle vier Formen werden aber gleich ausgesprochen.

 Zusatzwissen:

aigu	aigus	aig**üe**	aig**ües**
ambigu	ambigus	ambig**üe**	ambig**ües**

[S. 316] Beachte die besondere Schreibweise dieser weiblichen Formen.

männlich		weiblich		
Singular	Plural	Singular	Plural	
grand	grands [gʀɑ̃]	grande	grandes [gʀɑ̃d]	groß
lourd	lourds [luʀ]	lourde	lourdes [luʀd]	schwer
petit	petits [p(ə)ti]	petite	petites [p(ə)tit]	klein
vert	verts [vɛʀ]	verte	vertes [vɛʀt]	grün

Bei diesen Adjektiven wird der Endkonsonant nur in den weiblichen Formen ausgesprochen. Die Unterschiede zwischen männlichen und weiblichen Formen sind hörbar.

männlich		weiblich		
Singular	Plural	Singular	Plural	
sain	sains [sɛ̃]	saine	saines [sɛn]	gesund
brun	bruns [bʀœ̃]	brune	brunes [bʀyn]	braun, brünett
voisin	voisins [vwazɛ̃]	voisine	voisines [vwazin]	benachbart, angrenzend
fin	fins [fɛ̃]	fine	fines [fin]	fein, dünn, zart

Bei diesen Adjektiven werden die männlichen Formen mit Nasalvokal gesprochen, die weiblichen Formen mit nicht nasaliertem Vokal.

männlich		weiblich		
Singular	Plural	Singular	Plural	
divers	divers	diverse	diverses	verschieden, vielfältig
français	français	française	françaises	französisch
gris	gris	grise	grises	grau

Endet die männliche Singularform auf -s, kommt bei der männlichen Pluralform kein weiteres -s hinzu. Das betrifft vor allem Adjektive auf -ers und -ais.

männlich		weiblich		
Singular	Plural	Singular	Plural	
génial	géniaux	géniale	géniales	genial
amical	amicaux	amicale	amicales	freundschaftlich
général	généraux	générale	générales	allgemein
original	originaux	originale	originales	original, originell
libéral	libéraux	libérale	libérales	freiheitlich, liberal

Adjektive, deren männliche Singularform auf -al endet, haben eine männliche Pluralform auf -aux. Die weiblichen Formen werden regelmäßig gebildet.

⚠ Ausnahmen:

banal	banals	banale	banales	banal, gewöhnlich
fatal	fatals	fatale	fatales	fatal, verhängnisvoll
final	finals	finale	finales	final, Abschluss..., End...

Das Adjektiv

4.1.4 Adjektive, für deren weibliche Form der Endkonsonant verdoppelt und ein -e angehängt wird.

männlich		weiblich		
Singular	Plural	Singular	Plural	
naturel	naturels	naturelle	naturelles	Alle vier Formen dieser Adjektive werden trotz unterschiedlicher Schreibung gleich ausgesprochen.
réel	réels	réelle	réelles	
nul	nuls	nulle	nulles	
bon	bons	bonne	bonnes	Die männlichen Formen werden mit Nasalvokal gesprochen, die weiblichen Formen nicht.
ancien	anciens	ancienne	anciennes	
européen	européens	européenne	européennes	
moyen	moyens	moyenne	moyennes	
bas	bas	basse	basses	Nur in den weiblichen Formen wird der Endkonsonant gesprochen.
gras	gras	grasse	grasses	
gros	gros	grosse	grosses	
violet	violets	violette	violettes	

Für die weibliche Form dieser Adjektive verdoppelst du den Endkonsonanten der männlichen Form und hängst ein -e an. Das betrifft insbesondere Adjektive auf -el, -et und -n und einige Adjektive auf -s.

4.1.5 Adjektive mit einer eigenen weiblichen Endung

männlich		weiblich			Endungen	
Singular	Plural	Singular	Plural			
curieux	curieux	curieuse	curieuses	neugierig	-x	-se
dangereux	dangereux	dangereuse	dangereuses	gefährlich		
heureux	heureux	heureuse	heureuses	glücklich		
actif	actifs	active	actives	aktiv, tätig	-f	-ve
sportif	sportifs	sportive	sportives	sportlich		
bref	brefs	brève	brèves	kurz, knapp		
neuf	neufs	neuve	neuves	neu		
public	publics	publique	publiques	öffentlich	-c	-que
turc	turcs	turque	turques	türkisch		
grec	grecs	grecque	grecques	griechisch		
étranger	étrangers	étrangère	étrangères	fremd, ausländisch	-er	-ère
premier	premiers	première	premières	erster		
dernier	derniers	dernière	dernières	letzter		

männlich		weiblich		
cher	chers	chère	chères [ʃɛʀ]	lieb, teuer
fier	fiers	fière	fières [fjɛʀ]	stolz
amer	amers	amère	amères [amɛʀ]	bitter

Trotz der unterschiedlichen Schreibung werden alle Formen dieser Adjektive gleich ausgesprochen.

4.1.6 Unregelmäßige Adjektive

männlich		weiblich		
Singular	Plural	Singular	Plural	
blanc	blancs	blanche	blanches	weiß
doux	doux	douce	douces	weich, mild
faux	faux	fausse	fausses	falsch
fou	fous	folle	folles	verrückt
frais	frais	fraîche	fraîches	frisch
franc	francs	franche	franches	aufrichtig, frei
gentil	gentils [ʒãti]	gentille	gentilles [ʒãtij]	freundlich, nett
long	longs [lɔ̃]	longue	longues [lɔ̃g]	lang
malin	malins [malɛ̃]	maligne	malignes [maliɲ]	boshaft, trickreich
roux	roux [ʁu]	rousse	rousses [ʁus]	rothaarig, fuchsrot
sec	secs [sɛk]	sèche	sèches [sɛʃ]	trocken

Zusatzwissen:

Il a toujours trouvé des mots **consolateurs.** Er hat immer tröstende Worte gefunden.

consola**teur**	consola**trice**	tröstend, tröstlich
conserva**teur**	conserva**trice**	konservativ
destruc**teur**	destruc**trice**	zerstörerisch

Diese Adjektive auf -teur, die von Nomen abgeleitet sind, bilden die weibliche Form auch wie die Nomen: auf -trice.

▸ s.S.32–37 (Das Geschlecht des Nomens)

4.1.7 Die Adjektive *vieux, beau* und *nouveau*

[S. 311]

la liaison

männlich		weiblich
vor Konsonant	vor Vokal	
un vieux livre	un vieil_ami	une vieille maison
des vieux livres	des vieux amis	des vieilles maisons
un beau garçon	un bel_homme	une belle femme
des beaux garçons	des beaux hommes	des belles femmes
un nouveau journal	un nouvel_appartement	une nouvelle voiture
des nouveaux journaux	des nouveaux appartements	des nouvelles voitures

Diese drei Adjektive haben zwei männliche Formen im Singular.
Vieil, bel und **nouvel** stehen nur vor Nomen, die mit einem Vokal oder „stummen **h**" beginnen.

⚠ Un **bel** hôtel   Aber: Cet hôtel est **beau.**
C'est un **beau** petit hôtel.

Das Adjektiv

4.2 Attributiver und prädikativer Gebrauch des Adjektivs
Les adjectifs épithètes et attributs

4.2.1 Attributiver Gebrauch

Il était un petit navire...

un petit village	ein kleines Dorf	une petite ville	eine kleine Stadt
un village intéressant	ein interessantes Dorf	une ville intéressante	eine interessante Stadt
de petits villages	kleine Dörfer	de petites villes	kleine Städte
des villages intéressants	interessante Dörfer	des villes intéressantes	interessante Städte

Ein attributiv gebrauchtes Adjektiv (**un adjectif épithète**) steht vor oder hinter dem Nomen, auf das es sich bezieht. Es wird ihm in Geschlecht und Zahl angeglichen.
▶ s. S. 81–83 (Die Stellung des Adjektivs beim Nomen)

 Tu as **de** jolies chaussures. In der französischen Schriftsprache wird **des** vor Adjektiven zu **de**.
Im gesprochenen Französisch hört man häufig **des**:
Tu as <u>des</u> jolies chaussures.

▶ s. S. 9–10 (Der unbestimmte Artikel)

 Zusatzwissen:

des petits pains	Brötchen	In diesen Fällen bilden die Adjektive mit dem Nomen eine neue Sinneinheit.
des petits pois	Erbsen	
des jeunes filles	Mädchen	In solchen Fällen steht immer der volle unbestimmte Artikel **des**.
des jeunes gens	Jugendliche	
des grands magasins	Kaufhäuser	

4.2.2 Prädikativer Gebrauch

Napoléon était **petit**,
mais son nom reste **grand**.

Qui a dit que j'étais petit?!

Le village est petit.	Das Dorf ist klein.	La ville est petite.	Die Stadt ist klein.
Le village est intéressant.	Das Dorf ist interessant.	La ville est intéressante.	Die Stadt ist interessant.
Fabien et Pierre sont grands.	Fabien und Pierre sind groß.	Marie et Laure sont grandes.	Marie und Laure sind groß.

Ein prädikativ gebrauchtes Adjektiv (**un adjectif attribut**) steht nach Verben, z.B. **être grand** *groß sein*, **rester petit** *klein bleiben*, **devenir désagréable** *unangenehm werden*. Du gleichst es in Geschlecht und Zahl dem Nomen oder Pronomen an, auf das es sich bezieht. Das ist anders als im Deutschen.

être	Cette histoire est intéressante.	Diese Geschichte ist interessant.
devenir	Ce bruit devient très désagréable.	Dieser Lärm wird sehr unangenehm.
paraître	Cette maison paraît très jolie.	Dieses Haus scheint sehr schön zu sein.
rester	Les écoles restent fermées le samedi.	Die Schulen bleiben samstags geschlossen.
sembler	Les Nollet semblent heureux.	Die Nollets scheinen glücklich zu sein.
tomber	Elle est tombée amoureuse.	Sie hat sich verliebt.
avoir l'air	Elle a l'air malade.	Sie sieht krank aus.

In diesen Fällen bezieht sich das Adjektiv auf das Subjekt und wird diesem in der Regel angeglichen.

Zusatzwissen:

croire	Les gens la croient intelligente.	Die Leute glauben, sie sei intelligent.
rendre	Ça les rend fous.	Das macht sie verrückt.
trouver	Je trouve son idée très intéressante.	Ich finde seine Idee sehr interessant.

Bei diesen Verben bezieht sich das Adjektiv auf das direkte Objekt und wird diesem angeglichen.

4.2.3 Besonderheiten der Angleichung des Adjektivs

Vous êtes allemand/allemande?	Du verwendest das Adjektiv im Singular, wenn du dich an eine Person wendest, die du siezt.
Vous êtes allemands/allemandes?	Wenn du dich an mehrere Personen wendest, verwendest du das Adjektiv im Plural.
Fabien et Marie sont grands. Luc, Ève et Marie sont petits.	Bezieht sich ein Adjektiv gleichzeitig auf ein männliches und ein weibliches oder auf ein männliches und mehrere weibliche Nomen, steht es in der männlichen Pluralform.
les langues française et allemande	Beziehen sich zwei Adjektive auf ein Nomen im Plural, stehen die Adjektive im Singular.

Das Adjektiv

 Zusatzwissen:

Die Angleichung zusammengesetzter Adjektive

Bei zusammengesetzten Adjektiven werden nur die Teile verändert, die auch alleinstehend verändert werden: die Adjektive. Präpositionen und Adverbien werden nicht verändert.

▶ s. S. 119–129 (Die Präpositionen)
▶ s. S. 92–107 (Das Adverb)

Adjektiv + Adjektiv: des prunes aigre**s-**douce**s** süß-sauer des personnes sourd**es-**muet**tes** taub-stumm	Beide Bestandteile werden dem Nomen angeglichen. Das ist im Französischen der häufigste Fall.
la période gallo-romain**e** galloromanisch les relations franco-allemand**es** deutsch-französisch des histoires tragi-comique**s** tragikomisch	Nicht angeglichen werden Bestandteile, die auf -**o** oder -**i** enden.
Präposition/Adverb + Adjektiv: l'avant-derni**ère** version vorletzte des règles sous-entendu**es** unausgesprochen les rayons ultraviolet**s** ultraviolett les rayons infrarouge**s** infrarot les étudiants sud-américain**s** südamerikanisch	Präpositionen und Adverbien sind unveränderlich. In diesen Zusammensetzungen wird nur das Adjektiv dem Nomen angeglichen.

4.3 Die Stellung des attributiv gebrauchten Adjektivs beim Nomen   La place de l'adjectif épithète

Im Unterschied zum Deutschen stehen im Französischen die meisten Adjektive nach dem Nomen. Nur eine kleine Gruppe von häufig verwendeten Adjektiven steht vor dem Nomen:

un	**beau**	garçon	schön	Diese Adjektive stehen immer vor dem Nomen.
une	**jolie**	fille	hübsch	
une	**bonne**	affaire	gut	**Grand, jeune, long** und **nouveau**
un	**mauvais**	jour	schlecht	können auch nach dem Nomen stehen.
un	**grand**	philosophe	groß, wichtig	Dann haben sie aber eine andere
une	**petite**	école	klein, gering	Bedeutung.
un	**gros**	livre	dick	▶ s. S. 82 (Bedeutungsänderung bei Voran-
un	**long**	week-end	lang (zeitlich)	oder Nachstellung)
une	**jeune**	femme	jung	
un	**vieux**	monsieur	alt	
un	**nouveau**	livre	neu	
une	**autre**	idée	andere	

 Lerntipp:

Bon, mauvais, joli et **beau**
grand, petit, jeune et **nouveau**
autre, vieux et **long** et **gros**.

Lerne diese vorangestellten Adjektive auswendig. Alle anderen Adjektive werden nachgestellt.

4.3.1 Die Stellung zweier Adjektive beim Nomen

Wenn zwei Adjektive bei einem Nomen stehen, behalten sie in der Regel den Platz bei, den sie auch als einzelne Adjektive haben.

un **long** voyage
un **beau** voyage → un **long et beau** voyage / un voyage **long et beau**

Zwei vorangestellte Adjektive kannst du vor oder hinter das Nomen stellen. Du verbindest sie mit **et**.

un appartement **chic**
un appartement **luxueux** → un appartement **chic** et **luxueux**

Zwei nachgestellte Adjektive stehen auch gemeinsam (mit **et** verbunden) nach dem Nomen.

des **petites** maisons → des **petites** maisons **confortables**
oder:
des maisons **confortables** → des maisons **petites** et **confortables**

Ein vorangestelltes und ein nachgestelltes Adjektiv können beide ihren Platz beim Nomen behalten. Du kannst sie aber auch mit **et** verbinden und beide nachstellen.

4.3.2 Bedeutungsänderung bei Voran- oder Nachstellung

Einige französische Adjektive haben in Voran- oder Nachstellung unterschiedliche Bedeutungen:

un **ancien** hôtel	ehemalig, früher	un livre **ancien**	alt, sehr alt
un **certain** regard	bestimmt, gewiss	un emploi **certain**	sicher
une **chère** amie	lieb	une maison **chère**	teuer
une **curieuse** affaire	merkwürdig	une fille **curieuse**	neugierig
une **drôle** d'idée	komisch, merkwürdig	une histoire **drôle**	lustig, komisch
le **dernier** jour	letzter	la semaine **dernière**	vorig, vergangen
les **différentes** catégories	verschieden, mehrere	des opinions **différentes**	unterschiedlich, abweichend
d'**importants** dégâts	groß	un livre **important**	wichtig, bedeutsam
une **fausse** identité	unecht, gefälscht	une idée **fausse**	falsch, fehlerhaft
un **grand** homme	groß, berühmt	un homme **grand**	groß gewachsen
un **haut** fonctionnaire	hoch, hochrangig	des talons **hauts**	hoch
une **jeune** fille	jung	une mode **jeune**	jugendlich
les **mêmes** livres	dieselben	la bonté **même**	selbst, in Person
un **nouveau** livre	neu	un livre **nouveau**	neu-/andersartig
un **pauvre** type	armselig	un type **pauvre**	arm
ma **propre** chambre	eigen	une chambre **propre**	sauber
un **sacré** coup	verdammt gut	une vache **sacrée**	heilig, sakral
un **sale** type	übel, gemein	une chemise **sale**	schmutzig
mon **seul** ami	einzig	un homme **seul**	einsam
une **vraie** alternative	wirklich, echt	une histoire **vraie**	wahr

Das Adjektiv

Zusatzwissen:

Besonderheiten der Stellung des Adjektivs

un **épouvantable/terrible** accident	ein schrecklicher Unfall
un **éclatant** succès	ein durchschlagender Erfolg
un **excellent** fromage	ein hervorragender Käse

Soll ein normalerweise nachgestelltes Adjektiv besonders betont werden, kann es vor das Nomen gestellt werden.

Feste Redewendungen mit vorangestellten Adjektiven:

Le gouvernement **fait la sourde oreille**.	Die Regierung stellt sich taub.
Elle a **gardé un vif intérêt** pour l'histoire.	Sie hat ihr besonderes Interesse für Geschichte bewahrt.
J'ai dû **faire de sérieux efforts**.	Ich musste große Anstrengungen unternehmen.

Die Adjektive *certain, différents, divers*

Certain, différents (Pluralfom) und **divers** können auch ohne vorangestellten Begleiter in der Funktion eines unbestimmten Begleiters verwendet werden.

Vergleiche:

Adjektiv	Unbestimmter Begleiter
Vous pouvez choisir entre les **divers** plats de poisson. Ihr könnt / Sie können zwischen den verschiedenen Fischgerichten wählen.	Il a joué de la guitare et chanté **diverses** chansons avec Luc. Er hat Gitarre gespielt und verschiedene/mehrere Lieder mit Luc gesungen.
Pour plus d'informations sur les **différents** produits, vous pouvez nous contacter. Für mehr Informationen über die verschiedenen Produkte können Sie sich an uns wenden.	J'ai essayé **différents** produits. Ich habe unterschiedliche/verschiedene Produkte ausprobiert.
La pièce a un **certain** succès. Das (Theater-)Stück hat einen gewissen Erfolg.	**Certaines** personnes l'ont encouragé. Mehrere Personen/Leute haben ihn ermutigt.

Certains/certaines (Pluralform) kann auch alleine als unbestimmtes Pronomen (Indefinitpronomen) verwendet werden:

Certaines d'entre vous m'ont mal compris.

Einige unter euch/Ihnen haben mich missverstanden.

4.4 Die Steigerung des Adjektivs   La comparaison

Adjektive können gesteigert werden.
Wenn man Personen oder Dinge miteinander vergleicht, braucht man die Steigerungsformen.

Der A380 ist größer als eine Boeing 737.	Stufe 1 der Steigerung ist der Komparativ.
Dieser Airbus ist das größte Flugzeug der Welt.	Stufe 2 des Vergleichs ist der Superlativ.

4.4.1 Der Komparativ

La nouvelle Citroën est **plus grande que** l'ancienne.
Der neue Citroën ist <u>größer als</u> der alte.
Ses histoires sont **aussi sympas que** ses dessins.
Seine Geschichten sind <u>genauso nett wie</u> seine Zeichnungen.
Ses copines sont **moins sportives qu'**elle.
Ihre Freundinnen sind <u>weniger sportlich</u> als sie.

Den Komparativ bildest du mit **plus/aussi/moins** und que.
Das Vergleichswort ist immer que (*wie/als*), niemals c̶o̶m̶m̶e̶.

Merke!

Der Komparativ

plus	
aussi	+ Adjektiv + **que**
moins	

Lerntipp:
Zum Vergleichen, ich behalt's,
nehm' ich **que** für *wie* und *als*.

Unregelmäßige Steigerungsformen: *bon* und *mauvais*

Un bon dessin:
Ce deuxième dessin est **meilleur que** le premier.
Das zweite Bild ist <u>besser als</u> das erste.
Un mauvais chanteur:
Ce chanteur est **plus mauvais que** le précédent.
Dieser Sänger ist <u>schlechter als</u> der vorangegangene.
Une mauvaise journée:
Cette journée était **pire que** les autres.
Dieser Tag war <u>schlimmer als</u> die anderen.

Der Komperativ von **bon** und **mauvais** ist unregelmäßig.
Mauvais hat zwei Steigerungsformen mit unterschiedlicher Bedeutung.

4.4.2 Der Superlativ

C'est le plus beau chanteur de tous les temps.
Das ist <u>der schönste</u> Sänger aller Zeiten.
C'est la plus belle ville de la région.
Das ist <u>die schönste</u> Stadt der Region.

Den Superlativ bildest du, indem du einen bestimmten Artikel vor die Komparativform setzt.

Merke!

Der Superlativ

le		
la	plus	+ Adjektiv
les	moins	

Das Adjektiv

Les plus jeunes membres du groupe n'ont que quatorze ans. Die jüngsten Mitglieder der Gruppe sind erst vierzehn Jahre alt.	oder:	**Les** membres **les plus jeunes** du groupe n'ont que quatorze ans.
C'est la plus belle ville de la région. Das ist die schönste Stadt der Region.	oder:	C'est la ville la plus belle de la région.

Vorangestellte Adjektive können im Superlativ voran- oder nachgestellt werden. Bei den nachgestellten Superlativen wird der bestimmte Artikel wiederholt.

C'était le match le plus important de ma carrière. C'est la chanteuse la plus talentueuse du monde. Quelle est la région la moins touristique en France?	Das war das wichtigste Spiel meiner Karriere. Das ist die begabteste Sängerin der Welt. Welches ist die am wenigsten touristische Region in Frankreich?

Nachgestellte Adjektive werden auch im Superlativ nachgestellt: Bei den nachgestellten Superlativen wird der bestimmte Artikel wiederholt.

Unregelmäßige Steigerungsformen: *bon* und *mauvais*

Qui sont **les pires** et **les meilleurs** touristes au monde?	Wer sind die schlimmsten und die besten Touristen der Welt?

Die Steigerungsformen der Adjektive **bon** und **mauvais** sind unregelmäßig.

J'ai une **mauvaise** journée. Cette journée est **pire que** les autres. C'est **la pire** journée de tous les temps.	Ich habe einen schlechten Tag. Dieser Tag ist schlimmer als die anderen. Es ist der schlimmste Tag aller Zeiten.
Quel repas **mauvais**! / Quel **mauvais** repas! Ce plat principal est **plus mauvais que** la soupe. C'est le restaurant **le plus mauvais** de tous.	Was für ein schlechtes Essen! Dieses Hauptgericht ist schlechter als die Suppe. Das ist das schlechteste Restaurant von allen.

Mauvais hat zwei Steigerungsformen mit unterschiedlichen Bedeutungen.

Merke!	Komparativ	Superlativ	
bon/bonne gut	meilleur/e que besser	le/la meilleur/e der/die/das beste	les meilleur(e)s die besten
mauvais/e schlecht	plus mauvais/e que schlechter	le/la plus mauvais/e der/die/das schlechteste	les plus mauvais/es die schlechtesten
	pire que schlimmer	le/la pire der/die/das schlimmste	les pires die schlimmsten

Auch im Deutschen und im Englischen werden die Adjektive *gut* bzw. *good* unregelmäßig gesteigert.

🇫🇷 Le film est **bon**, mais le livre est **meilleur que** le film. C'est **le meilleur** livre du monde.
🇩🇪 Der Film ist gut, aber das Buch ist besser als der Film. Das ist das beste Buch der Welt.
🇬🇧 The film is good, but the book is better than the film. It's the best book in the world.

Zusatzwissen:

Die Steigerung von *petit*

Auch das Adjektiv **petit** hat zwei Steigerungsformen.

Il est **petit**.	Er ist klein.
Il est **plus petit** que ses copains.	Er ist kleiner als seine Freunde.
Il est le garçon **le plus petit** de sa classe.	Er ist der kleinste Junge in seiner Klasse.
Ça n'a qu'un **petit** intérêt.	Das ist nur von geringem Interesse / geringer Bedeutung.
C'était de **moindre** importance encore.	Das war von noch geringerer Bedeutung.
C'est **le moindre** de nos soucis.	Das ist unsere geringste Sorge.

In der Bedeutung von *klein* wird **petit** regelmäßig gesteigert. In der Bedeutung von *gering* sind die Steigerungsformen: petit – moindre – le/la/les moindre/s.

Die Steigerung von *bon marché*

un portable **bon marché**	ein billiges Handy
une chemise **bon marché**	ein billiges Hemd
des baskets **bon marché**	billige Turnschuhe
Ces baskets sont **meilleur marché** que les autres.	Diese Turnschuhe sind billiger als die anderen.
Ces pantalons sont **meilleur marché**.	Diese Hosen sind billiger.
Où est le restaurant **le meilleur marché**?	Wo ist das billigste Restaurant?
la robe **la meilleur marché**	das billigste Kleid
les vols **les meilleur marché** vers Paris	die billigsten Flüge nach Paris

Alternative:

le restaurant **le moins cher**	la robe **la moins chère**	les vols **les moins chers**
das billigste Restaurant	das billigste Kleid	die billigsten Flüge

4.5 Adjektive und ihre Ergänzungen
Les adjectifs et leurs compléments

Viele Adjektive können Ergänzungen (Nomen, Infinitive) bei sich haben. Diese Ergänzungen werden meistens mit **à** oder **de** an das Adjektiv angeschlossen.
Im Folgenden findest du eine Liste häufig verwendeter Adjektive mit möglichen Ergänzungen und ihren Übersetzungen.

Das Adjektiv

Adjektive + à		
Il est **allergique au** chlore.	Er ist allergisch gegen Chlor.	allergique à
C'est **bon à** tout. C'est **bon à** savoir.	Das ist gut für alles. Das ist gut zu wissen.	bon/ne à
Ce n'est **comparable à** rien d'autre.	Das ist mit nichts anderem vergleichbar.	comparable à
C'est **contraire à** ses principes.	Das steht im Widerspruch zu seinen Prinzipien.	contraire à
Il est **égal à** ses camarades de classe.	Er ist seinen Mitschülern ebenbürtig.	égal/e à
C'est **essentiel à** la survie.	Das ist überlebenswichtig.	essentiel/le à
Il est **fidèle à** ses principes.	Er ist seinen Prinzipien treu.	fidèle à
Elle est **forte au** tennis.	Sie ist gut im Tennis.	fort/e à
Elle est **indifférente à** ce problème.	Ihr ist dieses Problem gleichgültig.	indifférent/e à
Douze élèves ont eu une note **inférieure à** la moyenne.	Zwölf Schüler haben eine Note bekommen, die niedriger als der Durchschnitt war.	inférieur/e à
C'est **lié à** la production.	Das ist produktionsbedingt.	lié/e à
Fumer est **nuisible à** la santé.	Rauchen ist schädlich für die Gesundheit.	nuisible à
Vous êtes **prêts à** partir?	Seid ihr zum Aufbruch bereit?	prêt/e à
Dix élèves ont eu une note **supérieure à** la moyenne.	Zehn Schüler haben eine Note bekommen, die besser war als der Durchschnitt.	supérieur/e à

Adjektive + de		
Il était **accompagné de** son fils.	Er wurde von seinem Sohn begleitet.	accompagné/e de
Une dame **âgée de** quarante ans.	Eine vierzig Jahre alte Dame.	âgé/e de
Martine est **amoureuse de** Christophe.	Martine ist verliebt in Christophe.	amoureux/-euse de
Elle est **capable de** tout.	Sie ist zu allem fähig.	capable de
Cette réaction est **caractéristique de** lui.	Diese Reaktion ist bezeichnend für ihn.	caractéristique de
Il est **certain de** son succès. Son équipe est **certaine de** gagner.	Er ist sich seines Erfolgs sicher. Seine Mannschaft ist sicher zu gewinnen.	certain/e de
Ils sont **contents de** leur résultat. Je suis **content de** vous voir.	Sie sind mit ihrem Ergebnis zufrieden. Ich bin froh/glücklich euch/Sie zu sehen.	content/e de
Il est **différent des** autres.	Er ist anders als die anderen.	différent/e de
Ils étaient **étonnés de** votre réponse. Je suis **étonné de** vous voir ici.	Sie waren erstaunt über eure/Ihre Antwort. Ich bin erstaunt euch/Sie hier zu sehen.	étonné/e de
Nous sommes **fiers de** notre succès. Elle est **fière d'**avoir reçu le prix.	Wir sind stolz auf unseren Erfolg. Sie ist stolz darauf, den Preis erhalten zu haben.	fier/fière de
C'est **gentil de** m'avoir répondu.	Das ist nett, dass du/Sie mir geantwortet hast/haben.	gentil/le de
La tour est **haute de** vingt mètres.	Der Turm ist zwanzig Meter hoch.	haut/e de
Je suis **heureux de** ce résultat.	Ich bin glücklich über dieses Ergebnis.	heureux/-se de
La piscine est **large de** dix mètres.	Das Schwimmbad ist zehn Meter breit.	large de

Adjektive + **de**		
Le bâtiment est **long de** cent mètres.	Das Gebäude ist hundert Meter lang.	long/ue de
Ils sont **pleins de** bonnes idées.	Sie sind voll guter Ideen.	plein/e de
C'est un service très **proche des** clients.	Das ist ein sehr kundenfreundlicher Service.	proche de
Elle est **responsable de** l'accident.	Sie ist schuld an / verantwortlich für den Unfall.	responsable de
La lavande est **typique de** ce pays.	Der Lavendel ist typisch für dieses Land.	typique de
Je suis **sûr de** ne pas m'être trompé.	Ich bin sicher mich nicht geirrt zu haben.	sûr/e de

Adjektive + andere Präpositionen		
Il est **aimable avec** les enfants.	Er ist lieb zu den Kindern.	aimable avec
Il est **charmant avec** tout le monde.	Er ist liebenswürdig zu allen.	charmant/e avec
Ils sont **gentils avec** tout le monde.	Sie sind zu allen freundlich.	gentil/le avec
Il est **sévère avec** ses enfants.	Er ist streng mit seinen Kindern.	sévère avec
Grasse est **célèbre pour** ses parfums.	Grasse ist berühmt für seine Parfums.	célèbre pour
C'est une région **connue pour** ses lacs.	Das ist eine Region, die für ihre Seen bekannt ist.	connu/e pour
Elle est **forte en** mathématiques.	Sie ist gut in Mathematik.	fort/e en

 Zusatzwissen:

Einige Adjektive können einen Infinitiv mit **à** oder **de** anschließen.

persönliche Konstruktion	unpersönliche Konstruktion
Il est **facile à** convaincre.	Ce n'est pas **facile de** comprendre les ados.
Er ist leicht zu überreden.	Es ist nicht leicht, die Jugendlichen zu verstehen.
Cette jupe est **agréable à** porter.	C'est **agréable de** travailler avec lui.
Dieser Rock ist angenehm zu tragen.	Es ist angenehm, mit ihm zu arbeiten.
La décision est **difficile à** prendre.	C'est **difficile de** prendre une décision.
Die Entscheidung ist schwierig zu treffen.	Es ist schwierig, eine Entscheidung zu treffen.
Voilà tout ce qui est **utile à** savoir.	Ce serait **utile de** savoir ce qu'il a fait.
Hier ist alles, was man wissen sollte.	Es wäre nützlich zu wissen, was er gemacht hat.

Für eine persönliche Konstruktion (Il/Elle est … *Er/Sie ist* …) wird der Infinitiv mit **à** angeschlossen.
Für eine unpersönliche Konstruktion (C'est … *Es ist … / Das ist* …) mit **de**.

Elle a été **gentille de** m'aider lors du test.	Merci, c'est **gentil de** m'aider.
Sie war so freundlich mir bei dem Test zu helfen.	Danke, das ist nett, dass du mir hilfst / dass Sie mir helfen.
Elle a été **méchante de** dire cela.	C'est vraiment **méchant de** parler ainsi.
Es war boshaft von ihr, das zu sagen.	Es ist wirklich boshaft so zu reden.

Andere Adjektive schließen den Infinitiv sowohl für eine persönliche als auch für eine unpersönliche Konstruktion mit de an.

Das Adjektiv

Qui dit mieux: Wie vermeide ich Fehler?

beau, nouveau, vieux

Diese drei vorangestellten Adjektive haben im Singular eine Sonderform.

un **vieil** ordinateur	ein alter Computer
un **nouvel** hôtel	ein neues Hotel
un **bel** instrument	ein schönes Instrument

Die Formen **vieil**, **nouvel** und **bel** stehen nur vor männlichen Nomen, die mit einem Vokal oder einem „stummen h" beginnen.

Das Adjektiv *drôle*

Marc est un garçon **drôle**.	Marc ist ein lustiger/witziger Junge.
Il est **drôle**.	Er ist lustig/witzig.
Pierre est un **drôle de** garçon.	Pierre ist ein merkwürdiger Junge.
Tu as un **drôle d'**air.	Du siehst komisch aus.
Il a une **drôle de** patience.	Er hat ganz schön viel Geduld.

Steht **drôle** nach einem Nomen, so hat es die Bedeutung *lustig/witzig*.
In der gesprochenen Sprache wird **drôle** auch mit der Präposition **de** vor das Nomen gestellt und heißt dann *merkwürdig* oder *eigenartig*.

---

konservativ – *conservateur*: Adjektive mit ähnlichen Formen

Einige deutsche Adjektive ähneln ihren französischen Entsprechungen, haben aber andere Endungen:

eine konservative Partei	un parti conserva**teur**
ein katastrophales Ereignis	un événement catastroph**ique**
eine paradoxe Antwort	une réponse paradox**ale**
ein riskantes Abenteuer	une aventure risqu**ée**

Wie übersetzt du *etwas/nichts/jemand* + Adjektiv ins Französische?

Im Deutschen können aus Adjektiven Nomen gebildet werden. Im Französischen musst du das anders ausdrücken.

Etwas Interessantes	Quelque chose d'intéressant
Etwas Nützliches	Quelque chose d'utile
Jemand Nettes	Quelqu'un de bien/sympa
Alles Schöne	Tout ce qui est beau
Nichts Neues	Rien de neuf
Was gibt's Neues?	Quoi de neuf?

Nach **quelque chose**, **quelqu'un** und nach **rien** wird ein Adjektiv immer mit **de** angeschlossen.

Deutsch: Adjektiv — Französisch: *en* + Nomen

Deutsch: Adjektiv	Französisch: *en* + Nomen
eine silberne Gabel	une fourchette en argent
ein hölzerner Löffel	une cuillère en bois
eine goldene Krone	une couronne en or
eine Ledertasche	un sac en cuir
ein Wollpulli	un pull en laine

Im Deutschen benennst du das Material, aus dem ein Gegenstand gemacht ist, mit einem Adjektiv oder durch ein zusammengesetztes Nomen. Im Französischen verwendest du **en** + Nomen.

Deutsch: *werden* + Adjektiv — Französisch: Verb

Deutsch: *werden* + Adjektiv	Französisch: Verb
Er wird alt.	Il **vieillit**.
Sie wird immer jünger.	Elle **rajeunit**.
Er ist dicker/dünner geworden.	Il a **grossi/maigri**.
Der Tee wird kalt.	Le thé **refroidit**.
Das Wetter wird besser.	Le temps **s'améliore**.
Das Wetter wird schlechter.	Le temps **empire**.
Sie ist rot geworden.	Elle a **rougi**.
Er ist blass geworden.	Il a **pâli**.
Das Brot ist hart geworden.	Le pain a **durci**.
Es wird dunkel.	Il commence à **faire sombre/nuit**.
Es wird hell.	Il commence à **faire jour**.

Mit den Verben *sein* und *werden* + Adjektiv bringst du im Deutschen die Veränderung eines Zustandes zum Ausdruck. Dafür gibt es im Französischen oft ein eigenes Verb.

Verstärkung von Adjektiven

Le nouveau prof est **méga sympa**.	Son ordi(nateur) est **méga rapide**.
Ton gâteau est **hyper bon**.	Ma fille est **hyper nerveuse**.
Ce type est **ultra méchant** avec moi.	C'est **ultra simple**.
Son blog est **super cool**.	Ce jeu est **super nul**.

Um ein Adjektiv zu verstärken, kannst du im gesprochenen Französisch (**français familier** ▶ S. 282 ff.) **hyper, méga, super** oder **ultra** vor ein Adjektiv stellen. Im geschriebenen Französisch (**français standard / soutenu** ▶ S. 282 ff.) solltest du das vermeiden.

Stellung französischer Adjektive

eine lange Rede	un **long** discours
ein 2460 Meter langes Viadukt	un viaduc **long** de 2460 mètres
ein hoher Turm	une **haute** tour
ein 324 Meter hoher Turm	une tour **haute** de 324 mètres
eine unglaublich lange Rede	un discours incroyablement **long**
eine wirklich schöne Webseite	un site vraiment **beau**

Adjektive, die normalerweise vor dem Nomen stehen, werden hinter das Nomen gestellt, wenn sie eine Ergänzung haben oder durch ein Adverb verstärkt werden.

Das Adjektiv

Abschlussübung   Bilan

1. Grand – grande. Wie lautet die weibliche Form der Adjektive?

a. des livres bon marché – des chaussures ?
b. un bon livre – une ? réponse
c. des jeux géniaux – des idées ?
d. le Marché européen – l'Union ?
e. des étudiants étrangers – des étudiantes ?

f. un garçon sportif – une fille ?
g. des appartements neufs – des voitures ?
h. un sport dangereux – des bêtes ?
i. un pantalon blanc – une robe ?
j. des cheveux longs – des jupes ?

2. Beau, nouveau, vieux. Ergänze den Text mit den Adjektiven in der richtigen Form.

Pierre et son père sont allés au marché aux puces. Ils cherchent des ? lampes   **vieux**
et une ? armoire pour leur appartement. Pierre voit un ? ordinateur qu'il   **vieux**
voudrait avoir, mais qui ne marche plus. Après, Pierre veut acheter une ?   **beau**
veste en cuir, mais son père la trouve trop chère. Le père de Pierre veut
lui acheter le ? album de son groupe préféré, mais Pierre l'a déjà. Puis ils   **nouveau**
regardent les ? meubles et les ? lampes, mais ils ne les trouvent pas ? .   **vieux, beau**
À la fin, ils n'ont rien acheté au marché aux puces. Mais ils ont passé une
? après-midi ensemble.   **beau**

3. (+) plus, (=) aussi, (–) moins + Adjektiv + **que.** Vergleiche.

a. + long: Le Rhin / Le Rhône
        1324 km / 812 km
b. beaucoup + petit: Nice/Marseille
        347.060 habitants / 839.043 habitants
c. – confortable: l'avion / le train

d. = gentil: Claire/Sophie
e. + bon: les notes de Marie / les notes de Lea
        ø 1.9 / ø 2.5
f. + grand /– peuplé: La France / L'Allemagne
        ~ 674.000 km² / ~ 357.000 km²
        ~ 65 millions / ~ 82 millions d'habitants

4. Ancien, curieux, dernier, drôle, propre, vrai. Vor oder nach dem Nomen? Ergänze den
Text mit den Angaben in Klammern.

Le frère de Magali, Raphaël, est un (echter Clown). Il aime raconter (komische Geschichten).
Et il veut nous faire croire que ce sont (wahre Geschichten).
(Vorige Woche) il nous a invités chez lui. Il a son (eigene Wohnung) dans un (ehemaliges Hotel).
Là, nous avons rencontré beaucoup de (merkwürdige Leute). Il y avait aussi une (neugieriges
Mädchen) qui nous a posé des centaines de questions sur nos familles.

5. Une jolie robe bleue. Gleiche die Adjektive dem Nomen an und setze sie an die richtige
Stelle vor oder nach dem Nomen.

a. Lola a fait un tableau (grand/bleu) avec des points (petit/rouge).
b. Elle a fait un voyage (long et beau) [Zwei Möglichkeiten].
c. Ils ont un appartement (chic et luxueux) dans une maison (grand/blanc).
d. Elle a une voiture (beau/neuf).

Die Lösungen findest du unter
www.cornelsen.de/webcodes
Gib dort den webcode gramm-bilan04 ein.

5. Das Adverb
L'adverbe

Was ist der Unterschied zwischen einem Adjektiv und einem Adverb?

Adjektive beziehen sich auf:

Cette <u>actrice</u> est **jolie.**   – Nomen
Diese <u>Schauspielerin</u> ist <u>hübsch</u>.

Elle est très **connue** <u>ici</u>.   – oder Pronomen.
Sie ist hier sehr <u>bekannt</u>.

Adjektive sind veränderlich.

Adverbien beziehen sich auf:

Cette actrice <u>joue</u> **bien.**   – Verben,
Diese Schauspielerin spielt <u>gut</u>.

Elle est **très** <u>jolie</u>.   – Adjektive,
Sie ist <u>sehr</u> hübsch.

Et elle joue **vraiment** <u>bien</u>.   – andere Adverbien
Und sie spielt <u>wirklich</u> gut.

Normalement, <u>ses films ont du succès</u>.   – oder einen ganzen Satz (Satzadverbien).
<u>Normalerweise</u> haben ihre Filme Erfolg.

Adverbien sind unveränderlich.

Im Deutschen kannst du nicht immer an der Form erkennen, ob es sich um ein Adjektiv oder ein Adverb handelt. Im Französischen und Englischen haben Adjektive und Adverbien meist unterschiedliche Formen:

Sie ist <u>langsam</u>. (Adjektiv)   Sie arbeitet <u>langsam</u>. (Adverb)
Elle est <u>lente</u>. (Adjektiv)   Elle travaille <u>lentement</u>. (Adverb)
She is <u>slow</u>. (Adjektiv)   She works <u>slow**ly**</u>. (Adverb)

Das folgende Kapitel enthält:

5.1   Die Formen des Adverbs
5.2   Die Steigerung des Adverbs
5.3   Die Stellung des Adverbs
5.4   Der Gebrauch einiger Adverbien
5.5   Der Gebrauch von Adjektiven und Adverbien

Außerdem findest du:
→ **Qui dit mieux: Wie vermeide ich Fehler?**, S.104–106,
→ einen **Bilan**, S.107, in dem du dein Wissen überprüfen kannst.

Das Adverb

5.1 Die Formen des Adverbs   Les formes de l'adverbe

Im Französischen gibt es zwei Sorten von Adverbien: ursprüngliche Adverbien und von Adjektiven abgeleitete Adverbien.

5.1.1 Ursprüngliche Adverbien

Elle a **toujours** beaucoup d'idées.
Mais cette fois-ci, c'est une idée **plutôt** originale.

assez	genug	déjà	schon	plutôt	eher	toujours	immer
aujourd'hui	heute	encore	noch	souvent	oft	tout de suite	sofort
autant	soviel	hier	gestern	tant	so viel / sehr	très	sehr
beaucoup	viel	ici	hier	tard	spät	trop	zu
bien	gut	mal	schlecht	tôt	früh	vite	schnell

Die ursprünglichen Adverbien haben keine typische Endung, an der man sie erkennen könnte.

5.1.2 Abgeleitete Adverbien auf -ment

Die meisten Adverbien werden von Adjektiven abgeleitet.

Adjektiv		Adverb		
männlich	weiblich			
lent	lente	lentement	langsam	Um ein Adverb zu bilden, hängst du an die weibliche Form des Adjektivs die Endung -ment an.
sérieux	sérieuse	sérieusement	ernst(haft)	
actif	active	activement	aktiv	
long	longue	longuement	lang	
régulier	régulière	régulièrement	regelmäßig	
rare	rare	rarement	selten	Adjektive, die nur eine Singularform haben, leiten ihr Adverb von dieser Form ab.
difficile	difficile	difficilement	schwer, kaum	
vrai	vraie	vraiment	wirklich, tatsächlich	Adjektive, deren männliche Form auf einen Vokal endet, leiten das Adverb von dieser männlichen Form ab.
absolu	absolue	absolument	ganz, unbedingt	
poli	polie	poliment	höflich	

⚠ aber:

gai	gaie	gaiement	fröhlich, vergnügt

5.1.3 Abgeleitete Adverbien auf *-amment* und *-emment*

Adjektiv		Adverb	
männlich	**weiblich**		
élégant	élégante	élég**amment** [elegamã]	elegant, fein
méchant	méchante	méch**amment** [meʃamã]	böse, boshaft
constant	constante	const**amment** [kõstamã]	ständig
bruyant	bruyante	bruy**amment** [bʀɥijamã]	laut
différent	différente	différ**emment** [diferamã]	anders
patient	patiente	pati**emment** [pasjamã]	geduldig
violent	violente	viol**emment** [vjɔlamã]	heftig, leidenschaftlich

> Adjektive, die auf -**ant** enden, bilden Adverbien auf -**amment**.
> Adjektive, die auf -**ent** enden, bilden Adverbien auf -**emment**.
> Die Endungen -**amment** und -**emment** werden gleich ausgesprochen: [-amã].

 aber:

lent	lente	lente**ment**

5.1.4 Unregelmäßige Adverbien

Von einigen Adjektiven werden unregelmäßige Adverbformen abgeleitet:

Adjektiv		Adverb	
männlich	**weiblich**		
gentil	gentille	**gentiment**	nett
bon	bonne	**bien**	gut
mauvais	mauvaise	**mal**	schlecht
meilleur	meilleure	**mieux**	besser
bref	brève	**brièvement**	kurz (und bündig)
commode	commode	commod**ément**	bequem
confus	confuse	confus**ément**	undeutlich, wirr
énorme	énorme	énorm**ément**	unheimlich (viel)
intense	intense	intens**ément**	intensiv
précis	précise	précis**ément**	genau
profond	profonde	profond**ément**	tief, gründlich

> Einige Adverbien enden auf -**ément**, obwohl kein -é in dem Adjektiv vorkommt, von dem sie abgeleitet sind. Dafür gibt es keine Regel.

 Lerntipp:
Da du die unregelmäßigen Adverbien nicht ableiten kannst, lernst du sie auswendig.

Zusatzwissen:

Elle est **gravement** malade.	Sie ist schwer krank.
Dix personnes ont été **grièvement** blessées.	Zehn Personen sind schwer verletzt worden.
Jeune femme **grièvement** brûlée dans incendie	Junge Frau erlitt schwere Verbrennungen bei Brand

grave — gravement — schwer, ernst, würdevoll
grave — grièvement — schwer, ernsthaft

Von dem Adjektiv **grave** können zwei Adverbien abgeleitet werden: **gravement** und **grièvement**. **Grièvement** ist nur in Verbindung mit den Verben **blesser, toucher, brûler** üblich.

J'ai **bien** passé la soirée avec mes copines.	Ich habe einen schönen Abend mit meinen Freundinnen verbracht.
La soirée était tout **bonnement** géniale.	Der Abend war einfach genial.
Ces informations étaient tout **bonnement** fausses.	Diese Informationen waren einfach falsch.

bon — bien — gut
bon — bonnement — einfach

Auch von **bon** kann neben **bien** noch ein weiteres Adverb abgeleitet werden: **bonnement** *einfach*.

5.1.5 Bedeutungsunterschiede zwischen Adjektiv und abgeleitetem Adverb

Adjektiv	Adverb
curieux/curieuse	**curieusement**
Il est **curieux**. Er ist neugierig. C'est **curieux**. Das ist merkwürdig.	 **Curieusement**, il ne m'a rien dit. Merkwürdigerweise hat er mir nichts gesagt.
drôle / drôle de	**drôlement**
C'est une histoire **drôle**. Das ist eine lustige Geschichte. C'est une **drôle** d'histoire. Das ist eine merkwürdige Geschichte.	C'est **drôlement** bien. C'est **drôlement** beau. Das ist sehr/richtig gut. Das ist sehr/richtig schön.
égal/e	**également**
Coupez le jambon en morceaux **égaux**. Schneiden Sie den Schinken in gleich große Stücke. Ça m'est **égal**. Das ist mir egal/gleich.	J'ai **également** envoyé un e-mail à ta sœur. Ich habe auch deiner Schwester eine E-Mail geschickt.
juste	**justement**
une réponse **juste** eine richtige Antwort	C'est **justement** ce que je voulais dire. Das ist genau das, was ich sagen wollte.

Es gibt Adjektive, die mehrere Bedeutungen haben. Einige der von diesen Adjektiven abgeleiteten Adverbien übernehmen aber nur eine Bedeutung des Adjektivs. Manchmal hat das Adverb auch eine ganz andere Bedeutung als das entsprechende Adjektiv.

5.1.6 Adjektive ohne ableitbares Adverb

Nicht von jedem Adjektiv kannst du ein Adverb ableiten. Zu diesen Adjektiven gehören insbesondere:
– Farbadjektive (z.B. **noir/e**),
– Bezeichnungen von Nationalitäten (z.B. **allemand/e**) und Religionen (z.B. **juif/juive**).

Außerdem zählen u.a. folgende Adjektive dazu:

célèbre	berühmt	fatigué/e	müde	
charmant/e	bezaubernd, charmant	inquiet/inquiète	unruhig	
content/e	zufrieden, froh	intéressant/e	interessant	
court/e	kurz	jeune	jung	
étonné/e	erstaunt	moderne	modern	
fâché/e	böse, sauer	neuf/neuve	neu	
fatigant/e	anstrengend, ermüdend	vieux/vieille	alt	

Für fehlende Adverbien kannst du im Französischen Umschreibungen verwenden:

Il sait raconter des histoires **d'une manière / de manière intéressante.** Er kann Geschichten sehr interessant erzählen.	d'une/de manière + Adjektiv
Elle s'habille **d'une façon / de façon moderne.** Sie kleidet sich modern.	d'une/de façon + Adjektiv
Elle me regarde **d'un air étonné.** Sie sieht mich erstaunt an.	d'un air + Adjektiv
Ils voient tout **en noir.** Sie sehen alles schwarz.	en + Adjektiv

5.2 Die Steigerung des Adverbs   La comparaison

Wenn du Handlungen oder Tätigkeiten miteinander vergleichen willst, brauchst du die Vergleichs-
formen des Adverbs: Du steigerst das Adverb.

5.2.1 Der Komparativ

Paul a réagi **plus lentement que** les autres. Paul hat langsamer reagiert als die anderen. Marie parle **aussi lentement que** son père. Marie spricht genauso langsam wie ihr Vater. Marc s'entraîne **moins régulièrement que** ses copains. Marc trainiert weniger regelmäßig / unregelmäßiger als seine Freunde.	Adverbien werden genauso wie Adjektive gesteigert: Du stellst **plus/aussi/moins** vor das Adverb und das Vergleichswort **que** dahinter. Das Vergleichswort ist immer **que** (*wie/als*), niemals ~~comme~~.

▶ s. S. 83–86 (Die Steigerung des Adjektivs)

Das Adverb

> **Merke !**
>
> Der Komparativ
> **plus**
> **aussi** | + Adverb + **que**
> **moins**

> **Lerntipp:**
> Zum Vergleichen, ich behalt's,
> nehm ich **que** für *wie* und *als*.

Zusatzwissen:
Aussi que und autant que im Vergleichssatz

Pierre est **aussi** grand **que** toi.
Pierre ist genauso groß wie du.
Il danse **aussi** bien **que** toi.
Er tanzt genauso gut wie du.

Im Vergleich steht **aussi** vor Adjektiven und Adverbien.

Il parle **autant que** toi.
Er spricht genauso viel wie du.
Et il a **autant de** copains **que** toi.
Und er hat genauso viele Freunde wie du.

Im Vergleich steht **autant** in Verbindung mit Verben.

Il ne parle pas **si (aussi)** vite **que** d'habitude.
Er spricht nicht so schnell wie gewöhnlich.
Il ne parle pas **tant (autant) que** d'habitude.
Er spricht nicht so viel wie gewöhnlich.

In einem verneinten Satz kann si statt aussi und **tant** statt **autant** stehen.

Besondere Ausdrücke mit **autant**:
autant que / tant que je sache
autant que / tant que je me souvienne
autant que possible

soviel ich weiß
soweit ich mich erinnere
soweit wie möglich

5.2.2 Der Superlativ

Damien court **le plus vite** (de tous).
Damien läuft am schnellsten (von allen).
Hugo court **le moins vite** (de tous).
Hugo läuft am langsamsten (von allen).

Der Superlativ wird mit **le plus** + Adverb oder **le moins** + Adverb gebildet.

> **Merke !**
>
> Der Superlativ
> **le** | **plus** / **moins** | + Adverb

Ils s'écrivent **le plus souvent possible**.
Sie schreiben sich so oft wie möglich.
Il utilise sa voiture **le moins souvent possible**.
Er benutzt sein Auto so selten wie möglich.

Le plus / le moins + Adverb + possible ist eine weitere Möglichkeit den Superlativ zu bilden.

Folgende Adverbien werden unregelmäßig gesteigert:

beaucoup	plus	le plus	viel	mehr	am meisten
peu	moins	le moins	wenig	weniger	am wenigsten
bien	mieux	le mieux	gut	besser	am besten
mal	plus mal	le plus mal	schlecht	schlechter	am schlechtesten
	pis	le pis	schlimm	schlimmer	am schlimmsten

Neben den regelmäßigen Steigerungsformen von **mal** gibt es die Formen **pis** und **le pis**, die nur in festen Wendungen gebraucht werden, z.B.: **Tant pis!** *Pech gehabt. / Was soll's. / Egal.*

 Verwechsle nicht Mengenangaben mit Vergleichen:

Mengenangabe mit de
Théo travaille **plus de** huit heures par jour.
Théo arbeitet <u>mehr als</u> 8 Stunden am Tag.
Léon travaille **moins de** trente-huit heures par semaine.
Léon arbeitet <u>weniger als</u> 38 Stunden die Woche.

Vergleich mit que
Marion travaille **plus que** lui.
Marion arbeitet <u>mehr als</u> er.
Et Clara travaille **moins qu'**elle.
Und Clara arbeitet <u>weniger als</u> sie.

5.3 Die Stellung des Adverbs   La place de l'adverbe

Adverbien beziehen sich auf:

Sophie joue de la guitare.	
Elle joue **souvent**	– Verben,
et elle joue **très** bien.	– Adverbien,
Son groupe est **assez** célèbre.	– Adjektive
Normalement, ses concerts ont beaucoup de succès.	– oder ganze Sätze.

Die Stellung des Adverbs hängt ab:
– von seiner Bedeutung,
– von seiner Länge,
– von stilistischen Kriterien (z.B. Hervorhebung, Betonung),
– und von der Reihenfolge der Informationen, die der Sprecher geben will.
Deshalb können nicht in jedem Fall eindeutige Regeln gegeben werden.

Im Folgenden sind einige Grundregeln zusammengefasst.

5.3.1 Die Stellung des Adverbs vor Adjektiv und Adverb

C'est une méthode **exceptionnellement** simple. (Adjektiv)	… außergewöhnlich einfach
C'est un film **peu** intéressant. (Adjektiv)	… wenig interessant
Ils passent **beaucoup** trop de temps sur Internet. (Adverb)	… viel zu viel
Le dernier chapitre de ce livre est **vraiment** bien. (Adverb)	… wirklich gut

Adverbien stehen immer vor den Adjektiven oder Adverbien, auf die sie sich beziehen.

Das Adverb

 Zusatzwissen:

Adjektiv	Adverb
une lettre écrite	**aujourd'hui**

ein heute geschriebener Brief

Zeitadverbien stehen hinter dem Adjektiv, wenn dieses von einem Partizip Perfekt abgeleitet ist (écrire – écrit→ hier: écrite).

5.3.2 Die Stellung des Adverbs beim Verb

Il danse **rarement**, mais il danse **bien**. Er tanzt selten, aber er tanzt gut. Jeudi, je rentrerai **tard**. Am Donnerstag werde ich spät nach Hause kommen. D'habitude, il travaillait **correctement**. Normalerweise arbeitete er korrekt.	Bei den einfachen Zeiten steht das Adverb hinter dem Verb, auf das es sich bezieht. ▶ s. S. 149–159 (Die Bildung der einfachen Zeiten und Verbformen)

Ils ont **souvent** oublié de nous appeler. Sie haben oft vergessen uns anzurufen. Le nouveau logiciel va **bientôt** arriver. Die neue Software wird bald auf dem Markt sein.	Bei den zusammengesetzten Zeiten stehen die meisten Adverbien (z. B. **déjà, encore, toujours**) zwischen Hilfsverb und Partizip bzw. Infinitiv. ▶ s. S. 160–174 (Die Bildung der zusammengesetzten Verbformen)
Est-ce que les Martin veulent **toujours** déménager? Wollen die Martins immer noch umziehen?	Auch in Sätzen mit Modalverben (z. B. **vouloir**) kann das Adverb zwischen Modalverb und Infinitiv stehen.

Lerntipp:
Adverbien, merk dir ihren Platz,
steh'n meistens wie im deutschen Satz.

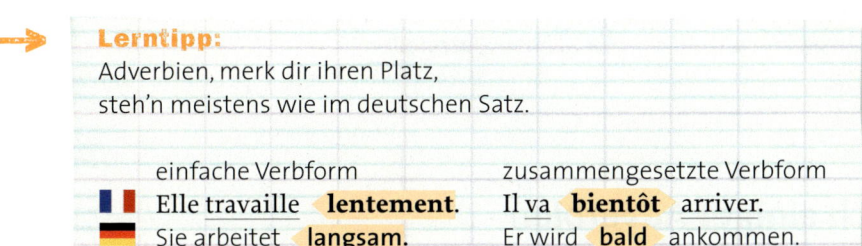

einfache Verbform	zusammengesetzte Verbform
🇫🇷 Elle travaille **lentement**.	Il va **bientôt** arriver.
🇩🇪 Sie arbeitet **langsam**.	Er wird **bald** ankommen.

Il a **longuement** réfléchi au problème. Il a réfléchi **longuement** au problème.	Er hat lange über das Problem nachgedacht.
Ils vont **soigneusement** préparer la réunion. Ils vont préparer **soigneusement** la réunion.	Sie werden die Konferenz sorgfältig vorbereiten.
Vous pouvez **régulièrement** consulter notre site. Vous pouvez consulter notre site **régulièrement**.	Sie können regelmäßig auf unserer Homepage nachsehen.

Die Adverbien auf -ment können in zusammengesetzten Zeiten vor oder nach dem Partizip Perfekt bzw. dem Infinitiv stehen. Dies gilt auch für Sätze mit Modalverben. Willst du ein Adverb besonders betonen, stellst du es hinter das Partizip Perfekt bzw. den Infinitiv.

5.3.3 Die Stellung von Adverbien, die sich auf einen Satz beziehen (Satzadverbien)

Aujourd'hui, la réunion va commencer à dix heures. La réunion va commencer à dix heures, **aujourd'hui**.	Die Sitzung wird heute um zehn Uhr beginnen.
Malheureusement, il a raté son avion. Il a raté son avion, **malheureusement**.	Er hat unglücklicherweise sein Flugzeug verpasst.

Satzadverbien stehen entweder am Satzanfang oder am Satzende. Sie werden durch Komma abgetrennt.

 Zusatzwissen:

gehobene Sprache	Standardsprache
Peut-être **va-t-elle** revenir bientôt. Vielleicht kommt sie bald wieder.	Peut-être qu'**elle va** venir bientôt. oder: **Elle va** peut-être venir bientôt.
Sans (aucun) doute **a-t-il** raison. Zweifellos/Wahrscheinlich hat er Recht.	Sans (aucun) doute qu'**il a** raison. oder: **Il a** raison sans (aucun) doute.
À peine **était-il** rentré Kaum war er nach Hause gekommen, que le téléphone s'est mis à sonner. als das Telefon anfing zu klingeln.	
Wenn die Adverbien **peut-être, sans doute, à peine** am Satzanfang stehen, folgt in der gehobenen Sprache die Inversion (von Subjekt und Verb). Das ist im Deutschen genauso.	Im gesprochenen Französisch gibt es zwei geläufige Konstruktionen, die die Inversion ersetzen: – peut-être que / sans doute que mit normaler Satzstellung, – Subjekt + Hilfsverb + peut-être / sans doute ... .

5.4 Der Gebrauch einiger Adverbien
L'emploi de quelques adverbes

5.4.1 *Très* und *beaucoup*

Très (*sehr*) und beaucoup (*viel, sehr*) werden unterschiedlich gebraucht.

Très bezieht sich auf:

Paul est **très** doué. Paul ist sehr begabt.	– Adjektive,
Elle chante **très** bien. Sie singt sehr gut.	– Adverbien
Il a **très** faim/soif/sommeil. Er ist sehr hungrig/durstig/müde.	– oder Nomen in Ausdrücken mit **avoir** + Nomen.

Das Adverb

Beaucoup steht:

Ils aiment **beaucoup** le rap. Sie mögen Rap sehr. Son style leur plaît **beaucoup**. Sein/Ihr Stil gefällt ihnen sehr (gut).	– nach dem Verb, auf das es sich bezieht, bzw.
Ce livre m'a **beaucoup** intéressé. Dieses Buch hat mich sehr interessiert.	– zwischen Hilfsverb und Partizip Perfekt.

 Très kann nie vor **beaucoup** stehen. Dem deutschen *sehr viel* entspricht meistens **énormément**.

Ça coûte **énormément** d'argent.	Das kostet sehr viel Geld.
Il lit/travaille/écrit **énormément**.	Er liest/arbeitet/schreibt sehr viel.
Cela me ferait **énormément** plaisir si tu venais.	Es würde mir sehr viel Freude machen, wenn du kämst.
Il y avait là **énormément** de gens.	Da waren sehr viele Leute.

5.4.2 *Aussi* und *autant*

Aussi que (*so ... wie*) und **autant que** (*so viel wie / so sehr wie*) stehen in Vergleichssätzen.

Elle est **aussi** grande **que** lui. Sie ist so groß wie er.	**Aussi que** steht in Verbindung mit Adjektiven und Adverbien.
Camille danse **aussi** bien **que** son frère, Camille tanzt so gut wie ihr Bruder, mais elle ne chante pas **aussi** bien **que** lui. aber sie singt nicht so gut wie er.	
Le rugby m'intéresse **autant que** le foot. Rugby interessiert mich so sehr wie Fußball.	**Autant que** steht in Verbindung mit Verben.
Quentin ne parle pas **autant que** Laura. Quentin spricht nicht so viel wie Laura.	

▶ s. S. 96–97 (Der Komparativ)

 Zusatzwissen:

Tout

Tout kann verschiedene Funktionen haben:

tous les élèves alle Schüler	– ein indefiniter Begleiter ▶ s. S. 27 (tout)
Combien de pommes? Eh bien **toutes**! Wie viele Äpfel? Alle!	– ein Indefinitpronomen ▶ s. S. 66 (tout)
Il risque **le tout**. Er riskiert das Ganze (alles).	– ein Nomen,
un **tout** petit jardin. ein ganz kleiner Garten.	– ein Adverb, das ein Adjektiv verstärkt.

Zusatzwissen:

Tout (Adverb) ist unveränderlich:

Ils ont un **tout** <u>petit</u> jardin.
Sie haben einen <u>ganz</u> kleinen Garten.
Ces écouteurs sont **tout** <u>petits</u>.
Diese Kopfhörer sind <u>ganz</u> klein.

– vor männlichen Adjektiven,

Agnès est **tout** <u>heureuse</u>.
Agnès ist <u>ganz</u> glücklich.
Les rues sont **tout** <u>étroites</u>.
Die Straßen sind <u>ganz</u> schmal.

– vor weiblichen Adjektiven, die mit Vokal oder „stummem **h**" beginnen.

aber:
Notre maison est **toute** <u>petite</u>.
Unser Haus ist <u>ganz</u> klein.
Les maisons sont **toutes** <u>petites</u>.
Die Häuser sind <u>ganz</u> klein.

Tout ist veränderlich vor weiblichen Adjektiven, die mit einem Konsonanten beginnen.

5.5 Der Gebrauch von Adjektiven und Adverbien
L'emploi des adjectifs et des adverbes

5.5.1 Adjektiv als Adverb gebraucht

aller **tout droit**	<u>geradeaus</u> gehen	parler **fort/bas**	<u>laut/leise</u> sprechen
chanter **juste/faux**	<u>richtig/falsch</u> singen	penser **juste**	<u>richtig</u> denken
compter **double**	<u>doppelt</u> zählen	peser **lourd**	<u>schwer</u> sein/wiegen
coûter/payer **cher**	<u>teuer</u> sein / <u>teuer</u> bezahlen	refuser **net**	<u>kategorisch</u> ablehnen
crier **fort**	<u>laut</u> schreien	rire **fort**	<u>laut</u> lachen
dire **vrai**	<u>die Wahrheit</u> sagen	s'arrêter **net**	<u>plötzlich</u> stehen bleiben
dormir **tranquille**	<u>ruhig</u> schlafen	sentir **bon/mauvais**	<u>gut/schlecht</u> riechen
douter **fort**	<u>stark</u> zweifeln	sentir **fort**	<u>stark</u> riechen
faire qc **exprès**	etw. <u>absichtlich</u> tun	sonner **juste/faux**	<u>richtig/falsch</u> klingen
frapper **sec**	<u>kräftig</u> zuschlagen	tenir **bon**	<u>durchhalten</u>
freiner **sec**	<u>scharf</u> bremsen	travailler **dur**	<u>hart</u> arbeiten
gagner **gros**	<u>viel</u> verdienen	viser **haut**	<u>hoch hinaus</u> wollen
jouer **faux**	<u>falsch</u> spielen	voir **clair/double**	<u>klar/doppelt</u> sehen
parler **français**	<u>Französisch</u> sprechen	voler **haut/bas**	<u>hoch/tief</u> fliegen

Einige Verben bilden feste Wendungen mit Adjektiven. Diese Adjektive verhalten sich dann wie Adverbien: Sie stehen hinter den Verben und sind unveränderlich.

Das Adverb

⚠ **Unterscheide:**

sentir bon
Ce parfum sent **bon**. Cette soupe sent **bon**.
Dieses Parfum / Diese Suppe riecht <u>gut</u>.

sentir bien
Max est enrhumé. Il ne sent pas **bien**.
Max ist erkältet. Er kann nicht <u>gut</u> riechen.

 Zusatzwissen:

Adverb als Adjektiv gebraucht

Ce film n'est pas **mal**.
Der Film ist nicht <u>schlecht</u>.
Cette chanson est **bien**.
Das Lied ist <u>gut</u>.
C'est **mieux**.
Das ist <u>besser</u>.

C'est un endroit pas **mal**. (*ugs.*)
Das ist kein <u>schlechter</u> Ort.
C'est un type **bien**. (*ugs.*)
Das ist ein <u>toller/guter</u> Typ.
Je n'ai rien trouvé de **mieux**.
Ich habe nichts <u>Besseres</u> gefunden.

Die Adverbien **bien**, **(pas) mal** und **mieux** können auch als Adjektive verwendet werden. Auch in dieser Funktion bleiben sie unveränderlich.

Qui dit mieux: Wie vermeide ich Fehler?

Adjektiv oder Adverb?

1. Das ist eine <u>gute</u> Idee.	C'est une **bonne** idée.
2. Er singt <u>gut</u>.	Il chante **bien**.
3. Das ist ein <u>schnelles</u> Auto.	C'est une voiture **rapide**.
4. Sie fährt <u>schnell</u>.	Elle roule **vite**.
5. Das ist ein <u>schlechtes</u> Beispiel.	C'est un **mauvais** exemple.
6. Er sieht <u>schlecht</u>.	Il voit **mal**.

In den Sätzen 1, 3 und 5 verwendest du Adjektive, weil du Nomen oder Personen näher beschreibst.
In den Sätzen 2, 4 und 6 verwendest du Adverbien, weil du Handlungen (Verben) näher beschreibst.

Die Steigerung der Adverbien *beaucoup, bien* und *peu*

beaucoup – plus – le plus	viel – mehr – am meisten
bien – mieux – le mieux	gut – besser – am besten
peu – moins – le moins	wenig – weniger – am wenigsten

Nur drei französische Adverbien werden unregelmäßig gesteigert.
Alle anderen werden mit **plus/le plus** gesteigert.

Wie übersetzt du *mehr als / weniger als* ins Französische? Unterscheide Mengenangabe und Vergleiche.

Mengenangaben

Er arbeitet <u>mehr als</u> acht Stunden.	Il travaille **plus de** huit heures.
Sie arbeiten <u>weniger als</u> vier Stunden am Tag.	Ils travaillent **moins de** quatre heures par jour.

Vergleiche

Marion arbeitet <u>mehr als</u> er.	Marion travaille **plus que** lui.
Und Céline arbeitet <u>weniger als</u> sie.	Et Céline travaille **moins qu'**elle.

Im Deutschen gibt es keinen Unterschied zwischen der Mengenangabe und dem Vergleich.
Im Französischen steht bei der Mengenangabe **de** und beim Vergleich **que**.

Nicht jedem deutschen Adverb entspricht auch im Französischen ein Adverb:

Deutsches Adverb	Französisches Verb
Ich höre <u>gerne</u> Musik.	J'**aime** écouter de la musique.
Sie tanzt <u>lieber</u>.	Elle **préfère** danser.
Er telefoniert <u>gerade</u>.	Il **est en train de** téléphoner.
Er hat <u>gerade</u> gegessen.	Il **vient de** manger.
Sie arbeitet <u>weiter</u>.	Elle **continue à/de** travailler.
Sie schwatzt <u>ständig</u>.	Elle **n'arrête pas de** bavarder.
<u>Hoffentlich</u> kommt er morgen.	J'**espère qu'**il viendra demain.
Ich habe <u>schließlich</u> verstanden.	J'**ai fini par** comprendre.

Das Adverb

Deutsches Adverb	Französische Präposition + Nomen
Ich habe es <u>erfolglos</u> versucht.	J'ai essayé **en vain** / **sans succès**.
Sie lernt <u>mühelos</u>.	Elle apprend **sans peine**.
Er hat den Text <u>auswendig</u> gelernt.	Il a appris le texte **par cœur**.
Sie schaut mich <u>neugierig</u> an.	Elle me regarde **avec curiosité**.
Ich werde darauf <u>schriftlich</u> antworten.	J'y répondrai **par écrit**.
Wir arbeiten <u>höchstens</u> sieben Stunden.	Nous travaillons sept heures **au maximum**.
Sie arbeiten <u>mindestens</u> sechs Stunden.	Ils/Elles travaillent **au moins** six heures.

Merke dir auch folgenden Ausdruck:

Die Blauen* haben <u>unentschieden</u>
gegen Rumänien gespielt.

Les Bleus ont fait **match nul** contre la Roumanie.

*les Bleus – die französische Fußballnationalmannschaft

Wie übersetzt du die Adverbien *fast, beinahe* ins Französische?

Unterscheide:

Sie ist <u>fast/beinahe</u> 100 Jahre alt.	Elle a **presque** 100 ans.
Er hat <u>fast/beinahe</u> nichts gegessen.	Il n'a **presque** rien mangé.

Er wäre <u>fast/beinahe</u> gestorben.	Il a **failli** mourir.
Sie wäre <u>fast/beinahe</u> ins Wasser gefallen.	Elle a **failli** tomber dans l'eau. /
	Elle a **manqué de** tomber dans l'eau.

Steht im Deutschen *fast*, *beinahe* + Indikativ, verwendest du **presque**.
Fast, *beinahe* + Konjunktiv gibst du mit **faillir** oder **manquer de** wieder.

Wie übersetzt du *sehr viel* ins Französische?

Sie schreibt <u>sehr viel</u>.	Elle écrit **énormément**.
Sie isst <u>sehr viel</u>.	Elle mange **énormément**.
Er hat <u>sehr viel</u> Arbeit.	Il a **énormément** de travail.
Das gefällt mir <u>sehr viel</u> besser.	Ça me plaît **bien mieux**.

Très kann nie vor **beaucoup** stehen. *Sehr viel* übersetzt du mit **énormément** oder **bien** + Adverb.

Wie übersetzt du das deutsche Adverb *so* ins Französische?

Das deutsche Adverb *so* wird in verschiedenen Funktionen verwendet. Deshalb übersetzt du es unterschiedlich ins Französische:

so in Vergleichssätzen

Er ist genau<u>so</u> groß wie du.	Il est **aussi** grand **que** toi.
Sie rennt genau<u>so</u> schnell wie ihre Schwester.	Elle court **aussi** vite **que** sa sœur.
Marie redet genau<u>so</u> viel wie Louise.	Marie parle **autant que** Louise.
Sie hat genau<u>so</u> viele Freunde wie ihr Bruder.	Elle a **autant de** copains **que** son frère.

Merke:	genauso ... wie	aussi ... que
	genauso viel wie	autant ... que
		autant de ... que

so in verneinten Sätzen

Er spricht nicht so schnell wie gewöhnlich.	Il ne parle pas **si** (aussi) vite que d'habitude.
Er spricht nicht so viel wie gewöhnlich.	Il ne parle pas **tant** (autant) que d'habitude.

In einem verneinten Satz kann si statt aussi und tant statt autant stehen.

so, wie

Es ist so, wie du sagst.	C'est **comme** tu dis.
Er macht es so, wie er kann.	Il le fait **comme** il peut.
So, wie ich ihn kenne, arbeitet er gut.	**Comme / Tel que** je le connais, il travaille bien.

so ..., dass

Es ist so heiß, dass ich mich nicht wohl fühle.	Il fait **tellement** chaud **que** je ne me sens pas bien.
Sie hat so viel gegessen, dass ihr schlecht wurde.	Elle a **tant** mangé **qu'**elle a eu mal au cœur.

so (auf diese Weise)

Ich habe es so gemacht.	Je l'ai fait **comme cela / comme ça / de cette façon**.
	(*schriftsprachlich:*) Je l'ai fait **ainsi**.
So ist das gut. / Das ist gut so.	C'est bien **comme ça**.
So kann man das Wort nicht übersetzen.	On ne peut pas traduire ce mot **comme cela (ainsi)**.
So muss man das machen.	**C'est comme cela (ça)** qu'il faut le faire.
	Voilà comment il faut faire.

Ein betontes so kannst du im Französischen mit comme cela/ainsi am Satzende oder einer **mise en relief** am Satzanfang wiedergeben (c'est comme cela que ...).

so etwas

Ich habe nie so etwas gesehen.	Je n'ai jamais vu **une chose pareille**.

Feststehende Ausdrücke mit so

So!	Voilà!
Um so besser.	Tant mieux.
So oder so.	D'une manière/façon ou d'une autre.
So ein Glück!	Quelle chance!

Wie übersetzt du das deutsche Adverb *je ... desto* ins Französische?

Je größer es ist, desto schwerer ist es.	**Plus** c'est grand **plus** c'est lourd.
Je mehr, desto besser.	**Plus** il y en a **mieux** c'est.
Je mehr du übst, desto besser kannst du spielen.	**Plus** tu t'entraînes **mieux** tu sauras jouer.
Je mehr er redet, desto weniger hört man ihm zu.	**Plus** il parle **moins** on l'écoute.

Für *je ... desto* gibt es keine Entsprechung im Französischen. Du verwendest einen Komparativ, an den du einen Satz in normaler Satzstellung anhängst.

 aber:

Je früher/eher, desto besser.	**Le plus tôt** sera **le mieux**.

Abschlussübung   Bilan

1. Lent – lentement. Bilde die passenden Adverbien zu den folgenden Adjektiven.

a. correct	**c.** heureux	**e.** long	**g.** régulier	**i.** vrai	**k.** absolu
b. impatient	**d.** bruyant	**f.** précis	**h.** bon	**j.** mauvais	**m.** meilleur

2. Parle plus clairement, s'il te plaît. Bitte jemanden auf Französisch:

a. langsamer zu sprechen.   **c.** freundlicher zu sprechen.   **e.** die Verben besser zu lernen.
b. schneller zu arbeiten.   **d.** regelmäßiger zu arbeiten.   **f.** aufmerksamer zuzuhören.

3. Difficile oder **difficilement**? Adjektiv oder Adverb? Ergänze die Sätze.

a. Son problème est qu'elle travaille ☐? . Et en plus son ordinateur est trop ☐? .   **lent**
b. Pour lui, les langues étrangères sont ☐? . Il les apprend ☐? .   **facile**
c. J'ai trouvé un coin ☐? où nous pourrions passer ☐? nos week-ends.   **tranquille**
d. Vous n'êtes pas ☐? . Travaillez plus ☐? , s'il vous plaît.   **sérieux**
e. Les Morin vivent ☐? dans un petit village ☐? .   **calme**
f. Nathan m'a raconté une histoire ☐? qui est ☐? impressionnante.   **vrai**

4. Beaucoup oder **très**? Setze das richtige Adverb ein.

a. Paul est vraiment ☐? doué. Il aime ☐? le rap et il le chante ☐? bien. Son style plaît ☐? à ses copains et il a ☐? envie de devenir chanteur.

b. Félix a quatorze ans et il est ☐? grand pour son âge. Il a ☐? grandi pendant les vacances. Actuellement il n'aime pas ☐? l'école. Mais il aime ☐? écouter de la musique et il a toujours ☐? faim et ☐? sommeil.

5. Le plus rapidement possible. Ergänze die Sätze mit dem Superlativ der Adverbien.

a. J'ai déjà visité les endroits qui m'intéressaient (beaucoup).
b. J'aimerais (bien) rentrer maintenant.
c. D'après lui, «Chez Paul» est le restaurant où on mange (bien).
d. Pour y aller (vite) il faut prendre le métro.
e. Yanis va (souvent) possible à la piscine et il nage (vite) de tous.
f. Répondez (précisément) possible aux questions suivantes.

6. Setze die Adverbien an die richtige Stelle im Satz.

a. (Demain) On a une interro de maths. (2 Möglichkeiten)
b. (Rarement, vraiment) Je lis des policiers, mais ce livre est bien.
c. (Encore) Nora n'a pas appelé Jules pour l'inviter à son anniversaire.
d. (Probablement) Il va être triste.
e. (Déjà) Il a acheté un cadeau pour elle.

Die Lösungen findest du unter
www.cornelsen.de/webcodes
Gib dort den webcode gramm-bilan05 ein.

6. Die Zahlwörter
Les nombres

In diesem Kapitel findest du:

Außerdem findest du:
→ **Qui dit mieux: Wie vermeide ich Fehler?**, S.115–117,
→ einen **Bilan**, S.118, in dem du dein Wissen überprüfen kannst.

6.1 Die Grundzahlen   Les nombres cardinaux

[S.312]

0	zéro	11	onze	22	vingt-deux	90	quatre-vingt-dix
1	un, une	12	douze	30	trente	91	quatre-vingt-onze
2	deux	13	treize	40	quarante	99	quatre-vingt-dix-neuf
3	trois	14	quatorze	50	cinquante	100	cent
4	quatre	15	quinze	60	soixante	101	cent un / cent une
5	cinq	16	seize	70	soixante-dix	110	cent dix
6	six	17	dix-sept	71	soixante et onze	200	deux cents
7	sept	18	dix-huit	72	soixante-douze	1000	mille
8	huit	19	dix-neuf	79	soixante-dix-neuf	1001	mille un/une
9	neuf	20	vingt	80	quatre-vingt**s**	1453	mille quatre cent cinquante-trois
10	dix	21	vingt et un	81	quatre-vingt-un		oder: quatorze cent cinquante-trois
			vingt et une		quatre-vingt-une	2000	deux mille
						1 000 000	un million
						1 000 000 000	un milliard

Alle zusammengesetzten Zahlen unter 100, die nicht mit **et** verbunden werden, schreibst du mit Bindestrich.

 Zusatzwissen:
70 septante   **80** huitante   **90** nonante

Die Zahlen 70 und 90 werden in Belgien und in der Schweiz **septante** und **nonante** genannt.
In einem Teil der Schweiz (Wallis) heißt 80 **huitante**.

Die Zahlwörter

6.1.1 Das Geschlecht der Grundzahlen

C'est un trois ou un cinq? Ist das eine Drei oder eine Fünf? vingt et un livres, vingt et une robes	Im Unterschied zum Deutschen sind französische Zahlen männlich. Nur für **1** gibt es eine männliche und eine weibliche Form.

 Beachte:
la ligne un [laliŋœ̃]   die Linie eins

 [S. 312]
Apostrophierung

 [S. 311]
la liaison

Le un a gagné. [lə'œ̃] Die Eins hat gewonnen. Il a joué **le** huit. [lə'ɥi(t)] Er hat die Acht gespielt. **Les** onze joueurs de l'équipe … [le'ɔ̃z] … Die elf Spieler der Mannschaft …	Vor Zahlen wird der bestimmte Artikel nicht verkürzt. Der bestimmte Artikel im Plural (**les**) wird bei der Aussprache nicht gebunden.

6.1.2 Der Plural der Grundzahlen

> **Le Zimbabwe supprime trois zéros sur sa monnaie**

Il a eu deux zéro**s** en maths. Er hat zweimal null Punkte in Mathe bekommen. Il a quatre-vingt**s** ans. Er ist achtzig Jahre alt. La robe coûte deux cent**s** euros. Das Kleid kostet zweihundert Euro.	In der Regel sind die Grundzahlen unveränderlich. Nur **zéro**, **vingt** und **cent** haben eine Pluralform.

 aber:
84: Il a quatre-vingt-quatre ans. 204: La robe coûte deux cent quatre euros.	Wenn auf **vingt** oder **cent** eine weitere Zahl folgt, enfällt das Plural-s.

mille feuilles quatre **mille** ans d'histoire trois **mille** deux cents places	**Mille** ist unveränderlich.

deux million**s** trois milliard**s** deux million**s** trois cent mille deux cents (2 300 200) trois milliard**s** cinq cent million**s** (3 500 000 000)	**Million** und **milliard** sind Nomen und haben deshalb im Plural ein -s. Auch dann, wenn eine weitere Zahl folgt.

un million **d'**habitants, deux millions **de** Français un milliard **d'**habitants, deux milliards **d'**euros	Folgt auf **million** und **milliard** ein weiteres Nomen, dann schließt du es (wie immer bei Mengenangaben) mit **de** an.

▶ s.S.17 (Das partitive **de** nach Mengenangaben)

⚠ aber:
Folgt auf **million** oder **milliard** eine weitere Zahl, entfällt **de**.

trois millions cinq cent mille habitants   (3 500 000)
deux milliards cinq cent millions deux cent mille euros   (2 500 200 000)

6.1.3 Die zusammengesetzten Zahlen

vingt **et** un trente **et** un quarante **et** un	cinquante **et** un soixante **et** un soixante **et** onze	Von 20 bis 70 steht zwischen dem Zehner und **un, une** oder **onze** ein **et**.
aber: quatre-vingt-un quatre-vingt-onze		Bei 80 und 90 steht kein **et**, aber ein Bindestrich.
cent dix deux cent vingt		Zwischen Hundertern und Zehnern steht kein Bindestrich.

[S.312]

6.2 Die Ordnungszahlen   Les nombres ordinaux

le	1er	le premier	Du bildest die Ordnungszahl, indem du an die Grundzahl die Endung **-ième** anhängst. Ausnahme: premier/première.
la	1ère	la première	
le/la	2e	le/la deuxième / le/la second/e	
le/la	3e	le/la troisième	
le/la	4e	le/la quatrième	
le/la	5e	le/la cin**qu**ième	
le/la	6e	le/la sixième	
le/la	7e	le/la septième	
le/la	8e	le/la huitième	
le/la	9e	le/la neu**v**ième	
le/la	10e	le/la dixième	
le/la	11e	le/la onzième	
le/la	12e	le/la douzième	
le/la	20e	le/la vingtième	
le/la	21e	le/la vingt et unième [vɛ̃teynjɛm]	
le/la	30e	le/la trentième	
le/la	100e	le/la centième	
le/la	200e	le/la deux centième	
le/la	1000e	le/la millième	
le/la	1001e	le/la mille et unième	

⚠ aber:
Endet eine Grundzahl auf -e, fällt dieses -e bei der Bildung der Ordnungszahl weg: **onze – onzième**.

Die Zahlwörter

Merke!

Le **2ᵉ** Festival du Film aura lieu en juillet. Das 2. Filmfestival wird im Juli stattfinden.	Die Abkürzung einer Ordnungszahl wird durch hochgestelltes **e** angegeben (2ᵉ).
Le stage de **3ᵉᵐᵉ** année est obligatoire. Das Praktikum im 3. Jahr ist obligatorisch.	Neben der häufigsten Schreibweise mit hochgestelltem e (2ᵉ) sind auch die Schreibweisen 2ᵉᵐᵉ, 2e zu finden.
Découvrez le **5e** arrondissement de Paris. Entdecken Sie das 5. Arrondissement von Paris.	

[S.312]
Apostrophierung

le huitième arrondissement [ləˈɥitjɛm] das achte Arrondissement **le** onzième jour [ləˈɔ̃zjɛm] der elfte Tag	Vor **huitième** und **onzième** wird der bestimmte Artikel nicht verkürzt.

Merke!

le vingt et **unième** siècle	das einundzwanzigste Jahrhundert
la trente-**deuxième** leçon	die zweiunddreißigste Lektion

Premier und **second** können nicht mit einer anderen Zahl verbunden werden. Dafür stehen **unième** bzw. **deuxième**.

Zusatzwissen:

Ordnungszahl		Adverb	
première	→	1° **premièrement**	(erstens)
deuxième	→	2° **deuxièmement**	(zweitens)
troisième	→	3° **troisièmement**	(drittens)

Von den Ordnungszahlen kannst du (wie von Adjektiven) Adverbien auf -**ment** ableiten. Bei *erstens* gehst du von der weiblichen Form der Ordnungszahl aus.

▶ s.S.93 (Abgeleitete Adverbien auf -**ment**)

6.3 Der Gebrauch der Grund- und Ordnungszahlen
L'emploi des nombres

6.3.1 Das Datum

Lyon, le **12** décembre 2009 (le **douze** décembre) Aujourd'hui on est le **29** août. (le **vingt-neuf** août)	Zur Angabe des Datums verwendest du im Französischen die Grundzahlen. Der Monatsname wird immer ausgeschrieben.
Nous sommes le lundi **1ᵉʳ** avril. (**premier** avril) Son anniversaire, c'est le **1ᵉʳ** mars. (le **premier** mars)	Nur für den ersten Tag des Monats steht die Ordnungszahl **premier**.

6.3.2 Die Uhrzeit

🕔	Il est **cinq** heures.	Es ist fünf Uhr.
🕘	Les cours commencent à **neuf** heures du matin.	Der Unterricht beginnt um neun Uhr morgens.
🕓	Il est quatre heures **et quart**.	Es ist Viertel nach vier.
🕔	Il est cinq heures **vingt**.	Es ist zwanzig nach fünf.
🕖	Il est sept heures **vingt-cinq**.	Es ist fünf vor halb acht.
🕡	Il est six heures **et demie**.	Es ist halb sieben.
🕗	Il est huit heures **moins dix**.	Es ist zehn vor acht.
🕖	Il est sept heures **moins le quart**.	Es ist Viertel vor sieben.

> Die Uhrzeit wird wie im Deutschen mit den Grundzahlen angegeben.

Die halbe Stunde zählst du wie im Englischen zu der vergangenen Stunde hinzu:

🇫🇷 deux heures et demie   🇬🇧 half past two   🇩🇪 halb drei

Die digitale Uhrzeit wird wie im Deutschen angegeben:

8:15 Il est huit heures quinze.   **11:30** Il est onze heures trente.

16:40 Il est seize heures quarante.   **17:55** Il est dix-sept heures cinquante-cinq.

6.4 Die Bruchzahlen   Les fractions

1/2	un **demi**	ein Halb	2/2	deux demi**s**	zwei Halbe
1/3	un **tiers**	ein Drittel	2/3	deux tiers	zwei Drittel
1/4	un **quart**	ein Viertel	2/4	deux quart**s**	zwei Viertel
1/5	un cinquième	ein Fünftel	2/5	deux cinquième**s**	zwei Fünftel
1/10	un dixième	ein Zehntel	2/10	deux dixième**s**	zwei Zehntel

> Der Zähler der Bruchzahl ist eine Grundzahl (un, deux, ...), der Nenner eine Ordnungszahl (cinquième, dixième ...). Ausnahmen: un demi, un tiers, un quart.
> Ist der Zähler größer als 1, steht der Nenner im Plural.

Merke!

$$\frac{2}{5} = \frac{\text{deux}}{\text{cinquièmes}} = \frac{\text{Grundzahl}}{\text{Ordnungszahl}}$$

Die Zahlwörter

1 ½	un et demi	**Demi** schließt du nach einer ganzen Zahl immer mit **et** an.
1 ¾	un (et) trois quarts	Andere Brüche (¼, ¾ usw.) kannst du mit oder ohne **et** anschlie-
2 ⅕	deux (et) un cinquième	ßen.

 les deux tiers des femmes   **les** trois quarts des touristes   **les** cinq sixièmes des habitants
▪ zwei Drittel der Frauen   ▪ drei Viertel der Touristen   ▪ fünf Sechstel der Einwohner

Vor Brüchen, deren Zähler größer ist als 1 und auf die eine Ergänzung folgt, steht immer der bestimmte Artikel im Plural. Das ist anders als im Deutschen.

⚠ In Rechenaufgaben wird kein Artikel vor Brüchen verwendet:

$\frac{2}{5} + \frac{2}{5} = \frac{4}{5}$ **Deux cinquièmes plus deux cinquièmes font quatre cinquièmes.**
Zwei Fünftel plus zwei Fünftel macht vier Fünftel.

6.5   Die Sammelzahlen   Les nombres collectifs

une paire de chaussures	ein Paar Schuhe	Die Sammelzahlen **une paire** und **une**
une douzaine d'oeufs	ein Dutzend Eier	**douzaine** bzw. **demi-douzaine** bezeichnen
une demi-douzaine d'oeufs	ein halbes Dutzend Eier	eine genaue Anzahl.

une dizaine de personnes	ungefähr zehn Personen ⚠ dix – dizaine
une quinzaine de CD	ungefähr fünfzehn CDs
une quinzaine de jours	etwa vierzehn Tage / 2 Wochen
une vingtaine de clients	ungefähr zwanzig Kunden
Il a **la quarantaine.**	Er ist um die vierzig (Jahre alt).
une centaine de livres	etwa einhundert Bücher
des centaines de milliers de téléspectateurs	hunderttausende von Fernsehzuschauern

Im Französischen gibt es auch einige Sammelzahlen, die eine ungefähre Anzahl bezeichnen.
In den meisten Fällen werden sie aus einer Grundzahl mit der Endung **-aine** gebildet: **trentaine,
cinquantaine, soixantaine.**

⚠ **aber:**
un millier de supporters   mille → millier
etwa 1000 Anhänger/Fans

Beachte:
environ quatre-vingts personnes   Aus zusammengesetzten Zahlen kannst
ungefähr achtzig Personen   du keine Sammelzahlen bilden. Dann
environ quatre-vingt-dix pour cent des élèves   verwendest du **environ** + Grundzahl.
ungefähr neunzig Prozent der Schüler

6.6 Prozentangaben Le pourcentage

France   Autriche   Allemagne

Die Prozentangaben brauchst du zum Auswerten von Statistiken.

62,6 %   En France, **soixante-deux virgule six pour cent** des jeunes passent leur bac.
Zweiundsechzig Komma sechs Prozent der Jugendlichen in Frankreich machen Abitur.

41,6 %   En Autriche, **quarante et un virgule six pour cent** des jeunes passent leur bac.
Einundvierzig Komma sechs Prozent der Jugendlichen in Österreich machen Abitur.

25,5 %   En Allemagne, **vingt-cinq virgule cinq pour cent** des jeunes passent leur bac.
Fünfundzwanzig Komma fünf Prozent der Jugendlichen in Deutschland machen Abitur.

Prozente gibst du mit **pour cent** an. **Pour cent** ist unveränderlich.

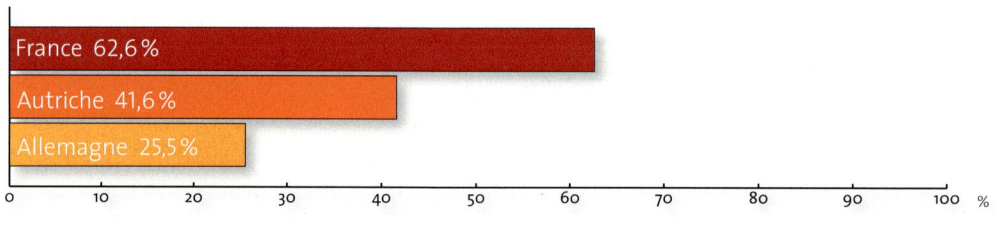

Jeunes qui passent leur bac

Die Zahlwörter

Qui dit mieux: Wie vermeide ich Fehler?

Einige Zeitangaben sind im Französischen anders als im Deutschen

eine Viertelstunde	un quart d'heure
eine halbe Stunde	une demi-heure
eine Dreiviertelstunde	trois quarts d'heure
anderthalb Stunden	une heure et demie
<u>sieben</u> Tage (eine Woche)	**huit** jours
<u>14</u> Tage (2 Wochen)	**quinze** jours
¼ Jahr, ½ Jahr, ¾ Jahr	trois mois, six mois, neuf mois
1½ Jahre	un an et demi / dix-huit mois

Auch der Gebrauch der Bruchzahlen ist nicht immer gleich

ein halber Liter, eine halbe Stunde	un **demi**-litre, une **demi**-heure
eine Halbschwester, der Halbmond	une **demi**-sœur, la **demi**-lune
eineinhalb Liter, eineinhalb Stunden	un litre et demi, une heure et dem**ie**

Vorangestelltes **demi** ist unveränderlich. Es wird mit Bindestrich an das Nomen angeschlossen. Steht **demi** alleine nach dem Nomen, so gleichst du es dem Nomen an.

Im Deutschen steht eine Ordnungszahl, im Französischen eine Grundzahl

jeder <u>vierte</u> Franzose	**un** Français **sur quatre**
Sie ruft mich <u>jeden dritten Tag</u> an.	Elle m'appelle **tous les trois jours / un jour sur trois**.
der <u>3.</u> Mai / am <u>3.</u> Mai	le **trois** mai
Napoléon III (<u>der Dritte</u>)	Napoléon III (trois)
	⚠ François Ier (premier)

Huit + onze

Der Streik dauerte mehr als acht Tage.	La grève a duré plus **de** huit jours.
Mir bleiben nur noch elf Tage.	Il ne me reste plus **que** onze jours.

Vor **huit** und **onze** werden **de** und **que** nicht verkürzt.

Besondere Wendungen mit den Ordnungszahlen

der <u>Zweite</u> Weltkrieg	la **Deuxième** Guerre mondiale / la **Seconde** Guerre mondiale
das <u>Zweite</u> Kaiserreich	le **Second** Empire
die <u>Dritte</u> Welt	le **tiers** monde

Grundzahl + Ordnungszahl/Adjektiv

Die ersten zwei Wochen im August ...   Les deux premières semaines d'août ...
Die letzten drei Jahre ...   Les trois dernières années ...

Im Französischen stehen – außer in feststehenden Wendungen – die Grundzahlen zuerst,
im Deutschen die Ordnungszahlen.

 aber:

Die drei ersten und die drei zweiten Plätze   Les trois premières et les trois deuxièmes
von jeder Gruppe haben sich qualifiziert.   places de chaque groupe se sont qualifiées.

Zahlenangaben

Er ist 15 Jahre alt.   Il **a** quinze ans.
Er ist 1.90 m groß.   Il **mesure** un mètre quatre-vingt-dix.
Sie trägt (Kleider-) Größe 40.   Elle porte **du** 40.
Er hat Schuhgröße 44.   Il **fait/chausse du** quarante-quatre.
Das Gebäude ist 20 m lang und 5 m hoch.   Le bâtiment **est long de** vingt mètres et **haut de**
cinq mètres. / Le bâtiment fait vingt mètres **de long**
et cinq mètres **de haut**.

Das ist ein 12 m breiter und 3 m   C'est un fossé **large de** douze mètres et **profond de**
tiefer Graben.   trois mètres. / C'est un fossé de douze mètres **de**
large et de trois mètres **de profondeur**.

Das Stadion liegt 3 km von der Schule   Le stade **est à** trois kilomètres **de** l'école.
entfernt.
Er fährt 150 (km/h).   **Il fait du / Il roule à** cent cinquante (kilomètres à
l'heure).

Das kostet/macht 50 Euro.   **Ça coûte / Ça fait** cinquante euros.

Angabe von Bruchteilen in Statistiken

Mit Bruchzahlen:

Ein Viertel der Jugendlichen sieht mehr   **Un quart des** jeunes regarde la télé plus de
als acht Stunden in der Woche fern.   huit heures par semaine.
Ein Drittel der Einwohner ist jünger   **Un tiers des** habitants a moins de vingt ans.
als zwanzig.
Die Hälfte der Internetbenutzer   **La moitié des** internautes achète sur Internet.
kauft übers Internet.
Zwei Drittel der Franzosen sagen „nein".   **Les deux tiers des** Français disent «non».
Drei Viertel der Studenten arbeiten   **Les trois quarts des** étudiants travaillent
während des Studiums.   pendant leurs études.

Mit Prozentangaben:

20 % der Jugendlichen in Frankreich   **Vingt pour cent des** adolescents
finden Hip-Hop toll.   en France adorent le hip-hop.
62,6 % der Jugendlichen machen   **Soixante-deux virgule six pour cent**
Abitur.   **des** jeunes passent leur bac.
Mehr als 70 % Ermäßigung.   **Plus de soixante-dix pour cent de** réduction.

Die Zahlwörter

Mit Mengenangaben:

Die Mehrheit der Jungen ist in der Schule erfolgreich.	**La majorité des** garçons réussit bien à l'école.
Der größte Teil der Jungen raucht nicht.	**La plus grande partie des** garçons ne fume pas.
Die meisten Schüler lesen zwischen null und zwei Stunden in der Woche.	**La plupart des** élèves lisent entre zéro et deux heures par semaine.

Ungefähre Angaben:

Die Schüler verbringen rund vierzig Prozent ihrer Zeit im Unterricht.	Les élèves passent **environ quarante pour cent de** leur temps en classe.
Mehr als 30 % der Deutschen finden, dass …	**Plus de 30 pour cent des** Allemands trouvent que …
Mehr als ein Drittel der Deutschen findet, dass …	**Plus d'un tiers des** Allemands trouve que …
Ungefähr ein Viertel der Jugendlichen treibt nie Sport.	**À peu près un quart des** jeunes ne fait jamais de sport.

Zéro + Nomen

Sie hat null Punkte.	Elle a eu zéro **point**.
Sie hat null Fehler in ihrem Text gemacht.	Elle a fait zéro **faute** à son texte.

Im Unterschied zum Deutschen steht im Französischen ein Nomen nach **zéro** im Singular.

Rechenaufgaben

$2 + 2 = 4$	Deux et deux font quatre. / Deux plus deux égalent quatre.
$10 - 5 = 5$	Dix moins cinq font/égalent cinq.
$5 \times 5 = 25$	Cinq fois cinq (égalent) vingt-cinq. / Cinq multiplié par cinq (font) vingt-cinq.
$30 \div 5 = 6$	Trente divisé par cinq font/égalent six.

Abschlussübung   Bilan

1. Dix – 10. Schreibe folgende Zahlen in Ziffern.

a. soixante et onze **b.** quinze **c.** cinquante **d.** seize **e.** cent un **f.** quatre-vingt-dix-neuf
g. soixante-quinze **h.** quatre-vingt-quatorze **i.** zéro

2. Un quart – ¼. Schreibe in Bruchzahlen.

a. trois quarts **b.** un demi **c.** deux tiers **d.** deux cinquièmes **e.** un dixième **f.** neuf centièmes

3. 4ᵉ – quatrième. Schreibe die Ordnungszahlen aus.

a. le 1ᵉʳ cycle **b.** la 2ᵉ année **c.** le 5ᵉ arrondissement **d.** le 9ᵉ art **e.** le 10ᵉ anniversaire

4. Il est une heure. Übersetze die Sätze und achte auf die Uhrzeiten.

a. Es ist Viertel vor vier / drei viertel vier.
b. Der Film beginnt um Viertel nach fünf / viertel sechs.
c. Der Bus fährt um zehn vor acht ab.
d. Wir müssen um fünf nach acht in der Schule sein.
e. Ich habe bis zwanzig nach drei Unterricht.
f. Heute Abend kommt er schon um halb acht.

5. À peu près trente – une trentaine. Übersetze und verwende die Sammelzahlen.

a. Ungefähr zehn Schüler kamen zu spät.
b. Sie war etwa zwei Wochen verreist.
c. An die zwanzig Kunden warteten vor der Tür.
d. Er ist um die fünfzig Jahre alt.
e. Etwa hundert Schüler haben an dem Wettbewerb teilgenommen.

6. Long de vingt mètres. Übersetze und achte auf die Zahlenangaben.

a. Er ruft mich jeden zweiten Tag an.
b. Sie hat am 3. Oktober Geburtstag.
c. Sie ist 15 Jahre alt.
d. Er hat null Punkte bekommen.
e. Der Turm ist 92 m hoch.
f. Er ist 1,88 m groß.

7. Vingt pour cent des garçons. Übersetze die Sätze mit den Angaben von Bruchteilen.

a. 30 % der Franzosen sind dafür.
b. Die Hälfte der Schüler sagt „nein".
c. Die Mehrheit der Eltern ist dagegen.
d. 73,5 % der Frauen arbeiten.
e. Für 2/3 der Mädchen ist das wichtig.
f. Mehr als 1/4 der Kinder frühstücken nicht.

Die Lösungen findest du unter
www.cornelsen.de/webcodes
Gib dort den webcode gramm-bilan06 ein.

7. Die Präpositionen
Les prépositions

Louise pense toujours **à** autre chose.	Louise denkt immer <u>an</u> andere Dinge.
Tu as un message **de** ton copain?	Hast du eine Nachricht <u>von</u> deinem Freund?
Christophe est **chez** son copain Martin.	Christophe ist <u>bei</u> seinem Freund Martin.
J'ai trouvé ses baskets **sous** mon lit.	Ich habe seine Turnschuhe <u>unter</u> meinem Bett gefunden.

Präpositionen (z.B. *an, von, bei, unter*) verknüpfen Wörter oder Wortgruppen miteinander und setzen sie zueinander in Beziehung.

J'ai envie **de** <u>partir</u> en vacances.	Ich habe Lust Urlaub zu machen.
Elle a acheté une machine **à** <u>coudre</u>.	Sie hat eine Nähmaschine gekauft.

Präpositionen können auch vor Infinitiven stehen. Sie verknüpfen dann das vorangehende Wort (ein Verb oder ein Nomen) mit dem Infinitiv.

Der Inhalt des folgenden Kapitels:

7.1 Die Form der Präpositionen
7.2 Der Gebrauch der Präpositionen
7.3 Präposition oder Konjunktion?

Außerdem findest du:
→ **Qui dit mieux: Wie vermeide ich Fehler?** (Übersetzung deutscher Präpositionen ins Französische), S. 127–128,
→ einen **Bilan**, S. 129, in dem du dein Wissen überprüfen kannst.

7.1 Die Form der Präpositionen   La forme des prépositions

à	nach, zu	de	von, aus	pendant	während
après	nach	depuis	seit	pour	für
avant	vor	derrière	hinter	sans	ohne
avec	mit	devant	vor	sauf	außer
chez	bei	entre	zwischen	sous	unter
contre	gegen	jusque	bis	sur	auf
dans	in	malgré	trotz		

Es gibt Präpositionen, die nur aus einem Wort bestehen.

à cause de	wegen	grâce à	dank	au lieu de	anstatt
à côté de	neben	à droite de	rechts von	en dehors de	außerhalb von
en face de	gegenüber von	à gauche de	links von	près de	in der Nähe von

Und es gibt präpositionale Ausdrücke, die aus mehreren Wörtern bestehen.

Arthur habite **à côté du** parc. Arthur wohnt <u>neben dem</u> Park. Nous sommes allés **jusqu'aux** Champs-Élysées à pied. Wir sind zu Fuß <u>bis zu den</u> Champs-Élysées gelaufen.	Die Präpositionen **de** und **à** ziehst du mit **le** und **les** zusammen – auch wenn sie Teil eines präpositionalen Ausdrucks sind.
L'école se trouve **près de l'**église. Die Schule liegt <u>in der Nähe der</u> Kirche. Elle va rester ici **jusqu'à la** fin du mois. Sie wird <u>bis zum Ende des</u> Monats hier bleiben.	Mit den bestimmten Artikeln **la** und **l'** werden die Präpositionen nicht zusammengezogen.

▶ s.S.12 (Der mit einer Präposition zusammengezogene Artikel)

7.2 Der Gebrauch der Präpositionen   L'emploi des prépositions

Mit Präpositionen gibst du an:

Elle est née **au** mois de mai.	… <u>im</u> Mai	– einen Zeitpunkt,
Ils jouent **depuis** trois heures.	… <u>seit</u> drei Stunden	– eine Zeitdauer,
Il habite **à** Paris.	… <u>in</u> Paris	– einen Ort,
Elle va **à** Bordeaux.	… <u>nach</u> Bordeaux	– eine Richtung,
Elle a écrit la lettre **à la** main.	… <u>mit</u> der Hand	– ein Mittel,
Nous rentrons **à cause de** la pluie.	… <u>wegen</u> des Regens	– einen Grund,
La chaise est **en/de** bois. le sac **en** plastique	… aus Holz die Plastiktüte	– das Material eines Gegenstandes,
la salle **à** manger la salle **de** bains	das Esszimmer das Badezimmer	– eine Bestimmung, einen Zweck.

🇫🇷 Naomi n'arrive pas **à** terminer cet exercice.

🇩🇪 Naomi schafft es nicht, diese Übung <u>zu</u> beenden.

la ville **de** Lyon

(die Stadt)■ Lyon

In vielen Fällen haben die Präpositionen **à** und **de** keine eigene Bedeutung. Sie sind reine Funktionswörter, die andere Wörter miteinander verknüpfen (ähnlich der deutschen Präposition *zu* vor einem Infinitiv).

Clara joue **du** saxophone et Luc **de la** guitare.

Clara spielt ■ Saxophon und Luc ■ Gitarre.

Les enfants jouent **au** ballon et les jeunes jouent **aux** cartes.

Die Kinder spielen ■ Ball und die Jugendlichen ■ Karten.

 Verwechsle nicht:

jouer **de** – *spielen* (Instrument)

jouer **à** – *spielen* (Sport / Spiele)

Die Präpositionen

7.2.1 Präposition und Artikel vor Ländernamen

> Je viens du Maroc, mais j'habite en France. En été, je veux aller au Portugal.

> Je viens de Suisse, mais j'habite à Monaco. J'ai travaillé aux États-Unis pendant six mois.

Wo?/Wohin?	weibliche Ländernamen	männliche Ländernamen	Ländernamen im Plural	Ländernamen ohne Artikel	
Il est Il habite Il va	**en** France **en** Allemagne	**au** Portugal **au** Canada	**aux** États-Unis **aux** Pays-Bas	**à** Monaco **en** Israël	in … in … nach …
Woher?					
Il vient	**de** France **d'**Allemagne	**du** Portugal **du** Canada	**des** États-Unis **des** Pays-Bas	**de** Monaco **d'**Israël	von/aus …
Vor allen weiblichen Länder-namen stehen **en** und **de** ohne Artikel.		Vor männlichen Ländernamen und Ländernamen im Plural stehen **à** und **de** mit bestimmtem Artikel.		Vor Ländernamen ohne Artikel verwendest du **à/en/ de**.	

▶ s. S. 14–15 (Der bestimmte Artikel vor geographischen Namen)

Merke!

weibliche Ländernamen:	**en/de**	+ Ländername
männliche Ländernamen:	**au/du**	+ Ländername
Ländernamen im Plural:	**aux/des**	+ Ländername
Ländernamen ohne Artikel:	**en/à/de**	+ Ländername

Präposition und Artikel vor den deutschen Bundesländern

Anne vient **de** Saxe, Victor vient **de** Thuringe et Léonie vient **de** Hesse, mais ils habitent tous les trois **en** Sarre. En été, ils veulent aller **en** Bavière.	Vor den weiblichen Bundesländern stehen wie vor den weiblichen Ländernamen **en** und **de**.

⚠ **aber:**

J'habite **dans le** Brandebourg.
Je vais **dans le** Bade-Wurtemberg.
Il est **dans le** Schleswig-Holstein.

Vor den vier männlichen Bundesländern steht **dans** + Artikel. Das ist anders als bei den männlichen Ländernamen.

121

| Je vais **à** Hambourg.
Je viens **de** Berlin. | Vor **Berlin, Hambourg** und **Brême** stehen **à** und **de** wie vor allen Städtenamen ohne Artikel. |

In den folgenden Listen findest du die häufigsten französischen Präpositionen und ihren Gebrauch:

7.2.2 Präpositionen zur Angabe des Ortes (Frage: *Wo?*)

à	la campagne	auf dem Land
à	la maison	zu Hause
à	Paris	in Paris
à	deux minutes **d'**ici	zwei Minuten von hier
à côté de	l'école	neben der Schule
à droite de / à gauche de	la piscine	rechts/links vom Schwimmbad
au milieu de	la ville	inmitten der Stadt
autour de	la ville	um die Stadt herum
chez	Léna	bei Léna
chez	moi	bei mir (zu Hause)
chez	le médecin	beim Arzt
dans	la cuisine	in der Küche
dans	la rue	auf der Straße
derrière	la maison	hinter dem Haus
devant	la maison	vor dem Haus
en	ville	in der Stadt
entre	Grenoble et Gap	zwischen Grenoble und Gap
loin de	Paris	weit von Paris
près de	mon école	in der Nähe meiner Schule
sous	la table	unter dem Tisch
sur	l'armoire	auf dem Schrank
sur	la Loire	an der Loire

⚠️ Il travaille **chez** Renault.
Er arbeitet bei Renault. (= Familienname)

aber: Il travaille **à** Air Inter.
Er arbeitet bei Air Inter.

Die Präpositionen

7.2.3 Präpositionen zur Angabe der Richtung (Frage: *Wohin?*)

à	la campagne	auf das Land
à	la maison / Paris	nach Hause / nach Paris
à	l'école	in die Schule
à	la gare	zum Bahnhof
chez	Clara	zu Clara
chez	le médecin	zum Arzt
dans	la cuisine	in die Küche
de	Metz **à** Nancy	von Metz nach Nancy
jusqu'à	la Seine	bis zur Seine
vers	Fabien	auf Fabien zu

7.2.4 Präpositionen zur Angabe eines Zeitpunkts (Frage: *Wann?*)

à	deux heures	um zwei Uhr
à	Noël	an Weihnachten
à	midi	mittags
à	douze ans	im Alter von 12 Jahren
à partir de	lundi	ab Montag / von Montag an
après	Pâques	nach Ostern
au	printemps	im Frühling
au	17e siècle	im 17. Jahrhundert
avant	le départ	vor der Abfahrt
dans	vingt minutes	in zwanzig Minuten (nach Ablauf von)
depuis	2002	seit 2002
dès	1989	bereits/schon 1989
dès	maintenant	ab sofort
en	mars	im März
en	été	im Sommer
en	2001	(im Jahre) 2001
entre	deux et trois heures	zwischen zwei und drei Uhr
il y a	deux mois	vor zwei Monaten
pendant	les vacances	während der Ferien
vers	six heures	gegen sechs Uhr

7.2.5 Präpositionen zur Angabe einer Zeitdauer (Frage: *Wie lange?*)

de	trois **à** cinq heures	von drei bis fünf Uhr
depuis	une heure	seit einer Stunde
en	dix minutes	in (innerhalb von) zehn Minuten
jusqu'à	cinq heures / demain	bis fünf Uhr / bis morgen
pendant	une heure	eine Stunde lang
pendant	les vacances	während der Ferien
pour	deux ans	für zwei Jahre / zwei Jahre lang

7.2.6 Präpositionen zur Angabe eines Mittels (Frage: *Womit?*)

à	pied/vélo	zu Fuß / mit dem Fahrrad
à	la main	mit der Hand
au	crayon	mit dem Bleistift
avec	un marteau	mit einem Hammer
en	voiture/bus/train/avion/ bateau/vélo/métro	mit dem Auto/Bus/Zug/Flugzeug/ Schiff/Fahrrad/ der U-Bahn

7.2.7 Präpositionen zur Angabe eines Materials (Frage: *Woraus?*)

de/en	bois		Holz
de	laine		Wolle
d'	or	aus	Gold
en	argent		Silber
en	métal		Metall

7.2.8 Präpositionen zur Angabe eines Grundes / einer Ursache (Frage: *Weswegen?*)

à cause de	la blessure	wegen der Verletzung
de	faim/soif/froid/fatigue	vor Hunger/Durst/Kälte/Müdigkeit
grâce à	ma sœur	dank meiner Schwester
malgré	la maladie	trotz der Krankheit
par	amour/pitié/expérience/ manque de temps	aus Liebe/Mitleid/Erfahrung/ Zeitmangel

Lerntipp:

Der Gebrauch der französischen Präpositionen entspricht oft nicht
dem Deutschen. Lerne die wichtigsten Ausdrücke am besten auswendig.

▶ s. S. 127–128 (Qui dit mieux: Wie vermeide ich Fehler?)

7.2.9 Präposition + Infinitiv

*Pour perdre dix kilos
en sept jours achetez
Maigrivite*

Die Präpositionen **après**, **avant de**, **pour** und **sans** kannst du auch vor Infinitiven verwenden.
Das geht aber nur, wenn Hauptsatz und Nebensatz bzw. der Infinitiv dasselbe Subjekt haben.

Die Präpositionen

pour	
Anne est allée en France **pour apprendre** le français. Anne ist nach Frankreich gefahren <u>um</u> Französisch <u>zu lernen</u>.	Pour + infinitif übersetzt du mit *um … zu* + Infinitiv ins Deutsche.

sans	
Daniel est parti **sans prendre** de l'argent. Daniel ist weggegangen <u>ohne</u> Geld <u>mitzunehmen</u>. Daniel est parti **sans avoir pris** ses clés. Daniel ist weggegangen <u>ohne</u> seine Schlüssel <u>mitgenommen</u> <u>zu haben / mitzunehmen</u>.	Sans kannst du mit einem Infinitiv oder mit être/avoir + Partizip Perfekt verwenden.
Elles parlent très bien le français **sans être** jamais **allées** en France. Sie sprechen sehr gut Französisch <u>ohne</u> jemals nach Frankreich <u>gefahren zu sein</u>.	Das Partizip Perfekt nach être gleichst du dem Subjekt in Geschlecht und Zahl an.

avant de	
Ils ont rangé la cuisine **avant de préparer** le repas. <u>Bevor sie gekocht haben,</u> / <u>Vor dem Kochen</u> haben sie die Küche aufgeräumt.	Avant de + Infinitiv kannst du mit einem Nebensatz oder einem Nomen ins Deutsche übersetzen.

après	
Après avoir mangé, ils sont allés au centre-ville. <u>Nachdem sie gegessen hatten,</u> / <u>Nach dem Essen</u> sind sie in die Stadt gegangen.	Après avoir/être + Partizip Perfekt kannst du mit einem Nebensatz oder einem Nomen ins Deutsche übersetzen.
Après s'être entraînée, elle est rentrée. <u>Nachdem sie trainiert hat,</u> / <u>Nach dem Training</u> ist sie nach Hause gegangen.	Das Partizip Perfekt nach être gleichst du dem Subjekt in Geschlecht und Zahl an.
Après être arrivées à Paris, elles ont pris un taxi pour aller à l'hôtel. <u>Nachdem sie in Paris angekommen waren,</u> / <u>Nach ihrer Ankunft</u> in Paris sind sie mit dem Taxi zum Hotel gefahren.	

Merke!

pour + infinitif	= *um … zu*
sans + infinitif	= *ohne … zu*
sans + avoir/être + participe passé	= *ohne … zu*
avant de + infinitif	= *bevor* + Nebensatz
	= *vor* + Nomen
après avoir/être + participe passé	= *nachdem* + Nebensatz
	= *nach* + Nomen

7.3 Präposition oder Konjunktion? Préposition ou conjonction?

Verwechsle nicht Präpositionen und Konjunktionen:

Präposition	Konjunktion
Avant de partir, il nous faut encore terminer cet exercice. Bevor wir losgehen, müssen wir noch diese Übung beenden.	Je reviendrai **avant qu'**il fasse noir. Ich komme zurück, bevor es dunkel wird.
Pendant mon voyage en France, je suis allé au Mont-Saint-Michel. Während meiner Frankreich-Reise bin ich zum Mont-Saint-Michel gefahren.	**Pendant que** je conduisais, ma copine m'expliquait le chemin. Während ich gefahren bin, hat mir meine Freundin den Weg erklärt.
Präpositionen und Konjunktionen ähneln sich manchmal. Sie haben aber unterschiedliche Funktionen: Präpositionen verbinden Wörter oder Wortgruppen miteinander. Konjunktionen verknüpfen Satzteile oder Sätze.	

⚠ Nach einigen Konjunktionen muss im darauf folgenden Nebensatz der subjonctif stehen:

Präposition	Konjunktion
après l'école nach der Schule	**après que** son réveil a sonné nachdem sein Wecker geklingelt hat
avant de partir vor dem Weggehen	**avant que** nous partions (subjonctif) bevor wir weggehen / vor dem Weggehen
depuis des années seit Jahren	**depuis que** je le connais seit ich ihn kenne
dès 2008 schon 2008	**dès qu'**il s'est levé sobald er aufgestanden ist
jusqu'à huit heures bis acht Uhr	**jusqu'à ce qu'** il fasse (subjonctif) nuit bis es Nacht/dunkel wird
pendant mon voyage en France während meiner Reise nach Frankreich	**pendant que** j'étais en France als/während ich in Frankreich war
pour trouver la solution um die Lösung zu finden	**pour qu'**elle trouve (subjonctif) une solution damit sie eine Lösung findet
sans fautes ohne Fehler	**sans que** Marie le sache (subjonctif) ohne dass Marie es weiß

▶ s. S.134–135 (Unterordnende Konjunktionen und der **subjonctif**)
▶ s. S.137 (Auf einen Blick: Präpositionen und Konjunktionen)

Qui dit mieux: Wie vermeide ich Fehler?

Einige deutsche Präpositionen werden je nach Bedeutung unterschiedlich ins Französische übersetzt.
Hier einige Beispiele:

an:	an der Loire	**sur** la Loire
	an der Ecke	**au** coin (de la rue)
	an erster Stelle	**en** premier lieu
	am Tag/Abend	▨ **le** jour/soir
	am Wochenende	▨ **le** week-end
	an Pfingsten	**à la** Pentecôte
	am Meer	**au bord de la** mer
auf:	auf der Treppe/Straße/dem Hof	**dans** l'escalier / la rue / la cour
	auf der (ganzen) Welt	**dans** le monde (entier)
	auf dem Land	**à la** campagne
	auf den/dem Boden (fallen)	(tomber) **par** terre
	auf diese Art	**de** cette façon
	auf der Flucht	**en** fuite
	auf Deutsch	**en** allemand
aus:	aus Paris/Frankreich	**de** Paris / **de** France
	aus Baden-Württemberg	**du** Bade-Wurtemberg
	aus Portugal	**du** Portugal
	aus den Vereinigten Staaten	**des** États-Unis
	etw. aus der Tasche nehmen	prendre qc **dans** la poche
	aus einer Tasse / einem Glas trinken	boire **dans** une tasse / un verre
	aus der Flasche trinken	boire **à la** bouteille
	aus Holz/Glas	**en/de** bois/verre
	aus Wut	**de** colère
	aus Liebe/Versehen/Angst	**par** amour/mégarde/peur
	aus Erfahrung	**par** expérience
	aus diesem Grund	**pour** cette raison
in:	in Frankreich/Bayern	**en** France/Bavière
	in Portugal	**au** Portugal
	in den /in die Vereinigten Staaten	**aux** États-Unis
	in Brandenburg	**dans le** Brandebourg
	in die Schule (gehen)	aller **à** l'école
	in der Schule sein	être **à** l'école
	im 16. Jahrhundert	**au** 16ᵉ siècle
	im März	**en** mars / **au** mois de mars
	in zwei Stunden (innerhalb von)	**en** deux heures
	in zwei Stunden (nach Ablauf von)	**dans** deux heures
	in der nächsten Woche	▨ la semaine prochaine
	in den Ferien	**pendant** les vacances

mit:	mit der Post	**par** la poste
	mit der Bahn / dem Auto/Schiff	**en** train/voiture/bateau
	mit dem Fahrrad	**à** vélo/**en** vélo
	mit Matthieu	**avec** Matthieu
	mit dem Finger berühren	toucher **du** doigt
	mit der Hand (schreiben)	(écrire) **à** la main
	mit lauter Stimme	**à** haute voix / **à** voix haute
	mit 20 Jahren	**à** vingt ans
	mit Absicht/Recht	**à** dessein/bon droit
nach:	nach Frankreich/Sachsen	**en** France/Saxe
	nach Portugal	**au** Portugal
	nach Baden-Württemberg	**dans le** Bade-Wurtemberg
	nach Amerika/Paris fahren	partir **pour** l'Amérique/Paris
		aller **en** Amérique / **à** Paris
	nach Süden	**vers** le sud
	nach den Ferien	**après** les vacances
vor:	vor dem Haus	**devant** la maison
	vor acht Uhr	**avant** huit heures
	vor allem	**avant** tout
	vor zwei Wochen / kurzem	**il y a** deux semaines / peu de temps
	vor Freude/Kälte	**de** joie/froid
zu:	zu Hause	**chez** soi / **à** la maison
	zum Zahnarzt	**chez** le dentiste
	zum ersten Mal	**pour** la première fois
	zum Vergnügen	**pour** le plaisir
	zu Besuch	**en** visite
	zu Fuß	**à** pied
	zur Schule	**à** l'école
	zu verkaufen	**à** vendre
	zu (meiner, deiner, …) Überraschung	**à** (ma, ta, …) surprise
	zu diesem Zweck	**à** cette fin / **dans** ce but

Beachte:

aller **à**   vélo/pied/cheval

aller **en**   bus/train/avion/voiture/moto/métro/car/bateau/rollers/planche à roulettes

Die Verwendung mehrerer Präpositionen:

Je viens **de chez** Julie.	Ich komme von Julie (Julies Wohnung).
Elle habite **au-dessus de chez** moi.	Sie wohnt über mir (meiner Wohnung).
À côté de chez nous, il y a un bar.	Neben unserer Wohnung gibt es eine Bar.

Da **chez** moi, **chez** nous, **chez** elle (wörtlich: *bei mir, bei uns, bei ihr*) *meine Wohnung, mein Zuhause* etc. bedeutet, kann es auch in Verbindung mit anderen Präpositionen stehen.

Die Präpositionen

Abschlussübung   Bilan

1. Ils viennent du Luxembourg et vont en Suisse: Wo kommen sie her? Wo fahren sie hin?

a. Frankreich → Portugal   **c.** Österreich → Spanien   **e.** Dänemark → England
b. Monaco → Italien   **d.** Niederlande → Monaco   **f.** Kanada → Vereinigte Staaten

2. Vous allez à l'école en bateau? Ergänze die Texte mit den Präpositionen à, dans oder en.

a. – Vous allez ? l'école ? pied?
– Non, j'y vais ? bus.
– Moi, j'y vais ? vélo.
– Nous y allons ? métro. Ça va plus vite.

b. Nous allons ? vacances ? voiture.
Mais nous emmenons nos vélos pour
pouvoir faire des balades ? vélo
? les environs.

3. Ils vont donner un concert au printemps. Ergänze die Sätze mit den Zeitangaben
in Klammern.

(Mit sechs Jahren / im Alter von sechs Jahren), Léo a commencé de jouer de la batterie.
(Seit 2007), il joue dans un groupe de rock de son école. (Ein Mal in der Woche), (mittwochs),
les jeunes répètent (zwei Stunden lang). (In den / während der Ferien), ils ne répètent pas. Ils ont
donné leur premier concert (vor drei Monaten). Et (nach Ostern), ils vont donner leur deuxième
concert.

4. C'est au milieu de la ville. Ergänze die Sätze mit den Ortsangaben in Klammern.

a. (Fünf Minuten von hier), il y a le café où nous allons nous rencontrer à cinq heures.
(Neben) ce café, il y a un magasin de vêtements.
b. – On se rencontre (bei Léa) ou (bei dir)?
– On se rencontre (am Bahnhof) et on va (zu Léa) ensemble.
c. J'ai trouvé ce portemonnaie (auf der Straße) (hinter unserem Haus).
d. Les Durand habitent (auf dem Land) (zwischen Grenoble und Gap), mais leurs enfants habitent
tous (in der Stadt).
e. Nous allons rester deux jours (bei Freunden) (in Vilvent), un petit village (an der Loire) (gegen-
über von Amboise). Après, nous allons passer dix jours (am Meer).

5. Avant d'aller à Nice, elle achète un dico. Ersetze die Nebensätze und die Infinitive mit *zu* in
Klammern durch eine französische Infinitivkonstruktion (après avoir/être + participe passé,
avant de + inf., pour + inf., sans + inf., sans + avoir/être + participe passé).

(Nachdem sie nur drei Punkte in Französisch bekommen hat [1]), Lucille veut aller en France (um
ihr Französisch zu verbessern [2]). (Bevor sie sich entscheidet) où aller, elle demande à sa copine
Sarah si elle veut aller avec elle. Mais Sarah parle déjà assez bien le français (ohne jemals nach
Frankreich gefahren zu sein). Elle ne veut pas accompagner Lucille. Lucille part (ohne ihren
Freundinnen Auf Wiedersehen zu sagen). (Nachdem sie in Paris angekommen ist), elle cherche la
gare de Lyon pour aller à Nice. Elle quitte Paris en train (ohne die Stadt besucht zu haben).

[1] bekommen: *hier:* avoir   [2] verbessern: améliorer

Die Lösungen findest du unter
www.cornelsen.de/webcodes
Gib dort den webcode gramm-bilan07 ein.

8. Die Konjunktionen
Les conjonctions

Konjunktionen sind unveränderliche Bindewörter, die Satzteile oder Sätze miteinander verbinden. Es gibt zwei Arten von Konjunktionen:

Le cours est facile **et** intéressant.	– nebenordnende (auch beiordnende) Konjunktionen,
Je suis sûr **que** je vais y retourner.	– unterordnende Konjunktionen.

Dieses Kapitel behandelt:

8.1 Nebenordnende Konjunktionen
8.2 Unterordnende Konjunktionen
8.3 Unterordnende Konjunktionen und der **subjonctif**

Außerdem findest du:
→ **Qui dit mieux: Wie vermeide ich Fehler?**, S.136–137,
→ **Auf einen Blick**: Präpositionen und Konjunktionen, S.137, und
→ einen **Bilan**, S.138, in dem du dein Wissen überprüfen kannst.

8.1 Nebenordnende Konjunktionen
Les conjonctions de coordination

On prend le métro
ou bien on va à pied?

Prenons le métro.
Soit la ligne 6
soit la ligne 7.

Nebenordnende Konjunktionen verbinden Wörter, Satzteile oder Sätze gleicher Art miteinander, z.B.:

La maison est grande **et** belle.	– zwei Adjektive,
Il joue au foot **et** au volley-ball.	– zwei Ergänzungen,
Julien travaille **et** Cécile prépare la réunion.	– zwei Hauptsätze,
Il aime le rap, **mais** il déteste le R'nB.	– oder einen Haupt- und einen Nebensatz.

Die Konjunktionen

Die nebenordnenden Konjunktionen werden im Wesentlichen wie im Deutschen verwendet:

Matthieu joue de la trompette **et** Laure chante.	et
Matthieu spielt Trompete <u>und</u> Laure singt.	und
Leur premier concert n'était pas long, **mais** il était génial.	mais
Ihr erstes Konzert war nicht lang, <u>aber</u> es war toll.	aber
Adrien ne veut aider **ni** son père **ni** sa mère.	ni … ni
Adrien will <u>weder</u> seinem Vater <u>noch</u> seiner Mutter helfen.	weder … noch
Je prends toujours le métro, **car** ça va plus vite.	car
Ich nehme immer die U-Bahn, <u>weil</u> es schneller geht.	denn/weil
Donc, je rentre plus tôt.	donc
<u>Also</u> komme ich früher nach Hause.	also
On prend le métro **ou (bien)** on va à pied.	ou (bien)
Wir fahren mit der U-Bahn <u>oder</u> wir gehen zu Fuß.	oder
Pour aller au collège, il prend **soit** la ligne 6 **soit** la ligne 7.	soit … soit
Um in die Schule zu fahren, nimmt er <u>entweder</u> die Linie 6 <u>oder</u> die Linie 7.	entweder … oder
Ou vous terminez ce devoir maintenant **ou** vous ne sortez pas ce soir.	ou … ou
<u>Entweder</u> macht ihr diese Aufgabe jetzt zu Ende <u>oder</u> ihr geht heute Abend nicht aus.	entweder … oder

8.2 Unterordnende Konjunktionen
Les conjonctions de subordination

Unterordnende Konjunktionen leiten einen Nebensatz ein, der einem Hauptsatz untergeordnet ist. Nach einigen dieser Konjunktionen muss der **subjonctif** im Nebensatz stehen. Nach anderen kann er stehen.

8.2.1 Die Konjunktion *que*

Die am häufigsten gebrauchte unterordnende Konjunktion ist que (*dass*).

Pierre dit **qu'**il vient. Pierre sagt, <u>dass</u> er kommt. Je suis sûre **que** Pierre viendra. Ich bin sicher, <u>dass</u> Pierre kommen wird.	Que leitet die indirekte Rede ein. Im Nebensatz mit que kann (abhängig vom Verb oder dem Ausdruck im Hauptsatz) der Indikativ stehen. ▶ s. S. 253 (Die indirekte Rede)
Elle a dit **qu'**elle voulait rentrer. Sie sagte, <u>dass</u> sie nach Hause wolle. Je ne pense pas **qu'**il vienne. Ich glaube nicht, <u>dass</u> er kommt.	Im Nebensatz mit que stehen in der indirekten Rede unterschiedliche Zeiten und Modi. ▶ s. S. 255–257 (Die Zeitenfolge in der indirekten Rede/Frage)
Il faut **que** tu viennes demain. Du musst morgen kommen. Je suis contente **que** Pierre soit venu. Ich bin froh, <u>dass</u> Pierre gekommen ist.	Nach bestimmten Auslösern steht im Nebensatz nach que der **subjonctif**. ▶ s. S. 207–208 (Auslöser des **subjonctif**)

8.2.2 Die Konjunktion *si*

Die Konjunktion si wird mit *wenn/falls* oder mit *ob* ins Deutsche übersetzt:

Si tu as besoin de quelqu'un, appelle-moi. Wenn du jemanden brauchst, ruf mich an.	Si (*wenn/falls*) leitet einen Bedingungssatz ein.
Dis-moi **si** tu pourras venir. Sag mir, ob du kommen kannst.	Si (*ob*) leitet eine indirekte Frage ein.

[S. 312]
Apostro-
phierung

s'il	**si** elle	Si wird vor il und ils verkürzt,
s'ils	**si** elles	aber nicht vor elle, elles und on.
	si on	

S'il est là, je m'amuserai bien. Wenn/Falls er da ist, werde ich Spaß haben.	Bedingungssatz	→ si
Quand il est là, il y a toujours une bonne ambiance. Wenn (Jedes Mal, wenn) er da ist, ist die Stimmung (immer) gut.	Zeitlicher Nebensatz	→ quand
Das deutsche *wenn* kann einen Bedingungssatz und einen zeitlichen Nebensatz einleiten. Im Französischen werden hier unterschiedliche Konjunktionen verwendet: si und quand.		

▶ s. S. 239 ff. (Der Bedingungssatz)

> **Merke!**
>
> wenn/falls = **si**
> wenn / jedes Mal, wenn = **quand**

Lerntipp:

Wenn und falls heißt **si**.
Das vergisst du nie!
Heißt wenn aber jedes Mal,
steht nur **quand**. Behalt das mal!

Übrigens: Selbst gefundene Merksprüche behält man besser!

Vous ne venez pas? **Si.** Kommen Sie nicht? Doch.	Si als Antwort auf eine verneinte Frage bedeutet *doch*.

▶ s. S. 232, 272 (Antwort auf eine negative Frage)

Die Konjunktionen

8.2.3 Unterordnende Konjunktionen, die zeitliche Beziehungen angeben

Quand elle est arrivée, elle ne m'a pas reconnu. Als sie angekommen ist, hat sie mich nicht erkannt. **Lorsqu'**elle m'a reconnu, elle m'a dit bonjour. Als sie mich erkannt hat, hat sie mich begrüßt.	quand/lorsque als
Quand/lorsqu' il fait beau, on sort avec les copains. (Immer) Wenn das Wetter schön ist, gehen wir mit unseren Freunden aus. **Quand/lorsqu'** il faisait beau, on sortait avec les copains. (Immer) Wenn das Wetter schön war, sind wir mit unseren Freunden ausgegangen.	quand/lorsque (immer) wenn

> **Merke!**
>
> **quand** und **lorsque** = *(immer) wenn* oder *als*

Pendant que nous nous promenons, les autres jouent au basket. Während wir spazieren gehen, spielen die anderen Basketball.	pendant que während
Maya est entrée **au moment où** je me disputais avec mon frère. Maya ist in dem Augenblick hereingekommen, als ich mich mit meinem Bruder gestritten habe.	au moment où in dem Augenblick, als
Depuis qu'il travaille seul, il travaille mieux. Seit er alleine arbeitet, arbeitet er besser.	depuis que seit
Laure est une copine agréable **tant qu'**elle ne chante pas. Laure ist eine angenehme Freundin, solange sie nicht singt.	tant que solange

8.2.4 Unterordnende Konjunktionen, die Begründungen angeben

Elle ne sort pas avec nous **parce qu'**il pleut. Sie geht nicht mit uns aus, weil es regnet.	parce que weil
Comme il veut gagner la compétition, il s'entraîne beaucoup. Da er den Wettkampf gewinnen will, trainiert er viel.	comme da
L'appartement n'est pas encore loué **puisqu'**il est trop cher. Die Wohnung steht noch leer, da/weil sie zu teuer ist.	puisque da/weil

8.3 Unterordnende Konjunktionen und der *subjonctif*
Les conjonctions de subordination et le subjonctif

Im Französischen gibt es eine ganze Reihe von Konjunktionen, die den Gebrauch des **subjonctif** automatisch auslösen. Das bedeutet, dass das Verb im Nebensatz im **subjonctif** stehen muss.
▸ s. S. 207–208 (Auslöser des **subjonctif**)

8.3.1 Zeitliche Beziehungen

Il a eu un portable **avant que** ce <u>soit</u> la mode. Er hatte ein Handy, <u>bevor</u> es Mode war.	avant que (+ subj.) bevor
Ils ont dansé **jusqu'à ce que** le jour se <u>lève</u> (subj.). Sie haben getanzt, <u>bis</u> es hell geworden ist.	jusqu'à ce que (+ subj.) bis
En attendant qu'il <u>vienne</u>, nous avons raconté des histoires drôles. <u>Bis</u> er gekommen ist, haben wir lustige Geschichten erzählt.	en attendant que (+ subj.) bis

Zusatzwissen:

On a fait la vaisselle **après qu'**ils étaient/soient partis. Wir haben das Geschirr abgewaschen, <u>nachdem</u> sie gegangen waren.	après que nachdem

Nach **après que** hörst du im gesprochenen Französisch oft den **subjonctif**, analog zu **avant que**. Für die Schriftsprache gilt das als falsch.

8.3.2 Wunsch, Ziel, gewünschte Wirkung

J'ai déjà tout préparé **pour qu'**on <u>puisse</u> partir très tôt demain. Ich habe schon alles vorbereitet, <u>damit</u> wir morgen sehr früh losfahren können.	pour que (+ subj.) damit
Ma mère m'a donné de l'argent **afin que** je <u>vienne</u> en taxi. Meine Mutter hat mir Geld gegeben, <u>damit</u> ich mit dem Taxi komme.	afin que (+ subj.) damit

Zusatzwissen:

Il explique le problème **de façon que** tout le monde le <u>comprenne</u>. Er erklärt das Problem <u>so, dass</u> alle es verstehen.	de façon que so, dass
Parlez plus haut **de manière qu'**on <u>puisse</u> vous entendre. Sprecht / Sprechen Sie bitte lauter, <u>so dass / damit</u> man euch/Sie verstehen kann.	de manière que so dass / damit
Je voudrais que tu nous expliques cela **de sorte qu'**on <u>puisse</u> le comprendre. Ich möchte, dass du uns das <u>so</u> erklärst, <u>dass</u> wir es verstehen können.	de sorte que so, dass

Nach **de façon que**, **de manière que** und **de sorte que** steht der **subjonctif**, wenn eine gewünschte Folge ausgedrückt werden soll.

aber:

Il n'a pas cessé de pleuvoir **de façon que** nous ne pouvons pas sortir.

Es hat nicht aufgehört zu regnen, sodass wir nicht ausgehen konnten.

J'ai transformé la phrase **de façon qu**'elle ne contient plus le subjonctif.

Ich habe den Satz so umformuliert, dass er nun keinen subjonctif mehr enthält.

La journée s'est passé **de manière que** tout le monde était content.

Der Tag ist so abgelaufen, dass alle zufrieden waren.

Nous avons couru **de telle sorte que** nous en avons perdu le souffle.

Wir sind so gerannt, dass wir davon ganz außer Atem waren.

Wird eine tatsächliche Folge oder die Art und Weise, wie etwas geschieht, ausgedrückt, steht der Indikativ.

8.3.3 Gegensatz

Elle sort le soir **bien que** ses parents soient contre. Sie geht abends aus, obwohl ihre Eltern dagegen sind.	**bien que (+ subj.)** obwohl
Ils n'arrêtent pas de discuter **quoique** nous ayons déjà trouvé une solution. Sie hören nicht auf zu diskutieren, obwohl wir schon eine Lösung gefunden haben.	**quoique (+ subj.)** obwohl

8.3.4 Bedingung

Je te prête mon lecteur mp3 **à condition que** tu me le rendes demain. Ich leihe dir meinen MP3 Player unter der Bedingung, dass du ihn mir morgen zurückgibst.	**à condition que (+ subj.)** unter der Bedingung, dass
À supposer / supposé que tu perdes la clé, il y en a une autre dans la boîte à lettres. Angenommen, du verlierst den Schlüssel, so gibt es noch einen im Briefkasten.	**à supposer que / supposé que (+ subj.)** angenommen, (dass)
Pourvu qu'ils ne fassent pas trop de désordre, les enfants peuvent jouer ici. Vorausgesetzt, sie machen nicht zu viel Unordnung / Wenn sie nicht zu viel Unordnung machen, können die Kinder hier spielen.	**pourvu que (+ subj.)** vorausgesetzt, (dass) / wenn
Elle est sortie **sans que** personne ne l'ait remarqué. Sie ist aus dem Haus gegangen, ohne dass es jemand bemerkt hätte.	**sans que (+ subj.)** ohne dass
Je viendrai chez toi ce soir **à moins que** tu sortes. Ich komme heute Abend zu dir, außer wenn du ausgehst / es sei denn, du gehst aus.	**à moins que (+ subj.)** es sei denn, (dass) / außer wenn

Qui dit mieux: Wie vermeide ich Fehler?

Wie übersetzt du die Konjunktion *wenn* ins Französische?

1. Wenn/Falls er da ist, werden wir uns gut amüsieren. **S'il est là, nous nous amuserons bien.**

2. (Immer) Wenn er da ist, amüsieren wir uns gut. **Quand** il est là, on s'amuse toujours bien.

Kannst du *wenn* durch *falls* ersetzen, handelt es sich um eine Bedingung. Dann übersetzt du mit **si**. Kannst du *wenn* durch *immer wenn, jedes Mal, wenn* ersetzen, übersetzt du mit **quand**.

wenn/falls (Bedingung) = **si**
wenn / immer wenn (Zeit) = **quand**

Konstruktionen ohne *subjonctif*

Manche Nebensätze, die mit Konjunktionen eingeleitet werden, kannst du durch andere Konstruktionen ersetzen. Dann musst du nicht darüber nachdenken, ob du den **subjontif** brauchst.

	avant qu'il parte. bevor er abfährt.	Nebensatz mit subjonctif
Luc viendra nous dire au revoir Luc wird sich verabschieden(,)	**avant de** partir. bevor er abfährt.	Infinitivkonstruktion (gleiches Subjekt)
	avant son départ. vor seiner Abfahrt.	Präposition + Nomen
Nous y restons souvent Wir bleiben dort oft(,)	**jusqu'à ce que** le jour se lève. bis der Tag beginnt.	Nebensatz mit subjonctif
	jusqu'à la levée du jour. bis zum Tagesanbruch.	Präposition + Nomen
Nous nous baladons dans Paris Wir gehen in Paris spazieren(,)	**en attendant que** le train parte. bis der Zug abfährt.	Nebensatz mit subjonctif
	en attendant le départ du train. bis zur Abfahrt des Zuges.	Präposition + Nomen
Il continue à travailler Er arbeitet weiter,	**bien qu'**il soit malade. obwohl er krank ist.	Nebensatz mit subjonctif
	malgré sa maladie. trotz seiner Krankheit.	Präposition + Nomen
Luc est allé avec son frère Luc ist mit seinem Bruder gegangen,	**afin qu'**il puisse le protéger. damit er ihn beschützen kann.	Nebensatz mit subjonctif
	afin de le protéger. um ihn zu beschützen.	Infinitivkonstruktion (gleiches Subjekt)
Louis peut rester la nuit Louis kann über Nacht bleiben	**à condition qu'**il parte tôt. unter der Bedingung, dass er früh geht.	Nebensatz mit subjonctif
	à condition de partir tôt. unter der Bedingung, dass er früh geht.	Infinitivkonstruktion (gleiches Subjekt)

Wenn im Französischen Haupt- und Nebensatz dasselbe Subjekt haben, kannst du den Nebensatz meist durch eine Infinitivkonstruktion ersetzen. Den Infinitiv leitest du in diesem Fall durch eine Präposition oder einen präpositionalen Ausdruck ein.
Eine Konstruktion aus Präposition + Nomen kann stehen, wenn es ein Nomen gibt, das dem Verb (oder Adjektiv) des Nebensatzes entspricht.

Die Konjunktionen

Das funktioniert natürlich auch mit Konjunktionen, auf die kein **subjonctif** folgt, wenn es eine entsprechende Präposition gibt.

	après qu'ils avaient visité la ville.	Nebensatz mit Indikativ
Ils sont rentrés	nachdem sie die Stadt besichtigt hatten.	
Sie sind nach Hause gefahren,	**après** avoir visité la ville.	Infinitivkonstruktion
	nachdem sie die Stadt besichtigt hatten.	(gleiches Subjekt)
	depuis qu'il est parti.	Nebensatz mit Indikativ
La vie est plus calme	seit er abgefahren ist.	
Das Leben ist ruhiger(,)	**depuis** son départ.	Präposition + Nomen
	seit seiner Abfahrt.	
	pendant qu'il était en France.	Nebensatz mit Indikativ
Il a beaucoup vu	während er in Frankreich war.	
Er hat viel gesehen(,)	**pendant** son séjour en France.	Präposition + Nomen
	während seines Frankreichaufenthalts.	

🔍 Auf einen Blick: Präpositionen und Konjunktionen

Präpositionen und Konjunktionen sind sich manchmal sehr ähnlich. Unterscheide:

Präposition		Konjunktion		
à condition de	unter der Bedingung, dass	à condition que	(+ subjonctif)	unter der Bedingung, dass
afin de	um zu	afin que	(+ subjonctif)	damit
après	nach	après que		nachdem
avant de	vor	avant que	(+ subjonctif)	bevor
dès	seit	dès que		sobald
depuis	seit	depuis que		seit
en attendant	bis	en attendant que	(+ subjonctif)	bis
jusqu'à	bis	jusqu'à ce que	(+ subjonctif)	bis (dass)
malgré	trotz	bien que	(+ subjonctif)	obwohl
pendant	während	pendant que		während
pour	für / um zu	pour que	(+ subjonctif)	damit
sans	ohne	sans que	(+ subjonctif)	ohne dass
Auf eine Präposition folgt ein Nomen oder ein Infinitiv.		Auf eine Konjunktion folgt das Subjekt des Nebensatzes.		

Merke!

Präposition	+	Nomen
Präposition	+	Infinitiv
Konjunktion	+	Nebensatz

Abschlussübung   Bilan

1. **... parce que c'est facile.** Ergänze die Sätze mit den angegebenen Konjunktionen.

a. [?] la musique était trop forte, Mathis n'a pas entendu le téléphone.   da
b. Manon ne va pas venir [?] elle participe à un slam ce soir.   weil
c. Justine écrit le texte [?] les autres font une affiche avec des photos.   während
d. Mais Adrien ne veut aider [?] Justine [?] les autres. [?] il ne fait rien.   weder ... noch; also
e. Leur mère dit: [?] vous terminez ce devoir maintenant,   entweder ... oder
   [?] vous ne sortez pas ce soir.
f. Ils n'auraient pas cru [?] c'était autant de travail.   dass
g. Adrien est parti [?] Justine se disputait avec les autres.   in dem Augenblick, als

2. **Quand** oder **si**? Ergänze die Sätze mit einer der beiden Konjunktionen.

a. [?] il ne pleut pas aujourd'hui, on peut jouer au foot dehors.
b. [?] tu viens, apporte un ballon et de l'eau.
c. [?] on est arrivés, nos copains étaient déjà là.
d. [?] il fait bien chaud en été, on fait des batailles d'eau.
e. Tous les élèves aiment bien [?] les vacances commencent.
f. [?] j'avais le temps, je passerais chez elle, aujourd'hui.

3. **Bien que, depuis que, jusqu'à ce que, parce que, pour que, sans que?**
Setze die Konjunktionen ein. Achte auf die Verbformen.

Hier, la correspondante française de ma fille Léna est arrivée. Elle s'appelle Laila. Nous ne lui parlons qu'en allemand [?] elle apprenne mieux la langue. Elle ne parle pas beaucoup [?] elle est très timide. Les deux filles s'entendent bien [?] elles soient assez différentes. Quelquefois, elles sortent le soir [?] nous le sachions. Mais la nuit nous attendons [?] elles reviennent. La vie est plus calme [?] Laila est partie.

4. Präposition oder Konjunktion? Ergänze die Sätze.

a. **avant / avant de** oder **avant que**?
   [?] partir Laila a lu beaucoup de livres sur l'Allemagne. [?] son départ, sa grand-mère lui a donné un peu d'argent. Tu devrais parler à Laila [?] elle parte.

b. **pendant** oder **pendant que**?
   [?] Léna faisait ses devoirs, Laila lisait des bédés allemandes.
   [?] les vacances, Léna va aller en France.

c. **depuis** oder **depuis que**?
   Léna se sentait bien chez les Masson [?] le premier jour.
   [?] elle a fait un stage au théâtre, elle rêve de devenir actrice.

d. **jusqu'à** oder **jusqu'à ce que**?
   Elle danse [?] elle n'en puisse plus. Il lui reste encore trois jours [?] son départ.

Die Lösungen findest du unter
www.cornelsen.de/webcodes
Gib dort den webcode gramm-bilan08 ein.

9. Das Verb
Le verbe

In diesem Kapitel findest du alle Informationen rund um das Verb. Hier erfährst du, in welche Verbarten und -gruppen französische Verben eingeteilt werden und was eine konjugierte oder eine nicht konjugierte Verbform ist.

9.1 Die Verbarten
9.2 Die Verbgruppen
9.3 Die Verbformen

Außerdem findest du:
→ **Qui dit mieux: Wie vermeide ich Fehler?** (Die Konjugation des Verbs), S.147,
→ einen **Bilan**, S.148, in dem du dein Wissen überprüfen kannst.

Die Bildung und den Gebrauch der Verbformen findest du in den Kapiteln 10, 11 und 12.

9.1 Die Verbarten   Les types des verbes

Wie im Deutschen unterscheidet man auch im Französischen fünf Verbarten: Vollverben, Hilfsverben, Modalverben, Reflexive Verben und Unpersönliche Verben.

9.1.1 Vollverben *(Verbes principaux)*

parler	Ils **parlent** français.	Vollverben bezeichnen Handlungen, Ereignisse oder
sortir	Elles **sortent** souvent le soir.	Zustände.
avoir	Elle **a** un chien.	Die drei Hilfsverben können gleichzeitig auch
être	Je **suis** à Cannes.	Vollverben sein.
aller	Ils **vont** au théâtre.	

9.1.2 Hilfsverben (*Verbes auxiliaires*)

Im Französischen gibt es drei Hilfsverben: **avoir**, **être** und **aller**.

avoir	J'**ai** parlé.	Hilfsverben stehen in zusammengesetzten Zeiten vor
être	Elle **était** partie.	Vollverben. Mit **avoir** und **être** bildest du die zusam-
	Je **serais** venu.	mengesetzten Zeiten **passé composé, plus-que-parfait, conditionnel passé** u.a.
aller	Il **va** partir.	Mit **aller** bildest du nur das **futur composé**.

Die Bildung der zusammengesetzten Verbformen findest du auf ▶ S.160–174.

9.1.3 Modalverben *(Verbes modaux)*

devoir	Il **doit** aller à l'école à huit heures.	Modalverben stehen vor dem Infinitiv eines Vollverbs. Mit dem Modalverb drückst du aus, ob eine Handlung gewollt, möglich, wichtig, nötig o.ä. ist.
vouloir	Il **veut** prendre le bus.	

Merke!

devoir vouloir pouvoir savoir	faire qc

9.1.4 Reflexive Verben *(Verbes pronominaux)*

s'appeler	Je **m**'appelle Damien. Elle **s**'appelle Louise.	Reflexive Verben erkennst du immer an dem Reflexivpronomen, das sie begleitet.
se promener	Il **s**'est promené. Nous **nous** sommes promenés.	▶ s. S. 175–180 (Die reflexiven Verben)

9.1.5 Unpersönliche Verben *(Verbes impersonnels)*

«Il vaut mieux une petite maison dans la main qu'un grand château dans les nuages.»

(= Lieber den Spatz in der Hand als die Taube auf dem Dach.)

falloir	il faut	es ist nötig / man muss / man braucht
pleuvoir	il pleut	es regnet
neiger	il neige	es schneit
geler	il gèle	es friert
s'agir de	il s'agit de	es handelt sich um
valoir mieux	il vaut mieux	es ist besser

Einige Verben werden nur in der 3. Ps. Sg. verwendet. Sie stehen mit dem neutralen Pronomen **il** (*es*). Diese Verben nennt man unpersönliche Verben.

Das Verb

9.2 Die Verbgruppen Les groupes des verbes

1. Gruppe	2. Gruppe	3. Gruppe
Verben auf -er z.B. chanter	Verben auf -ir z.B. finir	unregelmäßige Verben auf -ir, -re, -oir z.B. venir, prendre, devoir
Französische Verben werden nach der Endung ihres Infinitivs in drei Gruppen eingeteilt.		

9.2.1 1. Gruppe: Verben auf -er

Zu dieser Gruppe gehören 90 % aller französischen Verben. Dies sind alle Verben auf -er, außer **aller** (=unregelmäßig). Diese Verben werden nach dem gleichen Konjugationsmuster konjugiert.
▶ s. S. 149 (Verben auf -er)
Auch die meisten neuen Verben werden mit der Infinitivendung -er gebildet, z.B.: **surf**er *surfen*, **chat**ter *chatten*, **cliqu**er sur qc *(an)klicken*, **mondialis**er qc *etw. weltweit verbreiten*.

9.2.2 2. Gruppe: Verben auf -ir

Zu dieser Gruppe gehören etwa 300 Verben. Auch diese Verben werden nach dem gleichen Konjugationsmuster konjugiert. ▶ s. S. 150 (Verben auf -ir)
In den Pluralformen des Präsens haben sie eine Stammerweiterung, d.h. eine Silbe mehr:

finir   je finis, aber: nous fin**iss**ons, vous fin**iss**ez, ils fin**iss**ent

Nur wenige neue Verben erhalten die Infinitivendung -ir, z.B.: **alun**ir *auf dem Mond landen*, **amerr**ir *wassern, auf dem Wasser landen*.

Innerhalb der zweiten Verbgruppe gibt es zwei Untergruppen mit besonderer Konjugation:

Verben auf -ir (Typ **dormir**)	Verben auf -ir (Typ **ouvrir**)
dormir →	ouvrir →
je **dors** nous dormons tu **dors** vous dormez il/elle **dort** ils/elles dorment	j'ouv**re** nous ouvrons tu ouv**res** vous ouvrez il/elle ouvre ils/elles ouvrent
Ebenso: s'endormir, mentir, partir, repartir, ressentir, sentir, servir, sortir	Ebenso: couvrir, découvrir, offrir, souffrir
Die Verben vom Typ **dormir** haben eine Stammverkürzung in den Singularformen. Hier fällt der letzte Konsonant des Infinitivstamms weg.	Die Verben vom Typ **ouvrir** werden wie Verben auf -er konjugiert. Sie haben in den Singularformen die Endungen -e, -es, -e (und nicht -s, -s, -t wie die anderen Verben auf -ir).

9.2.3 **3. Gruppe: unregelmäßige Verben auf *-ir, -re, -oir***

Zu dieser Gruppe gehören etwa 370 Verben und es kommen keine neuen hinzu. Diese Verben werden alle unregelmäßig konjugiert. Ihr Konjugationsmuster lässt sich nicht genau vorhersagen.

▶ s. S. 150–151 (Verben auf -ir, -re, -oir)

Verben auf *-ir*

Zu den unregelmäßigen Verben zählen auch Verben, die auf -ir enden, z. B.:

je viens, tu viens, il vient, nous venons, vous venez, ils viennent	– venir,
je tiens, tu tiens, il tient, nous tenons, vous tenez, ils tiennent	– tenir
je deviens, tu deviens, il devient, nous devenons, vous devenez, ils deviennent	– sowie alle zusammengesetzten Formen von venir und tenir: devenir, revenir, soutenir, retenir.
je soutiens, tu soutiens, il soutient, nous soutenons, vous soutenez, ils soutiennent	

Verben auf *-re*

Einige Verben auf -re haben gleiche Konjugationen. So kann man zwei kleine Untergruppen zusammenfassen:

Verben auf -dre (Typ répondre)		Verben auf -indre (Typ craindre)	
répondre →		craindre →	
je réponds	nous répondons	je crains	nous craignons [kʀɛɲɔ̃]
tu réponds	vous répondez	tu crains	vous craignez [kʀɛɲe]
il/elle répon**d**	ils/elles répondent	il/elle craint	ils/elles crai**g**nent [kʀɛɲ]
participe passé:	Il a répond**u**.	participe passé:	Il a craint.
Ebenso: attendre, confondre, défendre, descendre, détendre, entendre, fondre, mordre, pendre, perdre, prétendre, rendre, tendre, vendre		Ebenso: joindre, plaindre, peindre, contraindre	
Einige Verben auf -**dre** enden in der 3. Ps. Sg. auf -d, nicht auf -t. Das Partizip Perfekt dieser Verben endet auf -u.		Bei den wenigen Verben auf -**indre** wird in den Pluralformen des Präsens ein -g- vor das -n- des Stammes geschoben. Dadurch ändert sich die Aussprache.	

⚠ aber:

nous pre**n**ons vous pre**n**ez ils pre**nn**ent	Das Verb **prendre** und die von **prendre** abgeleiteten Verben (**apprendre**, **comprendre**, **entreprendre**) enden zwar auf -**dre**, haben aber unregel- mäßige Pluralformen.
il a **pris**	Sie bilden das Partizip Perfekt auf -is.

Das Verb

Verben auf -oir

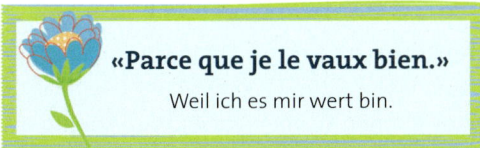

«Parce que je le vaux bien.»

Weil ich es mir wert bin.

pouvoir, vouloir, valoir

vouloir	→ je veux, tu veux	Drei Verben auf **-oir** haben in der 1. und 2. Ps. Sg. Präsens ein -x (statt -s und -t). Das sind die häufig gebrauchten Verben **pouvoir, vouloir** und **valoir**.
pouvoir	→ je peux, tu peux	
valoir	→ je vaux, tu vaux	
il vaut mieux es ist besser		**valoir** *wert sein, gelten* wird meist nur in der 3. Ps. Sg. gebraucht.

Lerntipp:

Die Konjugation der unregelmäßigen Verben musst du auswendig lernen, da sie in kein Muster einzuordnen ist. Das gilt für viele der häufig gebrauchten Verben wie **être, avoir, faire, aller**.

▸ s. S. 147, 150, 158 (Unregelmäßige Verben)

Als Hilfe kannst du sie auch in kleine Gruppen mit gleichen Unregelmäßigkeiten ordnen und diese Gruppen lernen (s. unten).

Unregelmäßige Verben mit gleichen Unregelmäßigkeiten:

dormir: je dors, tu dors, il dort Ebenso: par**t**ir, sor**t**ir, men**t**ir, sen**t**ir, ser**v**ir, s'endor**m**ir	– Stammverkürzung in den Singular- formen,
lire: nous li**s**ons, vous li**s**ez, ils li**s**ent Ebenso: conduire, construire, plaire, cuire, faire (**!** vous faites, ils font), dire (**!** vous dites)	– eingeschobenes -s- in den Pluralformen,
voir: nous vo**y**ons, vous vo**y**ez Ebenso: croire, traire, fuir	– eingeschobenes -y- in der 1. und 2. Person Plural,

		– Veränderung des Stammvokals	
savoir	→ je/tu s**ai**s, il/elle s**ai**t	a → ai	(1.–3. Ps. Sg.)
devoir	→ je/tu d**oi**s, il/elle d**oi**t, ils/elles d**oi**vent	e → oi	(1.–3. Ps. Sg. + 3. Ps. Pl.)
pouvoir	→ je/tu p**eu**x, il/elle p**eu**t, ils/elles p**eu**vent	ou → eu	(1.–3. Ps. Sg. + 3. Ps. Pl.)
vouloir	→ je/tu v**eu**x, il/elle v**eu**t, ils/elles v**eu**lent		
venir	→ je/tu v**ie**ns, il/elle v**ie**nt, ils/elles v**ie**nnent	e → ie	(1.–3. Ps. Sg. + 3. Ps. Pl.)
tenir	→ je/tu t**ie**ns, il/elle t**ie**nt, ils/elles t**ie**nnent		
boire	→ nous b**u**vons, vous b**u**vez	oi → u	(1. + 2. Ps. Pl.)

9.3 Die Verbformen Les formes des verbes

9.3.1 Konjugierte Verbformen

Jedes Verb kommt in verschiedenen Formen vor: Es wird konjugiert.
Konjugierte Verbformen werden in einfache und zusammengesetzte Verbformen unterteilt.

je **parle**	présent	**Einfache Verbformen** bestehen nur aus einem Wort.
Regarde.	impératif	
elle **travaillait**	imparfait	
on **reviendra**	futur simple	
nous **regardâmes**	passé simple	
	(! *nur Schriftsprache*)	
tu **mangerais**	conditionnel présent	
... que nous **fassions**	subjonctif présent	
il **a parlé**	passé composé	**Zusammengesetzte Verbformen** bestehen aus zwei oder mehr Wörtern. Zur Bildung der zusammengesetzten Verbformen brauchst du ein Hilfsverb (**avoir** oder **être**) und ein Partizip Perfekt. Das **futur composé** wird mit dem Hilfsverb **aller** und nachfolgendem Infinitiv gebildet.
il **avait parlé**	plus-que-parfait	
on **sera revenu**	futur antérieur	
nous **eûmes regardé**	passé antérieur	
	(! *nur Schriftsprache*)	
tu **aurais mangé**	conditionnel passé	
... que nous **ayons fait**	subjonctif passé	
il **a été construit**	passé composé passif	
elle **va jouer**	futur composé	

▶ s. S. 149–159 (Die Bildung der einfachen Verbformen)
▶ s. S. 160–174 (Die Bildung der zusammengesetzten Verbformen)
▶ s. S. 194–213 (Der Gebrauch der Zeiten und Modi)

Einfache Verbformen

Die konjugierten Verbformen werden in Stamm und Endung unterteilt. Die Endung zeigt die Person, die Zahl, die Zeit und den Modus des Verbs an.
▶ s. S. 194–195 (Was ist ein Modus?)

chanter	Stamm	Endung	zeigt an:
je	chant	ais	1. Ps. Sg. imparfait Indikativ
il	chant	a	3. Ps. Sg. passé simple Indikativ

Manche Verben haben mehrere Stämme.

Verben mit 2 Stämmen:

finir	Stamm	Endung	zeigt an:
je	fin	is	1. Ps. Sg. Präsens Indikativ
nous	finiss	ons	1. Ps. Pl. Präsens Indikativ

Das Verb

Verben mit 3 Stämmen:

pouvoir	Stamm	Endung	zeigt an:
elle	peu	t	3. Ps. Sg. Präsens Indikativ
nous	pouv	ons	1. Ps. Pl. Präsens Indikativ
ils	pourr	ont	3. Ps. Pl. **futur simple** Indikativ

Es gibt stammbetonte und endbetonte Verbformen:

stammbetont	endbetont
je p<u>a</u>rle tu p<u>a</u>rles il/elle p<u>a</u>rle ils/elles p<u>a</u>rlent	parl<u>er</u> nous parl<u>ons</u> vous parl<u>ez</u>
Bei den <u>stamm</u>betonten Verbformen werden die Endungen zwar geschrieben, aber nicht ausgesprochen.	Bei den <u>end</u>betonten Verbformen werden die Endungen ausgesprochen.

stammbetont	endbetont	stammbetont	endbetont
j'ach**è**te tu ach**è**tes il/elle ach**è**te ils/elles ach**è**tent	acheter nous achetons vous achetez acheté	j'appe**ll**e tu appe**ll**es il/elle appe**ll**e ils/elles appe**ll**ent	appeler nous appelons vous appelez appelé
Nur in den stammbetonten Formen erhalten die Verben des Typs **acheter** einen **accent grave** und die Verben des Typs **appeler** ein zweites -l-.			

Lerntipp:

Die Unterscheidung in stamm- und endbetonte Verbformen kann dir helfen, Unregelmäßigkeiten in der Konjugation der Verben zu lernen.

9.3.2 Nicht-konjugierte Verbformen

Die vier nicht-konjugierten Verbformen sind der Infinitiv, das **participe présent**, das **gérondif** und das **participe passé**.

Der Infinitiv

Der Infinitiv ist die Grundform des Verbs. Es ist die Form, mit der das Verb im Wörterbuch verzeichnet ist.

regard**er**, réag**ir**, entend**re**, pouv**oir**	An der Endung des Infinitivs kannst du meistens die Verbgruppe erkennen, zu der das Verb gehört. Diese Unterscheidung hilft bei der Konjugation der Verben.

Das *participe présent*

regarder → **regardant**	Das **participe présent** endet auf -**ant**. Es ist unveränderlich. ▶ s. S. 185–188 sowie S. 191 (Das **participe présent**)

Das *gérondif*

«C'est en faisant des fautes que l'on apprend.»

Aus Fehlern lernt man. /
Aus Fehlern wird man klug.

regarder → **en regardant**	Das **gérondif** besteht aus der Präposition **en** + participe présent. Es ist unveränderlich. Es gibt im Deutschen keine Verbform, die dem **gérondif** entspricht. ▶ s. S. 189–191 (Das **gérondif**)

Das *participe passé*

regard**er** fin**ir** dorm**ir**	→ regard**é** → fin**i** → dorm**i**	Das **participe passé** besteht aus einem Stamm und einer Endung. Die Partizipien der Verben auf -**er** werden mit der Endung -**é**, die Partizipien der regelmäßigen Verben auf -**ir** mit der Endung -**i** gebildet.
Hier, Ève est all**ée** au cinéma. Hier, Ève et Anne sont all**ées** au cinéma.		Das **participe passé** ist veränderlich.

▶ s. S. 164, 167 (Die Angleichung des Partizip Perfekt nach dem Hilfsverb **être**)

attendre, répondre battre, rompre, connaître venir, tenir, courir vouloir, pouvoir, voir	→ attend**u**, répond**u** → batt**u**, romp**u**, conn**u** → ven**u**, ten**u**, cour**u** → voul**u**, p**u**, v**u**	Einige Verben auf -**dre**, -**re**, -**ir** und -**oir** haben die Partizipial-endung -**u**.

Lerntipp:
Bei den unregelmäßigen Verben folgt die Bildung der Partizipien keiner bestimmten Regel.
Sie ist auch nicht immer von der Infinitivendung ableitbar, z. B. **connaî**tre – conn**u**, di**re** – **dit**,
met**tre** – **mis**, ri**re** – **ri**.
Lerne die Partizipien der unregelmäßigen Verben mit der Konjugation mit.

▶ s. S. 300–307 (Liste der unregelmäßigen Verben)
▶ s. S. 163–167 (Die Angleichung des Partizip Perfekt)

Qui dit mieux: Wie vermeide ich Fehler?

Die Konjugation des Verbs

In den meisten Fällen kannst du an der Endung des Infinitivs erkennen, wie ein Verb im Präsens konjugiert wird:

	1. Gruppe auf -er	2. Gruppe auf -ir	3. Gruppe unregelmäßige Verben auf -ir, -re, -oir
Singular	-e -es -e	-s -s -t	-s -s -t (-d)
Plural		-ons -ez -ent	

Von diesem Schema weichen nur wenige unregelmäßige Verben ab, z. B.:

être → nous **sommes**, vous **êtes**, ils **sont**
avoir → **j'ai**, il **a**, ils **ont**
aller → il **va**, ils **vont**
faire → vous **faites**, ils **font**
dire → vous **dites**

pouvoir → je peu**x**, tu peu**x**
vouloir → je veu**x**, tu veu**x**
valoir → je vau**x**, tu vau**x**

Merke dir folgende Regeln:

Die 1. Person Plural Präsens endet immer auf -ons.
Einzige Ausnahme:

être → nous **sommes**

Die 2. Person Plural Präsens endet immer auf -ez.
Nur drei Ausnahmen:

être → vous **êtes**
faire → vous **faites**
dire → vous **dites**

Die 3. Person Plural Präsens endet immer auf -ent.
Nur vier Ausnahmen:

être ils **sont** [ilsɔ̃]
avoir ils‿**ont** [ilzɔ̃]
faire ils **font** [ilfɔ̃]
aller ils **vont** [ilvɔ̃]

Beachte folgende Besonderheiten bei den Verben auf -er:

-ger	manger:	nous mang**e**ons
-cer	commencer:	nous commen**ç**ons
-ayer, -oyer, -uyer	essa**y**er:	j'essa**i**e, tu essa**i**es, il/elle essa**i**e, ils/elles essa**i**ent
-eler	appe**l**er:	j'appe**ll**e, tu appe**ll**es, il/elle appe**ll**e, ils/elles appe**ll**ent
-eter	ach**e**ter:	j'ach**è**te, tu ach**è**tes, il/elle ach**è**te, ils/elles ach**è**tent

Abschlussübung   Bilan

1. Ordne die folgenden Verben nach ihren Endungen in die Tabelle ein:

aller	lire	prendre	sortir	réagir	dire	vendre	geler
devoir	venir	partir	réfléchir	répéter	pouvoir	choisir	servir
connaître	perdre	mentir	boire	entendre	crier	rendre	rentrer
applaudir	faire	sentir	réussir	craindre	attendre		

1. Gruppe	2. Gruppe		3. Gruppe	
Verben auf -er	Verben auf -ir		Verben auf -dre	unregelmäßige Verben
	Typ **finir**	Typ **dormir**		

2. Welche der folgenden Verben auf -er haben eine orthographische Besonderheit? Ordne die Verben mit der gleichen orthographischen Besonderheit in eine Gruppe. / Notiere ihre Besonderheit.

acheter	juger	envoyer	commencer	généraliser	ranger	préférer	appeler
brûler	corriger	jeter	accompagner	tutoyer	lever	cacher	amener
appuyer	avancer	concentrer	bouger	espérer	rentrer	protéger	renoncer
changer	crier	voyager	essayer	dessiner	déranger	nettoyer	partager
détester	annoncer	s'ennuyer	déjeuner	répéter	nager	régler	geler

3. Welcher Buchstabe wird bei den folgenden Verben in einer oder mehreren Pluralformen eingeschoben: -s-, -v- oder -y-? Notiere die Formen.

écrire, dire, croire, conduire, construire, plaire, cuire, voir, faire, fuir.

4. Finde den passenden Infinitiv zu den folgenden Verbformen:

nous buvons, ils vont, je vis, ils ont, je dors, il part, elle offre, il pleut, on peut, nous ouvrons, il vit, elle souffre, il découvre, ils viennent, ils réagissent, vous craignez, ils sont, elles se plaignent, il voit, tu viens, elle tient, nous croyons, je cours, vous dites, ils écrivent, vous faites, il faut, elle met, il meurt, nous prenons, je reçois, je sais, je vois, elle sort, je suis (2 Möglichkeiten).

5. Bilde das Partizip Perfekt der folgenden Verben:

ils font	?	nous connaissons	?	elle vit	?
elle boit	?	ils voient	?	il bat	?
il choisit	?	elles sont	?	nous sommes	?
je peux	?	elles viennent	?	il dit	?
tu as	?	ils prennent	?	tu réponds	?

Die Lösungen findest du unter www.cornelsen.de/webcodes Gib dort den webcode gramm-bilan09 ein.

10. Die Bildung der einfachen Verbformen
La formation des temps simples

In diesem Kapitel findest du die Bildung der folgenden Zeiten und Modi:

10.1 Das **présent**
10.2 Das **imparfait**
10.3 Das **futur simple**
10.4 Das **passé simple**

10.5 Das **conditionnel présent**
10.6 Der **subjonctif présent**
\+   Der **subjonctif imparfait** (Zusatzwissen)
10.7 Der **Imperativ**

Einfache und zusammengesetzte Verbformen ▶ s.S.144–146
Der Gebrauch der einfachen und zusammengesetzten Zeiten und Modi ▶ s.S.194–213
Was ist ein Modus? ▶ s.S.194–195

Außerdem findest du:

→ **Auf einen Blick**: Die Endungen der einfachen Verbformen, S.158,
→ **Qui dit mieux: Wie vermeide ich Fehler?** (Ableitungen der Verbformen), S.158,
→ einen **Bilan**, S.159, in dem du dein Wissen überprüfen kannst.

10.1 Das *présent*   Le présent

10.1.1 Verben auf *-er*

Den Gebrauch des Präsens findest du auf ▶ S.196 (Das **présent**).

chanter		Das Präsens der Verben auf **-er** bildest du, indem du die Endungen **-e, -es, -e, -ons, -ez, -ent** an den Verbstamm hängst.
je	chant**e**	
tu	chant**es**	
il/elle	chant**e**	
nous	chant**ons**	
vous	chant**ez**	
ils/elles	chant**ent**	

 Beachte die orthographischen Besonderheiten der folgenden Verben:

[S.309 –310]
Die Aussprache von g und c

manger	→ nous mang**e**ons	Vor -a und -o steht -ge- nicht -g- bei den Verben auf -ger.
commencer	→ nous commen**ç**ons	Vor -a und -o steht -ç- nicht -c-.
acheter	→ j'ach**è**te	In stammbetonten Formen steht -è- nicht -e-.
préférer	→ je préf**è**re	In stammbetonten Formen steht -è- nicht -é-.
appeler	→ j'appe**ll**e	In stammbetonten Formen steht -ll- nicht -l-.
tutoyer	→ je tuto**i**e	In stammbetonten Formen steht -i- nicht -y-.
payer	→ je pa**i**e oder: je pa**y**e	Bei den Verben auf **-ayer** sind beide Formen richtig.

Stammbetonte/Endbetonte Verbformen ▶ s.S.145

149

10.1.2 Verben auf *-ir, -re, -oir*

	finir	**dormir**	**boire**	**lire**	**écrire**	**attendre**
je (j')	fini**s**	dor**s**	boi**s**	li**s**	écri**s**	attend**s**
tu	fini**s**	dor**s**	boi**s**	li**s**	écri**s**	attend**s**
il/elle	fini**t**	dor**t**	boi**t**	li**t**	écri**t**	atten**d**
nous	finiss**ons**	dorm**ons**	buv**ons**	lis**ons**	écriv**ons**	attend**ons**
vous	finiss**ez**	dorm**ez**	buv**ez**	lis**ez**	écriv**ez**	attend**ez**
ils/elles	finiss**ent**	dorm**ent**	boiv**ent**	lis**ent**	écriv**ent**	attend**ent**

> Die regelmäßigen Verben auf -ir (z.B. **finir**) und die Verben auf -re (z.B. **boire**) bilden das Präsens mit den Endungen -s, -s, -t, -ons, -ez, -ent. Die meisten unregelmäßigen Verben auf -ir, -re und -oir bilden die Präsensformen genauso.

▶ s. S. 141–143 (Die Verbgruppen)
▶ s. S. 300–307 (Liste der unregelmäßigen Verben)

 aber:

		Die Verben auf **-dre** enden in der 3. Ps. Sg. auf **-d** (statt -t).
répondre	→ il/elle/on répon**d**	
vendre	→ il/elle/on ven**d**	
descendre	→ il/elle/on descen**d**	
vouloir	→ je veu**x**, tu veu**x**	**Vouloir, pouvoir** und **valoir** haben in der 1. und 2. Ps. Sg. ein **-x** (statt -s).
pouvoir	→ je peu**x**, tu peu**x**	
valoir	→ je vau**x**, tu vau**x**	

In den meisten Fällen kannst du an der Endung des Infinitivs erkennen, wie ein Verb im Präsens konjugiert wird.

Merke!	1. Gruppe Verben auf -er	2. Gruppe Verben auf -ir	3. Gruppe Verben auf -ir, -re, -oir
Singular	-e -es -e	-s -s -t	-s -s -t (-d)
Plural	-ons -ez -ent		

Von diesem Schema weichen nur wenige unregelmäßige Verben ab, z. B.:

nous **sommes**, vous **êtes**, ils **sont**	être,
j'**ai**, il **a**, ils **ont**	avoir,
je **vais**, tu **vas**, il **va**, ils **vont**	aller,
vous **faites**, ils **font**	faire,
vous **dites**	dire,
je peu**x**, tu peu**x**	pouvoir,
je veu**x**, tu veu**x**	vouloir.

Die Bildung der einfachen Verbformen

vous all**ez** vous voul**ez** vous dev**ez**	Die 2.Ps.Pl. Präsens endet auf -ez.

⚠ aber:

vous **êtes** vous **dites** vous **faites**	Nur diese drei Verben bilden eine Ausnahme zu dieser Regel.

être → ils **sont** [ilsɔ̃] avoir → ils_**ont** [ilzɔ̃] aller → ils **vont** [ilvɔ̃] faire → ils **font** [ilfɔ̃]	Vier wichtige Verben ähneln sich in der 3.Ps.Pl. Präsens.

10.2 Das *imparfait*   L'imparfait

Den Gebrauch des **imparfait** findest du auf ▶ S.198 (Das **imparfait**)

chanter	finir	dormir	attendre
je chant**ais**	je finiss**ais**	je dorm**ais**	j' attend**ais**
tu chant**ais**	tu finiss**ais**	tu dorm**ais**	tu attend**ais**
il/elle chant**ait**	il/elle finiss**ait**	il/elle dorm**ait**	il/elle attend**ait**
nous chant**ions**	nous finiss**ions**	nous dorm**ions**	nous attend**ions**
vous chant**iez**	vous finiss**iez**	vous dorm**iez**	vous attend**iez**
ils/elles chant**aient**	ils/elles finiss**aient**	ils/elles dorm**aient**	ils/elles attend**aient**

Das **imparfait** aller Verben bildest du mit dem Stamm der 1. Ps. Pl. Präsens und den Endungen -ais, -ais, -ait, -ions, -iez, -aient. Das gilt auch für alle unregelmäßigen Verben.

⚠ Einzige Ausnahme:

être → 1. Ps. Pl.: **nous sommes**

aber: j'**étais**, tu **étais**, il/elle **était**, nous **étions**, vous **étiez**, ils/elles **étaient**

Merke!

Stamm der 1.Ps.Pl. Präsens + Endung des **imparfait** = imparfait

nous **chant~~ons~~** +
nous **finiss~~ons~~** +   -ais, -ais, -ait, -ions, -iez, -aient
nous **pouv~~ons~~** +

⚠ Denke an die orthographische Besonderheit der Verben auf -(g)er und -(c)er:

manger	→ nous mang**e**ons	In der 1.Ps.Pl. Präsens steht -ge- statt -g-und -ç- statt -c-.
commencer	→ nous commen**ç**ons	
→ je/tu mang**e**ais, il mang**e**ait, ils mang**e**aient		Auch im **imparfait** werden -ge- und -ç- vor den Endungen -ais, -ait, -aient beibehalten.
→ je/tu commen**ç**ais, il commen**ç**ait, ils commen**ç**aient		

10.3 Das *futur simple*   Le futur simple

Den Gebrauch des **futur simple** findest du auf ▶ S.203 (Das Futur).

chanter	**finir**	**dormir**	**attendre**
je chante**rai**	je fini**rai**	je dormi**rai**	j' attend**rai**
tu chante**ras**	tu fini**ras**	tu dormi**ras**	tu attend**ras**
il/elle chante**ra**	il/elle fini**ra**	il/elle dormi**ra**	il/elle attend**ra**
nous chante**rons**	nous fini**rons**	nous dormi**rons**	nous attend**rons**
vous chante**rez**	vous fini**rez**	vous dormi**rez**	vous attend**rez**
ils/elles chante**ront**	ils/elles fini**ront**	ils/elles dormi**ront**	ils/elles attend**ront**

Das **futur simple** der meisten Verben bildest du, indem du an den Infinitiv des Verbs die Endungen -ai, -as, -a, -ons, -ez, -ont anhängst. Bei den Verben auf -re entfällt das Endungs-e des Infinitivs.

Merke!

Infinitiv + Endung des **futur simple** = **futur simple**

  parler + -ai, -as, -a, -ons, -ez, -ont

[S.314, 316]

aber:

acheter	→ j'achète	→ **j'achète**r**ai**
appeler	→ j'appelle	→ **j'appelle**r**ai**
préférer	→ je préfère	→ **je préfère**r**ai**
tutoyer	→ je tutoie	→ **je tutoie**r**ai**

Bei den Verben des Typs **acheter** und **appeler** und den Verben auf -yer wird das **futur simple** von der 1. Ps.Sg. Präsens abgeleitet. Vor die Endung des **futur simple** setzt du noch ein -r.

Merke!

  1. Ps. Sg. Präsens + r + Endung des **futur simple** = **futur simple**

acheter → j'achète + r + -ai, -as, -a, -ons, -ez, -ont

Einige unregelmäßige Verben haben einen besonderen Futurstamm:

mit **-r-**		mit **-rr-**		mit **-dr-**	
être	je **ser**ai	voir	je **verr**ai	venir	je **viendr**ai
avoir	j'**aur**ai	envoyer	j'**enverr**ai	tenir	je **tiendr**ai
faire	je **fer**ai	pouvoir	je **pourr**ai	vouloir	je **voudr**ai
aller	j'**ir**ai	courir	je **courr**ai	falloir (il faut)	il **faudr**a
savoir	je **saur**ai	mourir	il **mourr**a		
devoir	je **devr**ai				
recevoir	je **recevr**ai				
pleuvoir (il pleut)	il **pleuvr**a				

Lerntipp:

Die Verbformen mit besonderem Futurstamm musst du auswendig lernen.

Die Bildung der einfachen Verbformen

10.4 Das *passé simple*   Le passé simple

Den Gebrauch des **passé simple** findest du auf ▶ S. 202 (Das **passé simple**).

Das **passé simple** kommt fast nur im geschriebenen Französisch vor. Die Formen der 3. Ps. Sg. und Pl. treten am häufigsten auf. Es ist wichtig, dass du sie beim Lesen erkennst.

chanter	**finir**	**dormir**	**attendre**
je chant**ai**	je fin**is**	je dorm**is**	j' attend**is**
tu chant**as**	tu fin**is**	tu dorm**is**	tu attend**is**
il/elle chant**a**	il/elle fin**it**	il/elle dorm**it**	il/elle attend**it**
nous chant**âmes**	nous fin**îmes**	nous dorm**îmes**	nous attend**îmes**
vous chant**âtes**	vous fin**îtes**	vous dorm**îtes**	vous attend**îtes**
ils/elles chant**èrent**	ils/elles fin**irent**	ils/elles dorm**irent**	ils/elles attend**irent**

Das **passé simple** der Verben auf **-er** wird mit dem Infinitivstamm und den Endungen **-ai, -as, -a, -âmes, -âtes, -èrent** gebildet. Das **passé simple** der Verben auf **-ir** und **-re** besteht aus dem Infinitivstamm und den Endungen **-is, -is, -it, -îmes, -îtes, -irent**.

⚠ Denke an die orthographische Besonderheit der Verben auf -(g)er und -(c)er:

manger	→ je man**ge**ai, il man**ge**a	Vor -a steht -ge- statt -g- und -ç- statt -c-.
commencer	→ je commen**ç**ai, elle commen**ç**a	

> **Merke!**
>
> Infinitivstamm + Endung des **passé simple** = **passé simple**
>
> **parl~~er~~** + -ai, -as, -a, -âmes, -âtes, -èrent
>
> **fin~~ir~~**
> **attend~~re~~** + -is, -is, -it, -îmes, -îtes, -irent

Einige unregelmäßige Verben haben die Endungen -us, -us, -ut, -ûmes, -ûtes, -urent:

avoir	→ il eut / ils eurent	boire	→ il but / ils burent
être	→ il fut / ils furent	vouloir	→ il voulut / ils voulurent
connaître	→ il connut / ils connurent	lire	→ il lut / ils lurent

Andere unregelmäßige Verben haben einen besonderen Stamm für das passé simple:

apprendre	→ il apprit / ils apprirent	mettre	→ il mit / ils mirent
faire	→ il fit / ils firent	prendre	→ il prit / ils prirent
écrire	→ il écrivit / ils écrivirent	venir	→ il vint / ils vinrent
dire	→ il dit / ils dirent	voir	→ il vit / ils virent
vivre	→ il vécut / ils vécurent	pouvoir	→ il put / ils purent
savoir	→ il sut / ils surent		

10.5 Das *conditionnel présent* Le conditionnel présent

Den Gebrauch des **conditionnel présent** findest du auf ▶ S. 204–205 (Das **conditionnel présent**).

chanter	finir	dormir	attendre
je chanter**ais**	je finir**ais**	je dormir**ais**	j' attendr**ais**
tu chanter**ais**	tu finir**ais**	tu dormir**ais**	tu attendr**ais**
il/elle chanter**ait**	il/elle finir**ait**	il/elle dormir**ait**	il/elle attendr**ait**
nous chanter**ions**	nous finir**ions**	nous dormir**ions**	nous attendr**ions**
vous chanter**iez**	vous finir**iez**	vous dormir**iez**	vous attendr**iez**
ils/elles chanter**aient**	ils/elles finir**aient**	ils/elles dormir**aient**	ils/elles attendr**aient**

Um das **conditionnel présent** zu bilden, hängst du an den Infinitiv des Verbs die Endungen -ais, -ais, -ait, -ions, -iez, -aient an. Das sind dieselben Endungen, mit denen das **imparfait** gebildet wird. Bei den Verben auf -re fällt das Endungs -e des Infinitivs weg.

Merke!

Infinitiv + Endung des **conditionnel présent** = conditionnel présent
chanter + | -ais, -ais, -ait, -ions, -iez, -aient
finir + |

⚠ **aber:**

[S. 314, 316]

acheter	→ j'achète	→ **j'achèterais**	Bei den Verben des Typs **acheter** und **appeler** und den
appeler	→ j'appelle	→ **j'appellerais**	Verben auf -yer leitest du das **conditionnel présent**
préférer	→ je préfère	→ **je préférerais**	von der 1. Ps. Sg. Präsens ab. Vor die Endung des
tutoyer	→ je tutoie	→ **je tutoierais**	**conditionnel présent** setzt du noch ein -r.

Merke!

1. Ps. Sg. Präsens + r + Endung des **conditionnel présent** = conditionnel présent
acheter → j'achète + r + | -ais, -ais, -ait, -ions, -iez, -aient
appeler → j'appelle + r + |

Das **conditionnel présent** dieser unregelmäßigen Verben wird mit dem gleichen Stamm gebildet wie die Formen des **futur simple**:

mit -**r**-		mit -**rr**-		mit -**dr**-	
être	je **ser**ais	voir	je **verr**ais	venir	je **viendr**ais
avoir	j'**aur**ais	envoyer	j'**enverr**ais	tenir	je **tiendr**ais
faire	je **fer**ais	pouvoir	je **pourr**ais	vouloir	je **voudr**ais
aller	j'**ir**ais	courir	je **courr**ais	falloir (il faut)	il **faudr**ait
savoir	je **saur**ais	mourir	il **mourr**ait		
devoir	je **devr**ais				
recevoir	je **recevr**ais				
pleuvoir (il pleut)	il **pleuvr**ait				

Die Bildung der einfachen Verbformen

Lerntipp:

Die Verbformen des **futur simple** und des **conditionnel présent** haben den gleichen Stamm.
Lerne sie gemeinsam.
Denke beim **conditionnel** immer daran, dass die Endungen die des **imparfait** sind.

		futur simple	conditionnel présent
être	→	je **ser**ai	je **ser**ais
avoir	→	j'**aur**ai	j'**aur**ais
parler	→	je **parler**ai	je **parler**ais
mettre	→	je **mettr**ai	je **mettr**ais
voir	→	je **verr**ai	je **verr**ais

je chanterai   1. Ps. Sg. futur simple
je chanterais   1. Ps Sg. conditionnel présent

Die 1. Ps. Sg. des **futur simple** und des **conditionnel présent** sind leicht zu verwechseln, da die Aussprache nahezu identisch ist.

10.6   Der *subjonctif présent*   Le subjonctif présent

Den Gebrauch des **subjonctif présent** findest du auf ▶ S.206–208 (Der **subjonctif présent**).

	chanter		**finir**		**dormir**		**attendre**
que je	chant**e**	que je	finiss**e**	que je	dorm**e**	que j'	attend**e**
que tu	chant**es**	que tu	finiss**es**	que tu	dorm**es**	que tu	attend**es**
qu'il/elle	chant**e**	qu'il/elle	finiss**e**	qu'il/elle	dorm**e**	qu'il/elle	attend**e**
que nous	chant**ions**	que nous	finiss**ions**	que nous	dorm**ions**	que nous	attend**ions**
que vous	chant**iez**	que vous	finiss**iez**	que vous	dorm**iez**	que vous	attend**iez**
qu'ils/elles	chant**ent**	qu'ils/elles	finiss**ent**	qu'ils/elles	dorm**ent**	qu'ils/elles	attend**ent**

Die meisten Verben bilden den **subjonctif présent** aus dem Stamm der 3. Ps. Pl. Präsens und den Endungen -e, -es, -e, -ions, - iez, -ent. Das gilt auch für die unregelmäßigen Verben.

Merke!

Stamm der 3. Ps. Pl. Präsens   +   Endung des **subjonctif présent**   =   subjonctif présent

chanter → ils chant~~ent~~   +   -e, -es, -e, -ions, -iez, -ent

Indikativ	subjonctif	Indikativ	subjonctif
j'**achèt**e	→ que j'**achèt**e	je **bois**	→ que je **boiv**e
tu **achèt**es	→ que tu **achèt**es	tu **bois**	→ que tu **boiv**es
il/elle **achèt**e	→ qu'il/elle **achèt**e	il/elle **boit**	→ qu'il/elle **boiv**e
nous **ache**tons	→ que nous **ache**tions	nous **bu**vons	→ que nous **bu**vions
vous **ache**tez	→ que vous **ache**tiez	vous **bu**vez	→ que vous **bu**viez
ils/elles **achèt**ent	→ qu'ils/elles **achèt**ent	ils/elles **boiv**ent	→ qu'ils/elles **boiv**ent

Diese Verben haben in der 1. Ps. Pl. Präsens und in der 3. Ps. Pl. Präsens unterschiedliche Stämme. Sie behalten in der Regel beide Stämme im **subjonctif** bei.

▶ s. S.144–145 (Konjugierte Verbformen)

Zu den Verben mit zwei Stämmen zählen auch:

	indicatif présent	subjonctif présent
devoir	nous **dev**ons / ils **doiv**ent	→ que nous **dev**ions / qu'ils **doiv**ent
envoyer	nous **envoy**ons / ils **envoi**ent	→ que nous **envoy**ions / qu'ils e**nvoi**ent
préférer	nous **préfér**ons / ils **préfèr**ent	→ que nous **préfér**ions / qu'ils **préfèr**ent
prendre	nous **pren**ons / ils **prenn**ent	→ que nous **pren**ions / qu'ils **prenn**ent
venir	nous **ven**ons / ils **vienn**ent	→ que nous **ven**ions / qu'ils **vienn**ent
voir	nous **voy**ons / ils **voi**ent	→ que nous **voy**ions /qu'ils **voi**ent

Lerntipp:

que nous **achet**ions – que vous **achet**iez   Der Stamm der 1.Ps.Pl. ist
que nous **ven**ions – que vous **ven**iez   mit dem Stamm der 2.Ps.Pl. identisch.
que nous **jet**ions – que vous **jet**iez

 Unregelmäßige Formen des subjonctif:

aller	→	que j'**aille** [aj]	que nous **allions** [aljɔ̃]
avoir	→	que j'**aie** [ɛ]	qu'il **ait**, que nous **ayons** [ɛjɔ̃]
être	→	que je **sois**	qu'il **soit**, que nous **soyons**
faire	→	que je **fasse**	que nous **fassions**
pouvoir	→	que je **puisse**	que nous **puissions**
savoir	→	que je **sache**	que nous **sachions**
vouloir	→	que je **veuille**	que nous **voulions**

Nur **qu'il ait** und **qu'il soit** enden im **subjonctif** der 3.Ps.Sg. auf -**t** (statt -**e**).

 Zusatzwissen:

Der subjonctif imparfait

Den Gebrauch des **subjonctif imparfait** findest du auf ▶ S. 209 (Der **subjonctif imparfait**).

Der **subjonctif imparfait** kommt heute nur noch in schriftlichen Texten vor. Dort steht er auch nur in der dritten Person Singular. Es reicht also, wenn du die Formen erkennst.

chant~~er~~	→ qu'il chant**ât**	Der **subjonctif imparfait** (3. Ps. Sg.) wird aus dem
fin~~ir~~	→ qu'il fin**ît**	Infinitivstamm und den folgenden Endungen gebildet:
dorm~~ir~~	→ qu'il dorm**ît**	-**ât** bei allen Verben auf -**er**,
attend~~re~~	→ qu'il attend**ît**	-**ît** bei den Verben auf -**ir** und -**re**.

être	→ qu'il **fût**	Die unregelmäßigen Verben haben den gleichen Stamm wie im
avoir	→ qu'il **eût**	**passé simple** und weisen entweder die Endung -**ît** oder -**ût** auf.
faire	→ qu'il **fît**	Die Endungen des **subjonctif imparfait** unterscheiden sich von
pouvoir	→ qu'il **pût**	denen des **passé simple** nur durch den **accent circonflexe**.
lire	→ qu'il **lût**	
mettre	→ qu'il **mît**	

Die übrigen Formen (z.B. **que je portasse**) findet man nur in älteren Texten. Heute wird diese Form weitgehend durch das **conditionnel** ersetzt.

Die Bildung der einfachen Verbformen

10.7 Der Imperativ L'impératif

> Voilà, c'est terminé! Posez vos crayons et rendez vos copies! Léa, arrête de parler!

Den Imperativ verwendest du, wenn du jemanden auffordern willst etwas zu tun oder zu unterlassen:

Chante.	**Finis** ton travail.	**Attends.**
Singe!	Beende deine Arbeit!	Warte!
Chantons.	**Finissons** de discuter.	**Attendons** les autres.
Singen wir! / Lasst uns singen!	Hören wir auf zu diskutieren!	Warten wir auf die anderen!
Chantez.	**Finissez** votre dispute.	**Attendez.**
Singt! / Singen Sie!	Beendet euren Streit! / Beenden Sie Ihren Streit!	Wartet! / Warten Sie!

Die Singularform des Imperativs ist mit der 1. Ps. Sg. Präsens identisch. Die Pluralformen sind mit der 1. und der 2. Ps. Pl. Präsens identisch. Die Subjektpronomen (**je, nous, vous**) fallen weg. Fast alle Verben – auch die unregelmäßigen – bilden so den Imperativ.
Normalerweise steht im Französischen nach dem Imperativ ein Punkt (kein Ausrufezeichen).

▶ s. S. 235–237 (Der Aufforderungssatz)
▶ s. S. 56 (Die Stellung der Pronomen beim Imperativ)

Merke!

	Präsens	Imperativ
chanter →	je chante	**Chante.**
	nous chantons	**Chantons.**
	vous chantez	**Chantez.**

Nur diese 5 Verben haben unregelmäßige Imperativformen:

sois, soyons, soyez	être,
aie, ayons, ayez	avoir,
va, allons, allez	aller,
sache, sachons, sachez	savoir,
veuille, veuillons, veuillez	vouloir.

🔍 Auf einen Blick: Die Endungen der einfachen Verbformen

	indicatif présent		subjonctif présent	imparfait	conditionnel présent	futur simple	passé simple		
Singular	-e	-s	-e	-ais	-ais	-ai	-ai	-is	-us
	-es	-s	-es	-ais	-ais	-as	-as	-is	-us
	-e	-t (-d)	-e	-ait	-ait	-a	-a	-it	-ut
Plural	-ons		-ions	-ions	-ions	-ons	-âmes	-îmes	-ûmes
	-ez		-iez	-iez	-iez	-ez	-âtes	-îtes	-ûtes
	-ent		-ent	-aient	-aient	-ont	-èrent	-irent	-urent

Von diesem Schema weichen nur einige unregelmäßige Verben ab, z. B.:

nous **sommes**, vous **êtes**, ils **sont**, que je **sois**, que tu **sois**, qu'il **soit**	être,
j'**ai**, il **a**, ils **ont**, que nous **ayons**	avoir,
il **va**, ils **vont**	aller,
je **peux**, tu **peux**	pouvoir,
je **veux**, tu **veux**	vouloir,
je **vaux**, tu **vaux**	valoir,
vous **faites**, ils **font**	faire,
vous **dites**	dire,
il **vainc**	vaincre.

Qui dit mieux: Wie vermeide ich Fehler?

Die folgende Tabelle zeigt, von welcher Verbform andere Verbformen abgeleitet werden können. Unregelmäßige Verben weichen häufig von diesem Schema ab.

vom Infinitiv		leitest du ab	Zeit	Bildung
finir		je vais finir	futur composé	aller + Infinitiv
		je finirai	futur simple	Infinitiv + Endung
		je finirais	conditionnel I.	Infinitiv + Endung
finir		je finis	passé simple	Infinitivstamm + Endung
von den Präsensformen		**leitest du ab**	**Zeit**	**Bildung**
1. Ps. Sg.	je finis	Finis!	impératif	1. Ps. Sg.
	j'achète	j'achèterai	futur simple von einigen Verben	1. Ps. Sg. + -r + Endung
1. Ps. Pl.	nous finissons	je finissais	imparfait	Stamm der 1. Ps. Pl. + Endung
		Finissons!	impératif	1. Ps. Pl.
		finissant	participe présent	Stamm der 1. Ps. Pl. + Endung
		en finissant	gérondif	en + participe présent
2. Ps. Pl.	vous finissez	Finissez!	impératif	2. Ps. Pl.
3. Ps. Pl.	ils finissent	que je finisse	subjonctif présent	Stamm der 3. Ps. Pl + Endung

Die Bildung der einfachen Verbformen

Abschlussübung   Bilan

1. Ergänze die Tabelle.

	Infinitiv	Präsens 1. Ps. Sg.	Präsens 1. Ps. Pl.	imparfait 1. Ps. Sg. / 1. Ps. Pl.
a.	manger	je mange	nous mangeons	je mangeais / nous mangions
b.	commencer	...		
c.	connaître			
d.	finir			
e.	devoir			
f.	savoir			
g.	pouvoir			
h.	vouloir			
i.	boire			
j.	être			
k.	venir			
m.	voir			

2. Ergänze die Tabelle.

	Präsens	Infinitiv	futur simple	conditionnel présent 1. Ps. Sg.	conditionnel présent 1. Ps. Pl.
a.	elle parle	parler	elle parlera	je parlerais	nous parlerions
b.	tu es				
c.	j'ai				
d.	nous faisons				
e.	il va				
f.	elle sait				
g.	elle doit				
h.	je reçois				
i.	nous voyons				
j.	nous envoyons				
k.	ils viennent				
m.	je choisis				

3. Die folgenden Verben stehen im **subjonctif**. Gib den Infinitiv dieser Verben an.

qu'il soit, que je sache, qu'il ait, que j'aille, que tu fasses, que vous appreniez, que je puisse, qu'il finisse, que tu boives, que nous connaissions, qu'il coure, que je dise, qu'il écrive

4. Die folgenden Verben stehen im **passé simple**. Gib den Infinitiv dieser Verben an.

il eut, elle fit, il dut, elle plut, il fut, ils virent, elles vinrent, elle connut, ils burent, il voulut, il lut, elle apprit, ils dirent, elle vécut, elle sut, il mit, il prit, il put, je suivis, il reçut

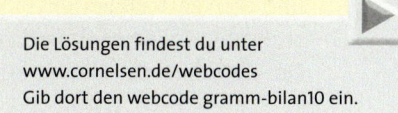

Die Lösungen findest du unter
www.cornelsen.de/webcodes
Gib dort den webcode gramm-bilan10 ein.

11. Die Bildung der zusammengesetzten Verbformen
La formation des temps composés

Zusammengesetzte Verbformen werden mit einem Hilfsverb und einer weiteren Verbform gebildet.

Hilfsverb

avoir/être   +   Partizip Perfekt   =   Zeitformen der Vergangenheit
aller   +   Infinitiv   =   **futur composé**

Im folgenden Kapitel erfährst du:

– welche Verben in den zusammengesetzten Formen welches Hilfsverb haben,
– wann eine Angleichung des Partizip Perfekt erforderlich ist
– und wie die zusammengesetzten Zeiten gebildet werden.

11.1   Welches Hilfsverb: **avoir** oder **être**?
11.2   Die Angleichung des Partizip Perfekt
11.3   Das **passé composé**
11.4   Das **plus-que-parfait**
11.5   Das **futur composé**
11.6   Das **futur antérieur**
 +   Das **passé antérieur** (Zusatzwissen)
11.7   Das **conditionnel passé**
 +   Der **subjonctif passé** (Zusatzwissen)
11.8   Das **passé récent** (venir de + Infinitiv)
11.9   Das **présent duratif** (être en train de + Infinitiv)

Außerdem findest du:
→ **Auf einen Blick:** Wann wird das Partizip verändert?, S.167,
→ **Auf einen Blick:** Die einfachen und die zusammengesetzten Verbformen, S.172,
→ **Qui dit mieux: Wie vermeide ich Fehler?**, S.173,
→ einen **Bilan**, S.174, in dem du dein Wissen überprüfen kannst.

Den Gebrauch der einfachen und der zusammengesetzten Verbformen findest du in Kapitel 12.

11.1   Welches Hilfsverb: *avoir* oder *être*?
Quel auxiliaire: *avoir* ou *être*?

Die zusammengesetzten Verbformen bildest du im Französischen mit den Hilfsverben être oder avoir und dem Partizip Perfekt eines Vollverbs. Das Hilfsverb wird konjugiert, das Partizip Perfekt in bestimmten Fällen verändert (▶ s.Abschnitt 11.2).
Der Gebrauch der Hilfsverben stimmt nicht immer mit dem Deutschen überein.

Die Bildung der zusammengesetzten Verbformen

11.1.1 Verben mit dem Hilfsverb *avoir*

J'**ai** travaillé toute la journée.	Ich habe den ganzen Tag gearbeitet.
Lucas **a** lu son dernier roman.	Lucas hat seinen letzten Roman gelesen.

Die weitaus meisten Verben haben in den zusammengesetzten Formen das Hilfsverb **avoir**.

Il **a** eu une bonne idée.	Er hat eine gute Idee gehabt.
Son film **a** été un grand succès.	Sein Film ist ein großer Erfolg gewesen.

Die Verben **avoir** und **être** haben das Hilfsverb **avoir**.

Nous **avons** marché toute la journée.	Wir sind den ganzen Tag gelaufen.
Ils **ont** couru après elle.	Sie sind ihr nachgerannt.
Elle **a** nagé dans la mer.	Sie ist im Meer geschwommen.
Nous **avons** avancé.	Wir sind vorangekommen.
Philippe **a** grandi/grossi.	Philippe ist groß/dick geworden.
Marthe **a** rougi/vieilli.	Marthe ist rot/alt geworden.
Il **a** disparu.	Er ist verschwunden.

Einige Verben stehen im Französischen mit dem Hilfsverb **avoir**. Im Deutschen werden sie dagegen mit *sein* konstruiert.

Folgende französische Verben stehen mit avoir und ihre deutschen Entsprechungen mit *sein* :

marcher	gehen	nager	schwimmen	– die meisten Verben, die eine Bewegungsart bezeichnen,
conduire	Auto fahren	rouler	rollen	
couler	fließen	sauter	springen	
courir	laufen	suivre	folgen	
errer	umherirren	surgir	plötzlich auftauchen	
flotter	treiben			
fuir	fliehen	voler	fliegen	
glisser	gleiten	voyager	reisen	
grimper	(hinauf-) klettern			
avancer	vorrücken	vieillir	altern	– Verben, die die Veränderung eines Zustands bezeichnen,
grandir	wachsen	rajeunir	verjüngen	
grossir	zunehmen	pâlir	erblassen	
maigrir	abnehmen	rougir	erröten	
pousser	wachsen	u. a.		
décoller	starten	déménager	umziehen	– Verben, die einen Wechsel bezeichnen,
démarrer	anfahren	u. a.		
disparaître	verschwinden			– und **disparaître**.

11.1.2 Verben mit dem Hilfsverb *être*

Folgende Verben haben das Hilfsverb être:

Il s'**est** promené en ville. Hier, elle s'**est** baignée.	– die reflexiven Verben, ▸ s.175–180 (Die reflexiven Verben)
Cette chanson **est** chantée par Diam's. La ville de Montréal **a été** fondée en 1642.	– alle Verben im Passiv, ▸ s.S.181–184 (Das Passiv)
Alexandre **est** arrivé à six heures. Les filles **sont** parties à neuf heures. Nous **sommes** rentrés vers 23 heures. Tu **es** monté sur le Mont Royal.	– die meisten Verben der Bewegungsrichtung: aller, apparaître, arriver, descendre, entrer, monter, partir, rentrer, retourner, sortir, tomber, venir, ▸ s.S.163 (Verben mit dem Hilfsverb avoir oder être)
Nora **est** née le trois mai. Elle **est** devenue physicienne.	– außerdem: décéder, devenir, mourir, naître und rester.

Das folgende Schema soll dir helfen die Verben der Bewegungsrichtung und des Verweilens besser zu behalten:

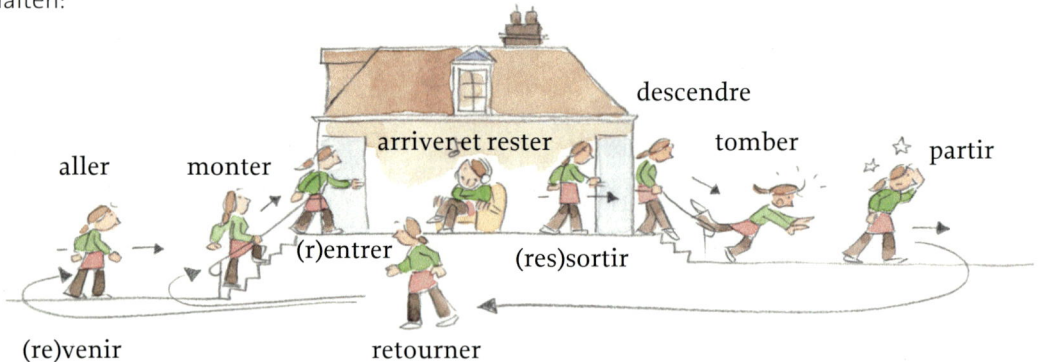

 Zusatzwissen:

Auch die abgeleiteten Formen dieser Verben haben das Hilfsverb être:

descendre	→ redescendre	wieder hinuntergehen/-kommen, wieder aussteigen
monter	→ remonter	wieder hinaufgehen/-fahren, wieder einsteigen
partir	→ repartir	wieder weggehen, abreisen
sortir	→ ressortir	wieder hinausgehen, hervortreten
tomber	→ retomber	wieder fallen/hinfallen
venir	→ revenir/intervenir	zurückkommen / einschreiten, eingreifen

 Lerntipp:

Die meisten Verben haben das Hilfsverb **avoir**. Lerne deshalb die Verben, die das Hilfsverb être haben, auswendig. Für alle anderen nimmst du **avoir**.

Merkspruch	Gegensatzpaare kannst du dir auch gut merken:	
Hilfsverb être nehmen wir bei sortir, partir, venir.	aller – venir	monter – descendre
Außerdem **aller**, **entrer** und **rester**, rentrer, passer.	arriver – partir	rester – retourner
Fehlen noch **tomber**, **monter** und **descendre**, arriver.	entrer – sortir	mourir – naître
Auch **mourir** und **naître** brauchen alle être.		

Die Bildung der zusammengesetzten Verbformen

11.1.3 Verben mit dem Hilfsverb *avoir* oder *être*

Einige französische Verben haben mehrere Bedeutungen. Je nach Bedeutung haben sie in den zusammengesetzten Zeiten das Hilfsverb **être** oder das Hilfsverb **avoir**, z. B. die Verben der Bewegungsrichtung.

Léa **est** sortie.	sortir	ausgehen
Elle **a** sorti son vélo du garage.	sortir qc	etw. herausholen
Marie **est** descendue très vite.	descendre	hinuntergehen
Elle **a** descendu l'escalier,		
et elle **a** descendu sa valise.	descendre qc	etw. hinunterbringen
Marc et Marie **sont** montés au premier étage	monter	hinaufgehen
et ils **ont** monté leurs bagages.	monter qc	etw. hinaufbringen
Ils **ont** monté les 1665 marches de la Tour Eiffel.		hinaufsteigen/hinaufklettern
Nicolas **est** rentré assez tard.	rentrer	nach Hause gehen
Il **a** rentré les chaises du jardin.	rentrer qc	etw. hineinbringen
En mai, Julie **est** retournée à Paris.	retourner	zurückkehren
Elle **a** retourné toutes les lettres.	retourner qc	etw. zurückschicken
Le film **est** passé à la télé.	passer	(im Fernsehen) laufen
Elle **est** passée devant la bibliothèque.		vorbeigehen
Les vacances **ont** passé trop vite.		vorübergehen
Elle **a** passé ses vacances en France.	passer qc	etw. verbringen

Die Verben der Bewegungsrichtung haben das Hilfsverb **être**. Einige dieser Verben kannst du aber auch mit einem direkten Objekt verwenden. In diesen Fällen haben sie das Hilfsverb **avoir**. Natürlich werden nur die Partizipien, die nach dem Hilfsverb **être** stehen, dem Subjekt angeglichen.

11.2 Die Angleichung des Partizip Perfekt
L'accord du participe passé

Dimanche, ils se sont levés tôt.
Claire et sa mère se sont vite habillées.
Luc, lui, est resté longtemps sous
la douche… .

J'aime bien les nouvelles
qu'elle a écrites.
Je les ai toutes lues.

Das Partizip Perfekt ist in bestimmten Fällen veränderlich wie ein Adjektiv:

	männlich	weiblich	
Singular	allé pris	allée prise	Die männliche Singularform ist unveränderlich. An die weibliche Singularform wird ein -e angehängt.
Plural	allés pris	allées prises	Die männliche Pluralform erhält ein -s, die weibliche Pluralform -es. Endet das Partizip auf -s, verändert sich die männliche Pluralform nicht.

In folgenden Fällen gleichst du das Partizip an:

Elles sont venues. Ils sont partis. Elle s'est levée à cinq heures.	– bei allen Verben, die das Hilfsverb être haben,
Les garçons? Je les ai vus. Tu as lu la lettre que Sophie a écrite.	– nach dem Hilfsverb avoir nur dann, wenn das direkte Objekt (oder sein Pronomen) vor dem Verb steht.

11.2.1 Die Angleichung des Partizip Perfekt nach dem Hilfsverb *être*

Pierre est allé au cinéma. Sophie est rentrée. Henri et Théo sont restés chez eux. Marie et Anne sont venues avec nous. Henri et Anne sont rentrés.	Verben mit dem Hilfsverb être gleichen das Partizip Perfekt in Geschlecht und Zahl dem Subjekt an. Ist das Subjekt im Plural männlich und weiblich nimmst du die männliche Form.

Les films ont été tournés à Paris. Die Filme sind in Paris gedreht worden. Ses lettres ont été publiées. Seine Briefe sind veröffentlicht worden. La ville de Montréal a été fondée en 1642. Die Stadt Montréal ist 1642 gegründet worden.	Das ist auch in allen Formen des Passivs der Fall. ▶ s. S. 162 (Verben mit dem Hilfsverb être)

11.2.2 Die Angleichung des Partizip Perfekt nach dem Hilfsverb *avoir*

Tu as vu les photos qu'il a mises sur son profil?

Oui, je les ai vues.

In den meisten Fällen ist das Partizip nach dem Hilfsverb **avoir** unveränderlich. In einigen Fällen gleichst du es dem direkten Objekt im Satz an.

Die Bildung der zusammengesetzten Verbformen

Das Partizip nach dem Hilfsverb avoir ist in den folgenden Fällen nicht veränderlich:

	Partizip	indirektes Objekt	– wenn es in einem Satz kein direktes Objekt gibt.
Il a	dormi.		
Il a	parlé	à son père.	

	Partizip	direktes Objekt	– wenn das direkte Objekt **nach dem Partizip** steht.
Tu as	lu	la lettre?	
Tu as	vu	les photos?	

	direktes Objekt	Partizip	Das Partizip nach **avoir** richtet sich in Geschlecht und Zahl nach dem direkten Objekt, wenn das direkte Objekt **vor dem Partizip** steht.
Oui, je	l' ai	lue.	
Oui, je	les ai	vues.	
Voilà toutes les lettres	qu'elle a	écrites.	

Merke!

Das Partizip Perfekt nach dem Hilfsverb **avoir**

direktes Objekt **nach dem Partizip** = Partizip **unveränderlich**

direktes Objekt **vor dem Partizip** = Partizip **veränderlich**

Das direkte Objekt kann nur in drei Fällen vor dem Partizip stehen:

Tu as lu la lettre? Oui, je l'ai lue.	– als direktes Objektpronomen,
Tu as écouté les CD que Sophie a achetés?	– als Relativpronomen **que**,
Quelle lettre est-ce que tu as écrite? Combien de livres est-ce qu'il a achetés? Lesquelles de ces bédés est-ce que tu as lues?	– in der Frage nach dem direkten Objekt (mit **quel, combien de** oder **lequel/ laquelle de**).

Zusatzwissen:

Sonderfälle der Angleichung des Partizip Perfekt

	Partizip Perfekt	Infinitiv		
Je vous ai	fait	chercher	partout.	Ich habe euch/Sie überall suchen lassen.
Nous les avons	laissé	partir	trop tôt.	Wir haben sie zu früh weggehen lassen.
Il nous a	laissé	faire.		Er hat uns machen lassen.
Il nous a	envoyé	téléphoner.		Er hat uns telefonieren geschickt.
Nous les avons	entendu	jouer	dans le jardin.	Wir haben sie im Garten spielen hören.

Wenn auf ein Partizip Perfekt ein Infinitiv folgt, brauchst du das Partizip nicht dem vorangehenden direkten Objekt angleichen.

165

11.2.3   Die Angleichung des Partizip Perfekt der reflexiven Verben

Il s'est levé de bonne heure.	Elle s'est levée de bonne heure.
Il s'est lavé,	Elle s'est lavée,
puis il s'est promené.	puis elle s'est promenée.
Ils se sont promenés.	Elles se sont promenées.

Alle reflexiven Verben bilden die zusammengesetzten Verbformen mit dem Hilfsverb **être**. Dennoch erfolgt die Angleichung des Partizips wie bei einem Verb mit **avoir**: Das Partizip gleichst du dem vorangehenden direkten Objekt (hier: dem Reflexivpronomen) an.

direktes				direktes		
Objekt				Objekt		
Elle	s'	est lavée.		Ils	se	sont promenés.

se laver (= laver qn)   se promener (= promener qn)

Hier ist das Reflexivpronomen das direkte Objekt im Satz. Du gleichst das Partizip dem direkten Objekt (und damit dem Subjekt) an.

Ein Reflexivpronomen kann in einem Satz das direkte, aber auch das indirekte Objekt sein:

direktes			indirektes		direktes
Objekt			Objekt		Objekt
Elle s' est lavée.			Elle s' est lavé les mains.		
(Wen hat sie gewaschen? Sich.)			(Wen oder was hat sie gewaschen? Die Hände.		
			Wem hat sie die Hände gewaschen? Sich.)		
Das Reflexivpronomen ist direktes Objekt.			Das Reflexivpronomen ist indirektes Objekt, denn *die Hände* sind direktes Objekt.		

indirektes		direktes		
Objekt		Objekt		
Elle	s'	est **acheté**	une jupe.	acheter une jupe **à qn**
Ils	se	sont **lavé**	les mains.	laver les mains **à qn**
	indirektes			
	Objekt			
Ils	se	sont **écrit**	souvent.	écrire **à qn**

Das Partizip verändert sich nicht, wenn das Reflexivpronomen indirektes Objekt ist. Das Reflexivpronomen ist automatisch indirektes Objekt, wenn es im selben Satz ein direktes Objekt gibt.
▶ s.S.177–178 (Die Angleichung des Partizips der reflexiven Verben)

Merke!

Das Partizip Perfekt bei reflexiven Verben

Reflexivpronomen	=	direktes Objekt	→	Partizip **veränderlich**
Reflexivpronomen	=	indirektes Objekt	→	Partizip **unveränderlich**

Die Bildung der zusammengesetzten Verbformen

🔍 Auf einen Blick: Wann wird das Partizip Perfekt verändert?

Nach **être** wird das Partizip angeglichen dem:		Nach **avoir** wird das Partizip angeglichen dem:	
Subjekt	direkten Objekt	direkten Objekt	Subjekt
– bei allen nichtreflexiven Verben, die das Hilfsverb être haben[1], – im Passiv[2].	– bei reflexiven Verben, wenn das Reflexivpronomen direktes Objekt ist[3].	– wenn das direkte Objekt vor dem Partizip steht: als Objektpronomen[4], als Relativpronomen que[5], nach quel[6], lequel, combien de.	NIE!

Beispiele:

[1] Elle est revenue vers dix heures.

[2] Les films ont été tournés en Afrique.

[3] Elles se sont promenées longtemps.

[4] Tu as lu la lettre? Non, je ne l'ai pas lue.

[5] Voilà la lettre qu'elle m'a écrite.

[6] Quelle lettre est-ce que tu as écrite?

11.3 Das *passé composé*   Le passé composé

Den Gebrauch des passé composé findest du auf ▶ S.197 (Das passé composé) und auf ▶ S.199–200 (Passé composé und imparfait).

chanter		**arriver**	
j'	**ai** chanté	je	**suis** arrivé/arrivée
tu	**as** chanté	tu	**es** arrivé/arrivée
il/elle	**a** chanté	il	**est** arrivé
		elle	**est** arrivée
nous	**avons** chanté	nous	**sommes** arrivés/arrivées
vous	**avez** chanté	vous	**êtes** arrivé/arrivée/arrivés/arrivées
ils/elles	**ont** chanté	ils	**sont** arrivés
		elles	**sont** arrivées

Das passé composé bildest du mit den Hilfsverben **avoir** oder **être** im Präsens und dem Partizip Perfekt eines Vollverbs. Es wird genauso gebildet wie das deutsche Perfekt.

Merke!

avoir/être im Präsens   +   Partizip Perfekt   =   passé composé

▶ s.S.160–163 (Welches Hilfsverb: **avoir** oder **être**?)

▶ s.S.163–167 (Die Angleichung des Partizip Perfekt)

11.4 Das *plus-que-parfait* Le plus-que-parfait

Den Gebrauch des plus-que-parfait findest du auf ▶ S.200–201 (Das plus-que-parfait).

chanter			arriver		
j'	**avais**	chanté	j'	**étais**	arrivé/arrivée
tu	**avais**	chanté	tu	**étais**	arrivé/arrivée
il/elle	**avait**	chanté	il	**était**	arrivé
			elle	**était**	arrivée
nous	**avions**	chanté	nous	**étions**	arrivés/arrivées
vous	**aviez**	chanté	vous	**étiez**	arrivé/arrivée/arrivés/arrivées
ils/elles	**avaient**	chanté	ils	**étaient**	arrivés
			elles	**étaient**	arrivées

Das **plus-que-parfait** bildest du mit den Hilfsverben **avoir** oder **être** im **imparfait** und dem Partizip Perfekt des Vollverbs. Es wird im Prinzip genauso gebildet wie das deutsche Plusquamperfekt.

Merke!

avoir/être im imparfait   +   Partizip Perfekt   =   plus-que-parfait

▶ s. S.160–163 (Welches Hilfsverb: **avoir** oder **être**?)
▶ s. S.163–167 (Die Angleichung des Partizip Perfekt)

11.5 Das *futur composé* Le futur composé

Den Gebrauch des **futur composé** findest du auf ▶ S.203 (Das Futur).

Neben dem **futur simple** gibt es im Französischen noch eine zweite, zusammengesetzte Futurform: das futur composé.

Je	**vais aller**	à la mer.	Ich werde ans Meer fahren.
Tu	**vas acheter**	ce livre?	Wirst du das Buch kaufen?
Il	**va faire**	des randonnées.	Er wird wandern gehen.
Elle	**va aller**	à la piscine.	Sie wird ins Schwimmbad gehen.
Nous	**allons partir**	pour trois semaines.	Wir werden für drei Wochen wegfahren.
Vous	**allez rester**	ici?	Werdet ihr / Werden Sie hier bleiben?
Ils	**vont faire**	un film.	Sie werden einen Film machen.

Das **futur composé** bildest du mit einer konjugierten Form des Hilfsverbs **aller** und dem Infinitiv des entsprechenden Vollverbs.

Merke!

aller   +   Infinitiv   =   futur composé

Die Bildung der zusammengesetzten Verbformen

11.6 Das *futur antérieur* Le futur antérieur

Den Gebrauch des **futur antérieur** findest du auf ▶ S. 204 (Das **futur antérieur**).

chanter		arriver	
j'	**aurai** chanté	je	**serai** arrivé/arrivée
tu	**auras** chanté	tu	**seras** arrivé/arrivée
il/elle	**aura** chanté	il	**sera** arrivé
		elle	**sera** arrivée
nous	**aurons** chanté	nous	**serons** arrivés/arrivées
vous	**aurez** chanté	vous	**serez** arrivé/arrivée/arrivés/arrivées
ils/elles	**auront** chanté	ils	**seront** arrivés
		elles	**seront** arrivées

Das **futur antérieur** bildest du mit den Hilfsverben **avoir** oder **être** im **futur simple** und dem Partizip Perfekt des Vollverbs.

Merke!

avoir/être im futur simple + Partizip Perfekt = futur antérieur

Quand j'**aurai terminé** le travail, je retrouverai mes copains.	Wenn ich mit der Arbeit <u>fertig bin</u>, treffe ich meine Freunde.
Quand j'**aurai mangé**, j'appellerai Nicolas.	Wenn ich <u>gegessen habe</u>, rufe ich Nicolas an.

Ein **futur antérieur** wird im Deutschen meistens mit einem Präsens oder Perfekt wiedergegeben.

▶ s. S. 160–163 (Welches Hilfsverb: **avoir** oder **être**?)
▶ s. S. 163–167 (Die Angleichung des Partizip Perfekt)

Zusatzwissen:

Das *passé antérieur*

Den Gebrauch des **passé antérieur** findest du auf ▶ S. 202 (Das **passé antérieur**).

chanter		arriver	
j'	**eus** chanté	je	**fus** arrivé/arrivée
tu	**eus** chanté	tu	**fus** arrivé/arrivée
il/elle	**eut** chanté	il	**fut** arrivé
		elle	**fut** arrivée
nous	**eûmes** chanté	nous	**fûmes** arrivés/arrivées
vous	**eûtes** chanté	vous	**fûtes** arrivé/arrivée/arrivés/arrivées
ils/elles	**eurent** chanté	ils	**furent** arrivés
		elles	**furent** arrivées

Das **passé antérieur** bildest du mit den Hilfsverben **avoir** oder **être** im **passé simple** und dem Partizip Perfekt des Vollverbs. Es kommt nur im geschriebenen Französisch vor.

11.7   Das *conditionnel passé*   Le conditionnel passé

Den Gebrauch des **conditionnel passé** findest du auf ▶ S. 205–206 (Das conditionnel passé).

chanter		arriver	
j'	**aurais** chanté	je	**serais** arrivé/arrivée
tu	**aurais** chanté	tu	**serais** arrivé/arrivée
il/elle	**aurait** chanté	il	**serait** arrivé
		elle	**serait** arrivée
nous	**aurions** chanté	nous	**serions** arrivés/arrivées
vous	**auriez** chanté	vous	**seriez** arrivé/arrivée/arrivés/arrivées
ils/elles	**auraient** chanté	ils	**seraient** arrivés
		elles	**seraient** arrivées

Das **conditionnel passé** bildest du mit den Hilfsverben **avoir** oder **être** im **conditionnel présent** und dem **Partizip Perfekt** des Vollverbs.

Merke!

avoir/être im conditionnel présent   +   Partizip Perfekt   =   conditionnel passé

▶ s. S. 160–163 (Welches Hilfsverb: **avoir** oder **être**?)
▶ s. S. 163–167 (Die Angleichung des Partizip Perfekt)

 Zusatzwissen:

Der *subjonctif passé*

Den Gebrauch des **subjonctif passé** findest du auf ▶ S. 209 (Der subjonctif passé).

	chanter			arriver	
	j'	**aie** chanté		je	**sois** arrivé/arrivée
	tu	**aies** chanté		tu	**sois** arrivé/arrivée
que/ qu'	il/elle	**ait** chanté	que/ qu'	il	**soit** arrivé
				elle	**soit** arrivée
	nous	**ayons** chanté		nous	**soyons** arrivés/arrivées
	vous	**ayez** chanté		vous	**soyez** arrivé/arrivée/arrivés/arrivées
	ils/elles	**aient** chanté		ils	**soient** arrivés
				elles	**soient** arrivées

Den **subjonctif passé** bildest du mit den Hilfsverben **avoir** oder **être** im **subjonctif présent** und dem **Partizip Perfekt** des Vollverbs.

Die Bildung der zusammengesetzten Verbformen

11.8 Das *passé récent* Le passé récent

Den Gebrauch des passé récent findest du auf ▶ S. 201 (Das passé récent).

Das passé récent dient zur Beschreibung einer gerade erst abgeschlossenen Handlung.

Je **viens de manger.**	Ich habe gerade gegessen.
Le train **vient de partir.**	Der Zug ist gerade abgefahren.
Elle **vient de fêter** ses 16 ans.	Sie hat gerade ihren 16. Geburtstag gefeiert.

Das **passé récent** bildest du mit einer konjugierten Form von **venir de** und einem Infinitiv. Im Deutschen gibt es keine entsprechende Form. Das **passé récent** gibst du so wieder: *gerade etwas getan haben.*

Sophie **venait de m'appeler**	Sophie hatte mich gerade angerufen,
quand il est rentré.	als er nach Hause kam.
Elle **venait de se lever**	Sie war gerade aufgestanden,
quand le facteur a sonné.	als der Briefträger klingelte.

Die Wendung **venir de** + Infinitiv kann auch im **imparfait** stehen. Damit drückst du aus, dass eine Handlung in der Vergangenheit gerade abgeschlossen war.

Merke!

venir de   +   Infinitiv   =   passé récent

11.9 Das *présent duratif* Le présent duratif

Den Gebrauch des présent duratif findest du auf ▶ S. 196 (Das présent duratif).

Mit dem présent duratif drückst du aus, dass jemand gerade dabei ist etwas zu tun.

– Antoine, tu joues avec moi?	
– Non, je **suis en train de téléphoner.**	Nein, ich bin gerade dabei zu telefonieren.
	(... beim Telefonieren.)

Das **présent duratif** bildest du mit der Wendung **être en train de** + Infinitiv. Im Deutschen gibt es keine entsprechende Form. Das **présent duratif** übersetzt du mit *gerade dabei sein etwas zu tun.* Häufig ist im Deutschen ein Satz mit einem Nomen besser.

J'**étais en train de chatter** avec des copains	Ich war gerade dabei mit Freunden zu chatten,
quand Alex m'a appelé.	als Alex mich angerufen hat.

Die Wendung **être en train de** + Infinitiv kannst du auch im **imparfait** verwenden. Du drückst damit aus, dass eine Handlung in der Vergangenheit im Verlauf war.

Merke!

être en train de   +   Infinitiv   =   présent duratif

🔍 Auf einen Blick: Die einfachen und die zusammengesetzten Verbformen

Einfache Verbformen

présent	imparfait	passé simple	futur simple	conditionnel présent	subjonctif présent
j'arrive	j'arrivais	j'arrivai	j'arriverai	j'arriverais	que j'arrive
nous finissons	nous finissions	nous finîmes	nous finirons	nous finirions	que nous finissions
ils prennent	ils prenaient	ils prirent	ils prendront	ils prendraient	qu'ils prennent

Zusammengesetzte Verbformen

passé composé	plus-que-parfait	passé antérieur	futur antérieur	conditionnel passé	subjonctif passé
je suis arrivé/e	j'étais arrivé/e	je fus arrivé/e	je serai arrivé/e	je serais arrivé/e	que je sois arrivé/e
nous avons fini	nous avions fini	nous eûmes fini	nous aurons fini	nous aurions fini	que nous ayons fini
ils ont pris	ils avaient pris	ils eurent pris	ils auront pris	ils auraient pris	qu'ils aient pris

présent duratif	passé récent	futur composé
je suis en train d'arriver	je viens d'arriver	je vais arriver
nous sommes en train de finir	nous venons de finir	nous allons finir
ils sont en train de prendre	ils viennent de prendre	ils vont prendre

Die Bildung der zusammengesetzten Verbformen

Qui dit mieux: Wie vermeide ich Fehler?

Beim Bilden einer zusammengesetzten Verbform nimmst du am besten folgende Schritte vor:

1. Welches Hilfsverb?

→ **avoir** bei den meisten Verben
→ **être** bei allen reflexiven Verben und bei den Verben der Bewegungsrichtung
→ **aller** nur beim **futur composé**
▶ s.S.160–163 (Welches Hilfsverb: **avoir** oder **être**?)

2. Wie sieht das Partizip Perfekt des Verbs aus?

Verben auf:	Partizip Perfekt auf:	Ausnahmen:
-er	-é	
-ir	-i	z.B.: venir – venu, courir – couru
-dre	-u	prendre – pris
-re	-u	

Die Partizipien der unregelmäßigen Verben findest du im Anhang ▶ s.S.300–307 (Liste der unregelmäßigen Verben).

3. Ist eine Angleichung des Partizip Perfekt notwendig?

→ Nach den Verben der Bewegungsrichtung gleichst du immer an das Subjekt an.
→ Bei den reflexiven Verben gleichst du fast immer an das direkte Objekt an.
  ▶ s.S.177–178 (Die Angleichung des Partizip Perfekt der reflexiven Verben)
→ Nach **avoir** gleichst du nur an, wenn ein direktes Objekt vor dem Partizip steht.
  ▶ s.S.167 (Auf einen Blick: Wann wird das Partizip Perfekt verändert?)

4. Stellung der Verneinung bei zusammengesetzten Verbformen

Je n'ai pas écouté.	ne + Hilfsverb + pas + Partizip
Je n'ai vu personne.	aber: ne + Hilfsverb + Partizip + personne
Je n'ai lu aucun de ces livres.	ne + Hilfsverb + Partizip + aucun/e
Je n'ai pas lu un seul de ces livres.	ne + Hilfsverb + pas + Partizip + un/e seul/e
Elle ne va inviter personne.	ne + aller/Modalverb + Infinitiv + personne
Elle ne veut lire aucun de ces livres.	ne + aller/Modalverb + Infinitiv + aucun/e
Elle ne veut pas lire un seul de ces livres.	ne + aller/Modalverb + pas + Infinitiv + un/e seul/e

Bei den zusammengesetzten Verbformen steht die Verneinung bei dem Hilfsverb. Nur **personne, aucun/e, un/e seul/e** stehen hinter dem Partizip oder dem Infinitiv. ▶ s.S.266–268/23.5

5. Wo stehen die Pronomen bei zusammengesetzten Verbformen?

Elle ne m'a pas répondu.	ne + Pronomen + Hilfsverb + pas + Partizip
Il ne va pas lui téléphoner.	aber: ne + aller + pas + Pronomen + Infinitiv
Il ne veut plus lui téléphoner.	ne + Modalverb + plus + Pronomen + Infinitiv
Je n'aime pas le dire.	ne + aimer + pas + Pronomen + Infinitiv

Bei den zusammengesetzten Verbformen stehen die Pronomen vor dem Hilfsverb. Nur in Sätzen mit dem **futur composé** oder Modalverben stehen sie in der Regel vor dem Infinitiv. ▶ s.S.55–57/3.8

173

Abschlussübung   Bilan

1. Ergänze die Tabelle.

	Infinitiv	plus-que-parfait	conditionnel passé	subjonctif passé
a.	aller	elle était allée	elle ?	qu'elle ?
b.	être	il ?	il ?	qu'il ?
c.	avoir	nous ?		
d.	faire	ils ?		
e.	sortir	je/j' ?		
f.	se lever	tu ?		
g.	courir	elles ?		
h.	descendre	il ?		
i.	nager	je/j' ?		

2. Übersetze und achte auf das Hilfsverb.

a. Ihr dritter Roman ist ein großer Erfolg gewesen.
b. Ich bin sehr schnell bis zur Bushaltestelle gelaufen.
c. Sie sind 1968 geflüchtet.
d. Die Müllers sind im letzten Jahr durch Frankreich gereist.

e. Wir sind gestern lange im Meer geschwommen.
f. Sie sind vor drei Monaten umgezogen.
g. Yann sucht seinen Rucksack. Er ist verschwunden.

3. Ergänze den Text mit den Verben im **passé composé**. Welches Hilfsverb brauchst du? Musst du das Partizip Perfekt angleichen oder nicht?

Vendredi, Arthur (sortir) avec son copain Noah. D'abord, ils (se balader) au centre-ville où ils (rencontrer) Louise et Inès. Ensemble, ils (entrer) dans une discothèque où ils (boire) un coup. Mais ils (ne pas rester) longtemps parce que la musique était trop forte. Ensuite, ils (aller) dans un bar où on peut faire du karaoké. Noah (monter) sur scène le premier et il (chanter) une chanson de son groupe préféré. Les autres l'/le (suivre). Ils (bien s'amuser) pendant deux heures et ne (rentrer) qu'après minuit.

4. **Avoir** oder **être**? Angleichung des Partizip Perfekt oder nicht? Ergänze die Sätze mit den angegebenen Verben im **passé composé**.

a. Léa ? son vélo du garage. Le soir, elle ? avec ses copains.   sortir
b. Sarah et Samuel ? les marches de la Tour Eiffel jusqu'en haut,   monter
   mais leurs parents ne ? qu'au premier étage.   monter
c. Sophie ? chez ses cousins. Elle ? toute l'après-midi avec eux.   passer
d. Les enfants ? du train et ils ? le chemin jusqu'à la maison en courant.   descendre
e. Ils ? très tard hier, mais ils ? encore ? les chaises du jardin.   rentrer
f. Jeudi, Magali ? seule chez elle et elle ? les lettres à son ami sans les ouvrir.   retourner

Die Lösungen findest du unter
www.cornelsen.de/webcodes
Gib dort den webcode gramm-bilan11 ein.

12. Die reflexiven Verben
Les verbes pronominaux

Je me trompe. Ich irre <u>mich</u>.	**Elle s'habille.** Sie zieht <u>sich</u> an.
se tromper <u>sich</u> irren	**s'habiller** <u>sich</u> anziehen

Reflexive Verben sind immer von einem Objektpronomen begleitet. Diese Objektpronomen verweisen auf das Subjekt und heißen deshalb Reflexivpronomen (rückbezügliche Pronomen).

Ein reflexives Verb wird so konjugiert wie die Verbgruppe, zu der es gehört, z. B.: se tromp**er** und s'habill**er** werden konjugiert wie ein Verb auf **-er**.

Je me lave. Ich wasche <u>mich</u>.	**Je m'appelle Joël.** Ich heiße Joël.
se laver <u>sich</u> waschen	**s'appeler** heißen

Nicht alle Verben, die im Französischen reflexiv sind, sind es im Deutschen auch.

In diesem Kapitel findest du:

12.1 Die Form des Reflexivpronomens
12.2 Die Stellung des Reflexivpronomens
12.3 Die Angleichung des Partizip Perfekt der reflexiven Verben

Außerdem findest du:
→ **Qui dit mieux: Wie vermeide ich Fehler?**, S.179,
→ einen **Bilan**, S.180, in dem du dein Wissen überprüfen kannst.

12.1 Die Form des Reflexivpronomens   La forme du pronom réfléchi

Il ne se trompe jamais.

	se	**tromper**		**s'**	**appeler**		**s'**	**habiller**
je	**me**	trompe	je	**m'**	appelle	je	**m'**	habille
tu	**te**	trompes	tu	**t'**	appelles	tu	**t'**	habilles
il/elle	**se**	trompe	il/elle	**s'**	appelle	il/elle	**s'**	habille
nous	**nous**	trompons	nous	**nous**	appelons	nous	**nous**	habillons
vous	**vous**	trompez	vous	**vous**	appelez	vous	**vous**	habillez
ils/elles	**se**	trompent	ils/elles	**s'**	appellent	ils/elles	**s'**	habillent

Die Reflexivpronomen **me, te, se** werden vor Vokal und „stummem h" zu **m', t', s'** verkürzt.

175

12.2 Die Stellung des Reflexivpronomens
La place du pronom réfléchi

Il ne peut pas se tromper!

1. Lola **se** lave.
   Lola wäscht sich.
2. Lola **se** promenait.
   Lola ging spazieren.
3. **Te** souviens-tu? / Est-ce que tu **te** souviens?
   Erinnerst du dich?
4. J'ai vu un homme **se** promenant tout seul.
   Ich habe einen Mann gesehen, der ganz alleine spazieren ging.
5. Il chante en **se** lavant.
   Während er sich wäscht, singt er.

6. Lola ne **se** lave pas.
   Lola wäscht sich nicht.
7. Lola ne **se** promenait pas.
   Lola ging nicht spazieren.
8. Ne **te** souviens-tu pas?
   Erinnerst du dich nicht?

Das Reflexivpronomen steht bei einfachen Zeiten (1–3), beim **participe présent** (4) und beim **gérondif** (5) vor dem Verb und innerhalb der Verneinungsklammer (6–8). Das gilt auch für die Inversionsfrage (3, 8).

Lola **s'**est promenée.
Lola **s'**était promenée …
Lola **se** serait promenée …

Lola ne **s'**est pas promenée.

In den zusammengesetzten Zeiten steht das Reflexivpronomen vor dem Hilfsverb und innerhalb der Verneinungsklammer.

1. Lola veut **se** promener.
2. Lola va **se** promener.
3. Lola vient de **se** lever.
4. Lola est en train de **se** lever.

5. Lola ne veut pas **se** promener.

In einem Satz mit Modalverb (1, 5), im **futur composé** (2), **passé récent** (3) und **présent duratif** (4) steht das Reflexivpronomen vor dem Infinitiv.

Lavez-**vous** les mains.
Baignez-**vous**.
Lève-**toi**.

Ne **vous** lavez pas les mains.
Ne **vous** baignez pas.
Ne **te** lève pas.

Beim bejahten Imperativ steht das Reflexivpronomen hinter dem Verb. Es wird mit Bindestrich angeschlossen. Die Reflexivpronomen **me** und te werden zu **moi** und **toi**.
Beim verneinten Imperativ steht das Reflexivpronomen vor dem Verb wie im Aussagesatz.

Die reflexiven Verben

12.3 Die Angleichung des Partizip Perfekt der reflexiven Verben
L'accord du participe passé des verbes pronominaux

Max s'est bien amusé.   Marie s'est disputée avec sa sœur.
Ses parents se sont promenés.   Ses copines se sont bien amusées.

Alle reflexiven Verben bilden die zusammengesetzten Verbformen mit dem Hilfsverb être.
Dennoch erfolgt die Angleichung des Partizips wie bei einem Verb mit avoir.
▶ s. S. 164–165 (Die Angleichung des Partizip Perfekt nach dem Hilfsverb avoir)

direktes
Objekt
Ses copines   se   sont bien amusées.

Das Partizip Perfekt reflexiver Verben richtet sich in Geschlecht und Zahl nach dem **vorangehenden direkten Objekt**. Das kennst du von der Angleichung des Partizips nach avoir.

direktes
Objekt
Elle   s'   est lavée.   <u>Wen</u> oder <u>was</u> hat sie gewaschen?   Sich. (direktes Objekt)
Elle   s'   est blessée.   <u>Wen</u> oder <u>was</u> hat sie verletzt?   Sich. (direktes Objekt)

In diesen Beispielen ist das Reflexivpronomen das direkte Objekt im Satz. Es steht vor dem Partizip. Das bedeutet: Du gleichst das Partizip dem direkten Objekt (und damit dem Subjekt) an.

Ein Reflexivpronomen kann in einem Satz das direkte, aber auch das indirekte Objekt sein. Ist das Reflexivpronomen das indirekte Objekt, so wird das Partizip des reflexiven Verbs nicht verändert.

direktes
Objekt
Elle   s'   est lavée.
(<u>Wen</u> oder <u>was</u> hat sie gewaschen? Sich.)

indirektes   direktes
Objekt   Objekt
Elle   s'   est lavé   les mains.
(<u>Wen</u> oder <u>was</u> hat sie gewaschen? Die Hände.
<u>Wem</u> hat sie die Hände gewaschen? Sich.)

Das Reflexivpronomen ist direktes Objekt, also passt du das Partizip dem Subjekt an.

Das Reflexivpronomen ist indirektes Objekt, denn *die Hände* sind direktes Objekt. Das Partizip verändert sich nicht.

So kannst du feststellen, ob das Reflexivpronomen direktes oder indirektes Objekt ist:

indirektes   direktes
Objekt   Objekt
Elle   **s'**   est **lavé**   les mains?   <u>Wen</u> oder <u>was</u> hat sie gewaschen?   Die Hände. (direktes Objekt)
                                               <u>Wem</u> hat sie die Hände gewaschen? Sich.   (indirektes Objekt)

	indirektes Objekt	direktes Objekt	
Elle	**s'**	est **blessé**	la main.
Elle	**s'**	est **acheté**	une jupe.
Ils	**se**	sont **écrit**	tous ces SMS.

Folgt dem reflexiven Verb ein direktes Objekt (hier: **la main, une jupe, tous ces SMS**), so ist das Reflexivpronomen automatisch indirektes Objekt. Das bedeutet: Du gleichst das Partizip nicht an.

Merke!

Reflexivpronomen	=	direktes Objekt	→	das Partizip ist **veränderlich**
Reflexivpronomen	=	indirektes Objekt	→	das Partizip ist **unveränderlich**

Zusatzwissen:

		indirektes Objekt	
Les filles	se	sont parlé.	parler **à qn**
En avril, ils	se	sont téléphoné.	téléphoner **à qn**
Ils	se	sont écrit.	écrire **à qn**
Elles	se	sont dit bonjour.	dire qc **à qn**
Les trois derniers jours	se	sont ressemblé.	ressembler **à qn/qc**
Elles	se	sont souri.	sourire **à qn**

Es gibt auch reflexive Verben, deren Reflexivpronomen **immer** indirektes Objekt ist. Das kannst du an der Ergänzung dieser Verben feststellen: Sie schließen ein indirektes Objekt an. Bei diesen Verben, die manchmal auch „unechte" reflexive Verben genannt werden, ist das Partizip unveränderlich.

„Echte" reflexive Verben

Elles s'amusent.	Sie amüsieren sich. (sich selbst)
Ils s'habillent.	Sie ziehen sich an. (sich selbst)
Elle se lave.	Sie wäscht sich. (sich selbst)
Il s'est caché.	Er hat sich versteckt. (sich selbst)

Bei den „echten" reflexiven Verben hat das Reflexivpronomen eine rückbezügliche Funktion: Das Subjekt *amüsiert sich* (*zieht sich an, wäscht sich, versteckt sich*) *selbst*. Das Reflexivpronomen ist direktes Objekt, das Partizip Perfekt also veränderlich.

„Unechte" reflexive Verben

Elles s'écrivent.	Sie schreiben sich. (sich gegenseitig).	écrire **à qn**
Elles se parlent.	Sie sprechen miteinander.	parler **à qn**
Elles se sont souri.	Sie haben sich angelächelt. (sich gegenseitig)	sourire **à qn**

Bei den „unechten" reflexiven Verben wird durch das Reflexivpronomen eine Wechselbeziehung oder Gegenseitigkeit ausgedrückt. Das Verb schließt ein indirektes Objekt an. Das Reflexivpronomen ist in diesen Fällen das indirekte Objekt, das Partizip Perfekt also unveränderlich.

Qui dit mieux: Wie vermeide ich Fehler?

Französisch: reflexives Verb

Il **s'appelle** Léo.
Nous **nous sommes baignés** longtemps.
Philippe ne voulait pas **se lever**.

Deutsch: nichtreflexives Verb

Er heißt Léo.
Wir haben lange gebadet.
Philippe wollte nicht aufstehen.

Einem französischen reflexiven Verb entspricht nicht immer ein deutsches reflexives Verb.

Ebenso:

s'arrêter	stehen bleiben, anhalten	s'entraîner	trainieren, üben
se balader	spazieren gehen	s'envoler	fortfliegen
se conjuguer	konjugiert werden	se marier	heiraten
se débrouiller	zurechtkommen	se méfier de qn/qc	jdm/etw. misstrauen
se douter de qc	etw. ahnen	se noyer	ertrinken
s'en aller	fortgehen	se passer	geschehen, passieren
s'endormir	einschlafen	se promener	spazieren gehen
se servir de qn/qc	jdn/etw. benutzen	se réveiller	aufwachen
s'enfuir	fliehen	se taire	schweigen

Deutsch: reflexives Verb

Sie haben sich scheiden lassen.
Der Gewinn hat sich verdoppelt.
Du solltest dich schämen!

Französisch: nichtreflexives Verb

Ils **ont divorcé**.
Le bénéfice **a doublé**.
Tu devrais **avoir honte**.

Umgekehrt entspricht auch nicht jedem deutschen reflexiven Verb ein französisches reflexives Verb.

Ebenso:

sich etw. (aus)denken/ vorstellen	imaginer qc	sich verändern	changer
		sich entwickeln	évoluer
sich bewegen	bouger	sich reimen	rimer
sich weigern	refuser		
sich bei jdm bedanken	remercier qn		

Deutsch: Passivsatz

Das „stumme h" wird nicht ausgesprochen.
Französisch wird auch in der Schweiz gesprochen.
Der Infinitiv plaire wird ohne accent geschrieben.
Diese Suppe wird kalt gegessen.
Dieses Buch ist gut verkauft worden.

Französisch: Aktivsatz mit reflexivem Verb

Le «h muet» ne **se prononce** pas.
Le français **se parle** aussi en Suisse.
L'infinitif *plaire* **s'écrit** sans accent.
Cette soupe **se mange** froide.
Ce livre **s'est** bien **vendu**.

Anstelle eines Passivsatzes im Deutschen steht im Französischen häufig ein Aktivsatz mit einem reflexiven Verb.

Abschlussübung   Bilan

1. Ergänze die Sätze mit den reflexiven Verben im Präsens.

a. Yannis $\boxed{?}$ chaque jour à sept heures moins dix.
b. Nous $\boxed{?}$ à huit heures devant le cinéma, d'accord?
c. Ils $\boxed{?}$ deux fois par semaine.
d. Vous $\boxed{?}$ sans avoir dit «Au revoir»?
e. Est-ce que tu $\boxed{?}$ de ma copine Marie?
f. Si vous voulez, je $\boxed{?}$ de votre chien, le week-end.

se lever
se retrouver
s'entraîner
s'en aller
se souvenir de qn/qc
s'occuper de qn/qc

2. Ergänze die Sätze mit den reflexiven Verben in der angegebenen Zeit.

a. – Maxime et David, pourquoi vous (se disputer → passé composé)?
   – Mais maman! Nous (ne pas se disputer → passé composé), nous (s'amuser → passé composé).
b. Maxime (ne pas s'entraîner → futur composé) aujourd'hui, il (préférer se reposer → présent) un peu.
c. – Tu (s'occuper → futur composé) de ta sœur cet après-midi, s'il te plaît?
   – Oh non, maman! Je (s'ennuyer → futur composé) avec elle.
d. Nicolas (se dépêcher et s'habiller → présent) en vitesse parce qu'il (se promettre → passé composé) d'arriver à l'heure au rendez-vous.
e. Louise (ne pas vouloir se balader → présent) avec ses parents.
   Elle (vouloir aller se baigner → présent) aves ses copines.

3. Deutsch: nichtreflexives Verb, aber Französisch: reflexives Verb. Übersetze die Sätze.

a. Sie kommt in Paris gut zurecht[1] und will gar nicht weggehen. **b.** Ich benutze täglich das Internet.
c. Warum schweigst du? **d.** Théo ist heute Morgen um sechs Uhr aufgewacht.
e. Was ist passiert? **f.** Die Mädchen können abends nicht einschlafen und wollen morgens nicht aufstehen.

4. Deutsch: reflexives Verb, aber Französisch: nichtreflexives Verb. Übersetze die Sätze.

a. Bewege dich nicht! **b.** Die Preise haben sich in zehn Jahren verdoppelt.
c. Nach dieser Diskussion hat er sich geschämt. **d.** Sie hat sich mehrmals bei mir bedankt.
e. Sie haben sich vor zwei Monaten scheiden lassen. **f.** Sein Leben hat sich in der letzten Zeit sehr verändert.

5. Setze die Verben ins **passé composé**. Muss das Partizip angeglichen werden oder nicht?

a. D'abord les filles (s'écrire) tous ces SMS et après, elles (encore se parler) longtemps au téléphone.
b. Lily et Marion (se balader) au centre-ville et elles (s'acheter) beaucoup de belles choses.
c. Elle (s'arrêter) trop tard au feu rouge et elle (grièvement se blesser) la jambe.
d. Hugo et Tarik (se disputer) longtemps, mais après un certain temps, ils (se réconcilier).

[1] gut zurechtkommen = se débrouiller bien

Die Lösungen findest du unter
www.cornelsen.de/webcodes
Gib dort den webcode gramm-bilan12 ein.

13. Das Passiv
Le passif

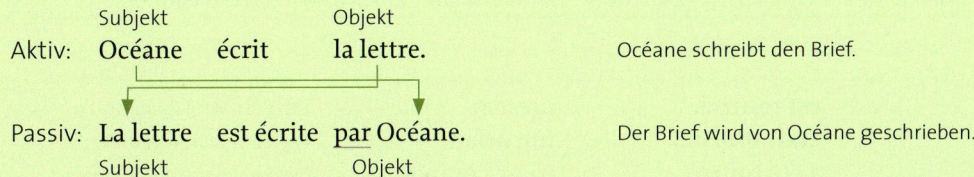

	Subjekt		Objekt		
Aktiv:	Océane	écrit	la lettre.		Océane schreibt den Brief.
Passiv:	La lettre	est écrite	par Océane.		Der Brief wird von Océane geschrieben.
	Subjekt		Objekt		

In einem Aktiv-Satz vollbringt das Subjekt eine Handlung. In einem Passiv-Satz „erleidet" es sie. Deshalb heißt das Passiv im Deutschen auch „Leideform". Anders als im Deutschen können im Französischen nur Verben mit direktem Objekt ein Passiv bilden.

Im Beiheft auf der hinteren Umschlagseite findest du eine Liste der 120 wichtigsten Verben. Dort kannst du nachschlagen, welche französischen Verben ein direktes Objekt (~ qn/qc) haben.

Inhalt des folgenden Kapitels:

13.1 Bildung und Gebrauch des Passivs

Außerdem findest du:
→ **Qui dit mieux: Wie vermeide ich Fehler?** (Ersatzformen des Passivs im Französischen), S.183,
→ einen **Bilan**, S.184, in dem du dein Wissen überprüfen kannst.

13.1 Bildung und Gebrauch des Passivs
La formation et l'emploi du passif

Ce roman bouleversant a été écrit par un très jeune auteur. Il a été traduit en dix langues.

Et il a été adapté au cinéma, n'est-ce pas?

Ces films **sont tournés** en Afrique.	Diese Filme werden in Afrika gedreht.
La ville de Québec **a été fondée** par les Français.	Die Stadt Québec ist von den Franzosen gegründet worden.
Le roman **sera traduit** par Peter Handke.	Der Roman wird von Peter Handke übersetzt (werden).

Das Passiv bildest du mit dem Hilfsverb **être** und dem Partizip Perfekt eines Vollverbs. Das Partizip Perfekt gleichst du dem Subjekt in Geschlecht und Zahl an.

Les films	**sont** tournés.	présent	(= présent von être + Partizip)
Les films	**étaient** tournés.	imparfait	(= imparfait von être + Partizip)
La ville	**a été** fondée.	passé composé	(= passé composé von être + Partizip)
Les films	**avaient été** tournés.	plus-que-parfait	(= plus-que-parfait von être + Partizip)
Les bédés	**seront** traduites.	futur simple	(= futur simple von être + Partizip)

Die Zeit, in der eine Passivform steht, kannst du an der Form von **être** erkennen.

	est tourné.	présent	Der Film wird gedreht.
	était tourné.	imparfait	Der Film wurde gedreht.
	a été tourné.	passé composé	Der Film ist gedreht worden.
	avait été tourné.	plus-que-parfait	Der Film war gedreht worden.
Le film	**va être tourné.**	futur composé	Der Film wird gedreht werden.
	sera tourné.	futur simple	Der Film wird gedreht werden.
	aura été tourné.	futur antérieur	Der Film wird gedreht worden sein.
	serait tourné, ...	conditionnel I	Der Film würde gedreht werden, ...
	aurait été tourné, ...	conditionnel II	Der Film wäre gedreht worden, ...
... que le film	**soit tourné.**	subjonctif présent	... dass der Film gedreht wird.

Wie im Aktiv gibt es auch im Passiv verschiedene Zeiten und Modi.

Son troisième film **est en train d'être tourné.**	Sein dritter Film wird gerade gedreht.
Son deuxième film **vient d'être tourné.**	Sein zweiter Film ist gerade gedreht worden.

Auch das **présent duratif** und das **passé récent** kannst du im Passiv bilden.

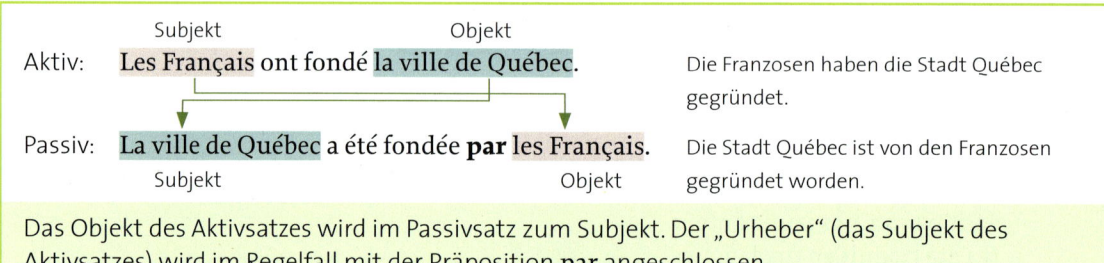

Aktiv: Les Français ont fondé la ville de Québec.	Die Franzosen haben die Stadt Québec gegründet.
Passiv: La ville de Québec a été fondée **par** les Français.	Die Stadt Québec ist von den Franzosen gegründet worden.

Das Objekt des Aktivsatzes wird im Passivsatz zum Subjekt. Der „Urheber" (das Subjekt des Aktivsatzes) wird im Regelfall mit der Präposition **par** angeschlossen.

 Zusatzwissen:

Le chanteur était entouré **de** ses supporters.
Der Sänger war <u>von</u> seinen Fans umringt.

C'est un prof qui est respecté **de** tous ses élèves.
Das ist ein Lehrer, der <u>von</u> allen seinen Schülern respektiert wird.

Il était surpris **de** ta réaction.
Er war <u>von</u> deiner Reaktion überrascht.

Nur in wenigen Fällen wird die Ergänzung mit **de** an das Partizip angeschlossen.
De steht vorwiegend nach Verben, die einen Zustand, ein Gefühl oder eine Gemütsbewegung beschreiben.

Das Passiv

Qui dit mieux: Wie vermeide ich Fehler?

Im Französischen werden Passivsätze viel seltener verwendet als im Deutschen. Vor allem im gesprochenen Französisch werden häufig andere Konstruktionen vorgezogen.

Im Folgenden findest du mehrere Möglichkeiten deutsche Passivsätze ins Französische zu übersetzen.

Deutsch: Passivsatz

Es <u>wird</u> Französisch <u>gesprochen</u>.
Es <u>wurde getanzt</u>.

Französisch: Aktivsatz mit *on*

On parle français.
On a dansé.

Deutsche Passivsätze, die mit dem unpersönlichen *es* beginnen, haben keine Entsprechung im Französischen. Meist übersetzt du sie mit **on** + Verb im Aktiv.

Erst <u>wird gegessen</u>.
Hier <u>wird</u> nicht <u>geraucht</u>.
Ihr <u>ist gesagt worden</u>, dass sie nicht eingeladen sei.
Er <u>wurde angerufen</u>.
Ihm <u>wird vorgeworfen</u> ein Dieb zu sein.
Wir <u>wurden gebeten</u> zu gehen.

D'abord, **on mange**.
Ici **on** ne **fume** pas.
On lui **a dit** qu'elle n'était pas invitée.
On lui **a téléphoné**.
On lui **reproche** d'être un voleur.
On nous **a priés** de partir.

Passivsätze ohne Angaben des Subjekts sind im Französischen nicht möglich.
Meistens kannst du sie mit **on** + Verb im Aktiv übersetzen.

Deutsch: Passivsatz

Das „stumme h" <u>wird</u> nicht <u>ausgesprochen</u>.
Französisch <u>wird</u> auch in der Schweiz <u>gesprochen</u>.
Der Infinitiv **plaire** <u>wird</u> ohne **accent** <u>geschrieben</u>.
Diese Suppe <u>wird</u> kalt <u>gegessen</u>.
Dieses Buch <u>ist</u> gut <u>verkauft worden</u>.

Französisch: Aktivsatz mit einem reflexiven Verb

Le «h muet» ne **se prononce** pas.
Le français **se parle** aussi en Suisse.
L'infinitif «plaire» **s'écrit** sans accent.
Cette soupe **se mange** froide.
Ce livre **s'est** bien **vendu**.

Anstelle eines Passivsatzes kannst du im Französischen auch einen Aktivsatz mit einem reflexiven Verb verwenden.

Deutsch: Passivsatz

Ihm <u>ist</u> sein Handy <u>gestohlen worden</u>.
Er <u>ist</u> von einem Hund <u>gebissen worden</u>.
Er <u>ist</u> vom Direktor <u>ausgeschimpft worden</u>.
Sie <u>sind</u> <u>verhaftet worden</u>.

Französisch: Aktivsatz mit *se faire* + Infinitiv

Il **s'est fait voler** son portable.
Il **s'est fait mordre** par un chien.
Il **s'est fait gronder** par le principal.
Ils **se sont fait arrêter**.

Im gesprochenen Französisch ist die Umschreibung mit se faire + Infinitiv sehr beliebt.
Sie wird nur für Personen verwendet und nur dann, wenn die Handlung für das Subjekt unangenehm oder unerwünscht ist. Sonst besteht eine Verwechslungsgefahr mit se faire – (freiwillig) *lassen*, z.B.:

Il **s'est fait couper** les cheveux.

Er <u>hat sich</u> die Haare <u>schneiden lassen</u>.

▶ s. S. 8, Beiheft (**faire faire** und **laisser faire**)

Abschlussübung   Bilan

1. Bilde aus diesen Schlagzeilen einer Zeitung Sätze im Passiv.

a. Journal «La Gazette» vendu en France et en Allemagne
b. Hier soir, criminel arrêté à Lyon
c. Dix personnes blessées dans un accident de voiture
d. Nouveau film de Luc Besson montré au Festival de Cannes
e. Pont «François Mitterrand» inauguré à Mâcon
f. Enfant sauvé par des promeneurs

2. Bilde mit den vorgegebenen Elementen Passivsätze in der vorgegebenen Zeit.
Denke an eine mögliche Angleichung des Partizips.

a. Le nouvel élève / présenter / par le professeur. présent
b. L'école / moderniser. futur simple
c. La cour / nettoyer / par les élèves. passé composé
d. Les élèves / filmer / si la caméra avait fonctionné. conditionnel passé
e. Une soirée musicale / organiser / par les élèves. futur simple
f. Son roman / publier. futur simple
g. Le chanteur / accompagner par son groupe. imparfait
h. Le site / développer / par des élèves français. passé composé

3. Setze die Sätze ins Passiv.

a. En 1642, les Français ont fondé la ville de Montréal.
b. Je sais que beaucoup de personnes regardent mon blog.
c. Des millions de téléspectateurs regardent la Star Academy.
d. La direction du collège vient d'envoyer une lettre à tous les parents.
e. Une entreprise italienne construira cette nouvelle voiture.
f. Un joueur japonais a inventé ce jeu.
g. Les parents vont organiser la soirée à l'école.

4. Übersetze die Sätze und verwende Aktivsätze mit **on** oder mit einem reflexiven Verb.

a. Ihr ist das Fahrrad gestohlen worden.
b. Gestern Abend wurde viel getanzt.
c. Dieses Gericht (**ce plat**) wird sehr heiß gegessen.
d. Das -s von **tables** wird nicht ausgesprochen[1].
e. Ich wurde gebeten ihm zu helfen.
f. Hier wird Französisch gesprochen.
g. Sein Handy ist gestohlen worden.
h. Er ist heute Morgen zwölf Mal angerufen worden.

[1] aussprechen = **prononcer**

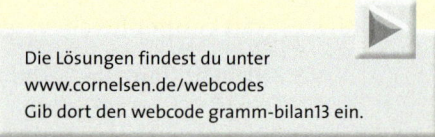

Die Lösungen findest du unter
www.cornelsen.de/webcodes
Gib dort den webcode gramm-bilan13 ein.

14. Das participe présent und das gérondif
Le participe présent et le gérondif

Infinitiv
spielen / to play / **jouer**

Partizip Präsens
spiel<u>end</u> / play<u>ing</u> / jou**ant**

Das Partizip Präsens ist eine Verbform, die es auch im Deutschen und im Englischen gibt.
Das **participe présent** wird vorwiegend in der Schriftsprache verwendet.

Élève allemand **apprenant** le français cherche correspondant.
= Élève allemand <u>qui apprend</u> le français cherche correspondant.
Deutscher Schüler, <u>der</u> Französisch <u>lernt</u>, sucht Brieffreund.

Im Französischen ersetzt das **participe présent** meist einen Nebensatz (... qui apprend le français).
Im Deutschen wird es meistens als Adjektiv verwendet: <u>Singend</u> *kam er nach Hause.*

Elle lit son journal **en regardant** la télé.
Elle lit son journal <u>pendant qu'elle regarde</u> la télé.
Sie liest ihre Zeitung <u>beim</u> Fernsehen.

Auch das **gérondif** kann einen Nebensatz ersetzen. **Participe présent** und **gérondif** sind zwei
unterschiedliche Verbformen. Für das **gérondif (en regardant)** gibt es keine entsprechende Verb-
form im Deutschen.

**Im folgenden Kapitel kannst du die Bildung und den Gebrauch von participe présent und
gérondif nachschlagen.**

Außerdem findest du:
→ **Qui dit mieux: Wie vermeide ich Fehler?**, S. 192,
→ einen **Bilan**, S. 193, in dem du dein Wissen überprüfen kannst.

14.1 Das *participe présent*   Le participe présent

Élève allemand
apprenant français
cherche correspondant.

Famille ayant trois enfants
cherche jeune fille aupair.

14.1.1 Die Bildung

parler	→ nous **parlons**	→ **parlant**
commencer	→ nous **commençons**	→ **commençant**
manger	→ nous **mangeons**	→ **mangeant**
finir	→ nous **finissons**	→ **finissant**
pouvoir	→ nous **pouvons**	→ **pouvant**

Das **participe présent** bildest du mit dem Stamm der 1. Ps. Pl. Präsens und der Endung -ant. Die orthographischen Besonderheiten der 1. Ps. Pl. Präsens werden dabei übernommen. ▶ s.S.149 (Orthographische Besonderheiten von **manger** und **commencer**) Die Bildung des **participe présent** ist – außer bei drei Verben – regelmäßig. Das **participe présent** ist unveränderlich.

avoir	**ayant** [εjɑ̃]	Nur diese drei Verben haben ein
être	**étant**	unregelmäßiges participe présent.
savoir	**sachant**	

> **Merke!**
>
> Stamm 1. Ps. Pl. Präsens + -ant = participe présent
>
> parler → nous parlons + -ant = parlant

Zusatzwissen:

Die Vergangenheitsform des *participe présent*

Les clients **ayant acheté** cet article ont également acheté: ...
Kunden, die diesen Artikel gekauft haben, kauften auch ...

Ayant mangé trop de chocolat, elle ne se sent pas bien.
Nachdem/Da sie zu viel Schokolade gegessen hat, fühlt sie sich nicht wohl.

Étant partie à huit heures, Marie n'a pas fait la connaissance de Christophe.
Da sie um acht Uhr weggegangen ist, hat Marie Christoph nicht kennen gelernt.

Das **participe présent** hat auch eine Vergangenheitsform. Du bildest sie mit dem **participe présent** von **être** oder **avoir** und dem Partizip Perfekt des Vollverbs. Ein Partizip Perfekt, das nach **étant** steht, musst du dem Subjekt in Geschlecht und Zahl angleichen.

14.1.2 Der Gebrauch

Das **participe présent** wird vorwiegend im geschriebenen Französisch verwendet, selten in der gesprochenen Sprache.

N'écoutant pas en classe	elle ne **comprend** rien.	Da sie nicht aufpasst, versteht sie nichts.
	elle n'**a** rien **compris**.	Da sie nicht aufgepasst hat, hat sie nichts verstanden.
	elle ne **comprendra** rien.	Da sie nicht aufpasst, wird sie nichts verstehen.

Das **participe présent** ist zeitlich neutral. Es kann in Verbindung mit allen Zeiten gebraucht werden.

Das *participe présent* und das *gérondif*

Ne parlant **pas** le japonais, Sophie ne comprenait rien à la conversation.	Da sie kein Japanisch spricht, hat Sophie nichts von der Unterhaltung verstanden.
Ne travaillant **plus,** elle a beaucoup de temps pour voyager.	Da sie nicht mehr arbeitet, hat sie viel Zeit zum Reisen.
Das *participe présent* steht – wie andere Verbformen auch – zwischen **ne** und **pas/plus/** … .	

Ein *participe présent* ersetzt einen Nebensatz. Es steht für:

Famille **ayant** trois enfants cherche jeune fille au pair. (= Famille qui a trois enfants cherche jeune fille au pair.) Familie mit drei Kindern sucht Aupairmädchen.	– einen Relativsatz mit **qui,**
Voulant apprendre le français rapidement elle suit un cours de langue en France. (= Comme elle veut apprendre le français rapidement elle suit un cours de langue en France.) Da sie schnell Französisch lernen will, macht sie einen Sprachkurs in Frankreich.	– einen Kausalsatz (Angabe eines Grundes mit **comme, parce que, puisque**),
Alors je reste caché dans l'ombre, **priant** pour que ces deux inconnus ne me trouvent pas. Also bleibe ich versteckt im Schatten und bete, damit mich diese beiden Unbekannten nicht finden.	– einen Temporalsatz (zur Bezeichnung der Gleichzeitigkeit zweier Vorgänge).

1. Regardant **par la fenêtre,** il a vu les cambrioleurs.	Als er aus dem Fenster schaute, hat er die Diebe gesehen.
2. Ayant **beaucoup** travaillé, Chloé voulait dormir plus longtemps.	Da sie viel gearbeitet hatte, wollte Chloé länger schlafen.
Das *participe présent* kann nicht alleine stehen. Es benötigt eine Ergänzung, z. B. ein Objekt (Satz 1) oder ein Adverb (Satz 2).	

Zusatzwissen:

Subjekt
1. **L'écrivain** étant nerveux parlait beaucoup trop vite.
   Der Schriftsteller, der nervös war, sprach viel zu schnell.

Subjekt   Objekt
2. **Louise** n'a pas écouté **l'écrivain** présentant son premier roman.
   Louise hat dem Schriftsteller, der seinen ersten Roman vorgestellt hat, nicht zugehört.

Ein *participe présent*, das für einen Relativsatz steht, bezieht sich auf den Satzteil, bei dem es steht. Das kann das Subjekt eines Satzes sein (1) oder das Objekt (2).

Zusatzwissen:

Subjekt

N'**écoutant** pas en classe, **elle** n'a rien compris. (= elle n'a pas écouté …)

Da sie im Unterricht nicht zugehört hat, hat sie nichts verstanden.

Normalerweise bezieht sich das **participe présent** auf das Subjekt des Hauptsatzes.

Subjekt   Subjekt

Le temps ayant changé, **ils** sont rentrés sans tarder.

Nachdem/Da das Wetter sich geändert hat, sind sie sofort nach Hause gegangen.

Aber in literarischer Sprache kannst du auch Sätze lesen, in denen sich das **participe présent** auf ein anderes Subjekt bezieht als das des Hauptsatzes.

Das *adjectif verbal*

Ils ont réalisé un film **amusant** beaucoup les enfants.   (participe présent)

Sie haben einen Film gemacht, der die Kinder sehr amüsiert.

C'est un film très **amusant**.   (adjectif verbal)

Das ist ein amüsanter Film.

Vom **participe présent** einiger Verben kann ein Adjektiv abgeleitet werden: das **adjectif verbal**.

des films amusant**s**
une histoire amusant**e**
des histoires amusant**es**

Im Unterschied zum **participe présent** ist das **adjectif verbal** nach Geschlecht und Zahl veränderlich.

participe présent	adjectif verbal
une plante **provoquant** des allergies	un argument **provocant**
eine Pflanze, die Allergien hervorruft	ein provozierendes Argument
un travail **fatiguant** les yeux	une soirée **fatigante**
eine Arbeit, die die Augen ermüdet	ein anstrengender Abend
quelqu'un **sachant** parler le français	un homme **savant**
jemand, der Französisch sprechen kann	ein gelehrter Mann

Nicht immer haben das **participe présent** und das **adjectif verbal** eines Verbs die gleiche Schreibweise und die gleiche Bedeutung.

Das **adjectif verbal** einiger Verben hat in den folgenden Ausdrücken eine besondere Bedeutung:

l'eau **courante**	das fließende Wasser
une expression **courante**	ein gängiger Ausdruck
le parking **payant**	der gebührenpflichtige Parkplatz
les escaliers **roulants**	die Rolltreppe

Das *participe présent* und das *gérondif*

14.2 Das *gérondif*   Le gérondif

«*C'est en forgeant qu'on devient forgeron.*»

Durch das Schmieden wird man Schmied.
(= Übung macht den Meister.)

14.2.1 Die Bildung

parlant	→	**en** parlant
finissant	→	**en** finissant

Das **gérondif** bildest du mit der Präposition **en** und dem **participe présent**.
Das **gérondif** ist unveränderlich. Es gibt im Deutschen keine entsprechende Verbform.

avoir	en ayant [ãnεjã]
être	en étant
savoir	en sachant

Wie beim **participe présent** gibt es auch beim **gérondif** nur drei unregelmäßige Formen.

Merke!

en + participe présent = gérondif

14.2.2 Der Gebrauch

Das **gérondif** ist im gesprochenen und geschriebenen Französisch sehr geläufig.

Le prof a distribué les cahiers en <u>souriant</u>. Der Lehrer hat die Hefte verteilt und dabei gelächelt.	Das **gérondif** hat immer das gleiche Subjekt wie der Hauptsatz.
Tu ne rates rien <u>en **ne** regardant **jamais**</u> de téléfilms. Du verpasst nichts, wenn du nie Fernsehfilme schaust.	Die Verneinung umschließt nur die Verbform, nicht das **en**.
Il m'a beaucoup aidé <u>en **m'**expliquant</u> le problème plusieurs fois. Er hat mir sehr geholfen, indem er mir das Problem mehrmals erklärt hat.	Pronomen stehen zwischen **en** und der Verbform.

Zusatzwissen:

L'appétit vient en mangeant. (= quand **on** mange)
Der Appetit kommt beim Essen.
La fortune vient en dormant. (= quand **on** dort)
Das Glück kommt im Schlaf.

Nur in einigen Redewendungen und Sprichwörtern hat das **gérondif** nicht dasselbe Subjekt wie das Verb des Hauptsatzes.

Das gérondif kann für verschiedene Nebensätze stehen:

Yann est tombé **en sortant** de l'école. (= Yann est tombé quand il est sorti de l'école.) Beim Verlassen der Schule ist Yann gefallen. / Als er die Schule verließ, fiel Yann hin. Léa écoute toujours la radio **en conduisant**. (= Léa écoute toujours la radio pendant qu'elle conduit.) Beim Autofahren hört Léa immer Radio. / Während sie Auto fährt, hört Léa immer Radio.	– für Temporalsätze mit **pendant que** oder **quand** (zum Ausdruck der Gleichzeitigkeit zweier Handlungen),
En travaillant à l'entreprise de son oncle, Alexis gagnerait sûrement davantage. (= S'il travaillait à l'entreprise de son oncle, Alexis gagnerait sûrement davantage.) Wenn er im Unternehmen seines Onkels arbeitete, würde Alexis bestimmt mehr verdienen.	– für Konditionalsätze mit **si** (zum Ausdruck einer Bedingung),
Beaucoup de jeunes gagnent de l'argent **en travaillant** comme baby-sitter. Viele Jugendliche verdienen Geld, indem/ dadurch, dass sie als Babysitter arbeiten.	– für Modalsätze (zum Ausdruck der Art und Weise).

En lisant des journaux français chaque jour, Émilie a fait des progrès en peu de temps. oder Émilie a fait des progrès en peu de temps **en lisant** des journaux français chaque jour. Indem / Dadurch dass Émilie jeden Tag französische Zeitungen gelesen hat, hat sie rasch Fortschritte gemacht.	Das **gérondif** kann dem Hauptsatz vorangehen oder auf diesen folgen.
En lisant des journaux français, Émilie fera des progrès en peu de temps. … wird Émilie rasch Fortschritte machen.	Das **gérondif** ist zeitlich neutral. Es kann in Verbindung mit allen Zeiten gebraucht werden.
Léo travaillait **tout en pensant** à autre chose. Beim Arbeiten dachte Léo (die ganze Zeit) an etwas anderes. / Léo arbeitete und dachte dabei (die ganze Zeit) an etwas anderes.	Das **gérondif** kann mit **tout** verstärkt werden.
Il mange toujours **en lisant**. Er isst immer beim Lesen. Il mange toujours **en lisant le journal**. Er isst immer beim Zeitunglesen.	Das **gérondif** kann mit oder ohne Ergänzung stehen.
Pendant le cours, Martin pense à autre chose **tout en sachant** qu'il faut être attentif. (… bien qu'il sache …) Im Unterricht denkt Martin an etwas anderes, obwohl er (genau) weiß, dass er aufpassen soll.	**Tout** steht häufig bei gleichzeitigen Vorgängen, die eigentlich nicht zueinander passen. Ins Deutsche wird das **gérondif** dann mit einem Nebensatz mit *obwohl* (Konzessivsatz) übersetzt.

Das *participe présent* und das *gérondif*

🔍 Auf einen Blick: Das *participe présent* und *das gérondif*

Gemeinsamkeiten:
participe présent und *gérondif*
– sind unveränderlich, – drücken keine Zeit aus, – dienen zur Verkürzung von Nebensätzen, – können Temporalsätze[1] ersetzen.

1 Quand elle est sortie de la maison, Julie a rencontré son copain.

Als sie aus dem Haus ging, hat Julie ihren Freund getroffen.

Mit participe présent bzw. gerondif:

→ **(En) Sortant** de la maison, Julie a rencontré son copain.

Unterschiede:	
participe présent	*gérondif*
– ohne Präposition – vorwiegend Schriftsprache – immer mit Ergänzung – kann sich auf Subjekt und (selten) auf das Objekt des Hauptsatzes beziehen.	– mit Präposition en – sehr geläufig – auch ohne Ergänzung – bezieht sich immer auf das Subjekt des Hauptsatzes

Beachte die Bedeutungsunterschiede:

Subjekt　　　　　Objekt

1. J'　ai rencontré Paul **revenant** de l'école.　　Ich habe Paul getroffen, der aus der Schule kam.
2. J'　ai rencontré Paul **en revenant** de l'école.　Ich habe Paul getroffen, als ich aus der Schule kam.

In Satz 1 bezieht sich das **participe présent** auf Paul.

In Satz 2 bezieht sich das **gérondif** auf **je**, da es sich immer auf das Subjekt des Hauptsatzes bezieht.

Qui dit mieux: Wie vermeide ich Fehler?

Partizip Präsens und *participe présent*

Auch im Deutschen gibt es ein Partizip Präsens. Aber nur in wenigen Fällen kannst du ein deutsches Partizip Präsens mit einem französischen **participe présent** übersetzen.

	Partizip Präsens			participe présent	
auf der Straße	<u>spielende</u>	Kinder	des enfants	**jouant**	dans la rue

aber:

			Relativsatz
<u>spielende</u> Kinder	des enfants	**qui jouent**	
<u>lachende</u> Zuschauer	des spectateurs	**qui rient**	
<u>schlafende</u> Hunde	des chiens	**qui dorment**	

			präpositionaler Ausdruck
eine <u>wütende</u> Frau	une femme	**en colère**	
ein <u>brennendes</u> Haus	une maison	**en flammes**	
ein <u>fahrender</u> Zug	un train	**en marche**	

Im Unterschied zum Deutschen kann ein französisches **participe présent** nicht ohne Ergänzung stehen. Deshalb kannst du nur im ersten Beispiel ein **participe présent** verwenden.

Adjectif verbal

Das **adjectif verbal** einiger Verben hat in den folgenden Ausdrücken eine besondere Bedeutung:

l'eau **courante**	das fließende Wasser
le parking **payant**	der gebührenpflichtige Parkplatz
les escaliers **roulants**	die Rolltreppe
une expression **courante**	ein gängiger Ausdruck

Das *gérondif*

Die Verwendung des **gérondif** ist eine gute Möglichkeit Nebensätze zu vermeiden. Da das **gérondif** zeitlich neutral ist, musst du nicht über die passende Verbform im Nebensatz nachdenken.

<u>Als er</u> sein Zimmer <u>aufgeräumt hat</u>, hat er seinen MP3 Player wiedergefunden.	**En rangeant** sa chambre, il a retrouvé son lecteur mp3.
Man kann Benzin sparen, <u>indem</u> / <u>dadurch dass man</u> langsamer <u>fährt</u>.	On peut économiser de l'essence **en roulant** moins vite.
<u>Während sie</u> auf ihre Kinder <u>warteten</u>, bereiteten sie das Essen vor.	**En attendant** leurs enfants, ils ont préparé le repas.
Alex würde bestimmt mehr verdienen, <u>wenn er</u> im Unternehmen seines Onkels <u>arbeiten würde</u>.	Alex gagnerait sûrement davantage **en travaillant** dans l'entreprise de son oncle.

Einige **gérondif**-Formen sind zu festen Wendungen geworden. Sie werden nicht mit einem Nebensatz ins Deutsche übersetzt.

en attendant	bis, inzwischen	en attendant que	bis
en arrivant	bei der Ankunft	en passant	im Vorübergehen

Das *participe présent* und das *gérondif*

Abschlussübung   Bilan

1. Schreibe die passenden Infinitive zu den folgenden Formen des **participe présent** auf.

a. mettant   **c.** ayant   **e.** croyant   **g.** étant

b. sachant   **d.** craignant   **f.** voulant   **h.** faisant

2. Schreibe das **participe présent** der folgenden Verben auf.

a. prendre   **e.** choisir   **i.** conduire   **n.** boire

b. finir   **f.** connaître   **j.** écrire   **o.** faire

c. voir   **g.** plaire   **k.** peindre   **p.** lire

d. dire   **h.** commencer   **m.** manger   **q.** être

3. Schreibe die Sätze um und verwende das **participe présent**.

a. Comme il lit jusqu'à minuit, il ne dort jamais assez.

b. Comme Anaïs ne se sentait pas bien, elle n'est pas allée à l'école.

c. Une famille française qui a trois enfants cherche un correspondant pour son fils.

d. Est-ce que tu connais un site qui donne des informations sur les échanges franco-allemands?

e. Comme Claire a raté son bus, elle est arrivée en retard à l'école.

f. Dans son roman, elle décrit la vie d'un homme qui va en Afrique pour tourner un film.

g. Comme Gilles est très heureux à Genève, il ne veut pas partir.

4. Bilde Sätze mit dem **gérondif**.

a. George / apprendre le français / travailler en France.

b. Tu / se dépêcher / arriver à l'heure au collège.

c. Claude / rencontrer Louise / sortir du bureau.

d. Pierre / gagner de l'argent / aider des personnes âgées à faire leurs courses.

e. Chloé / retrouver son portable / ranger sa chambre.

f. Manon / perdre ses clés / courir après le bus.

5. Übersetze die Sätze und verwende das **gérondif**.

a. Er singt immer beim Autofahren.

b. Catherine machte ihre Hausaufgaben und dachte dabei die ganze Zeit an etwas anderes.

c. Sie versucht zu gewinnen, indem sie mogelt (**tricher**).

d. Lachend verließen die Schüler den Klassenraum.

e. Als ich den Text durchlas, habe ich einige Fehler entdeckt.

f. Wenn du den Text mehrmals gelesen hättest, hättest du die Fehler gefunden.

g. Als ich auf meinen Zug gewartet habe, habe ich den ganzen Roman gelesen.

Die Lösungen findest du unter
www.cornelsen.de/webcodes
Gib dort den webcode gramm-bilan14 ein.

15. Der Gebrauch der Zeiten und Modi
L'emploi des temps et des modes

elle chant**e**	3. Person Singular Präsens Indikativ
elles chant**eront**	3. Person Plural **futur simple** Indikativ
nous chant**erions**	1. Person Plural **conditionnel présent**
que tu fin**isses**	2. Person Singular **subjonctif présent**

Eine Verbform sagt etwas aus über die Person, die Zeit und den Modus, in dem sie steht.

Was ist ein Modus (Plural: die Modi)?

1. Lukas hat gestern 30 Vokabeln gelernt.
2. Kira behauptet, sie habe gestern 30 Vokabeln gelernt.
3. Kira, lern endlich deine Vokabeln!

zu 1.: Lukas hat wirklich gestern 30 neue Vokabeln gelernt. Diese Tatsache wird mit einem Verb
       im Indikativ (Wirklichkeitsform) ausgedrückt.
zu 2.: Ob Kira tatsächlich 30 neue Vokabeln gelernt hat, weiß man nicht so genau.
       Es ist aber immerhin möglich. Diese Ungewissheit wird im Deutschen durch ein Verb
       im Konjunktiv (Möglichkeitsform) ausgedrückt.
zu 3.: In diesem Satz will jemand, dass Kira die Vokabeln lernt. Diese Aufforderung (der Befehl)
       wird durch ein Verb im Imperativ (Befehlsform) ausgedrückt.

Indikativ, Konjunktiv und Imperativ sind Modi im Deutschen. Der Modus „moderiert" die Aussage-
weise des Satzes. Er stellt eine Handlung als wirklich, möglich oder erwünscht dar.

Das Französische hat vier Modi: Indikativ, Imperativ, **subjonctif** und **conditionnel**.
Die Modi Indikativ, **subjonctif** und **conditionnel** verfügen über verschiedene Zeiten.
Wie du die Verbformen bildest, kannst du in den Kapiteln 10 und 11 nachlesen.

**Im folgenden Kapitel findest du Erklärungen zu den französischen Modi und zum Gebrauch
der Zeiten der einzelnen Modi:**

Außerdem findest du:
→ **Qui dit mieux: Wie vermeide ich Fehler?**, S. 210–212
→ einen **Bilan**, S. 213, in dem du dein Wissen überprüfen kannst.

Der Gebrauch der Zeiten und Modi

15.1 Was ist ein Modus? Qu'est-ce qu'un mode?

Venez à sept heures.

D'accord.

Tes parents voudraient que nous venions à sept heures.

Si j'avais le temps, je viendrais à sept heures.

Je **viens** à sept heures.	(présent)	Ich komme um sieben Uhr.
Je **viendrai** à sept heures.	(futur simple)	Ich werde um sieben Uhr kommen.
Il **est venu** à sept heures.	(passé composé)	Er ist um sieben Uhr gekommen.

Der Indikativ verfügt über verschiedene Zeiten (Tempora). Diese Zeitformen drücken aus, dass ein Ereignis tatsächlich stattfindet, stattfinden wird oder stattgefunden hat.

Imperativ

▶ Die Bildung des Imperativs findest du in Kapitel 10, S.157.

Viens à sept heures.	Komm um sieben Uhr.
Ne venez pas trop tard.	Kommen Sie / Kommt nicht zu spät.

Mit dem Imperativ forderst du jemanden auf etwas zu tun oder zu unterlassen. Mit dem Imperativ erteilt man auch Befehle.

subjonctif

Il voudrait que tu **viennes** à sept heures.	Er möchte, dass du um sieben Uhr kommst.
Il est normal qu'elle **soit** en retard.	Es ist normal, dass sie zu spät kommt.

Der **subjonctif** ist ein Modus, den es im Deutschen nicht gibt. Er wird verwendet, um Wünsche, Erwartungen, Gefühle oder subjektive Urteile auszudrücken.

conditionnel

Pourriez-vous m'ouvrir la porte, s'il vous plaît?	Könnten Sie mir bitte die Tür öffnen?
Si j'avais le temps, je **viendrais** à sept heures.	Wenn ich Zeit hätte, würde ich um sieben Uhr kommen.
Crash d'un Boeing 747. Il y **aurait** cinquante morts.	Bruchlandung einer Boeing 747. Angeblich gibt es fünfzig Tote.

Das **conditionnel** verwendest du in höflichen Bitten und Fragen sowie zur Bildung von Bedingungssätzen und zum Ausdruck unsicherer Vermutungen.

15.2 Das *présent* (Indikativ)   Le présent

Die Bildung der Verbformen des **présent** findest du auf ▶ S.149–151 (Das **présent**).

Der Gebrauch des présent entspricht in den meisten Fällen dem Gebrauch des deutschen Präsens.
Das présent verwendest du zum Ausdruck von:

Il **regarde** la télé. Er sieht fern.	– Handlungen, die zum Sprechzeitpunkt stattfinden,
Le soleil **brille**. Die Sonne scheint. Napoléon **est** connu dans le monde entier. Napoléon ist in der ganzen Welt bekannt.	– zeitlos gültigen Feststellungen,

– Tu **manges** avec nous?
  Isst du mit uns?
– Non, je **dois** partir dans dix minutes.
  Nein, ich muss in zehn Minuten gehen.
	– Handlungen, die gleich beginnen werden,

Le samedi, je **joue** au tennis. Samstags spiele ich Tennis.	– Handlungen, die sich in der Vergangenheit, Gegenwart und Zukunft wiederholen.

J'ai tourné la roue de la fortune. Et Bingo! La roue **s'arrête** sur le bon numéro. Ich habe das Glücksrad gedreht. Und Bingo! Das Rad bleibt auf der richtigen Zahl stehen.	Das **présent** kannst du auch verwenden, um ein vergangenes Geschehen in einer Erzählung besonders lebhaft und anschaulich darzustellen (**présent historique**).

15.3 Das *présent duratif* (Indikativ)   Le présent duratif

Die Bildung der Verbformen des **présent duratif** findest du auf ▶ S.171 (Das **présent duratif**).

Das présent duratif (être en train de + Infinitiv) verwendest du zum Ausdruck:

– Qu'est-ce que tu fais?
– **Je suis en train de** ranger ma chambre.
  Ich bin gerade dabei mein Zimmer aufzuräumen. /
  Ich räume gerade mein Zimmer auf.
	– einer Handlung, die gerade stattfindet. Dabei wird die Tatsache, dass die Handlung zum Sprechzeitpunkt verläuft, in den Vordergrund gestellt (= Verlaufsform).

J'**étais en train de** ranger ma chambre quand elle a appelé. Ich habe gerade mein Zimmer aufgeräumt. / Ich war gerade dabei mein Zimmer aufzuräumen, als sie angerufen hat.	– einer Handlung, die im Verlauf war. Dafür verwendest du **être en train de** im **imparfait**.

Der Gebrauch der Zeiten und Modi

15.4 Das *passé composé* (Indikativ)   Le passé composé

D'abord, Marc a pris sa douche.

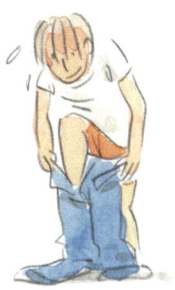

Ensuite, il s'est habillé ...

... et puis il a quitté la maison.

Mit dem **passé composé** kannst du über Dinge berichten, die in der Vergangenheit stattgefunden haben.

Die Bildung der Formen des **passé composé** findest du auf ▶ S. 167 (Das **passé composé**).

Das passé composé verwendest du zum Darstellen von:

Hier, le soleil **s'est couché** vers 22 heures. Gestern <u>ist</u> die Sonne gegen 22 Uhr <u>untergegangen</u>. Ouf! J'**ai terminé** mes devoirs. Ich <u>bin</u> mit den Hausaufgaben <u>fertig</u>.	– abgeschlossenem Geschehen / abgeschlossenen Handlungen,
Je dormais encore quand il **est entré**. Ich schlief noch, als er <u>hereinkam</u>. Jacob mangeait quand ses copains **sont arrivés**. Jacob war beim Essen, als seine Freunde <u>gekommen sind</u>.	– Geschehen, das beginnt, während ein anderes Geschehen noch verläuft,
Il **a pris** sa douche, il **s'est habillé** et il **a quitté** la maison. Er <u>hat sich geduscht</u>, <u>hat sich angezogen</u> und <u>hat</u> das Haus <u>verlassen</u>.	– Handlungen, die in der Vergangenheit nacheinander abgelaufen sind (Hand- lungskette).

Lerntipp:

Das **passé composé** verwendest du, wenn du auf die Fragen antwortest:
Was ist gestern geschehen? Was ist dann/danach geschehen? Wie ging es weiter?

Achte auf „Signalwörter". Das sind Zeitangaben, die Genaueres über den Beginn, das Ende,
die Einmaligkeit oder das Aufeinanderfolgen von Handlungen aussagen können.

Nach folgenden Signalwörtern kann häufig das **passé composé** stehen:

tout à coup	plötzlich	ensuite	danach, anschließend
à ce moment-là	in diesem Moment	après	danach, darauf
à (huit) heures	um (acht) Uhr	puis	dann
une fois, mardi dernier	ein Mal, am letzten Dienstag	une heure après	eine Stunde später
d'abord	zuerst		

15.5 Das *imparfait* (Indikativ)   L'imparfait

Die Bildung der Verbformen des **imparfait** findest du auf ► S. 151 (Das **imparfait**).

Mit dem imparfait berichtest du ebenfalls über Vergangenes. Das imparfait verwendest du:

Le lundi, il **jouait** au foot. Montags spielte er (immer) Fußball.	– zum Beschreiben von Ereignissen und Handlungen, die sich in der Vergangenheit wiederholten,
À douze ans, il ne **s'intéressait** pas à la musique. Il **faisait** beaucoup de sport. Mit 12 Jahren interessierte er sich nicht für Musik. Er trieb viel Sport.	– zum Beschreiben von Gewohnheiten,
Je **téléphonais** encore quand il est entré. Ich telefonierte noch, als er hereinkam.	– zum Beschreiben einer in der Vergangenheit verlaufenden Handlung. Anfang und Ende dieser Handlung sind dabei nicht festgelegt.
Le matin il faisait toujours trois choses à la fois: Il **écoutait** la radio, **lisait** le journal et **mangeait**. Er hörte Radio, las Zeitung und aß (gleichzeitig).	– zum Beschreiben von in der Vergangenheit gleichzeitig verlaufenden Handlungen. Auch hier sind Anfang und Ende nicht näher bestimmt.
Je **voulais** te demander un conseil. Ich wollte/möchte dich um einen Rat bitten.	– zum Ausdruck einer höflichen Bitte,
Si j'**avais** le temps je viendrais. Wenn ich Zeit hätte, würde ich kommen.	– im irrealen Bedingungssatz nach der Konjunktion **si**.

Lerntipp:

Das **imparfait** verwendest du, wenn du auf die Fragen antworten willst: Wie war es damals? Was geschah damals häufig oder regelmäßig?

Das **imparfait** stellt das Geschehen in seinem Verlauf dar. Anfang und Ende werden dabei nicht näher bestimmt. Achte auf „Signalwörter". Das sind Zeitangaben, die Genaueres über den Verlauf einer Handlung oder die Wiederholung oder die Gleichzeitigkeit von Handlungen aussagen.

Nach folgenden Signalwörtern ist häufig das **imparfait** zu erwarten:

pendant que	während
toujours / comme toujours	immer (auch: immer noch) / wie immer
d'habitude	normalerweise
le soir / le matin / le mardi / le week-end	abends / morgens / dienstags / am Wochenende
tous les matins/soirs	jeden Morgen/Abend
chaque jour / chaque semaine	jeden Tag / jede Woche
souvent	oft
autrefois	früher/einst/damals

Der Gebrauch der Zeiten und Modi

15.6 *Passé composé* und *imparfait*   Passé composé et imparfait

Im Französischen werden **passé composé** und **imparfait** in Texten und in Sätzen nebeneinander verwendet. Der Gebrauch der beiden Tempora zum Ausdruck von Vergangenem ist anders als im Deutschen. Du kannst also nicht von der Verwendung des Perfekts und des Präteritums im Deutschen auf die Verwendung von **passé composé** und **imparfait** im Französischen schließen.

15.6.1 *Passé composé* und *imparfait* im Satz

L'après-midi, Céline écoutait de la musique,

chattait sur Internet

et mangeait.

Alle Handlungen verliefen in der Vergangenheit gleichzeitig. Anfang und Ende der Handlungen spielen keine Rolle. Um diese Gleichzeitigkeit auszudrücken, verwendest du das **imparfait**.

Hier après-midi,
Céline a mangé, elle a chatté sur Internet et après elle a écouté de la musique.

Mehrere Handlungen folgten aufeinander. Die eine begann, als die vorhergehende bereits abgeschlossen war (Handlungskette). Um die Abgeschlossenheit der einzelnen Handlungen/Ereignisse auszudrücken, verwendest du das **passé composé**.

Céline mangeait encore quand ses copines sont arrivées.

Eine Handlung setzte neu ein (die Freundinnen kamen), während eine andere schon verlief (Céline aß). Zur Schilderung der neu einsetzenden Handlung verwendest du das **passé composé**. Zur Schilderung der schon verlaufenden Handlung das **imparfait**.

15.6.2 *Passé composé* und *imparfait* im Text

Vordergrund Handlung, Ereignis, Aktion	Hintergrund Beschreibung eines Zustands, einer Situation
Frage: Was ist geschehen?	Frage: Was war schon?
À 23 heures Patricia est rentrée chez elle. →	La porte de son appartement était ouverte. Bizarre… Dans la pièce, tout était en désordre. Il y avait des livres et des vêtements partout, mais surtout, sa guitare, sa belle guitare était cassée. C'était sa guitare préférée.
Patricia s'est mise à chercher: portemonnaie, passeport, mp3, clés, le collier de sa grand-mère…	Tout était encore là.
Elle a couru au commissariat le plus proche. Elle a raconté son histoire à un inspecteur	qui n'était pas très sympa et qui avait l'air fatigué.
Il lui a posé quelques questions et lui a dit: «On n'a pas cambriolé votre appartement puisqu' on ne vous a rien volé.»	Patricia ne bougeait pas et ne savait ni que dire ni que faire.
Das **passé composé** verwendest du, um die eigentliche Handlung zu schildern, sozusagen den Vordergrund der Erzählung. Das kann der Beginn einer Handlung sein (**elle est rentrée, elle s'est mise à chercher …**) oder eine Folge von Handlungen (**il lui a posé …, il lui a dit …**). Mit dem **passé composé** antwortest du auf die Fragen: Was ist passiert? Was ist dann geschehen?	Das **imparfait** gibt die Hintergrundinformationen: Es beschreibt eine Situation oder einen Zustand, die auch schon vor der eigentlichen Handlung bestanden (**la porte était ouverte, tout était en désordre**). Mit dem **imparfait** antwortest du auf die Frage: Was war schon? und gibst Erklärungen und Kommentare zum Geschehen ab oder beschreibst (**qui n'était pas très sympa et qui avait l'air fatigué**).

15.7 Das *plus-que-parfait* (Indikativ)   Le plus-que-parfait

Die Bildung der Verbformen des **plus-que-parfait** findest du auf ▶ S.168 (Das **plus-que-parfait**).

Das plus-que-parfait dient zur Darstellung:

Lundi, nous étions fatiguées parce que nous nous **étions couchées** trop tard la veille. Am Montag waren wir müde, weil wir am Abend zuvor zu spät ins Bett gegangen waren.	– eines Geschehens, das vor einem anderen, ebenfalls vergangenen Geschehen liegt (= Vorvergangenheit).

Der Gebrauch der Zeiten und Modi

Die Erzählerin blickt in die Vergangenheit:

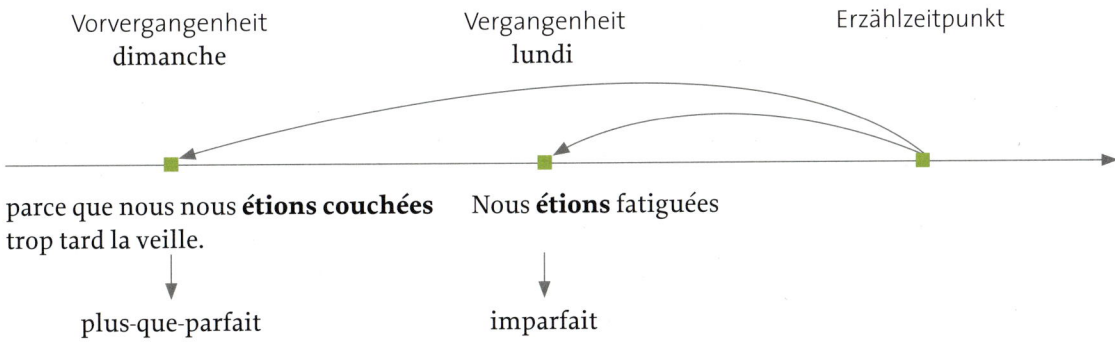

Vorvergangenheit	Vergangenheit	Erzählzeitpunkt
dimanche	lundi	

parce que nous nous **étions couchées**   Nous **étions** fatiguées
trop tard la veille.

plus-que-parfait   imparfait

Lerntipp:

Wenn dir nicht klar ist, für welche Handlung oder welches Ereignis du das **plus-que-parfait** verwenden musst, stelle dir folgende Frage: Welche der beiden Handlungen oder welches der beiden Ereignisse ist in der Vergangenheit zuerst passiert? Hierfür verwendest du das **plus-que-parfait**.

15.8 Das *passé récent* (Indikativ)   Le passé récent

Die Bildung der Verbformen des **passé récent** findest du auf ► S.171 (Das **passé récent**).

Das passé récent (venir de + Infinitiv) verwendest du zum Ausdruck:

– Allô, c'est Marc. Je peux parler à David? – Oui, attends. Il **vient de rentrer**. Ja, warte. Er ist gerade hereingekommen. Je **viens de terminer** ce livre. Ich habe gerade das Buch zu Ende gelesen.	– einer Handlung, die gerade eben erst abgeschlossen wurde (unmittelbare Vergangenheit),
Henri **venait de ranger** sa guitare lorsqu'un type l'a bousculé. Henri hatte gerade seine Gitarre weggeräumt, als ein Typ ihn anrempelte.	– einer Handlung, die in der Vergangenheit gerade abgeschlossen worden war. Dafür verwendest du **venir de** im **imparfait**.

15.9 Das *passé simple* (Indikativ)   Le passé simple

Un jour, Tislit **avoua** à sa mère son amour pour Isli. Sa mère **écouta**, puis en **parla** à son mari. Ce même jour, Isli **expliqua** à son père qu'il souhaitait épouser Tislit, mais les parents n'**acceptèrent** pas leur amour, car ils appartenaient à deux tribus rivales.	Eines Tages gestand Tislit ihrer Mutter ihre Liebe zu Isli. Ihre Mutter hörte zu und sprach dann mit ihrem Mann. Am selben Tag erklärte Isli seinem Vater, dass er Tislit heiraten wolle, aber die Eltern akzeptierten ihre Liebe nicht, weil sie zu zwei rivalisierenden Stammesverbänden gehörten.

Das **passé simple** findest du in literarischen Texten und in Zeitungstexten. Mündlich ist es höchstens noch in feierlichen Ansprachen (z. B. Predigten) zu hören.

Die Bildung der Verbformen des **passé simple** findest du auf ▶ S.153 (Das **passé simple**).

Das passé simple wird verwendet zum Darstellen von:

Un jour, Tislit **avoua** à sa mère son amour pour Isli.	– abgeschlossenem Geschehen / abgeschlossenen Handlungen,
Les parents n'**acceptèrent** pas leur amour, car ils appartenaient à deux tribus rivales.	– Handlungen, die im Vordergrund einer Erzählung stehen,
Tislit **avoua** son amour; sa mère **écouta**, puis en **parla** à son mari.	– und Handlungen, die in der Vergangenheit nacheinander abgelaufen sind (Handlungs-kette).

Lerntipp:

Das **passé simple** hat weitgehend dieselben Funktionen wie das **passé composé** bei der Darstellung von vergangenem Geschehen.

▶ s.S.197 (Das **passé composé**)

Zusatzwissen:

Das *passé antérieur*

Quand elle **eut appris** la nouvelle elle pâlit.
Als sie die Neuigkeit erfuhr, wurde sie blass.

Dès que les invités **furent partis**, il quitta la maison.
Sobald die Gäste gegangen waren, verließ er das Haus.

Wie das **plus-que-parfait** beschreibt das **passé antérieur** ein Geschehen, das noch vor einem anderen, ebenfalls vergangenen Geschehen liegt (= Vorvergangenheit).

Das **passé antérieur** wird nur in der gehobenen französischen Schriftsprache verwendet. Es steht meist in Nebensätzen nach Konjunktionen wie **après que / dès que / lorsque / quand**, wenn das Verb im Hauptsatz im **passé simple** steht.

15.10 Das Futur (Indikativ)   Le futur

Qu'est-ce que tu vas faire ce week-end?

J'irai danser.

Zukünftige Geschehnisse werden im Französischen meistens durch das **futur simple** oder das **futur composé** dargestellt. Im gesprochenen Französisch werden beide Zeitformen verwendet. Im geschriebenen Französisch wird das **futur simple** bevorzugt.

Die Bildung der Formen des **futur simple** findest du auf ▶ S. 152 (Das **futur simple**).
Die Bildung der Formen des **futur composé** findest du auf ▶ S. 168 (Das **futur composé**).

– Qu'est-ce que vous **allez faire** ce week-end? Was <u>werdet</u> ihr am Wochenende <u>machen</u>? / Was <u>macht</u> ihr am Wochenende? – On **fera** un tour à vélo. Wir <u>werden</u> eine Fahrradtour <u>machen</u>. / Wir <u>machen</u> eine Fahrradtour. – On **ira** au cinéma avec des amis. Wir <u>werden</u> mit Freunden ins Kino <u>gehen</u>. / Wir <u>gehen</u> mit Freunden ins Kino.	Für den Gebrauch der beiden Zeitformen (**futur simple** und **futur composé**) gibt es keine festen Regeln. Sie sind in den meisten Fällen austauschbar. Im Deutschen verwendet man statt des Futurs häufig das Präsens.

In folgenden Fällen steht aber vorwiegend das futur simple:

– S'il fait beau, on **fera** un pique-nique. Wenn das Wetter schön ist, <u>machen</u> wir ein Picknick. – Et qu'est-ce qu'on **fera**, s'il pleut toute la journée? Und was <u>machen</u> wir, wenn es den ganzen Tag regnet?	– in Hauptsätzen vor oder nach einem realen Bedingungssatz mit **si**. ▶ s. S. 239–244 (Der Bedingungssatz)
Tu feras tes devoirs tout de suite! Mach sofort deine Hausaufgaben.	– anstelle des Imperativs als unbedingt zu befolgender Befehl.

15.11 Das *futur antérieur* (Indikativ)   Le futur antérieur

Die Bildung der Verbformen des **futur antérieur** findest du auf ▶ S.169 (Das **futur antérieur**).

> Je partirai pour l'Afrique dès que j'**aurai passé** mes examens.
> Sobald ich meine Prüfungen <u>gemacht habe</u> (<u>gemacht haben werde</u>), werde ich nach Afrika fahren.
> Je **serai rentré** avant minuit.
> Ich <u>bin</u> vor Mitternacht <u>zurück</u>. (Ich <u>werde</u> vor Mitternacht <u>zurückgekommen sein</u>.)

> Das **futur antérieur** verwendest du zur Darstellung eines zukünftigen Geschehens, das vor einem anderen Geschehen oder einem Zeitpunkt in der Zukunft abgeschlossen sein wird. Der Gebrauch des **futur antérieur** entspricht dem Gebrauch des deutschen Futur II. Im Deutschen wird anstelle des Futur II häufig das Perfekt verwendet.

Der Erzähler blickt in die Zukunft:

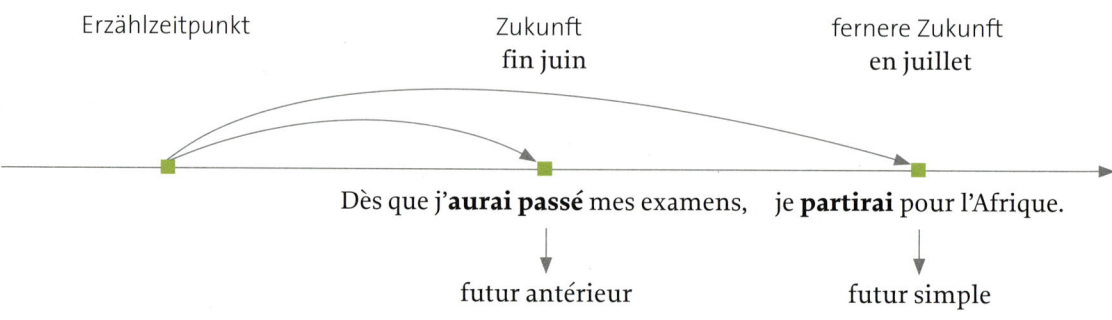

Erzählzeitpunkt   Zukunft **fin juin**   fernere Zukunft **en juillet**

Dès que j'**aurai passé** mes examens,   je **partirai** pour l'Afrique.

futur antérieur   futur simple

> **Après avoir passé** (= dès que j'aurai passé) mes examens, je partirai pour l'Afrique.
>
> Du kannst das **futur antérieur** durch andere Konstruktionen ersetzen, z.B. Präposition + Infinitiv.

▶ s. S.124–125 (Präposition + Infinitiv)

15.12 Das *conditionnel présent*   Le conditionnel présent

Die Bildung der Verbformen des **conditionnel présent** findest du auf ▶ S.154–155 (Das **conditionnel présent**).

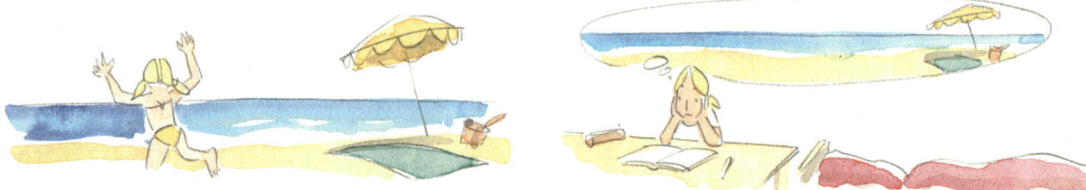

> Lucie aime aller à la mer.
> Lucie fährt gerne ans Meer.

> Lucie **aimerait** aller à la mer.
> Lucie <u>führe gern</u> ans Meer / <u>würde gern</u> ans Meer <u>fahren</u>.

> Der Indikativ stellt ein Geschehen als Tatsache dar. Im Unterschied dazu ist das **conditionnel** ein Modus, der ein Geschehen als gewünscht, angenommen, ungewiss oder ungesichert darstellen kann.

Der Gebrauch der Zeiten und Modi

Das **conditionnel présent** verwendest du:

– Regarde mes notes! Je **voudrais** améliorer mon allemand. Schau dir meine Noten an. Ich würde gerne mein Deutsch verbessern.	– zum Ausdrücken von Wünschen,
– À ta place, je **chercherais** un correspondant allemand. An deiner Stelle würde ich mir einen deutschen Brieffreund suchen.	– für Ratschläge,
– On **pourrait** aller en Allemagne tous les deux. Wir könnten beide nach Deutschland fahren.	– für Vorschläge,
– Ah non, on **parlerait** français tout le temps. Ach nein, wir würden die ganze Zeit Französisch sprechen.	– zum Ausdruck von Vermutungen, Annahmen, Möglichkeiten,
– C'est vrai. **Pourrais**-tu m'aider à trouver un correspondant? Das ist wahr. Könntest du mir helfen einen Brieffreund zu finden?	– für höfliche Bitten,
D'après un sondage, 83 % des parents **laisseraient** leurs enfants naviguer sur Internet sans surveillance. Einer Umfrage zufolge sollen 83 % der Eltern ihre Kinder ohne Aufsicht im Internet surfen lassen.	– für die Wiedergabe von Nachrichten und bloßen Annahmen (typisch für Zeitungstexte),
Si j'étais riche, je **ferais** le tour du monde. Wenn ich reich wäre, würde ich eine Weltreise machen.	– in irrealen Bedingungssätzen (aber nur im Hauptsatz. Nie im Satz mit **si**!),
Il a dit qu'il **irait** à Montréal un jour. Er hat gesagt, er werde eines Tages nach Montreal gehen.	– in der indirekten Rede: zum Ausdruck der Zukunft (wenn das Verb der Redeeinleitung in der Vergangenheit steht).

15.13 Das *conditionnel passé*   Le conditionnel passé

Die Bildung der Verbformen des **conditionnel passé** findest du auf ▶ S. 170 (Das **conditionnel passé**).

Das **conditionnel passé** verwendest du:

Si j'avais gagné au loto j'**aurais donné** de l'argent à Joseph. Wenn ich im Lotto gewonnen hätte, hätte ich Joseph Geld gegeben.	– nach irrealen, auf die Vergangenheit bezogenen Bedingungssätzen. (Im Nebensatz mit **si** steht das Verb im **plus-que-parfait**. Im Hauptsatz steht das Verb im **conditionnel passé**.) ▶ S. 240–242 (Irreale Bedingungen)
87 % des élèves **auraient réussi** le bac en 2010. 87 % der Schüler sollen 2010 das Abi bestanden haben / haben 2010 angeblich das Abitur bestanden.	– zur Wiedergabe von Vermutungen oder Annahmen. Der Sprecher ist sich hier nicht sicher, ob es stimmt, was er sagt. Im Deutschen wird dies meist mit „sollen" oder „angeblich" wiedergegeben. ▶

Il m'aurait fallu prendre plus de temps. Ich <u>hätte</u> mir mehr Zeit nehmen <u>sollen</u>. **Tu aurais dû** me le dire. Du <u>hättest</u> es mir sagen <u>sollen</u>.	– zum Ausdruck des Bedauerns über etwas Vergangenes, nicht mehr Änderbares, und zum Ausdruck des Vorwurfs.

15.14 Der *subjonctif présent* Le subjonctif présent

Die Bildung der Verbformen des **subjonctif présent** findest du auf ▶ S.155–156 (Der **subjonctif présent**).

Indikativ 1. Damien **fait** beaucoup de sport. Damien <u>treibt</u> viel Sport.	In Satz 1 wird mit dem Indikativ die Tatsache ausgedrückt, dass Damien viel Sport treibt.
subjonctif 2. Les parents de Damien <u>sont</u> très <u>contents</u> <u>que</u> leur fils **fasse** beaucoup de sport. Die Eltern von Damien sind sehr froh, dass ihr Sohn viel Sport <u>treibt</u>.	In Satz 2 steht das Gefühl der Eltern im Vordergrund: Sie sind froh darüber, dass ihr Sohn viel Sport treibt. Diese Aussage wird mit der Verbform im **subjonctif** ausgedrückt. Im Deutschen wird dieser Unterschied nicht sichtbar gemacht. Es gibt hier keinen **subjonctif**.

Claire <u>veut que</u> nous **venions**. Claire möchte, dass wir <u>kommen</u>. Je <u>trouve dommage que</u> tu n'**aies** pas le temps. Ich finde es schade, dass du keine Zeit <u>hast</u>.	Meistens ist der Gebrauch des **subjonctif** automatisiert: Du musst ihn nach bestimmten Verben, Ausdrücken oder Konjunktionen im Nebensatz verwenden. ▶ Liste der Auslöser des **subjonctif**, S.207–208

Der subjonctif steht:

Je <u>voudrais que</u> tu **fasses** tes devoirs. Ich möchte, dass du deine Hausaufgaben <u>machst</u>.	– nach einer Reihe von Verben und Ausdrücken des Wollens, Wünschens, der Notwendigkeit und der Bewertung des Gefühls,
<u>Bien que</u> je me **mette** en quatre, le travail n'est pas encore terminé. Obwohl ich mein Möglichstes <u>tue</u>, ist die Arbeit noch nicht fertig.	– nach einer Reihe von Konjunktionen,
C'est le meilleur livre **que j'aie** jamais **lu**. Das ist das beste Buch, <u>das ich</u> (je) gelesen habe. C'est le seul match **qu'elle ait gagné**. Das ist das einzige Match, <u>das sie</u> (je) gewonnen hat. C'est le magasin le plus sympa **que je connaisse**. Das ist das angenehmste Geschäft, <u>das ich kenne</u>. C'est le moins **qu'on puisse dire**. Da ist das Mindeste, <u>was man sagen kann</u>.	– häufig in Relativsätzen, die auf einen Superlativ folgen.

Der Gebrauch der Zeiten und Modi

Ses grands-parents souhaitent
qu'il leur **rende** visite.

Seine Großeltern wünschen, dass er sie besuchen kommt.

Ein Nebensatz mit **subjonctif** kann nur stehen, wenn das Subjekt im Hauptsatz (**ses grands-parents**) ein anderes als im Nebensatz ist (**il**).

Ses grands-parents **souhaitent** venir à Noël.

Seine Großeltern möchten an Weihnachten kommen.

Bei gleichem Subjekt verwendest du keinen **subjonctif**, sondern einen Infinitiv.

15.14.1 Auslöser des *subjonctif*

Folgende Verben und Ausdrücke lösen den **subjonctif** im Nebensatz aus.

Verben

accepter que	désirer que	refuser que
admirer que	détester que	regretter que
aimer (mieux) que	empêcher que	souhaiter que
attendre que	exiger que	vouloir (bien) que
autoriser que	interdire que	ne pas croire que
craindre que	permettre que	ne pas dire que
défendre que	préférer que	ne pas penser que
demander que	proposer que	

Ausdrücke

c'est / il est normal que
c'est / il est bizarre/curieux/drôle que
c'est / il est dommage que
il est bon/utile/inutile/faux/juste que
il est important/possible/impossible/temps que
je trouve bizarre/drôle/curieux/triste/amusant que
je trouve bien/bon/mauvais/important que
j'ai honte/peur que
je suis content(e)/déçu(e)/heureux(-euse)/surpris(e)/triste que
je ne suis pas sûr(e)/certain(e)/convaincu(e) que
cela m'amuse / m'étonne / m'inquiète / me surprend que
cela m'énerve / m'inquiète que

Superlativische Ausdrücke

le seul / la seule + Nomen	
les seul(e)s + Nomen	
le premier / la première + Nomen	
les premiers/premières + Nomen	que
un/une des rares + Nomen	
le/la plus + Adjektiv + Nomen	
les plus + Adjektiv + Nomen	

Siehe dazu auch ▶ S. 247–249 (Indikativ oder **subjonctif** im Relativsatz).

Konjunktionen

> **afin que** damit, **avant que** bevor, **bien que** obwohl, **en attendant que** bis, **jusqu'à ce que** bis, **pour que** damit, **quoique** obwohl, **sans que** ohne dass

 aber:

Heureusement que cela n'**a duré** qu'une heure.
Glücklicherweise hat das nur eine Stunde gedauert.

Nach Adverbien wie **heureusement que / malheureusement que** und nach **espérer** steht der Indikativ.

J'espère que ce n'**est** pas la grippe porcine.
Ich hoffe, dass das nicht die Schweinegrippe ist.

J'espère que ça ne m'**arrivera** plus.
Ich hoffe, dass mir das nicht mehr passieren wird.

Nach **espérer** steht häufig das Futur.

15.15 Indikativ oder *subjonctif*?   Indicatif ou subjonctif?

Il est certain que l'hôtel est près de la mer.

Il n'est pas certain que l'hôtel soit près de la mer.

Neben den Verben, Ausdrücken und Konjunktionen, die den **subjonctif** automatisch auslösen, gibt es eine Reihe von Verben und Ausdrücken, nach denen der **subjonctif** stehen kann – oder auch nicht. Meist kommt es auf die Sprechabsicht des Sprechers an.

1. Il est certain que l'hôtel **est** près de la mer. Es ist sicher, dass das Hotel nahe am Meer liegt.	In Satz 1 ist der Sprecher überzeugt, dass das Hotel am Meer liegt. Für ihn ist es eine Tatsache.
2. Il n'est pas certain que l'hôtel **soit** près de la mer. Es ist nicht sicher, dass das Hotel nahe am Meer liegt.	In Satz 2 ist sich der Sprecher nicht so sicher. Nach Ausdrücken der Sicherheit oder der Vermutung, nach Ausdrücken des Sagens, Meinens oder Denkens steht im bejahten Satz immer der Indikativ. Im verneinten Satz hingegen steht der **subjonctif**.

Der Gebrauch der Zeiten und Modi

Indikativ	subjonctif
il / c'est vrai que	il / c'est faux/possible/impossible que
il / c'est certain que	il / ce n'est pas certain que
il / c'est sûr que	il / ce n'est pas sûr que
il / c'est probable que	il / ce n'est pas probable que
je suis convaincu(e)/persuadé(e) que	je ne suis pas convaincu(e)/persuadé(e) que
je suis sûr(e) que	je ne suis pas sûr(e) que
je suis certain(e) que	je ne suis pas certain(e) que
j'ai l'impression que	je n'ai pas l'impression que
je crois que	je ne crois pas que
j'estime que	je n'estime pas que
je m'imagine que	je ne m'imagine pas que
je pense que	je ne pense pas que
je prétends que	je ne prétends pas que
je trouve que	je ne trouve pas que

Lerntipp:

C'est dommage qu'il ne me **réponde** pas.	Il ne me répond pas. C'est dommage. / Quel dommage.
Es ist schade, dass er mir nicht antwortet.	Er antwortet mir nicht. Das ist schade. / Wie schade.

Wenn du dir nicht sicher bist, ob du ein Verb im **subjonctif** verwenden musst oder nicht, kannst du den Nebensatz vermeiden, indem du zwei Sätze bildest.

Zusatzwissen:

Der *subjonctif passé*

Il trouve bizarre que Camille **soit** déjà **partie**.

Er findet es merkwürdig, dass Camille schon gegangen ist.

Der **subjonctif passé** wird verwendet, wenn die Handlung des Nebensatzes vor der Handlung des Hauptsatzes geschieht. Er steht nach denselben Auslösern wie der **subjonctif présent**.

Der *subjonctif imparfait*

Je rêvais d'être intégrée, ne **fût**-ce que pour m'offrir le luxe de me désintégrer ensuite.

Ich träumte davon, (in eine Gruppe) integriert zu sein, und wäre es nur deshalb, um mir den Luxus zu leisten, mich hinterher wieder von ihr zu lösen. (Amélie Nothomb, *Antéchrista*, 2003)

Der **subjonctif imparfait** ist vor allem in literarischen Texten zu finden. Er kommt heute nur noch in stilistisch ausgefeilten Schrifttexten vor und auch dort nur in der dritten Person Singular. Du solltest die Formen beim Lesen erkennen können.

▶ S.156 (Der **subjonctif imparfait**)

Qui dit mieux: Wie vermeide ich Fehler?

Auslöser des *subjonctif*

Da es im Deutschen keinen **subjonctif** gibt, vergessen deutsche Französischsprecher manchmal ihn zu verwenden.

Du <u>musst</u> deine Hausaufgaben sorgfältiger machen.	**Il faut que** tu <u>fasses</u> tes devoirs plus soigneusement.
Du <u>müsstest/solltest</u> deine Hausaufgaben sorgfältiger machen.	**Il faudrait que** tu <u>fasses</u> tes devoirs plus soigneusement.

Nach **il faut / il faudrait que** steht das Verb im folgenden Nebensatz immer im **subjonctif**. Bist du unsicher, kannst du diese Konstruktion vermeiden: **Tu dois / Tu devrais faire tes devoirs …**

Sie <u>will</u>, <u>dass</u> ich früher abfahre.	Elle **veut que** je <u>parte</u> plus tôt.
Sie geht abends weg, <u>obwohl</u> ihre Eltern dagegen sind.	Elle sort le soir **bien que** ses parents y <u>soient</u> opposés.
Es ist wichtig, <u>dass</u> sie (das) versteht.	**Il est important qu'**elle <u>comprenne</u>.
<u>Ich glaube nicht, dass</u> man auf alle diese Fragen antworten kann.	**Je ne pense pas qu'**on <u>puisse</u> répondre à toutes ces questions.

Da der Gebrauch in den meisten Fällen festgelegt ist (d. h. du musst nicht zwischen Indikativ und **subjonctif** auswählen), hilft hier nur auswendig lernen.
Die Listen der Auslöser des **subjonctif** findest du auf ▶ S. 207–209.

Beachte:	
Ich hoffe, <u>dass</u> sie (das) versteht.	**J'espère qu'**elle <u>comprend</u>.
<u>Ich nehme an, dass</u> er am Dienstag da sein wird.	**Je suppose qu'**il <u>sera</u> là mardi.

Nach **espérer** *hoffen*, **supposer** *vermuten*, **admettre** *zugeben*, **il me semble que** *es scheint mir, dass…* steht der Indikativ.

Alternativen zum *subjonctif*

Wenn du nicht sicher bist, ob du den **subjonctif** verwenden musst oder nicht, kannst du deinen Satz umformulieren, um so einen Auslöser des **subjonctif** zu vermeiden.

Infinitiv statt subjonctif

Je propose **que tu viennes** vers deux heures.	Je **te** propose **de venir** vers deux heures.
Ich schlage vor, <u>dass</u> du gegen zwei Uhr <u>kommst</u>.	Ich schlage dir vor gegen zwei Uhr zu kommen.
Mes parents ont interdit **que je sorte**.	Mes parents **m'**ont interdit **de sortir**.
Meine Eltern haben verboten, <u>dass ich ausgehe</u>.	Meine Eltern haben <u>mir</u> verboten <u>auszugehen</u>.

Zwei Sätze statt einem

C'est dommage **qu'il nous ait quitté** si tôt.	**Il nous a quitté** si tôt. C'est dommage!
Es ist schade, <u>dass</u> er uns so früh <u>verlassen hat</u>.	Er hat uns so früh <u>verlassen</u>. Das ist schade!
C'est bizarre qu'**elle** ne **fasse** jamais de sport.	**Elle** ne **fait** jamais de sport. C'est bizarre!
Es ist merkwürdig, <u>dass</u> sie nie Sport <u>treibt</u>.	<u>Sie treibt</u> nie Sport. Das ist merkwürdig!

Der Gebrauch der Zeiten und Modi

Präposition statt Konjunktion

bien que → malgré

Il continue à travailler	**bien qu'**il soit malade.	Nebensatz
Er arbeitet weiter (,)	obwohl er krank ist.	(Konjunktion mit **subjonctif**)
	malgré sa maladie.	Präposition + Nomen
	trotz seiner Krankheit.	

jusqu'à ce que → jusqu'à

Nous y restons souvent	**jusqu'à ce que** le jour se lève.	Nebensatz
Wir bleiben dort oft (,)	bis der Tag graut.	(Konjunktion mit **subjonctif**)
	jusqu'à la levée du jour.	Präposition + Nomen
	bis Tagesanbruch.	

en attendant que → en attendant

Nous nous baladons	**en attendant que** le train parte.	Nebensatz
Wir bummeln noch (,)	bis der Zug abfährt.	(Konjunktion mit **subjonctif**)
	en attendant le départ du train.	Präposition + Nomen
	bis zur Abfahrt des Zuges.	

Bei gleichem Subjekt in Haupt- und Nebensatz:

à condition que → à condition de

Il peut rester la nuit	**à condition qu'**il parte tôt le matin.	Nebensatz
Er kann über Nacht beiben (,)	**à condition de** partir tôt le matin.	(Konjunktion mit **subjonctif**)
	unter der Bedingung, dass er am nächsten Morgen früh geht.	Infinitivkonstruktion

avant que → avant (de)

Luc viendra nous dire au revoir	**avant qu'**il parte.	Nebensatz
	bevor er abfährt.	(Konjunktion mit **subjonctif**)
Luc wird uns Auf Wiedersehen sagen (,)	**avant de** partir.	Infinitivkonstruktion
	bevor er abfährt.	
	avant son départ.	Präposition + Nomen
	vor seiner Abreise.	

Imparfait und *passé composé*

Der Gebrauch von **imparfait** und **passé composé** im Französischen entspricht nicht dem Gebrauch der Vergangenheitszeiten im Deutschen.

Je nachdem ob das Verb im **imparfait** oder im **passé composé** steht, kann sich die Bedeutung des Satzes verändern:

1. L'après-midi, Tom lisait, mangeait une salade et écoutait la radio.

   Am Nachmittag hat Tom (gleichzeitig) gelesen, einen Salat gegessen und Radio gehört.

2. Hier après-midi, Tom a lu, puis il a mangé une salade et après il a écouté la radio.

   Gestern Nachmittag hat Tom (erst) gelesen, dann einen Salat gegessen und danach Radio gehört.

1. Tom macht alles gleichzeitig. Die Verwendung des imparfait drückt diese Gleichzeitigkeit aus.

2. Tom macht alles nacheinander. Die Verwendung des passé composé zeigt an, dass die eine Handlung abgeschlossen war, als die nächste begann.

Verben mit unterschiedlicher Bedeutung im *imparfait* und *passé composé*

Die folgenden Verben können im **imparfait** und **passé composé** leicht unterschiedliche Bedeutungen haben.

avoir

Il avait très faim.

Er hatte großen Hunger.

Vers 10 h du soir il a eu faim.

Gegen 22 Uhr hat er Hunger bekommen.

il avait (faim) – er hatte Hunger / hat Hunger gehabt
il a eu (faim) – er bekam Hunger / hat Hunger bekommen

connaître

Luc a connu sa femme le 27 août 2009. Philippe la connaissait déjà avant.

Luc hat seine Frau am 27. August 2009 kennen gelernt. Philippe kannte sie schon vorher.

il a connu – er hat kennen gelernt (= angefangen zu kennen)
il connaissait – er kannte / hat gekannt

mourir

Il mourait.

Er starb / lag im Sterben.

Il est mort.

Er ist gestorben. / Er ist tot.

savoir

Il savait que son copain mentait, mais cette semaine il a su toute la vérité.

Er wusste, dass sein Freund lügt (= ein Lügner ist), aber diese Woche hat er die ganze Wahrheit erfahren.

il savait – er wusste / hat gewusst
il a su – er hat erfahren (= angefangen zu wissen)

se taire

Quand il est entré, tout le monde se taisait.

Als er eintrat, schwiegen alle / sprach niemand.

Quand il est entré, tout le monde s'est tu.

Als er eintrat, verstummten alle.

il se taisait – er schwieg / hat geschwiegen / sprach nicht
il s'est tu – er verstummte / ist verstummt (= hat angefangen zu schweigen)

Abschlussübung Bilan

1. **Passé composé** oder **imparfait**? Setze die Verben in Klammern in die richtige Form.

a. Jeudi, Tim (ne pas aller) à l'école à vélo parce qu'il (pleuvoir). Quand il (partir), il (faire) encore très froid. Tim (aller) à l'arrêt du bus où il (rencontrer) la voisine qui (être en train) de promener son chien sous la pluie.

b. Madame Manaud (être) dans la cuisine. Elle (regarder) par la fenêtre quand elle (voir) un garçon qui (être en train) de grimper sur un arbre. Il (essayer) de reprendre un ballon coincé dans l'arbre. Madame Manaud (vite sortir) pour l'aider.

c. Samedi, c'(être) l'anniversaire de Frédéric. J'y (aller) avec ma copine Alice et son copain Laurent. Alice et Laurent (danser) tout le temps et moi, je (s'ennuyer). Tout à coup, la porte (s'ouvrir) et trois garçons (entrer): C'(être) mon frère avec deux copains, les types les plus drôles que je connaisse. La soirée (être) sauvée.

2. Setze die Verben in Klammern ins **imparfait, passé composé** oder **plus-que-parfait**.

a. Je (voir) Julien et Margot hier, ils (avoir) l'air fatigués. – C'est normal, la veille, ils (participer) à une compétition de Salsa. – Ils (gagner)? Mais non, ils (être) parmi les derniers. Il y (avoir) des danseurs portoricains géniaux. – Tu y (aller) aussi? – Oui, mais je (seulement regarder) la compétition. Julien me (demander) de danser avec une de ses copines, mais je (ne pas être) assez entraîné).

b. En été, je (travailler) comme guide pour des touristes allemands. Je (accompagner) des visites des catacombes de Paris. Une fois, pendant une visite, nous (apercevoir) un jeune homme dans les catacombes. Il (être) seul et il (trembler) de fièvre. Plus tard, il nous (expliquer) son aventure: Il (participer) à une visite guidée. Il (quitter) le groupe parce qu'il (vouloir) continuer seul la visite. Malheureusement, il (ne pas réussir) à retrouver le groupe et à sortir des catacombes. Il y (passer) deux jours et deux nuits.

3. Indikativ oder **subjonctif**? Setze die Verben in Klammern in die richtige Form.

a. Matthieu réfléchit: Il craint que son père lui (interdire) d'organiser une fête pour son anniversaire. Il sait que son père (ne pas le comprendre). Il doute aussi que tous ses copains et copines (venir) à son anniversaire. Mais il est sûr qu'Elsa (aller venir). Il espère qu'elle (aller l'appeler) bientôt.

b. Les parents s'adressent à leur fille qui veut quitter l'école: nous ne permettons pas que tu (quitter) l'école. Le problème, ce n'est pas que tu (être) bête, mais que tu (être) simplement paresseuse et nous préférerions que tu (faire) des études. Il est normal que tu (perdre) courage parfois, mais il faut que tu (continuer) quand même. Il vaudrait mieux que tu (passer) ton bac, même s'il est vrai que ce (pas aller être) toujours facile. C'est important que tu (être) contente de ton métier plus tard et que tu (réussir) ta vie.

Die Lösungen dieser Übungen sowie die Übersetzung der Auslöser des subjonctif (s. S. 207 und S. 209) findest du unter www.cornelsen.de/webcodes
Gib dort den webcode gramm-bilan15 ein.

16. Das Verb und seine Ergänzungen
Le verbe et ses compléments

Verben können unterschiedliche Ergänzungen haben:

Claire organise **une fête**.	– ein direktes Objekt organiser **qc**
Elle téléphone **à ses copains**.	– ein indirektes Objekt mit **à** téléphoner **à qn**
Elle joue **de la clarinette**.	– ein indirektes Objekt mit **de** jouer **de qc**

Elle parle **avec Matthieu**.	– ein indirektes Objekt mit einer anderen
	   Präposition
	   parler **avec qn**

Amélie peut **apporter des CD**.	– eine Infinitivergänzung pouvoir **faire qc**
Luc commence **à préparer une salade**.	– eine Infinitivergänzung mit **à** commencer **à faire qc**
Raphaël arrête **de travailler**.	– eine Infinitivergänzung mit **de** arrêter **de faire qc**

Dabei steht:

qn	für **quelqu'un** (*jemanden*, d.h. ein Personenobjekt)	z.B. **oublier qn** jdn vergessen
qc	für **quelque chose** (*etwas*, d.h. ein Sachobjekt)	z.B. **oublier qc** etw. vergessen
faire qc	für einen Infinitiv	z.B. **oublier de faire qc** vergessen etw. zu tun

Im folgenden Kapitel erfährst du, welche Ergänzungen ein Verb im Französischen haben kann und welche Unterschiede es zum Deutschen gibt.
Im eingelegten Beiheft auf der hinteren Umschlagseite findest du eine Liste mit 120 häufig gebrauchten französischen Verben und ihren geläufigen Ergänzungen.

Außerdem findest du:
→ einen **Bilan,** S. 216, in dem du dein Wissen überprüfen kannst.

Die Angaben   bedeuten, dass an das Verb folgende Ergänzungen angeschlossen werden können:

qn/qc	– ein direktes Objekt,
à qn / à qc	– ein indirektes Objekt mit **à**,
de qn / de qc	– ein indirektes Objekt mit **de**,
qc à qn	– ein direktes und ein indirektes Objekt,
à qn de qc	– zwei indirekte Objekte,
à faire qc	– ein Infinitiv mit **à**,
de faire qc	– ein Infinitiv mit **de**,
à qn de faire qc	– ein indirektes Objekt mit **à** und ein Infinitiv mit **de**.

Das Verb und seine Ergänzungen

Häufig entspricht ein französisches direktes Objekt einem deutschen Akkusativobjekt und ein französisches indirektes Objekt einem deutschen Dativobjekt:

direktes Objekt Jérémy cherche son chat.	Akkusativobjekt Jérémy sucht seine Katze.
indirektes Objekt Vincent a répondu à son prof.	Dativobjekt Vincent hat seinem Lehrer geantwortet.

Das ist aber nicht bei allen Verben so:

direktes Objekt Laure aide son père.	Dativobjekt Laure hilft ihrem Vater.
indirektes Objekt Demande à ton professeur.	Akkusativobjekt Frage deinen Lehrer.

Aider hat ein direktes Objekt, *helfen* hat aber ein Dativobjekt.
Demander hat in der Bedeutung *fragen* ein indirektes Objekt, *fragen* hat aber ein Akkusativobjekt.

Zu diesen Verben mit unterschiedlichen Objekten im Deutschen und Französischen gehören z.B.:

1. Direktes Objekt im Französischen – Dativobjekt im Deutschen

direktes Objekt	Dativobjekt
aider qn	jdm helfen
contredire qn	jdm widersprechen
croire qn	jdm glauben
écouter qn	jdm zuhören
féliciter qn	jdm gratulieren
remercier qn	jdm danken / sich bei jdm bedanken
suivre qn	jdm folgen

2. Indirektes Objekt im Französischen – Akkusativobjekt im Deutschen

indirektes Objekt	Akkusativobjekt
demander à qn	jdn fragen
jouer à qc	(ein Spiel/Sportspiel) spielen
jouer de qc	(ein Instrument) spielen
mentir à qn	jdn belügen
rendre visite à qn	jdn besuchen
répondre à qc	etw. beantworten
réussir à qc	etw. schaffen / eine Prüfung bestehen
téléphoner à qn	jdn anrufen

Lerntipp:
Lerne die Verben immer mit ihrer Ergänzung. Dann weißt du, welches Objekt ein Verb anschließen kann.

Abschlussübung   Bilan

1. **À** oder **de** oder keine Präposition? Ergänze die Sätze, wenn nötig, mit einer Präposition.

a. Elle aime beaucoup [?] aller au cinéma. Elle demande toujours [?] un copain [?] l'accompagner parce qu'elle préfère [?] ne pas sortir seule le soir.

b. Son père a conseillé [?] Ludo [?] partir demain.

c. J'ai essayé [?] faire cet exercice, mais je ne l'ai pas compris.

2. Finde das Verb, das in jeder Gruppe fehlt. Ergänze und übersetze die Sätze.

a. Noémie n' [?] pas en forme. Elle [?] en train de s'habiller. Il [?] déjà huit heures moins le quart. Le collège [?] à 20 minutes de chez elle. Elle [?] de mauvaise humeur parce qu'elle va [?] en retard. Encore!

b. Après avoir [?] les courses, M. et Mme Lambert [?] la cuisine. Leur fils [?] un gâteau et leur fille [?] la vaisselle. Ils se dépêchent car il [?] très beau et ils veulent [?] une promenade après le dîner.

c. Alice [?] beaucoup de temps au lycée. Elle espère [?] en seconde parce qu'elle veut [?] son bac. Elle veut aussi [?] son permis de conduire à 18 ans.

d. Quentin [?] 16 ans. Il [?] très envie de devenir musicien. Il joue dans un groupe de rock et leur premier concert [?] lieu samedi. Quentin [?] mal à la tête, il [?] froid: il [?] le trac. Il [?] besoin de quelqu'un qui le réconforte.

e. Inès [?] une heure pour ranger sa chambre: elle [?] tous ses CD sur l'étagère et tous ses vêtements dans l'armoire. Avant de sortir, elle doit encore [?] la table. Puis elle se dépêche: elle [?] ses vêtements de sport et sort de la maison. Elle [?] dix minutes pour aller au stade.

3. **Faire faire** oder **laisser faire**? Ergänze die Sätze mit dem richtigen Verb.

a. Philippe s'est [?] colorer les cheveux en noir. Après, un de ses profs ne l'a pas reconnu et ça a [?] rire toute la classe.

b. À l'école, on nous a [?] apprendre du vocabulaire sur des séries télévisées.

c. Les Lambert [?] leurs enfants sortir jusqu'à minuit.

d. En été, Nadine [?] apprendre à nager à ses enfants.

e. Mes parents ne me [?] pas aller étudier dans une autre ville.

f. Pendant ses cours de français, M. Morel [?] étudier à ses élèves des textes de J.-P. Sartre.

g. Tom voulait [?] réparer son ordinateur, mais c'était trop cher.

h. Elle [?] son fils regarder n'importe quoi à la télé.

4. Übersetze und achte auf die unterschiedlichen Objekte im Französischen und im Deutschen.

a. Lisa will nicht immer ihrem kleinen Bruder helfen.

b. Hast du deinen Bruder schon gefragt?

c. Sophie und Kristin schwatzen[1] und hören ihrem Lehrer nicht zu.

d. Sie hat ihre Hausaufgaben gemacht ohne ihrer Mutter zu widersprechen[2].

e. Nach dem Konzert hat sich der Sänger bei seinen Fans bedankt.

[1] schwatzen = bavarder
[2] widersprechen = contredire

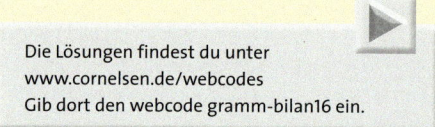

Die Lösungen findest du unter
www.cornelsen.de/webcodes
Gib dort den webcode gramm-bilan16 ein.

17. Der Aussagesatz und seine Bestandteile
La phrase déclarative et ses composantes

In den vorhergehenden Kapiteln dieser Grammatik hast du die Wortarten kennen gelernt.
Alle diese Wortarten sind „Bausteine", die du brauchst, um Sätze zu bilden.
In diesem Teil der Grammatik kannst du nachschlagen, welche Rolle Wörter in Sätzen spielen
können und wie du Sätze bildest. Am Beispiel des Aussagesatzes werden die Bestandteile von
Sätzen erklärt.

<u>Marina</u>   <u>lit.</u>   <u>Les élèves</u>   <u>apprennent le français.</u>

Subjekt   Prädikat   Subjekt   Prädikat

Ein vollständiger Aussagesatz besteht aus einem Subjekt und einem Prädikat. Häufig besteht das
Prädikat aus einem Verb und einer oder mehreren Ergänzungen.

Für französische Sätze gibt es eine Reihe von festen Stellungsregeln. Bestimmte Satzteile kann
man nur in einer bestimmten Reihenfolge im Satz benutzen.

Die normale Stellung der Satzteile in einem Aussagesatz ist:
Subjekt/**sujet** + Verb/**prédicat** + Ergänzung/**complément**. Das kennst du aus dem Englischen:
subject + verb + object.

Das folgende Kapitel behandelt die Satzteile und ihre Stellung im Satz:

17.1 Das Subjekt
17.2 Das Prädikat
17.3 Die Ergänzung des Verbs
17.4 Die Hervorhebung von Satzteilen
17.5 Der segmentierte Satz

Außerdem findest du:
→ **Auf einen Blick:** Die Wortstellung im Aussagesatz, S. 224,
→ einen **Bilan**, S. 225, in dem du dein Wissen überprüfen kannst.

17.1 Das Subjekt   Le sujet

**Das Subjekt eines Satzes kann aus einem einzelnen Wort, aus einer Wortgruppe oder aus einem Satz
bestehen:**

Marie travaille dans un bureau.	Marie arbeitet in einem Büro.	– Eigenname,
Elle fait du sport.	Sie treibt Sport.	– Subjektpronomen,
Les filles vont danser. **Ses copines** viennent tard.	Die Mädchen gehen tanzen. Seine/Ihre Freundinnen kommen spät.	– Nomen mit Begleiter,
Voyager est très agréable.	Reisen ist sehr angenehm.	– Infinitiv,
Ce qu'il m'a dit ne me plaît pas.	Das, was er mir gesagt hat, gefällt mir nicht.	– Nebensatz.
Das Subjekt steht im französischen Aussagesatz in der Regel vor dem Verb.		

217

Zusatzwissen:

Es gibt zwei Ausnahmen von dieser Regel. Das Subjekt steht hinter dem Verb:

«Au revoir», **dit-elle**.
„Auf Wiedersehen", sagt sie.

– nach der direkten Rede,

Peut-être **va-t-elle** revenir bientôt.
Vielleicht kommt sie bald wieder.
Sans (aucun) doute **avez-vous** raison.
Wahrscheinlich (Zweifellos) haben Sie Recht.
À peine **était-il** rentré
que le téléphone se mit à sonner.
Kaum war er nach Hause gekommen,
als das Telefon anfing zu klingeln.

– nach den Adverbien **peut-être**, **sans (aucun) doute**, **à peine ... que**, **aussi** (*so, deshalb*), wenn sie am Satzanfang stehen. Das ist im Deutschen genauso.

Diese Umkehrung der Reihenfolge Subjekt – Verb nennt man Inversion. Die Inversion nach diesen Adverbien ist im gesprochenen Französisch selten. Dort stehen diese Adverbien meist nach dem Verb oder werden mit **que** verwendet:

Vous avez sans doute raison.
Vous avez peut-être raison.

Sans doute **que vous avez** raison.
Peut-être **que vous avez** raison.

17.2 Das Prädikat   Le prédicat

Subjekt	Prädikat	
	Verb	Ergänzung(en)
Robert	travaille.	
Sophie	habite	à Nantes.
Sylvie	écrit	un roman.
Catherine	parle	d'un film à sa copine.

Das Prädikat eines Satzes besteht aus einem Verb oder einem Verb mit Ergänzung(en).

Subjekt	Prädikat	
	Verb	prädikative Ergänzung
Paul	a l'air	gentil.
Il	est	infirmier.
Claire	est	gentille.
Elle	deviendra	infirmière.
Les écoles	restent	fermées samedi prochain.

Prädikative Ergänzungen folgen auf die Verben **être**, **devenir**, **sembler**, **rester**, **paraître**, **avoir l'air**.
Eine prädikative Ergänzung kann aus einem Nomen oder einem Adjektiv bestehen. Die Ergänzung bezieht sich auf das Subjekt, dem sie in Geschlecht und Zahl angeglichen wird.

▶ Siehe dazu auch S. 79–80 (Prädikativer Gebrauch des Adjektivs)

Der Aussagesatz und seine Bestandteile

17.3 Die Ergänzung des Verbs   Le complément du verbe

Verben können folgende Ergänzungen haben:

Sylvie écrit **un roman.** Sylvie schreibt einen Roman.	– ein direktes Objekt,
Sophie téléphone **à sa copine.** Sophie telefoniert mit ihrer Freundin.	– ein indirektes Objekt mit **à**,
Elles parlent **de Samuel.** Sie sprechen über Samuel.	– ein indirektes Objekt mit **de**,
Elle monte **sur la colline.** Sie geht auf den Hügel.	– eine adverbiale Bestimmung,
Ils aiment **nager.** Sie schwimmen gerne.	– eine Infinitivergänzung.

Im Beiheft (▶ s. hintere Umschlagseite) findest du eine Liste häufig gebrauchter Verben mit ihren Ergänzungen. Die folgenden Abschnitte behandeln die einzelnen Ergänzungen.

17.3.1 Das direkte Objekt

Verb direktes Objekt	Das direkte Objekt heißt so, weil es direkt – also
Marion achète **un cadeau.** Marion rencontre **Quentin.**	ohne Präposition – an das Verb angeschlossen wird.

Direktes Objekt eines Verbs können einzelne Worte, Wortgruppen oder Sätze sein:

Marion achète **un cadeau.**	– ein Nomen mit Begleiter,
Marion rencontre **Quentin.**	– ein Eigenname,
Elle **le** rencontre.	– ein direktes Objektpronomen,
Elle demande à Quentin **ce qu'il a fait hier.**	– ein Relativsatz,
J'ai essayé **de comprendre ce texte.**	– ein Infinitivsatz.

In zusammengesetzten Zeiten wird das Partizip in bestimmten Fällen dem direkten Objekt angeglichen. ▶ s. dazu S. 163–167 (Die Angleichung des Partizip Perfekt)
Zur Stellung der direkten Objektpronomen im Satz ▶ s. S. 55–58.

17.3.2 Das indirekte Objekt

Manon téléphone **à sa copine**. Elles parlent **de Louise**.	Das indirekte Objekt wird mit einer Präposition – meist **à** oder **de** – an das Verb angeschlossen.

Indirektes Objekt kann sein:

Manon téléphone **à sa copine**. Manon telefoniert mit ihrer Freundin.	– ein Nomen mit Begleiter,
Elles parlent **de Louise**. Sie sprechen über Louise.	– ein Eigenname,
Elle **lui** parle. Sie spricht mit ihm.	– ein indirektes Objektpronomen,
Il pense souvent **à elle**. Er denkt oft an sie.	– ein unverbundenes (betontes) Personalpronomen,
Il s'intéresse **à ce qu'elle fait**. Er interessiert sich dafür, was sie macht.	– ein Relativsatz (Relativpronomen: ce que = *was*).

Zur Stellung der Objektpronomen im Satz ▶ s. S. 55–58.

17.3.3 Die Stellung der Objekte im Satz

Amélie a acheté un livre. Amélie hat ein Buch gekauft. Elle a parlé à Adrien. Sie hat mit Adrien gesprochen.	Direkte und indirekte Objekte stehen im Aussagesatz nach dem Verb.
Elle donne son livre à Adrien. Sie gibt Adrien ihr Buch.	Gibt es in einem Satz ein direktes und ein indirektes Objekt, so steht das direkte Objekt meist vor dem indirekten.

Amélie parle **à sa copine** **de sa famille**. Amélie spricht mit ihrer Freundin von ihrer Familie.	Manche Verben können zwei indirekte Objekte haben. Normalerweise steht dann das à-Objekt vor dem de-Objekt.
Elle parle **de ses projets** **à M. et Mme Garnier**. Sie spricht mit M. und Mme Garnier über ihre Pläne.	Das à-Objekt steht an letzter Stelle, wenn du es betonen willst oder wenn es länger als das de-Objekt ist.

Zur Stellung der Objektpronomen im Satz ▶ s. S. 55–58.

Der Aussagesatz und seine Bestandteile

17.3.4 Die adverbiale Bestimmung und ihre Stellung im Satz

Eine adverbiale Bestimmung gibt Auskunft über:

Damien part **pour l'Espagne**. Damien fährt nach Spanien. Les parents sont **dans la cuisine**. Die Eltern sind in der Küche.	– den Ort,
Nadia arrive **à cinq heures**. Nadia kommt um fünf Uhr an. Ils se parlent **tous les jours**. Sie sprechen jeden Tag miteinander.	– die Zeit,
Léo ne sort pas **à cause du mauvais temps**. Léo geht wegen des schlechten Wetters nicht raus.	– den Grund,
Elle écrit ses lettres **à la main**. Sie schreibt ihre Briefe mit der Hand.	– die Art und Weise.

Eine adverbiale Bestimmung kann bestehen aus:

Pierre habite **là-bas**. Pierre wohnt dort drüben.	– einem Adverb,
Sophie habite **rue de France**. Sophie wohnt in der Rue de France.	– einem Eigennamen,
Elle habite **en face du parc**. Sie wohnt gegenüber vom Park.	– einer Präposition und einem Nomen,
Elle **y** va souvent. Sie geht oft dorthin.	– einem Pronomen,
Thomas sort **quand il veut**. Thomas geht aus, wann er will.	– einem Nebensatz.

Félix va **au bureau**. Félix geht ins Büro. Nathan habite **à la campagne**. Nathan lebt auf dem Land.	Manche Verben können nicht alleine stehen, z. B. **aller** und **habiter**. Eine adverbiale Bestimmung kann also eine notwendige Verbergänzung sein. In diesem Fall steht die adverbiale Bestimmung beim Verb.

Aujourd'hui, Félix va au bureau. Heute geht Félix ins Büro. Nathan habite à la campagne **depuis deux mois**. Nathan lebt seit zwei Monaten auf dem Land.	Eine adverbiale Bestimmung kann sich auch auf einen ganzen Satz beziehen. Dann handelt es sich um eine so genannte freie Ergänzung. Frei deswegen, weil du sie – anders als eine notwendige Ergänzung – auch weglassen kannst. Eine freie Ergänzung kann am Anfang oder am Ende des Satzes stehen.

221

Le soir, au stade, le groupe de Daniel s'entraîne.
Le groupe de Daniel s'entraîne **le soir, au stade**.
Le soir, le groupe de Daniel s'entraîne **au stade**.
Die Gruppe von Daniel trainiert abends im Stadion.

Verwendest du in einem Satz mehrere freie Ergänzungen, so kannst du sie entweder zusammen an den Satzanfang oder an das Satzende stellen oder sie auf Satzanfang und Satzende verteilen.

17.3.5 Die Infinitivergänzung

Alexis et Romain veulent **partir**.
Alexis und Romain wollen weggehen.

Sarah apprend **à lire**.
Sarah lernt lesen.

Hugo a oublié **de payer**.
Hugo hat vergessen zu zahlen.

Alexis et Romain veulent **sortir avec des amis**.
Alexis und Romain wollen mit Freunden ausgehen.

Julie apprend **à lire à sa sœur**.
Julie bringt ihrer Schwester das Lesen bei.

Eine Infinitivergänzung kann mit oder ohne Präposition an das Verb angeschlossen werden. Es hängt vom Verb ab, ob danach eine Präposition steht und welche.

Lerntipp:

adorer, aimer, préférer, détester, il faut
devoir, pouvoir, savoir, vouloir │ + Infinitiv

Nach diesen acht häufig gebrauchten Verben und nach **il faut** steht der Infinitiv ohne Präposition.

Im Beiheft (▶ s. hintere Umschlagseite) findest du eine Liste häufig gebrauchter Verben mit ihren Ergänzungen.

17.4 Die Hervorhebung von Satzteilen   La mise en relief

Im Deutschen kannst du einzelne Satzglieder dank der relativ freien Wortstellung im Satz hervorheben. In der gesprochenen Sprache kannst du außerdem die Betonung dazu nutzen. Im Französischen sind diese Möglichkeiten stark eingeschränkt. Zur Hervorhebung von Satzteilen verwendest du c'est ... qui und c'est ... que.

Der Aussagesatz und seine Bestandteile

17.4.1 *C'est ... qui / Ce sont ... qui*

C'est Camille **qui** veut aller danser. Camille will tanzen gehen. (Es ist Camille, die tanzen gehen will.)	Mit c'est ... qui / ce sont ... qui kannst du ein Subjekt hervorheben.
C'est elle **qui** a choisi le film. Sie hat den Film ausgesucht. (Sie ist es, die den Film ausgesucht hat.)	Nach c'est / ce sont stehen die unverbundenen Personalpronomen.
Mais **c'est** moi **qui** ai eu l'idée. Aber ich habe die Idee gehabt.	
Ce sont Isabelle et Inès **qui** vont avec Camille. Isabelle und Inès gehen mit Camille. (Es sind Isabelle und Inès, die mit Camille gehen.)	Ce sont steht nur vor Nomen im Plural oder vor eux/elles. In der gesprochenen Sprache wird auch an dieser Stelle häufig c'est verwendet.
Ce sont elles **qui** vont avec Camille. Sie gehen mit Camille.	

Anders als im Deutschen richtet sich das Verb im **qui**-Satz immer nach dem hervorgehobenen Subjekt:

🇫🇷 **C'est toi** qui **as** appelé ce matin?　　Oui, **c'est moi** qui t'**ai** appelé.
🇩🇪 Warst du es, der heute Morgen angerufen hat?　Ja, das war ich, der dich angerufen hat.

17.4.2 *C'est ... que / Ce sont ... que*

Mit C'est / Ce sont ... que kannst du alle anderen Satzteile, mit Ausnahme des Subjekts, hervorheben:

C'est **la musique classique** que Nicolas aime. Nicolas liebt klassische Musik.	– ein direktes Objekt,
C'est **à Nicolas** qu'elle a offert un CD. Sie hat Nicolas eine CD geschenkt.	– ein indirektes Objekt,
C'est **au restaurant** qu'ils vont se rencontrer. Sie werden sich im Restaurant treffen. C'est **vendredi** que le concert aura lieu. Das Konzert wird am Freitag stattfinden.	– eine adverbiale Bestimmung,
C'est **en allant au bureau** que Nicolas est tombé. Auf dem Weg ins Büro ist Nicolas hingefallen.	– ein gérondif.

⚠ Ce sont des poèmes qu'elle a lus dans le train.

Ce sont les chansons de son nouvel album que j'ai écoutées.

In diesen Beispielen wird das direkte Objekt durch ce sont ... que hervorgehoben. Que ist das direkte Objekt des folgenden Nebensatzes und steht vor einem Verb im **passé composé**. Deshalb gleichst du das Partizip dem direkten Objekt in Geschlecht und Zahl an.

▶ s. S. 163–167 (Die Angleichung des Partizip Perfekt)

17.5   Der segmentierte Satz   La phrase segmentée

Im gesprochenen Französisch werden häufig Sätze verwendet, in denen ein Satzteil (Subjekt oder Objekt) wiederholt wird. Diese Sätze nennt man segmentierte Sätze.

Il est arrivé, **ton copain.** (Subjekt) **Ton copain, il** est arrivé. <u>Dein Freund</u> ist gekommen.	Im segmentierten Satz wird ein Satzteil voran- oder nachgestellt und im Satz durch ein Pronomen wiederholt. Ein Subjekt wird durch ein Subjekt-pronomen wiederholt, ein Objekt durch ein Objekt-pronomen. Der vorangestellte oder nachgestellte Satzteil wird durch ein Komma abgetrennt.
Ce film, je **l'**ai déjà vu. (Objekt) Je **l'**ai déjà vu, **ce film.** <u>Diesen Film</u> habe ich schon gesehen.	
Moi, je voudrais aller au cinéma. Je voudrais aller au cinéma, **moi.**	Ist das Subjekt des Satzes ein Pronomen, wird ein unverbundenes Personalpronomen zur Wieder-holung vor oder nach den Satz gestellt.
Lui, il voudrait aller danser. Il voudrait aller danser, **lui.**	

🔍 Auf einen Blick: Die Wortstellung im Aussagesatz

Die Stellung der Satzglieder in einem französischen Aussagesatz ist weitgehend festgelegt:
Subjekt – Verb   – Objekt (SVO):

Hugo	écrit	un message.
Hugo	schreibt	eine Nachricht.

Das Objektpronomen steht:

Subjekt	Objektpronomen	Verb	Ergänzung
Hugo		écrit	un message.
Hugo	**l'**	écrit	à sa copine.
Sa copine		répondait	à ces messages.
Elle	**y**	répondait.	

– in den einfachen Zeiten direkt vor dem Verb.

Subjekt	Objektpronomen	Hilfsverb	Partizip Perfekt	Ergänzung
Hugo		a	écrit	un message.
Hugo	**l'**	avait	écrit	à sa copine.

– in den zusammengesetzten Zeiten vor dem Hilfsverb.

Subjekt	Form von **aller**/ Modalverb	Objektpronomen	Infinitiv	Ergänzung
Hugo	va		écrire	un message.
Hugo	va	**l'**	écrire	à sa copine.
Hugo	veut		écrire	un message.
Hugo	veut	**l'**	écrire	à sa copine.

– in einem Satz mit **futur composé** oder einem Modalverb vor dem Infinitiv.

▶ s. S. 55–58 (Die Stellung der Pronomen im Satz)
▶ s. S. 266–268 (Die Wortstellung im verneinten Satz)

Abschlussübung   Bilan

1. Setze die Satzteile in die richtige Reihenfolge.

a. balader – se – ne – va – Lila – pas – les autres – avec.
b. ne – veut – Yasmine – pas – lever – se – à – six heures trente.
c. à – sa copine – écrit – a – Théo – un message. – Elle – a – ne – pas – répondu – lui – encore.
d. doit – ce texte – lire – pour – l'école – Paul. – Mais – ne – pas – a – il – envie – le – lire – de.
e. Max – sont – et – hier – soir – Marie – sortis. – ont – ne – personne – rencontré – Ils.
f. Léa – frères – connais – Tu – les – de? – soir – les – Je – hier – rencontrés – ai – au cinéma.
g. un roman – Je – lu – ai – me – a – plu – qui – beaucoup.
h. à – tes parents – demander – faut – Il – si – sortir – peux – tu – nous – samedi – avec.

2. Direktes oder indirektes Objekt? Bestimme die unterstrichenen Satzteile.

a. Matthieu aime beaucoup les maths. Mais aujourd'hui pendant le cours de maths, il n'écoute pas son prof. Il parle avec sa copine Aïsha et il rêve des vacances d'été. Il espère faire un stage de voile à La Ciotat.
b. Clara joue de la clarinette depuis l'âge de onze ans. Elle adore la musique classique, mais elle écoute aussi le jazz et le rock des années 2000. Un jour, elle voudrait apprendre à jouer du saxophone. Elle a parlé de ses projets à Mme Lambert, son prof de musique et Mme Lambert lui a donné l'adresse d'un prof qui donne des cours de saxophone à des élèves.

3. Beantworte die Sätze mit nein. Verwende die **mise en relief** und die Angaben in Klammern.

a. Marie est allée à Nice? – Mais non! C'est à Marseille qu'elle …. (Marseille)
b. Arthur est allé avec elle? – Mais non! … (Sylvain)
c. Elle est partie samedi? – Mais non! … (vendredi)
d. Elle a pris la voiture? – Mais non! … (le train)
e. Tu l'as accompagnée à la gare? – Mais non! … (ses parents)
f. Elle va rencontrer son cousin à Marseille? – Mais non! … (sa tante)
g. Elle va rentrer dans dix jours? – Mais non! … (dans quinze jours)
h. Ses parents vont la chercher à la gare? – Mais non! … (moi)

4. Übersetze die Sätze.

a. Clément ist Schauspieler.
b. Er sieht sehr nett aus.
c. Seine Frau ist Schauspielerin und sie ist auch nett.
d. Ihre Tochter will auch Schaupielerin werden, aber sie scheint mir zu schüchtern zu sein.

Die Lösungen findest du unter
www.cornelsen.de/webcodes
Gib dort den webcode gramm-bilan17 ein.

18. Der Fragesatz
La phrase interrogative

Est-ce qu'on va au cinéma? / On va au cinéma?	Oui./Non.	Entscheidungsfrage
Quand est-ce qu'on va au cinéma? **Avec qui** est-ce qu'on va au cinéma?	Ce soir. / Demain. / Samedi. Avec Julien et Mathilde.	Teilfrage

Es gibt zwei Arten von Fragen: Fragen mit und Fragen ohne Fragewort.
Fragen ohne Fragewort (Entscheidungsfragen oder Gesamtfragen) werden mit Ja oder Nein beantwortet.
Fragen mit Fragewort (Teilfragen) erwarten eine bestimmte Angabe als Antwort.

Im Französischen gibt es mehrere Möglichkeiten, Entscheidungsfragen und Teilfragen zu bilden. Die Verwendung der unterschiedlichen Fragetypen hängt von der Redesituation und dem Gesprächspartner ab.

Eine **Entscheidungsfrage** kann gebildet werden als:

Marie va venir avec nous?	– Intonationsfrage,
Est-ce que Marie va venir avec nous?	– Frage mit est-ce que,
Va-t-elle venir avec nous?	– Inversionsfrage,
Marie, va-t-elle venir avec nous?	– absolute Frage,
Marie, elle va venir avec nous?	– segmentierte Frage.

Eine **Teilfrage** kann gebildet werden als:

Elle vient **quand**?	– Frage mit nachgestelltem Fragewort,
Quand **est-ce qu'**elle va venir?	– Frage mit est-ce que,
Quand **vient-elle**?	– Inversionsfrage,
Marie, quand **vient-elle**?	– absolute Frage,
Elle vient quand, **Marie**?	– segmentierte Frage.

In diesem Kapitel findest du:

Außerdem findest du:
→ **Qui dit mieux: Wie vermeide ich Fehler?**, S. 232–233,
→ einen **Bilan**, S. 234, in dem du dein Wissen überprüfen kannst.

Hinweise zur indirekten Frage findest du auf ► S. 254–255.

18.1 Die Fragewörter   Les mots interrogatifs

Qui est ce monsieur?

Où est-il?

Qu'est-ce qu'il fait?

Pourquoi est-ce qu' il fait ça?

Qui va venir?	Wer wird kommen?
Tu as invité **qui**?	Wen hast du eingeladen?
Mit **qui** fragst du nach Personen.	

Que fais-tu?	Was machst du?
Mit **que** fragst du nach Sachen.	

Quel roman est-ce que tu as lu?	Welchen Roman hast du gelesen?
Quelles baskets sont à la mode?	Welche Turnschuhe sind in?
Quel ist ein Begleiter und kann nur vor einem Nomen stehen. Du gleichst **quel** in Geschlecht und Zahl dem Nomen an, vor dem es steht.	

▶ s. S. 22–23 (Der Frage- und Ausrufebegleiter)
▶ s. S. 164–165 (Die Angleichung des Partizip Perfekt nach dem Hilfsverb **avoir**)

Regarde ces deux photos. **Laquelle** préfères-tu?	Sieh dir diese beiden Fotos an. Welches gefällt dir besser?
Tu connais ses films? **Lesquels** préfères-tu?	Kennst du seine/ihre Filme? Welche gefallen dir am besten?
Lequel/laquelle ist ein Pronomen. Es steht anstelle eines Nomens, dem du es in Geschlecht und Zahl angleichst.	

▶ s. S. 65–66 (Das Fragepronomen **lequel**)

Comment vas-tu?	Wie geht es dir?
Combien as-tu payé?	Wie viel hast du bezahlt?
Quand viens-tu?	Wann kommst du?
Pourquoi es-tu triste?	Warum bist du traurig?
Où est-elle?	Wo ist sie?
Mit diesen fünf Fragewörtern fragst du nach den genaueren Umständen.	

227

À qui penses-tu?	An <u>wen</u> denkst du?
De qui parle-t-elle?	Von <u>wem</u> spricht sie?
À quel âge va-t-on au collège?	In <u>welchem</u> Alter geht man ins **collège**?
Pour combien de personnes?	<u>Für wie viele</u> Personen?
De quand date cette lettre?	<u>Von wann</u> ist dieser Brief?
D'où vient-elle?	<u>Woher</u> kommt sie?
– Votre poème est extraordinaire.	Ihr Gedicht ist außergewöhnlich.
– **Duquel** parlez-vous?	<u>Von welchem</u> sprechen Sie?
– Quand vous parlez des chansons françaises qu'on apprend à l'école, **auxquelles** pensez-vous?	Wenn Sie von französischen Chansons sprechen, die man in der Schule lernt, <u>an welche</u> denken Sie?

Wie im Deutschen kannst du die meisten Fragewörter in Verbindung mit Präpositionen verwenden.

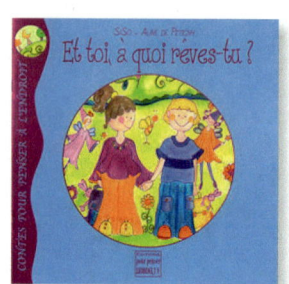

À quoi penses-tu?	<u>Woran</u> denkst du?
De quoi rêves-tu?	<u>Wovon</u> träumst du?

Vor **que** kann keine Präposition stehen. Anstelle von **que** verwendest du dann **quoi**.

18.2 Die Intonationsfrage und die Frage mit nachgestelltem Fragewort   L'interrogation par intonation et avec pronom interrogatif postposé

Die Intonationsfrage und die Frage mit nachgestelltem Fragewort sind der häufigste Fragetyp im gesprochenen Französisch. In der geschriebenen Sprache und in förmlichen Situationen werden sie – außer bei der Wiedergabe von Dialogen – nicht verwendet.

Entscheidungsfrage	
On va au cinéma?	Gehen wir ins Kino?
Tu viendras demain?	Kommst du morgen? / Wirst du morgen kommen?

Die Intonationsfrage verwendest du bei Entscheidungsfragen. Die Wortstellung ist die gleiche wie im Aussagesatz. Als Frage ist die Intonationsfrage nur durch die ansteigende Intonation (Satzmelodie), mit der sie gesprochen wird, erkennbar.

Der Fragesatz

Teilfrage	
Tu habites **où**?	Wo wohnst du?
Il vient **quand**?	Wann kommt er?
Tu l'as appelé **pourquoi**?	Warum hast du ihn angerufen?

Die Frage mit nachgestelltem Fragewort verwendest du bei Teilfragen. In dieser Frageform stellst du das Fragewort ans Ende des Satzes. Die Stellung der übrigen Satzglieder ist die gleiche wie im Aussagesatz. Diese Frage sprichst du mit fallender Intonation.

18.3 Die Frage mit *est-ce que* L'interrogation avec est-ce que

Die Frage mit est-ce que wird sowohl im gesprochenen als auch im geschriebenen Französisch verwendet.

Entscheidungsfrage	
Est-ce qu'on va au cinéma?	Gehen wir ins Kino?
Est-ce que tu viendras demain?	Kommst du morgen?

Est-ce que ist ein Fragesignal. Bei der Entscheidungsfrage stellst du es an den Anfang des Fragesatzes. Die Stellung der übrigen Satzglieder ist die gleiche wie im Aussagesatz.

Teilfrage	
Qu'est-ce que tu fais?	Was machst du?
Quand est-ce qu'on va au cinéma?	Wann gehen wir ins Kino?

Bei einer Teilfrage stellst du das Fragewort vor **est-ce que**. Die Stellung der übrigen Satzglieder ist die gleiche wie im Aussagesatz.

 Où est-ce qu'elle est?   Wo ist sie?   aber: **Où** est Jérôme?   Wo ist Jérôme?

Où kannst du nur mit **est-ce que** + **être** verwenden, wenn das Subjekt ein Pronomen ist.
Bei einem Nomen verwendest du die Inversionsfrage.
▶ s.S.230 (Die Inversionsfrage)

 Lerntipp:
In schriftlichen Arbeiten verwendest du am besten die Frage mit est-ce que.
Sie ist am leichtesten zu bilden.

18.3.1 *Qui est-ce qui? / Qui est-ce que? – Qu'est-ce qui? / Qu'est-ce que?*

Diese vier Fragen ähneln sich sehr und führen leicht zu Verwechslungen. Deshalb hier ein Überblick über ihre Verwendung:

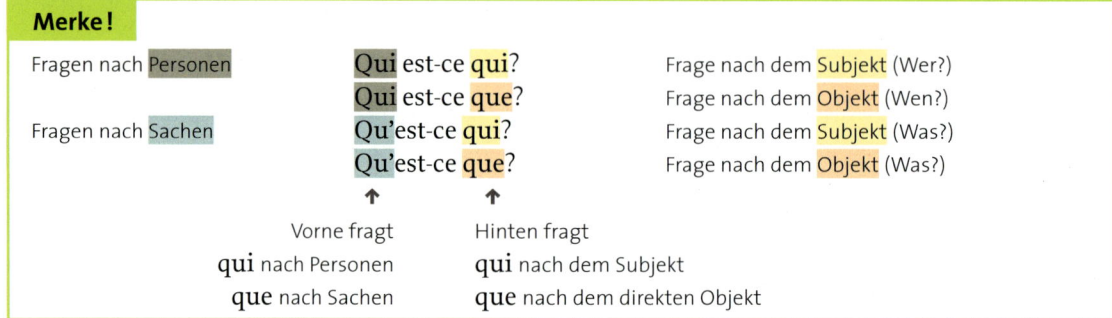

Merke!

Fragen nach Personen	**Qui** est-ce **qui**?	Frage nach dem Subjekt (Wer?)
	Qui est-ce **que**?	Frage nach dem Objekt (Wen?)
Fragen nach Sachen	**Qu'**est-ce **qui**?	Frage nach dem Subjekt (Was?)
	Qu'est-ce **que**?	Frage nach dem Objekt (Was?)

Vorne fragt   Hinten fragt
qui nach Personen   **qui** nach dem Subjekt
que nach Sachen   **que** nach dem direkten Objekt

18.4 Die Inversionsfrage   L'interrogation par inversion

Die Inversionsfrage gehört vorwiegend der geschriebenen Sprache an. In der gesprochenen Sprache ist sie vor allem in einigen formelhaften Wendungen und in kurzen Fragen üblich, z. B.:
Êtes-vous d'accord? *Seid ihr / Sind Sie einverstanden?*, **Où est-elle?** *Wo ist sie?*,
Comment allez-vous? *Wie geht es euch/Ihnen?*.

Entscheidungsfrage

Apprenez-**vous** le français?	Lernt ihr / Lernen Sie Französisch?
Pourrais-**tu** m'aider?	Könntest du mir helfen?
Va-t-**elle** venir?	Wird sie kommen?
Parle-t-**il** allemand?	Spricht er Deutsch?
A-t-**il** vraiment raison?	Hat er wirklich Recht?
Va-t-**on** travailler plus?	Werden wir mehr arbeiten?

In einer Inversionsfrage stellst du das Subjektpronomen hinter das Verb. Verb und Subjektpronomen verbindest du mit einem Bindestrich. Endet die Verbform in der 3. Ps. Sg. mit einem Vokal, so schiebst du ein -t- zwischen Verb und Subjektpronomen. Das erleichtert die Aussprache.
Eine Inversionsfrage kannst du immer dann bilden, wenn das Subjekt ein Pronomen ist. Ist das Subjekt ein Nomen (und kein Pronomen), musst du eine absolute Frage bilden.

▶ s. S. 231 (Die absolute Frage)

Teilfrage

1. **Pourquoi** apprends-**tu** le français?	Warum lernst du Französisch?
2. **Comment** trouvez-**vous** ce film?	Wie findet ihr / finden Sie den Film?
3. **Pourquoi** a-t-**il** appris le français?	Warum hat er Französisch gelernt?
4. **Comment** avez-**vous** trouvé ce film?	Wie habt ihr / haben Sie den Film gefunden?

In der Teilfrage steht das Fragewort am Anfang der Frage. Das Verb stellst du wie in der Entscheidungsfrage vor das Subjektpronomen. In den zusammengesetzten Zeiten steht das Subjektpronomen zwischen Hilfsverb und Partizip (Sätze 3 und 4).

18.5 Die Infinitivfrage   L'interrogation à l'infinitif

Que faire?	Was tun?
Où aller?	Wohin gehen? / Wohin soll ich / sollen wir gehen?
Qui inviter?	Wen einladen? / Wen soll ich / sollen wir einladen?
Quel chemin prendre?	Welchen Weg nehmen? / Welchen Weg soll ich / sollen wir nehmen?
À qui demander conseil?	Wen um Rat fragen? / Wen soll ich / sollen wir um Rat fragen?
Lequel choisir?	Welchen soll ich / sollen wir auswählen?

Mit Fragewörtern und Infinitiven kannst du verkürzte Fragen bilden.

Zusatzwissen:

Die absolute Frage   *l'interrogation complexe*

Die absolute Frage ist eine Variante der Inversionsfrage. Sie gehört fast ausschließlich der Schriftsprache an. Im gesprochenen Französisch wird sie nur in sehr förmlichen Situationen (z. B. offiziellen Reden) verwendet.

Entscheidungsfrage

Tes frères viendront-**ils** aussi?   **Pauline** va-t-**elle** travailler avec nous?

Die absolute Frage wird nur verwendet, wenn das Subjekt des Fragesatzes ein Nomen (kein Pronomen) ist. Das Subjekt steht am Anfang der Frage und wird nach dem Verb mit dem entsprechenden Pronomen wiederholt. Das Pronomen steht wie in der Inversionsfrage hinter dem Verb.

Teilfrage

Pourquoi **Cécilia** ne vient-**elle** pas?   De qui **David** a-t-**il** parlé?

In der Teilfrage steht das Fragewort am Anfang der Frage, darauf folgt das Nomen. Wie in der Entscheidungsfrage wird das Subjekt nach dem Verb mit dem entsprechenden Pronomen wiederholt.

Die segmentierte Frage   *l'interrogation segmentée*

Die segmentierte Frage wird nur in der gesprochenen Sprache verwendet. Dort kommt sie allerdings häufig vor.

Entscheidungsfrage

Tes frères, ils viennent aussi?   **Tu les** as achetés ici, **ces livres**?

Deine Brüder, kommen sie auch?   Hast du sie hier gekauft, diese Bücher?

Die segmentierte Entscheidungsfrage entspricht der Intonationsfrage mit einem Unterschied: Der Satzteil, nach dem gefragt wird, ist doppelt vertreten: als Nomen (+ Begleiter) und als Pronomen. Das Nomen (mit Begleiter) wird durch Komma abgetrennt und dem Satz voran- oder nachgestellt.

Teilfrage

Elle revient quand, **Sophie**?   **Pierre, il** habite où?

Die segmentierte Teilfrage entspricht der Frage mit nachgestelltem Fragewort mit einem Unterschied: Der Satzteil, nach dem gefragt wird, ist doppelt vertreten: als Nomen/Eigenname und als Pronomen. Das Nomen / der Eigenname wird durch Komma abgetrennt und dem Satz voran- oder nachgestellt.

Qui dit mieux: Wie vermeide ich Fehler?

Wie übersetzt du *wer, wen* und *wem* ins Französische?

<u>Wer</u> hat Agnès eingeladen?	**Qui** a invité Agnès?
	Qui est-ce qui a invité Agnès?

Wer übersetzt du mit qui oder qui est-ce qui.

<u>Wen</u> hat Laura eingeladen?	**Qui est-ce que** Laura a invité?	(inviter **qn**)
	Laura a invité **qui**? (*ugs.*)	
<u>Wen</u> hat er belogen?	**À qui est-ce qu'**il a menti?	(mentir **à qn**)
<u>Wen</u> wollen Sie sprechen?	**À qui** voulez-vous parler?	(parler **à qn**)
<u>Wem</u> gehört das Handy?	**À qui** est le portable?	(être **à qn**)
<u>Wem</u> hast du das Buch gegeben?	**À qui est-ce que** tu as donné le livre?	(donner **qc à qn**)
<u>Wem</u> soll ich glauben?	**Qui** croire? / **Qui** dois-je croire?	(croire **qn**)
<u>Wem</u> soll er helfen?	**Qui** doit-il aider?	(aider **qn**)
<u>Von wem</u> sprichst du?	**De qui est-ce que** tu parles?	(parler **de qn**)

Das Fragepronomen **qui** ist unveränderlich. Um *wen, wem, von wem* usw. zu übersetzen, kombinierst du **qui** mit Präpositionen. Ob du eine Präposition brauchst und welche, hängt von der Ergänzung des Verbs ab, das du in deiner Frage verwendest.

Wie übersetzt du *was* ins Französische?

<u>Was</u> ist los?	**Qu'est-ce qui** se passe?	Subjekt
<u>Was</u> interessiert ihn?	**Qu'est-ce qui** l'intéresse?	Subjekt
<u>Was</u> macht er?	**Qu'est-ce qu'**il fait?	Objekt
<u>Was</u> hat er dir gegeben?	**Qu'est-ce qu'**il t'a donné?	Objekt

Das deutsche Fragewort *was* wird für Sachen verwendet, die Subjekt oder Objekt sind.
Im Französischen unterscheiden sich Fragen nach dem Subjekt und nach dem Objekt voneinander.

<u>Was</u> ist das?	**Qu'est-ce que** c'est?

In der gesprochenen Sprache hörst du anstelle von Qu'est-ce que c'est? häufig C'est quoi?
▶ s. S. 229–230 (Die Frage mit **est-ce que**)

<u>Auf was</u> wartet er?	**Qu'est-ce qu'**il attend?	(attendre **qc**)
<u>Was</u> braucht ihr?	**De quoi** avez-vous besoin?	(avoir besoin **de qc**)
<u>An was</u> (woran) denkt ihr?	**À quoi** pensez-vous?	(penser **à qc**)

Das Fragewort **que** kannst du nicht mit Präpositionen kombinieren. In Verbindung mit einer Präposition musst du **quoi** verwenden. Welche Präposition du brauchst, hängt von der Ergänzung des Verbs ab.

Wie übersetzt du *welcher, welche, welches* ins Französische?

– <u>Welches</u> Buch hat er gekauft?	– **Quel** livre est-ce qu'il a acheté?
– Er hat eines von diesen Büchern gekauft.	– Il a acheté un de ces livres.
– <u>Welches</u>?	– **Lequel**?

Der Fragesatz

Um *welcher, welche, welches* zu übersetzen, gibt es im Französischen zwei Möglichkeiten:

Begleiter:

| Welcher/welche/welches + Nomen (...)? | **quel/quelle/quels/quelles** + Nomen (...)? |

Pronomen:

| Welcher?/Welche?/Welches? ohne Nomen | **Lequel?/Laquelle?/Lesquels?/Lesquelles?** |

Antwort auf eine negative Frage

Les Lambert ne viennent pas ce soir?	**Si.**	**Non**, pas ce soir.
Kommen die Lamberts heute Abend nicht?	Doch.	Nein, nicht heute Abend.

Eine negative Frage wird mit **si** bejaht und mit **non** verneint.

Welcher Fragetyp wann?

Im gesprochenen Französisch

Tu viens avec nous?	Kommst du mit uns?	Intonationsfrage
Tu pars quand?	Wann gehst du weg?	Frage mit nachgestelltem Fragewort
Est-ce que tu viens avec nous?	Kommst du mit uns?	Frage mit est-ce que
Quand est-ce que tu pars?	Wann gehst du weg?	
Ta copine, elle vient aussi?	Kommt deine Freundin auch mit?	segmentierte Frage

Im geschriebenen Französisch

Est-ce que tu viens avec nous?	Kommst du mit uns?	Frage mit est-ce que
Quand est-ce que tu pars?	Wann gehst du weg?	
Quand vient-elle?	Wann kommt sie?	Inversionsfrage
Marie, quand vient-elle?	Wann kommt Marie?	absolute Frage

Wenn du zweifelst, welcher Fragetyp in einer bestimmten Situation oder einer bestimmten Textsorte angebracht ist, dann bilde eine Frage mit **est-ce que**. Sie ist am leichtesten zu bilden und immer richtig.

Abschlussübung   Bilan

1. Ergänze das passende Fragewort.

a. [?] est-ce que tu es si fatigué?   Parce que je me suis couché trop tard.
b. [?] est-ce que tu as payé?   Trente-cinq euros.
c. [?] est-ce que tu reviens?   Vers dix heures.
d. [?] est-elle?   À Bordeaux.
e. [?] est-ce qu'on traduit «on» en allemand? On le traduit par *man* ou *wir*.

2. Qui est-ce **qui** oder Qui est-ce **que**? Ergänze die Fragen mit dem richtigen Fragewort.

a. [?] tu as invité?   Tous mes copains.
b. [?] est venu?   Tous sont venus, sauf Marcel.
c. [?] tu as photographié?   Mes copains.
d. [?] t'a photographié?   Mon copain Lucas.

3. Qu'est-ce **qui** oder qu'est-ce **que**? Ergänze die Fragen.

a. [?] on fait ce soir?   On va au cinéma. D'accord?
b. [?] se passe?   Je ne sais pas ce qui se passe.
c. [?] tu as acheté?   Un CD.
d. [?] l'intéresse?   La littérature, le cinéma et les bédés.
e. [?] tu as fait le week-end? Je suis allé sur la côte.

4. Frage nach den unterstrichenen Satzteilen. Verwende Inversionsfragen.

a. Ils vont au théâtre ce soir.
b. Elle a commencé à écrire à 16 ans.
c. Il a des centaines de CD.
d. Elle a besoin d'un vélo parce qu'elle veut aller à l'école à vélo.
e. Ils sont allés en vacances en voiture.

5. Frage mit à qui? / de qui? / à quoi? / de quoi? nach den unterstrichenen Satzteilen.
Verwende Fragen mit est-ce que.

a. Lucien parle beaucoup de sa nouvelle copine.
b. J'ai donné mon livre à Agnès.
c. Nous avons besoin d'un nouvel ordinateur.
d. Elles jouent au badminton.
e. J'ai rendu visite à ma tante et à mon oncle.
f. Ils se moquent tout le temps d'un camarade de classe.

Die Lösungen findest du unter
www.cornelsen.de/webcodes
Gib dort den webcode gramm-bilan18 ein.

19. Der Aufforderungssatz und der Ausrufesatz
La phrase impérative et la phrase exclamative

Mit **Aufforderungssätzen** kannst du Befehle, Verbote, Wünsche oder Bitten ausdrücken.

Asseyez-vous.	Setzt euch. / Setzen Sie sich.
Ne l'écoutez pas.	Hört ihm nicht zu. / Hören Sie ihm nicht zu.
Donne-moi un conseil.	Gib mir einen Rat.
Fermez la fenêtre, s'il vous plaît.	Schließt / Schließen Sie bitte das Fenster.

Mit **Ausrufesätzen** kannst du Erstaunen, Bewunderung, Enttäuschung oder Verärgerung ausdrücken.

Comme c'est difficile!	Ist das schwierig.
Quelle surprise!	Was für eine Überraschung!
Mais qu'elle est méchante.	Die ist aber boshaft!
Si seulement j'avais su.	Wenn ich das nur gewusst hätte.
Comme c'est beau!	Ist das schön!
Que c'est dommage!	Wie schade! / Ist das schade!

Inhalt des Kapitels:

Außerdem findest du:
einen **Bilan**, S. 238, in dem du dein Wissen überprüfen kannst.

19.1 Der Aufforderungssatz La phrase impérative

Donne-moi le pain, s'il te plaît.	Gib mir bitte das Brot.
Prenez place, s'il vous plaît.	Nehmt / Nehmen Sie bitte Platz.
Ne parlez pas si vite.	Sprecht / Sprechen Sie nicht so schnell.

Wenn du deinen Gesprächspartner zu etwas auffordern willst, verwendest du die Imperativform eines Verbs. Für eine Person nimmst du den Imperativ 2. Ps. Sg. Für mehrere Personen oder Personen, die du siezt, den Imperativ 2. Ps. Pl. (= **vous**-Form). Nach einem Aufforderungssatz mit Imperativ steht im Französischen kein Ausrufezeichen.

▶ s. S. 157 (Der Imperativ)

Jouons au foot.	Lasst uns Fußball spielen.
Rentrons, il fait trop froid.	Lasst uns reingehen, es ist zu kalt.

Bist du selbst Teil der aufgeforderten Gruppe, verwendest du den Imperativ 1. Ps. Pl. (= **nous**-Form).

▶ s. S. 157 (Der Imperativ)

Dis-leur bonjour de ma part.	Grüße sie von mir.
Montre-le-moi.	Zeig es mir.
Ne **le leur donne** pas.	Gib es ihnen nicht.
Ne **me regardez** pas comme ça.	Schaut mich / Schauen Sie mich nicht so an.

Die Pronomen stehen im bejahten Aufforderungssatz hinter dem Imperativ und werden mit einem Bindestrich an das Verb angeschlossen. Im verneinten Imperativsatz stehen sie vor der Verbform, wie im Aussagesatz.

▶ s. S. 55–58 (Die Stellung der Pronomen im Satz)

Tu ne sortiras pas ce soir!	Du wirst heute Abend nicht ausgehen. / Heute Abend gehst du nicht aus.
Tu vas t'excuser!	Du wirst dich entschuldigen.
Tu ne tueras pas.	Du sollst nicht töten.

Befehle können auch mit dem **futur simple** oder dem **futur composé** ausgedrückt werden. Sie wirken dann sehr streng oder haben einen drohenden Unterton. Als Befehle im **futur simple** sind z. B. die zehn Gebote in der Bibel (**les dix commandements**) formuliert.

Ne pas **se pencher** au dehors.	Nicht hinauslehnen.
Ne pas **marcher** sur les pelouses.	Die Grünflächen nicht betreten.
Raccorder la prise mâle du haut-parleur avec le haut-parleur.	Den Stecker des Lautsprechers mit dem Lautsprecher verbinden.
Cuire les pâtes dans de l'eau bouillante salée.	Die Nudeln im Salzwasser kochen.

Auf Verbotsschildern, in Gebrauchsanweisungen oder in Kochrezepten werden Aufforderungen häufig mit einem Infinitiv ausgedrückt.

Du kannst den Befehlscharakter eines Aufforderungssatzes abschwächen und dich im Französischen höflicher ausdrücken. Dafür hast du (wie im Deutschen) mehrere Möglichkeiten:

Tu peux parler moins vite, s'il te plaît?	Kannst du bitte langsamer sprechen?
Pouvez-vous m'aider, s'il vous plaît?	Könnt ihr / Können Sie mir bitte helfen?
Veux-tu m'écouter sans m'interrompre?	Würdest du mir zuhören ohne mich zu unterbrechen?

Aufforderungen klingen weniger unfreundlich, wenn du sie wie im Deutschen als Fragen mit den Verben **pouvoir** oder **vouloir** + Infinitiv bildest.

Tu pourrais m'aider?	Könntest du mir helfen?
Pourriez-vous me l'expliquer encore une fois?	Könntet ihr / Könnten Sie mir das noch einmal erklären?

Besonders höfliche Fragen und Bitten bildest du mit dem **conditionnel**.

Aufforderung an Dritte

Dis-lui de prendre des cours.

Dis-lui **de prendre** des cours.	Sag ihm, er soll Unterricht nehmen.
Eine Aufforderung an eine dritte Person gibst du mit **de** + Infinitiv wieder.	

▶ s.S.257 (Die Wiedergabe von Aufforderungen)

19.2 Der Ausrufesatz   La phrase exclamative

Ausrufesätze können ausgedrückt werden durch:

Clément est vraiment adorable. Clément ist wirklich liebenswert.	– einen normalen Aussagesatz. Dann hörst du nur an der Intonation, dass es sich um einen Ausrufesatz handelt.
Comme c'est triste! Ist das traurig. **Que** c'est mignon! Ach, wie süß! / Ist das süß!	– einen Aussagesatz, der mit **comme** oder **que** eingeleitet wird.
Quelle horreur! Wie schrecklich! **Quel** beau tableau! Was für ein schönes Bild! **Quels** beaux cheveux! Was für schöne Haare!	– quel + Nomen.
Si elle **venait** plus souvent! Wenn sie nur öfter käme! **Si seulement** elle nous **avait écoutés**! Wenn sie nur auf uns gehört hätte!	– si (seulement) + Verb im **imparfait** oder im **plus-que-parfait**.

 Zusatzwissen:

Mais ce qu'il est beau, ce garçon!
Ist der schön, der Junge.
Qu'est-ce que c'est marrant!
Wie witzig! / Ist das witzig!

Im gesprochenen Französisch wird häufig **ce que** oder **qu'est-ce que** anstelle von **comme** oder **que** verwendet.

Abschlussübung   Bilan

1. Fordere eine Person, die du duzt, auf Französisch auf:

a. – dir die Fotos zu zeigen,
b. – ihrer Schwester ein bisschen Schokolade zu geben,
c. – nicht so schnell zu sprechen,
d. – im Wörterbuch nachzusehen,
e. – ihrem Lehrer diesen Brief zu geben,
f. – keine Angst zu haben,
g. – nicht mit dem Feuer zu spielen,
h. – ihren Computer nicht zu verkaufen,
i. – ihn (= den Computer) dir zu geben,
j. – ihn zu fragen, ob er die Adresse kennt,
k. – ihren Rucksack unter den Tisch zu stellen,
m. – sich die Hände zu waschen,

n. – deine CDs nicht zu vergessen,
o. – dir zu helfen,
p. – sich zu beeilen,
q. – im Internet zu suchen,
r. – aufzupassen,
s. – seine Großeltern anzurufen,
t. – hierher zu kommen,
u. – sich zu beruhigen,
v. – dir das Buch zu leihen,
w. – aufzustehen,
x. – dir den Satz zu erklären,
y. – nicht mehr daran zu denken.

2. Fordere mehrere Personen auf Französisch auf:

a. – dir das Brot zu geben,
b. – keinen Lärm zu machen,
c. – aufzustehen,
d. – nicht so schnell zu rennen,
e. – ihre Pullover anzuziehen,
f. – den Satz zu wiederholen,
g. – sich zu amüsieren,
h. – zu dir heute Abend zum Essen zu kommen,
i. – die Tür zu schließen,
j. – den Text ins Französische zu übersetzen,

k. – ihm das Messer nicht zu geben,
m. – ihm zu helfen,
n. – auf die Fragen zu antworten,
o. – auf dich zu warten,
p. – keine Angst zu haben,
q – sich zu beeilen,
r. – stehen zu bleiben,
s. – deine Schlüssel nicht zu verlieren,
t. – das Licht anzumachen,
u. – sich nicht zu beunruhigen.

3. Übersetze folgende Ausrufe ins Französische.

a. Was für ein Film!
b. Was für ein schöner Garten!
c. Wie schön sie ist!
d. Wie schön sie singt!
e. Wie traurig!
f. Ist das süß!
g. Wie schrecklich!
h. Wie langweilig!

Die Lösungen findest du unter
www.cornelsen.de/webcodes
Gib dort den webcode gramm-bilan19 ein.

20. Der Bedingungssatz
La phrase conditionnelle

> S'il court un peu plus vite, il peut gagner.

> S'il courait plus vite, il pourrait encore gagner.

> S'il avait couru plus vite, il aurait gagné.

Ein Bedingungssatz besteht aus zwei Teilen: Der Nebensatz mit **si** drückt die Bedingung aus (*wenn, falls*). Im Hauptsatz wird die Folge beschrieben (*dann*).
Man unterscheidet zwei Arten von Bedingungen:

S'il **court** un peu plus vite, il **peut** gagner.
Wenn er ein bisschen schneller <u>läuft</u>, <u>kann</u> er gewinnen.

Reale Bedingung:
eine Bedingung, deren Erfüllung als tatsächlich, möglich oder wahrscheinlich angesehen wird.

Irreale Bedingung:

S'il **courait** plus vite, il **pourrait** encore gagner.
Wenn er schneller <u>laufen würde</u>, <u>könnte</u> er noch gewinnen.

– eine nur gedachte Bedingung, deren Erfüllung möglich, aber unwahrscheinlich (Gegenwart) ist,

S'il **avait couru** plus vite, il **aurait gagné**.
Wenn er schneller <u>gelaufen wäre</u>, <u>hätte</u> er <u>gewonnen</u>.

– eine nur gedachte Bedingung, deren Erfüllung unmöglich ist, weil sie in der Vergangenheit liegt.

Den Unterschied zwischen realer und irrealer Bedingung drückst du mit den Verbformen aus.

Dieses Kapitel behandelt:

20.1 Reale Bedingungen
20.2 Irreale Bedingungen
+   Andere Möglichkeiten, Bedingungen auszudrücken (Zusatzwissen)

Außerdem findest du:
→ **Qui dit mieux: Wie vermeide ich Fehler?**, S. 243,
→ einen **Bilan**, S. 244, in dem du dein Wissen überprüfen kannst.

20.1 Reale Bedingungen Conditions réelles

Bedingung (si-Satz)	Folge (Hauptsatz)
Si tu **as** le temps, Wenn du Zeit <u>hast</u>,	tu **peux** venir. <u>kannst</u> du kommen.
Si tu ne **comprends** pas la règle, Wenn du die Regel nicht <u>verstehst</u>,	on te l'**expliquera** encore une fois. / on **va** te l'**expliquer** encore une fois. <u>werden</u> wir sie dir noch einmal <u>erklären</u>.
Si tu **as** peur de rester seul à la maison, Wenn du Angst <u>hast</u> alleine zu Hause zu bleiben,	**viens** donc avec nous. <u>komm</u> doch mit uns.
Si tu **as fini** ton travail, Wenn du deine Arbeit <u>beendet</u> hast,	tu **peux** sortir. <u>kannst</u> du rausgehen.
Si j'**ai terminé** mon travail samedi, Wenn/Falls ich meine Arbeit bis Samstag <u>erledigt</u> habe,	je vous **rappellerai**. <u>rufe</u> ich euch/Sie <u>wieder an</u>. / <u>werde</u> ich euch/Sie wieder <u>anrufen</u>.

Du verwendest im **si**-Satz **présent** oder **passé composé**, um eine Bedingung auszudrücken, deren Erfüllung möglich oder sehr wahrscheinlich ist. Um die tatsächliche, mögliche oder sehr wahrscheinliche Folge auszudrücken, verwendest du im Hauptsatz **présent, futur** oder einen Imperativ.

Merke!

Reale Bedingung = Erfüllung möglich

<u>Nebensatz mit</u> **si**	Hauptsatz	**!** Im Nebensatz mit **si**
présent	présent	steht das Futur **nie**.
passé composé	futur	
	impératif	

s'il	aber: si elle	Vor **il** und **ils** wird **si** zu **s'** verkürzt.
s'ils	si elles	Vor **elle, elles** und **on** jedoch nicht.
	si on	

Zur Unterscheidung von **si** und **quand** ▶ s. S. 132–133 und S. 243.

20.2 Irreale Bedingungen Conditions irréelles

> Si tu n'existais pas déjà je t'inventerais.

Der Bedingungssatz

Bedingung (si-Satz)	Folge (Hauptsatz)
1. S'ils **marquaient** encore un but,	ils **gagneraient**.
Wenn sie noch ein Tor <u>schießen würden</u>,	<u>würden</u> sie <u>gewinnen</u>.
2. Si elle **était** riche,	elle **voyagerait** beaucoup.
Wenn sie reich <u>wäre</u>,	<u>würde</u> sie viel <u>reisen</u>.

Wenn die Bedingung als möglich, aber eher unwahrscheinlich angesehen wird oder unmöglich ist (Satz 2: sie ist eben nicht reich), steht im Bedingungssatz **imparfait**. Zum Ausdruck der eher unwahrscheinlichen oder unmöglichen Folge steht im Hauptsatz **conditionnel présent**.

Si tu **étais venu** chez moi hier soir,	tu **aurais rencontré** Luca.
Wenn du gestern Abend zu mir <u>gekommen wärst</u>,	<u>hättest</u> du Luca <u>getroffen</u>.
S'il **avait eu** de l'argent,	il **aurait acheté** cet appartement.
Wenn er Geld <u>gehabt hätte</u>,	<u>hätte</u> er diese Wohnung <u>gekauft</u>.

Wenn die Bedingung sich auf die Vergangenheit bezieht, wird im si-Satz **plus-que-parfait** verwendet. Zum Ausdruck der nicht mehr möglichen Folge steht im Hauptsatz **conditionnel passé**.

Merke!

Irreale Bedingung = Erfüllung unwahrscheinlich oder nicht mehr möglich

Nebensatz mit **si**	Hauptsatz	
imparfait	conditionnel présent	= Erfüllung unwahrscheinlich
plus-que-parfait	conditionnel passé	= Erfüllung unmöglich, weil in der Vergangenheit liegend

---

Lerntipp:
Das **conditionnel** steht nie im Nebensatz mit **si** (= *wenn*).

 aber:
Elle lui a demandé **s'**il viendrait avec elle.
Sie hat ihn gefragt, <u>ob</u> er mit ihr kommen würde.

Nach **si** (= *ob*) in der indirekten Frage kann durchaus **conditionnel** stehen.

In französischen Bedingungssätzen ist die Abfolge der Zeiten und Modi die gleiche wie in englischen if-clauses.

🇫🇷 S'il **fait** beau dimanche,	on **ira** à la plage.	(realer Bedingungssatz)
🇬🇧 If the weather **is** fine on Sunday,	we **will go** to the beach.	
🇫🇷 S'il **faisait** beau,	on **irait** à la plage.	(irrealer Bedingungssatz, Gegenwart)
🇬🇧 If the weather **was** fine,	we **would go** to the beach.	
🇫🇷 S'il **avait fait** beau hier,	on **serait allé** à la plage.	(irrealer Bedingungssatz, Vergangenheit)
🇬🇧 If the weather **had been** fine yesterday,	we **would have gone** to the beach.	

Zusatzwissen:

Die in Kapitel 20.1 und 20.2 genannten Regeln sind die Grundregeln zur Bildung der französischen Bedingungssätze. Wie im Deutschen sind auch andere Kombinationen der Zeiten möglich. Das hängt von der Absicht des Sprechers ab.

1. S'il **avait** un vélo, il ne **prendrait** pas le bus.

   Wenn er ein Fahrrad <u>hätte</u>, <u>würde</u> er nicht den Bus <u>nehmen</u>.

2. S'il **avait** un vélo, il n'**aurait** pas **pris** le bus.

   Wenn er ein Fahrrad <u>hätte</u>, <u>hätte</u> er nicht den Bus <u>genommen</u>.

3. Si elle ne **dansait** pas toutes les nuits, elle **serait** plus en forme le matin.

   Wenn sie nicht jede Nacht <u>tanzen würde</u>, <u>wäre</u> sie morgens besser in Form.

4. Si elle n'**avait** pas **dansé** toute la nuit, elle **serait** plus en forme ce matin.

   Wenn sie nicht die ganze Nacht <u>getanzt hätte</u>, <u>wäre</u> sie heute Morgen besser in Form.

5. Si elle n'**avait** pas **dansé** toute la nuit, elle **aurait gagné** le match.

   Wenn sie nicht die ganze Nacht <u>getanzt hätte</u>, <u>hätte</u> sie das Spiel <u>gewonnen</u>.

Die Sprechabsicht entscheidet, ob im Hauptsatz das conditionnel présent oder das conditionnel passé steht.

Andere Möglichkeiten Bedingungen auszudrücken

Si <u>tu</u> prends le train, <u>tu</u> arriveras encore à l'heure.
→ **En prenant** le train, tu arriveras encore à l'heure.

Wenn du den Zug <u>nimmst</u>, kommst du noch rechtzeitig an.

– Das **gérondif** kann Bedingungen ausdrücken (bei gleichem Subjekt in Haupt- und Nebensatz).
  ▸ s. S. 189–191 (Das **gérondif**)

Si <u>tu</u> l'écoutes bien, <u>tu</u> le comprendras.
→ **En l'écoutant** bien, tu le comprendras.

Wenn du ihm gut <u>zuhörst</u>, wirst du ihn verstehen.

Si <u>tu</u> ne me crois pas, regarde dans une encyclopédie.
→ **Au cas où** tu ne me <u>croirais</u> pas, regarde dans une encyclopédie.

Im Falle, dass / <u>Falls</u> du mir nicht glaubst, schau in einer Enzyklopädie nach.

– au cas où + conditionnel

Vous pouvez rester si <u>vous</u> ne fumez pas.
→ Vous pouvez rester **à condition de** ne pas <u>fumer</u>.

Sie können unter der Bedingung bleiben, <u>dass</u> Sie nicht rauchen.

– à condition de + Infinitiv (bei gleichem Subjekt in Haupt- und Nebensatz)

Je le ferai si <u>vous</u> m'aidez.
→ Je le ferai **à condition que** vous m'aidiez.

Ich werde es machen, <u>unter der Bedingung</u>, <u>dass</u> Sie mir helfen.

– à condition que + subjonctif (bei unterschiedlichen Subjekten in Haupt- und Nebensatz)

Der Bedingungssatz

Qui dit mieux: Wie vermeide ich Fehler?

Wie übersetzt du deutsche Bedingungssätze ins Französische?

Deutsch	Französisch

Nebensatz mit *wenn* + Konjunktiv

Nebensatz mit si + imparfait

Wenn sie nicht jede Nacht <u>tanzen würde</u>,

Si elle ne **dansait** pas toutes les nuits,

Hauptsatz mit Konjunktiv

Hauptsatz mit conditionnel

<u>wäre</u> sie morgens besser in Form.

elle **serait** plus en forme le matin.

Da im deutschen Bedingungssatz der Konjunktiv steht, neigen Deutsche dazu, in französischen Bedingungssätzen das **conditionnel** zu benutzen. In französischen Bedingungssätzen steht im Nebensatz mit **si**, aber niemals **conditionnel** oder **futur**.

Französischer Bedingungssatz (si-Satz)

présent / imparfait / passé composé / plus-que-parfait   ~~futur~~ / ~~conditionnel~~

Wenn

Wenn und *falls* heißt si.
Das vergisst du nie!
Heißt *wenn* aber *jedes Mal*,
steht nur quand. Behalt das mal!

Die richtige Konjunktion für den Bedingungssatz im Französischen ist **si**.
▶ s. S. 132 (Die Konjunktion **si**)

Si – wenn / si – ob

imparfait

S'il venait, elle serait heureuse.

<u>Wenn</u> er <u>kommen würde</u>, wäre sie glücklich.

conditionnel

Céline lui a demandé **s'il viendrait**.

Céline hat ihn gefragt, <u>ob</u> er <u>kommen würde</u>.

Si im Bedingungssatz bedeutet *wenn*.

Nach **si** in der Bedeutung *ob* kann durchaus **conditionnel** stehen.

Si in der indirekten Frage bedeutet *ob*.
▶ s. S. 254–255 (Die indirekte Frage)

Si-Satz ohne Hauptsatz

Et **si on allait** au cinéma ce soir?

Und <u>wenn wir</u> heute Abend ins Kino <u>gingen</u>?
<u>Wie wäre es, wenn wir</u> heute Abend ins Kino <u>gingen</u>?

Bei einem als Frage formulierten Vorschlag kannst du si-Sätze auch ohne Hauptsatz verwenden. Das Verb steht dann im **imparfait**.

Nuancierte Bedingungen

Elle viendra même s'il fait mauvais.	même si	selbst wenn
Elle viendra sauf s'il pleut.	sauf si	außer wenn
Elle viendra excepté s'il pleut.	excepté si	außer wenn
Elle viendra à moins qu'il ne pleuve.	à moins que	außer wenn
Elle viendra à condition qu'il ne pleuve pas.	à condition que	unter der Bedingung, dass

Mit **même / sauf / excepté si / à moins que** + subj. / **à condition que** + subj. kannst du deine Bedingungen auch einschränken.

Abschlussübung   Bilan

1. Reale oder irreale Bedingung? Bestimme die folgenden Sätze.

a. Si tu rentres avant sept heures, on peut aller au cinéma ce soir.
b. Si Zoé avait le temps, elle irait au cinéma avec nous.
c. Si nous étions partis plus tôt, nous serions déjà à la maison.
d. Si tu es fatigué, tu peux aller te coucher.
e. S'il l'osait, il demanderait de l'argent à ses parents.
f. S'il fait cela, il aura des ennuis.

2. Ergänze die Sätze mit den richtigen Verbformen.

a. Si Julie vient aussi, je (être) très content.
b. Si vous étiez venus plus tôt, vous (pouvoir) voir le danseur africain.
c. Si Margaux ne passe pas son bac, qu'est-ce qu'elle (faire)?
d. Si l'ordinateur n'existait pas, il (falloir) l'inventer.
e. Si j'avais su qu'elle était malade, je lui (rendre) visite.
f. Si je savais quand elle va venir, je (pouvoir) déjà préparer le repas.
g. Si elle a terminé le texte ce soir, on (pouvoir) commencer le collage demain.

3. Ergänze die Sätze mit den richtigen Verbformen.

a. Qu'est-ce que tu ferais si tu (avoir) un million d'euros?
b. Si nous (avoir) le temps, nous irons au théâtre vendredi.
c. Si tu (avoir) envie, tu peux venir avec nous.
d. Si tu me (dire) que Louise était là, je serais venu aussi.
e. Où est-ce que tu irais si tu (pouvoir) faire un grand voyage?
f. Je suis sûr qu'elle m'aurait aidé si je le lui (demander).

4. Übersetze die Sätze. Achte auf Zeit und Modus.

a. Max hätte 10 Punkte gehabt, wenn er nicht bei seinem Nachbarn abgeschrieben[1] hätte.
b. Wenn du das Fahrrad genommen hättest, wärst du rechtzeitig angekommen.
c. Wenn du im Ausland arbeiten wolltest, wo würdest du hingehen?
d. Wenn du heute Abend Zeit hast, ruf mich an.

5. Übersetze.

a. Selbst wenn du uns geholfen hättest, hätten wir die Arbeit nicht beendet.
b. Am Samstag spielen wir Fußball, außer wenn das Wetter schlecht ist.
c. Das Fußballspiel wird stattfinden, selbst wenn es regnet.

[1] abschreiben = copier sur qn

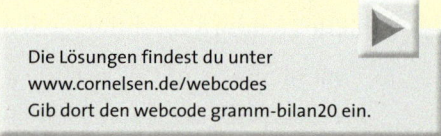

Die Lösungen findest du unter
www.cornelsen.de/webcodes
Gib dort den webcode gramm-bilan20 ein.

21. Der Relativsatz
La proposition relative

		Bezugselement	Relativpronomen	
Tu connais		**la fille**	**qui**	vient d'entrer?
Kennst du		das Mädchen,	das	gerade hereingekommen ist?
			dont	on parle tout le temps?
			von dem	man die ganze Zeit spricht?
C'est		**quelqu'un**	**que**	tu devrais connaître.
Das ist		jemand,	den	du kennen solltest.
		La boîte	**où**	ils veulent aller est loin d'ici.
		Die Disko,	in die	sie gehen wollen, ist weit von hier.

Ein Relativsatz ist ein Nebensatz. Er gibt zusätzliche Informationen zu Nomen oder Pronomen (den Bezugselementen), die im Hauptsatz vorkommen. Ein Relativsatz wird durch ein Relativpronomen eingeleitet. Er steht hinter dem Nomen, auf das er sich bezieht.

▶ s. S. 58–61 (Die Relativpronomen)

Dieses Kapitel behandelt:

21.1 Die Wortstellung im Relativsatz
21.2 Die Relativpronomen
21.3 Die Angleichung von Adjektiv und Partizip Perfekt im Relativsatz
21.4 Indikativ oder **subjonctif** im Relativsatz
21.5 Relativsätze ohne Bezugsnomen

Außerdem findest du:
→ **Qui dit mieux: Wie vermeide ich Fehler?**, S. 250–251,
→ einen **Bilan**, S. 252, in dem du dein Wissen überprüfen kannst.

21.1 Die Wortstellung im Relativsatz
L'ordre des mots dans la proposition relative

	Hauptsatz	Relativsatz		
		qui		habite	à côté.
– Paul?	– C'est le garçon	**avec qui**	je	joue	au tennis.
		que	j'	ai rencontré	hier.
		dont	on	a parlé	hier.

Am Anfang des Relativsatzes steht das Relativpronomen oder eine einleitende Präposition + Relativpronomen (… **avec qui** je joue au tennis.). Es folgen das Subjekt + Verb + Ergänzungen. Nach dem Relativpronomen **qui** (Subjekt) folgt gleich das Verb. Dann ist die Wortstellung im Relativsatz die gleiche wie im Aussagesatz.

Zusatzwissen:

Inversion im Relativsatz

Verb   Subjekt

Je me souviens de toutes ces histoires que nous <u>a racontées</u> **ma mère**.

Ich erinnere mich an all diese Geschichten, die meine Mutter uns erzählt hat.

Neben der normalen Satzstellung findet man vor allem in der geschriebenen Sprache (z.B. in Zeitungen) auch die Inversion im Relativsatz.

21.2 Die Relativpronomen

Alle Relativpronomen werden ausführlich auf S. 58–61 dargestellt. Schlage dort nach, und zwar im Einzelnen:

qui	Voilà les livres **qui** vont te plaire.
	Dies sind die Bücher, <u>die</u> dir gefallen werden.
que	Voilà le livre **que** j'ai lu pendant les vacances.
	Das ist das Buch, <u>das</u> ich während der Ferien gelesen habe.
ce qui	**Ce qui** m'a beaucoup plu, dans le livre, c'est l'intrigue.
	Was mir an dem Buch sehr gut gefallen hat, ist die Handlung.
ce que	Je me demande **ce que** tu lis en ce moment.
	Ich frage mich, <u>was</u> du gerade liest.
où	C'est la librairie **où** j'achète mes livres.
	Das ist die Buchhandlung, <u>in der</u> ich meine Bücher kaufe.
dont	Voilà le livre **dont** je t'ai parlé.
	Das ist das Buch, <u>von dem</u> ich dir erzählt habe.
lequel	Voilà le livre pour **lequel** j'ai dépensé tant d'argent.
	Das ist das Buch, <u>für das</u> ich so viel Geld ausgegeben habe.

21.3 Die Angleichung von Adjektiv und Partizip Perfekt im Relativsatz   L'accord de l'adjectif et du participe passé dans la proposition relative

J'ai vu un film polonais **qui** est très intéressant.

Ich habe einen polnischen Film gesehen, <u>der</u> sehr interessant ist.

Il raconte des histoires **qui** ne sont pas vraies.

Er erzählt Geschichten, <u>die</u> nicht wahr sind.

Le garçon **qui** est venu ...

Der Junge, <u>der</u> gekommen ist ...

Les garçons **qui** sont venus ...

Die Jungen, <u>die</u> gekommen sind ...

La fille **qui** est venue ...

Das Mädchen, <u>das</u> gekommen ist ...

Les filles **qui** sont venues ...

Die Mädchen, <u>die</u> gekommen sind ...

Du kannst den Relativpronomen **qui** und **que** nicht ansehen, ob sie für ein männliches oder ein weibliches Nomen im Singular oder im Plural stehen. Und doch geben sie die Merkmale des Nomens weiter. Daher gleichst du ein Adjektiv oder ein Partizip Perfekt im Relativsatz dem Nomen an, auf das es sich bezieht.

Der Relativsatz

Tu as déjà écouté les CD **que** j'ai achet**és**?	(acheter qc)
Hast du schon die CDs gehört, die ich gekauft habe?	
Vous avez lu la lettre **que** M. Morel a écrit**e**?	(écrire qc)
Habt ihr / Haben Sie den Brief gelesen, den M. Morel geschrieben hat?	
Où sont les photos **que** j'ai mis**es** sur la table?	(mettre qc)
Wo sind die Fotos, die ich auf den Tisch gelegt habe?	

In diesen Relativsätzen ist das Relativpronomen **que** das direkte Objekt. **Que** vertritt ein Nomen mit seinem Geschlecht und seiner Zahl. Es steht vor dem Partizip. Deshalb musst du das Partizip dem direkten Objekt angleichen.

▶ s.S.163–167 (Die Angleichung des Partizip Perfekt)

21.4 Indikativ oder *subjonctif* im Relativsatz
Indicatif ou subjonctif dans la proposition relative

In den meisten Fällen steht im Relativsatz der Indikativ. Der **subjonctif** steht hier nur in drei Fällen:

1. nach Superlativen und superlativischen Ausdrücken im Hauptsatz,
2. wenn der Relativsatz eine gewünschte Eigenschaft ausdrückt,
3. nach verneinten Hauptsätzen.

21.4.1 *Subjonctif* nach Superlativen und superlativischen Ausdrücken im Hauptsatz

C'est **le plus beau** voyage que j'**aie** jamais **fait**.
Das ist die schönste Reise, die ich je gemacht habe.

C'est **la meilleure** bédé que j'**aie** jamais **lue**.
Das ist der beste Comic, den ich je gelesen habe.

Quel est le film **le plus drôle** que tu **aies** jamais **vu**?
Welches ist der lustigste Film, den du je gesehen hast?

Clément est **le seul** d'entre nous qui **sache** chanter.
Clément ist der Einzige unter uns, der singen kann.

Le mieux que vous **puissiez** faire est de le laisser tranquille.
Das Beste, was ihr tun könnt / Sie tun können, ist ihn in Ruhe zu lassen.

Nach einem Superlativ oder einem superlativischen Ausdruck im Hauptsatz steht das Verb im folgenden Relativsatz in der Regel im **subjonctif**. In der Umgangssprache wird auch der Indikativ verwendet.

Superlativische Ausdrücke im Hauptsatz sind z. B.:

C'est le/la plus + Adjektiv	
C'est le seul / la seule	
C'est le premier / la première	+ Nomen
C'est le dernier / la dernière	
C'est un/e des rares	

▶ s. S. 207–208 (Auslöser des **subjonctif**)

21.4.2 *Subjonctif* im Relativsatz, der eine erwünschte Eigenschaft ausdrückt

Tatsächlich vorhandene Eigenschaft Indikativ	Erwünschte Eigenschaft subjonctif
1. J'ai trouvé un appartement qui n'**est** pas trop cher. Ich habe eine Wohnung gefunden, die nicht zu teuer <u>ist</u>.	2. Je cherche un appartement qui ne **soit** pas trop cher. Ich suche eine Wohnung, die nicht zu teuer <u>ist</u> <u>(sein soll)</u>.
3. Laura lit un roman français qui n'**est** pas trop difficile à lire. Laura liest einen französischen Roman, der nicht zu schwer zu lesen <u>ist</u>.	4. Léo cherche un roman français qui ne **soit** pas trop difficile à lire. Léo sucht einen französischen Roman, der nicht zu schwer zu lesen <u>ist</u> <u>(sein soll)</u>.

In Satz 1 und 3 informiert der Relativsatz über eine Eigenschaft, die die Wohnung / der Roman tatsächlich hat. In Satz 2 und 4 informiert der Relativsatz über eine Eigenschaft, die die Wohnung / der Roman haben soll. Diesen Unterschied drückst du mit dem Gebrauch unterschiedlicher Modi im Relativsatz aus.

… qui n'est pas trop cher.   tatsächliche Eigenschaft → Indikativ
… qui ne soit pas trop cher.   erwünschte Eigenschaft → subjonctif

Nach folgenden Verben und Ausdrücken im Hauptsatz ist im darauf folgenden Relativsatz der **subjonctif** zu erwarten:

chercher qn/qc	
il (me) faut qn/qc	
avoir besoin de qn/qc	
rêver de qn/qc	
imaginer qn/qc	qui
je voudrais qn/qc	que (+ subjonctif)
j'aimerais qn/qc	
as-tu / avez-vous qn/qc	
y a-t-il qn/qc	
connais-tu / connaissez-vous qn/qc	

In der Umgangssprache kannst du nach diesen Ausdrücken auch den Indikativ hören.

Der Relativsatz

 Zusatzwissen:

Nach verneinten Hauptsätzen

Il **n'**y a **personne** que je **connaisse**, alors je m'en vais.

Es ist niemand da, den ich kenne, also gehe ich.

Je **ne** vois **rien** qui me **plaise**.

Ich sehe nichts, was mir gefällt.

Il y a **peu de** gens qui **soient** capables de vivre sans musique.

Es gibt wenige Leute, die fähig sind ohne Musik zu leben.

Auch nach manchen verneinten Hauptsätzen verwendest du im darauf folgenden Relativsatz den subjonctif.

Nach diesen Verneinungen im Hauptsatz steht im Relativsatz der **subjonctif**:

ne ... personnne	niemand	ne ... que	nur
ne ... rien	nichts	peu de	wenig/e
ne ... pas de	keine	ne ... aucun/e	kein einziger
ne ... pas un/e seul/e	kein einziger / keine einzige	ne ... guère	kaum

Il n'y **avait** personne que je **connaissais**.

Es war niemand da, den ich kannte.

C'**était** le meilleur livre qu'il **avait** écrit.

Das war das beste Buch, das er geschrieben hatte.

Steht das Verb im Hauptsatz in der Vergangenheit, dann steht das Verb im Relativsatz nicht im **subjonctif**, sondern im Indikativ.

21.5 Relativsätze ohne Bezugsnomen
Propositions relatives sans antécédent

Relativsatz = Subjekt	restlicher Hauptsatz
Qui vivra Wer leben wird,	verra. wird sehen. (= Abwarten und Tee trinken.)
Qui aime Wer liebt,	ne châtie jamais. bestraft nie.
Ce qui est cher Was teuer ist,	n'est pas toujours bon. ist nicht immer gut.
Ce qui est simple pour vous Was für euch/Sie einfach ist,	ne l'est pas pour moi. ist es nicht für mich.
Ce qu'elle lit Was sie liest,	ne m'intéresse pas. interessiert mich nicht.
Ce que je t'avais dit Was ich dir gesagt hatte,	était la vérité. war die Wahrheit.
Ce à quoi pensent les ados Das, woran die Jugendlichen denken,	n'intéresse pas toujours leurs parents. interessiert nicht immer ihre Eltern.
Ce dont on parle Das, worüber man spricht,	n'est pas toujours ce dont il s'agit. ist nicht immer das, worum es sich (wirklich) handelt.
Relativsätze können auch Subjekt eines Hauptsatzes sein. Das ist im Deutschen genauso.	

Qui dit mieux: Wie vermeide ich Fehler?

Was: Ce qui oder ce que?

Nadine will wissen, <u>was</u> dich interessiert.
Pierre schreibt auf, <u>was</u> er einkaufen soll.

Nadine veut savoir **ce qui** t'intéresse.
Pierre note **ce qu'**il doit acheter.

Das deutsche Relativpronomen *was* kann Subjekt oder Objekt eines Relativsatzes sein.
Im Französischen musst du unterscheiden:
Ce qui steht für das Subjekt des Relativsatzes. Danach kommt ein (Objektpronomen +) Verb.
Ce que ist das Objekt des Relativsatzes. Danach kommt das Subjekt (+ Verb) des Relativsatzes.
▶ s. S. 58–61 (Die Relativpronomen)

Angleichung im Relativsatz

<u>Les gens</u> qui sont célèbre**s** ...
<u>Les élèves</u> qui ne sont jamais allé**s** à l'étranger ...

Im Relativsatz gleichst du das Adjektiv und das Partizip Perfekt dem Bezugsnomen an.

Tu as lu <u>les lettres</u> **que** Béatrice a écrit**es** du Maroc?
Voilà toutes <u>les lettres</u> **qu'**elle m'a écrit**es**.

Da **que** das direkte Objekt im Relativsatz ist und vor dem Verb steht, gleichst du das Partizip Perfekt dem direkten Objekt an.

Relativsatz mit *dont* ohne Verb

Dans ma classe, il y a trente élèves **dont** onze filles.
In meiner Klasse sind dreißig Schüler, <u>darunter/davon</u> elf Mädchen.
In meiner Klasse sind dreißig Schüler. Elf <u>davon</u> (sind) Mädchen.

Elles ont cinq chats **dont** trois noirs.
Sie haben fünf Katzen, <u>davon/darunter</u> drei schwarze.
Sie haben fünf Katzen. <u>Davon</u> sind drei schwarz. / Drei <u>davon</u> sind schwarz.

Je vends deux vélos **dont** un VTT.
Ich verkaufe zwei Fahrräder, <u>darunter</u> ein Mountainbike.

Il a fait un stage de six mois en France **dont** trois mois à Paris.
Er hat ein sechsmonatiges Praktikum in Frankreich gemacht, <u>davon</u> drei Monate in Paris.

Wenn du in einem Relativsatz einen Teil von etwas angibst (*elf Mädchen von allen Schülern, drei Katzen von allen Katzen*), kannst du **dont** ohne Verb verwenden. Es bedeutet dann *davon/darunter*.

Der Relativsatz

Alternativen zu Sätzen mit mehreren Relativsätzen

Viele Relativsätze in einem Text können schwerfällig wirken.
Hier findest du mehrere Möglichkeiten sie zu umgehen.

Satz mit mehreren Relativsätzen	Alternative: Adjektiv
Il s'agit des enfants <u>qui sont</u> différents des autres et <u>qui ont</u> la même passion.	Il s'agit des enfants **différents des autres** qui ont la même passion.
L'auteur nous parle de deux jeunes filles <u>qui sont contentes</u> de revoir les copains après les vacances qui ont été longues.	L'auteur nous parle de deux jeunes filles **contentes** de revoir les copains après les vacances qui ont été longues.

Satz mit mehreren Relativsätzen	Alternative: participe présent
Ce texte parle d'un jeune homme <u>qui habite</u> à Paris et qui cherche un travail à Nice.	Ce texte parle d'un jeune homme **habitant** à Paris qui cherche un travail à Nice.
Il cherche des jeunes <u>qui parlent</u> au moins deux langues et qui veulent faire du cinéma.	Il cherche des jeunes **parlant** au moins deux langues qui veulent faire du cinéma.

Satz mit mehreren Relativsätzen	Alternative: participe passé
Il s'agit d'un roman <u>qui est écrit</u> dans un style facile à comprendre et qui me plaît beaucoup.	Il s'agit d'un roman **écrit** dans un style facile à comprendre qui me plaît beaucoup.
Sur la photo on voit des voitures <u>qui sont couvertes</u> de neige et qui ne roulent plus.	Sur la photo on voit des voitures **couvertes** de neige qui ne roulent plus.
J'ai rencontré Gabriel <u>qui était accompagné</u> de sa copine Anaïs qui souriait sans arrêt.	J'ai rencontré Gabriel **accompagné** de sa copine Anaïs qui souriait sans arrêt.

Abschlussübung   Bilan

1. Ergänze die Sätze mit **ce qui** oder **ce que**.

a. Je n'ai aucune idée de ? Antoine veut faire après le bac.
b. Il ne nous a jamais parlé de ? il voudrait faire.
c. Je ne sais même pas ? l'intéresse.
d. On lui a dit mille fois ? est important.
e. Mais Antoine fait rarement ? on lui dit.
f. Il ne sait pas encore ? l'attend après son bac.
g. J'ai vraiment fait tout ? je pouvais faire.
h. Est-ce que tu comprends ? je veux te dire?

2. Ergänze die Sätze mit einem Relativsatz. Verwende die Angaben in Klammern.
Denke an die Angleichung.

a. Cet été, Faïd a lu tous les livres (Rabah/lui/prêter).
b. Ses copines lui ont offert des boucles d'oreilles (être / très beau).
c. Tu te souviens de la correspondante de Tom (arriver / il y a un mois)?
d. Je ne me souviens plus de la chanson (on / chanter / l'autre jour / chez toi).
e. Comment s'appelle cette fille (venir/te/voir/samedi)?
f. Les textes (le prof de français / nous / donner) sont trop difficiles.
g. Au marché aux puces, Marion a acheté des bédés (me sembler / trop / cher).
h. À Paris, il y a beaucoup de magasins et de boutiques (rester / ouvert / le dimanche).

3. Mache aus zwei Sätzen einen Satz und verwende **dont**.

a. Sur ce site tu trouveras trois chanteurs. On parle beaucoup de ces chanteurs.
b. La fille s'appelle Sarah. Manon s'occupe de la fille.
c. Notre groupe a vingt-cinq membres. Dix membres sont des élèves de mon école.
d. Notre prof nous a donné un texte. Il manque la fin de ce texte.

4. Übersetze die Sätze.

a. Ich habe den Text gefunden, den du brauchst.
b. Ich habe die CD gefunden, die du suchst.
c. Das ist die Disko, in der ich immer dieselben Leute treffe.
d. Ich weiß nicht, was du darüber (= **en**) denkst.
e. Wer ist der Lehrer, mit dem Sophie spricht?
f. Das ist der Mathelehrer, der ihr null Punkte gegeben hat.
g. Ihre Eltern wissen noch gar nicht, was passiert ist.
h. Erinnerst du dich an die Adresse, wo das Fest stattfinden wird?
i. Das ist eine Übung, mit der ich Schwierigkeiten habe.

Die Lösungen findest du unter
www.cornelsen.de/webcodes
Gib dort den webcode gramm-bilan21 ein.

22. Die indirekte Rede
Le discours indirect

> Je ne peux pas venir.
> Je n'ai pas encore
> terminé mes devoirs.

> Elle dit qu'elle ne peut pas
> venir et qu'elle n'a pas
> encore terminé ses devoirs.

Wenn du darüber berichtest, was jemand gesagt oder geschrieben hat, verwendest du selten die direkte Rede (Sie hat gesagt: *„Ich kann nicht kommen."*). Du verwendest eher die indirekte Rede: *Sie hat gesagt, dass sie nicht kommen kann.*

Dieses Kapitel behandelt:

22.1   Die indirekte Rede
22.2   Die indirekte Frage
22.3   Die Zeitenfolge in der indirekten Rede/Frage
22.4   Die Wiedergabe von Aufforderungen
22.5   Zeitangaben in der indirekten Rede

Außerdem findest du:
→ **Qui dit mieux: Wie vermeide ich Fehler?**, S. 259–260,
→ einen **Bilan**, S. 261, in dem du dein Wissen überprüfen kannst.

22.1 Die indirekte Rede   Le discours indirect

Direkte Rede	Indirekte Rede	
	Hauptsatz	Nebensatz
Luc raconte: «Je joue dans un groupe.»	Luc raconte	**qu'il** joue dans un groupe.
Il ajoute: «Mon instrument, c'est la guitare, mais je chante aussi.»	Il ajoute	**que** son instrument, c'est la guitare, mais **qu'il** chante aussi.

Die indirekte Rede besteht aus einem Hauptsatz (redeeinleitender Satz) und einem Nebensatz. Im Hauptsatz steht ein Verb der Redeeinleitung (z. B. **dire/raconter/répéter/affirmer/ajouter**). Im Nebensatz gibst du den Inhalt der Rede wieder. Diesen Nebensatz leitest du mit der Konjunktion **que** ein. Im Unterschied zum Deutschen und zum Englischen kannst du im Französischen die Konjunktion **que** nicht weglassen.

Lerntipp:
Denke daran, die Pronomen und Verbformen an die veränderte Redesituation anzupassen.

22.2 Die indirekte Frage   L'interrogation indirecte

C'est Romain.
Il demande s'il peut
rester jusqu'à minuit.

Um die Frage einer anderen Person wiederzugeben, verwendest du die indirekte Frage.

22.2.1 Die indirekte Entscheidungsfrage

Direkte Entscheidungsfrage	Indirekte Entscheidungsfrage
Lisa demande à Léo:	Lisa demande à Léo
«Tu vas faire les courses?»	**s'il** va faire les courses et
«Est-ce que tes copains ont déjà mangé?»	**si** ses copains ont déjà mangé.
Léo demande à Lisa:	Léo demande à Lisa
«Tu pourrais m'aider, s'il te plaît?»	**si** elle pourrait l'aider.

Eine indirekte Entscheidungsfrage leitest du mit **si** (*ob*) ein. Nur vor **il** und **ils** wird **si** zu **s'** verkürzt.

▶ s. S. 132 (Die Konjunktion **si**)

22.2.2 Die indirekte Teilfrage

Direkte Teilfrage	Indirekte Teilfrage
Il demande / Il veut savoir:	
«**Comment** êtes-vous venus?»	Il demande **comment** nous sommes venus.
„Wie seid ihr / sind Sie gekommen?"	Er fragt, wie wir gekommen sind.
«**Quand** êtes-vous arrivés?»	Il veut savoir **quand** nous sommes arrivés.
„Wann seid ihr / sind Sie angekommen?"	Er möchte wissen, wann wir angekommen sind.
«**Où** est-ce que vous habitez?»	Il me demande **où** nous habitons.
„Wo wohnt ihr / wohnen Sie?"	Er fragt mich, wo wir wohnen.
«**Par quoi** est-ce que tu veux commencer?»	Il te demande **par quoi** tu veux commencer.
„Womit willst du anfangen?"	Er fragt dich, womit du anfangen willst.
«**À qui** as-tu téléphoné?»	Il lui demande **à qui** elle a téléphoné.
„Mit wem hast du gesprochen?"	Er fragt sie, mit wem sie gesprochen hat.
«**De qui** est-elle amoureuse?»	Il aimerait savoir **de qui** elle est amoureuse.
„In wen ist sie verliebt?"	Er würde gerne wissen, in wen sie verliebt ist.
«**Qui** t'a dit cela?»	Il veut savoir **qui** t'a dit cela.
„Wer hat dir das gesagt?"	Er möchte wissen, wer dir das gesagt hat.

Eine indirekte Teilfrage leitest du mit demselben Fragewort ein wie die entsprechende direkte Frage. Nach dem Fragewort behältst du die Wortstellung eines Aussagesatzes bei:
Fragewort + Subjekt + Verb + Ergänzung.

Die indirekte Rede

Die indirekte Frage nach Personen

Direkte Frage	Indirekte Frage
Qui est-ce qui est venu? / **Qui** est venu?	Il veut savoir **qui** est venu.
<u>Wer</u> ist gekommen?	Er will wissen, <u>wer</u> gekommen ist.
Qui est-ce que tu as invité?	Il lui demande **qui** elle a invité.
<u>Wen</u> hast du eingeladen?	Er fragt sie, <u>wen</u> sie eingeladen hat.

Indirekte Fragen nach Personen werden mit **qui** eingeleitet. Im Französischen wird dabei nicht nach Subjekt und Objekt unterschieden. Das ist anders als im Deutschen.

Die indirekte Frage nach Sachen

Direkte Frage	Indirekte Frage
Qu'est-**ce qui** t'intéresse?	Il veut savoir **ce qui** m'intéresse.
<u>Was</u> interessiert dich?	Er will wissen, <u>was</u> mich interessiert.
Qu'est-**ce que** vous faites?	Il nous demande **ce que** nous faisons.
<u>Was</u> macht ihr?	Er fragt uns, <u>was</u> wir machen.
Que voulez-vous visiter?	Il veut savoir **ce que** nous voulons visiter.
<u>Was</u> wollt ihr besichtigen?	Er will wissen, <u>was</u> wir besichtigen wollen.

Indirekte Fragen nach Sachen werden mit **ce qui** oder **ce que** eingeleitet. **Ce qui** verwendest du in der indirekten Frage nach dem Subjekt. **Ce que** in der indirekten Frage nach dem direkten Objekt. Das kennst du schon vom Relativsatz mit **ce qui** und **ce que**.

▶ s.S.58–61 (Die Relativpronomen)
▶ s.S.245–252 (Der Relativsatz)

Merke!

Frage nach Personen:

direkte Frage		indirekte Frage
Qui est-ce qui	wer	**qui** (Subjekt)
Qui est-ce que	wen	(direktes Objekt)

Frage nach Sachen:

direkte Frage		indirekte Frage
Qu'est-**ce qui**	was	**ce qui** (Subjekt)
Qu'est-**ce que**	was	**ce que** (direktes Objekt)
Que	was	

➡ **Lerntipp:**

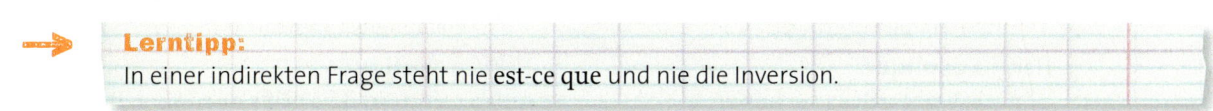

In einer indirekten Frage steht nie **est-ce que** und nie die Inversion.

22.3 Die Zeitenfolge in der indirekten Rede/Frage   La concordance des temps dans le discours indirect / l'interrogation indirecte

Bei der indirekten Rede hängt die Zeit des Verbs im Nebensatz von der Zeit des Verbs im Hauptsatz (= des redeeinleitenden Verbs) ab.

22.3.1 Das redeeinleitende Verb steht im *présent*

Direkte Rede	Indirekte Rede
Victor **dit:** «Je **vais** sortir avec mes copains.» Victor sagt: „Ich gehe ich mit meinen Freunden weg."	Victor **dit** **qu'il va** sortir avec ses copains.
Il **ajoute:** «On **ira** dans un club, jouer au badminton.» Er fügt hinzu: „Wir gehen in einen Club Badminton spielen."	Il **ajoute** **qu'ils iront** dans un club, jouer au badminton.
Henri **explique:** «On y **est** déjà **allés** une fois et c'**était** génial.» Henri erklärt: „Wir sind schon mal dort gewesen und es war toll."	Henri **explique** **qu'ils** y **sont** déjà **allés** une fois et **que** c'**était** génial.
Victor **dit:** «On **pourrait** demander à Marie et Sonia, si elles **ont** envie de venir avec nous.» Victor sagt: „Wir könnten Marie und Sonia fragen, ob sie Lust haben mit uns mitzukommen."	Victor **dit** **qu'ils pourraient** demander à Marie et Sonia si elles **ont** envie de venir avec eux.
Steht das redeeinleitende Verb im **présent** (oder auch im **futur**), so stehen die Verben in der indirekten Rede in derselben Zeit wie in der direkten Rede.	

⚠ Denke daran, die Begleiter, Pronomen und Verben der veränderten Situation anzupassen.

22.3.2 Das redeeinleitende Verb steht in der Vergangenheit

Direkte Rede	Indirekte Rede

Victor **a dit / disait / avait dit:**
 «Je **vais** sortir avec mes copains.
     présent
	Victor **a dit / disait / avait dit**
	 qu'il allait sortir avec ses copains.
	     → imparfait

Il **a ajouté:**
 «On **ira** dans un club, jouer au badminton.»
     futur simple
	Il **a ajouté**
	 qu'ils iraient dans un club, jouer au badminton.
	     → conditionnel présent

Henri **a expliqué:**
 «On y **est** déjà **allés** une fois et
       passé composé
 c'**était** génial.»
    imparfait
	Henri **a expliqué**
	 qu'ils y **étaient** déjà **allés** une fois et que
	      → plus-que-parfait
	 c'**était** génial.
	    bleibt: imparfait

Victor **a dit:**
 «On **pourrait** demander à Marie et Sonia
      conditionnel présent
 si elles **ont** envie de venir avec nous.»
     présent
	Victor **a dit**
	 qu'ils pourraient demander à Marie et Sonia
	      bleibt: conditionnel présent
	 si elles **avaient** envie de venir avec eux.
	     → imparfait

Steht das Verb des Hauptsatzes (= das redeeinleitende Verb) aber in einer Zeit der Vergangenheit, ändern sich einige Zeiten im Nebensatz.	

Die indirekte Rede

Merke!

Redeeinleitendes Verb steht in der Vergangenheit

Direkte Rede	Indirekte Rede	Unverändert bleiben:
présent	imparfait	imparfait
passé composé →	plus-que-parfait	plus-que-parfait
futur simple	conditionnel présent	conditionnel
futur antérieur	conditionnel passé	

Lerntipp:

Endet ein Verb in der direkten Rede auf -ais, -ais, -ait, -ions, -iez, -aient musst du in der indirekten Rede keine andere Zeitform nehmen.

Zusatzwissen:

Der Gebrauch der Zeiten im Nebensatz hängt auch von der Sprechabsicht und der Perspektive des Sprechers ab. Daher gelten nicht immer die obigen Regeln. Nach einem redeeinleitenden Verb in der Vergangenheit braucht in bestimmten Fällen keine Veränderung der Zeit einzutreten.

Il ne m'a pas **dit** que les magasins **sont** fermés le lundi.
Er hat mir nicht gesagt, dass die Geschäfte montags geschlossen sind.

Ce matin, elle m'a dit au téléphone que la SNCF **fait** la grève.
Sie hat mir heute Morgen am Telefon gesagt, dass die SNCF streikt.

Wenn der Inhalt der Redewiedergabe zum Zeitpunkt der Wiedergabe immer noch gilt (*die Geschäfte sind immer montags geschlossen; sie streiken immer noch*), kann nach einem redeeinleitenden Verb in der Vergangenheit das Verb der indirekten Rede im **présent** stehen.

22.4 Die Wiedergabe von Aufforderungen   Ordres indirects

Aufforderungssätze können in der indirekten Rede wie folgt wiedergegeben werden:

Rends-moi mon livre! Gib mir mein Buch zurück!	
Elle me demande / m'a demandé **de lui rendre** son livre. Sie bittet mich darum / hat mich darum gebeten, ihr ihr Buch zurückzugeben.	– mit de (+ Pronomen) + Infinitiv,
Elle voudrait/voulait **que je lui rende** son livre. Sie möchte/wollte, dass ich ihr ihr Buch zurückgebe.	– mit einem Satz mit **subjonctif**,
Elle dit **que je dois** lui rendre son livre. Sie sagt, dass ich ihr ihr Buch zurückgeben soll/muss. Elle a dit **que je devais** lui rendre son livre. Sie hat gesagt, dass ich ihr ihr Buch zurückgeben soll/muss.	– oder mit dem Verb **devoir**.

22.5 Zeitangaben in der indirekten Rede
Les indications de temps au discours indirect

Mardi

> Miriam est arrivée hier. Demain on va à Paris ensemble.

Quelques jours plus tard

> Et puis Daniel m'a dit que Miriam était arrivée la veille et qu'ils allaient ensemble à Paris le lendemain.

Einige Zeitangaben der direkten Rede ändern sich in der indirekten Rede:

Daniel dit:	Daniel a dit
«Miriam est arrivée **hier**.	que Miriam était arrivée **la veille** et
Miriam ist <u>gestern</u> angekommen.	dass Miriam <u>am Vortag</u> angekommen sei.
Demain on va à Paris ensemble.»	qu'ils allaient à Paris **le lendemain**.
<u>Morgen</u> fahren wir zusammen nach Paris.	dass sie <u>am folgenden Tag</u> nach Paris fahren würden.

Einige Zeitangaben sind an den Zeitpunkt des Sprechens gebunden. Berichtest du zu einem späteren Zeitpunkt von demselben Ereignis, musst du andere Zeitangaben verwenden. Das ist im Deutschen genauso.

Direkte Rede			Indirekte Rede	
hier	gestern	→	la veille	am Vortag, am Tag davor
il y a dix jours	vor zehn Tagen	→	dix jours plus tôt	zehn Tage zuvor/vorher
dimanche dernier	letzten Sonntag	→	le dimanche précédent	am vorangegangenen Sonntag / am Sonntag davor
le mois dernier	letzten Monat	→	le mois précédent	im vorangegangenen Monat / im Monat davor
la semaine dernière	letzte Woche	→	la semaine précédente	in der vorangegangenen Woche / in der Woche davor
l'année dernière	letztes Jahr	→	l'année précédente	im vorangegangenen Jahr / im Jahr davor
aujourd'hui	heute	→	ce jour-là, le jour même	an diesem / jenem Tag / am selben Tag
cette semaine	diese Woche	→	cette semaine-là	in dieser/jener Woche
cette année	dieses Jahr	→	cette année-là	in diesem/jenem Jahr
demain	morgen	→	le lendemain	am folgenden Tag
dimanche prochain	nächsten Sonntag	→	le dimanche suivant	am darauf folgenden Sonntag
le mois prochain	nächsten Monat	→	le mois suivant	im darauf folgenden Monat
la semaine prochaine	nächste Woche	→	la semaine suivante	in der darauf folgenden Woche
l'année prochaine	nächstes Jahr	→	l'année suivante	im darauf folgenden Jahr

Die indirekte Rede

Qui dit mieux: Wie vermeide ich Fehler?

Die Einleitung der indirekten Frage

Du willst sagen:

Das übersetzt du folgendermaßen:

Der Grund, warum er nicht gekommen ist …   **La raison pour laquelle** il n'est pas venu …
Die Frage, ob der Computer funktioniert …   **La question de savoir si** l'ordinateur fonctionne …
Ich bin neugierig, ob …   **Je suis curieux/-euse de savoir si …**

Er fragt sich, ob …   **Il se demande si …**
aber:
Er überlegt, ob …   **Il réfléchit pour savoir si …**

Im Französischen kannst du einen indirekten Fragesatz nur an ein Verb anschließen, das ein direktes Objekt haben kann, z. B.: **demander qc, se demander qc, vouloir savoir qc.**

Qu'est-ce qui t'intéresse?   Il veut savoir **ce qui** m'intéresse.

Qu'est-ce que vous faites?   Il nous demande **ce que** nous faisons.

In der indirekten Frage steht nie est-ce que. ▶ s. S. 254–255 (Die indirekte Frage)

Woran du bei der Umwandlung von der direkten in die indirekte Rede denken musst

direkte Rede
Elle dit:
«Je suis arrivée il y a 3 jours.»
«Mes parents voulaient me parler.»
«Je veux partir demain.»

indirekte Rede
Elle a dit
qu'elle était arrivée 3 jours plus tôt,
que ses parents voulaient lui parler,
qu'elle voulait partir le lendemain.

> **Checkliste**
>
> *– die Pronomen und Begleiter der veränderten Situation anpassen;*
> *– nach einem Verb der Redeeinleitung in der Vergangenheit die Zeiten verändern;*
> *– wenn es nötig ist, die Zeit- und Ortsadverbien verändern.*

▶ s. S. 255–257 (Die Zeitenfolge in der indirekten Rede/Frage)
▶ s. S. 258 (Zeitangaben in der indirekten Rede)

Aneinanderreihung von Nebensätzen in der indirekten Rede/Frage vermeiden

Mehrere Nebensätze mit que

Le prof dit
que les élèves doivent écouter
le texte deux fois
qu'ils doivent prendre des notes
et qu'ils doivent écrire un résumé.

Alternative: Infinitivsätze

Le prof **dit à ses élèves**
d'écouter le texte deux fois,

de prendre des notes
et d'écrire un résumé.

259

Mehrere Nebensätze mit si

Lucie a demandé
<u>si je pouvais lui recommander</u> un hôtel sympa
<u>et si je pouvais lui prêter</u> notre guide de Nice.

Alternative: Infinitivsätze

Lucie **m'a demandé**
de lui recommander un hôtel sympa
et **de lui prêter** notre guide de Nice.

Die Aneinanderreihung von Nebensätzen mit **que** oder **si** in der indirekten Rede ist sehr schwerfällig.
(Im Deutschen vermeidest du auch ..., *und dass...*, *und dass* ... usw.).
In vielen Fällen kannst du einen **que**- oder **si**-Satz durch einen Infinitivsatz ersetzen.

Indirekte Rede durch andere Verben ersetzen

Indirekte Rede

Le prof a dit
<u>que nous pouvions sortir</u>
mais <u>que nous ne devions pas</u> faire de bruit.

Adrien leur a dit
<u>qu'il allait venir</u> vers deux heures
<u>et qu'il allait</u> à la piscine avec eux.

Le jeune homme leur a dit
<u>qu'ils devaient prendre</u> le bus
et <u>qu'ils devaient acheter</u> un ticket de groupe.

Magali lui dit
<u>qu'il passe</u> trop de temps avec ses copains

et <u>qu'il n'a</u> pas assez de temps pour elle.

Alternative: Verwendung eines anderen Verbs

Le prof
nous **a permis de sortir**
mais **il nous a interdit de** faire du bruit.

Adrien leur
a promis de venir vers deux heures
et d'aller à la piscine avec eux.

Le jeune homme leur
a conseillé de prendre le bus
et **d'acheter** un ticket de groupe.

Magali lui
reproche de passer trop de temps avec
ses copains
et **de ne pas avoir** assez de temps pour elle.

In manchen Fällen kannst du die indirekte Rede durch die Verwendung eines anderen Verbs ersetzen.

Verben, die sich dafür eignen:

accuser qn de faire qc

apprendre	
conseiller	
expliquer	
interdire	
offrir	
ordonner	à qn de faire qc
permettre	
promettre	
proposer	
rappeler	
recommander	
reprocher	

Die indirekte Rede

Abschlussübung   Bilan

1. Gib die Sätze in der indirekten Rede wieder. Verwende **raconter/dire/ajouter** que im Präsens und denke an die Anpassung von Verbformen und Pronomen.

Léonie raconte:
«Hier, je suis passée chez des copains. Mon frère et sa copine Éva y étaient aussi. On s'est bien amusés, on s'est baladés, on a mangé des glaces. Je suis rentrée assez tard et mes parents n'étaient pas contents. Ce matin, je me suis levée trop tard. Je me suis habillée en vitesse et je suis partie sans petit-déjeuner. Je suis rentrée de l'école avec un tas de devoirs à faire. Mais je suis trop crevée pour les faire.»

2. Gib das Gespräch in der indirekten Rede wieder. Der Hauptsatz steht in der Vergangenheit. Verwende: a dit, a raconté, a voulu savoir, a demandé... .

Jade:	«Qu'est-ce que tu vas faire après ton bac?»
Gabriel:	«J'irai en Allemagne. Je ferai un stage dans un hôtel.»
Jade:	«Pourquoi est-ce que tu as choisi l'Allemagne?»
Gabriel:	«Je voudrais perfectionner mon allemand.»
Jade:	«Mais tu étais assez bon en allemand à l'école.»
Gabriel:	«Oui, j'ai de bonnes bases. Mais je ne parle pas couramment. Il me manque la pratique et je ne comprends absolument rien quand ils parlent vite.»
Jade:	«Où est-ce que tu travailleras?»
Gabriel:	«J'irai dans un hôtel près de Cologne.»
Jade:	«Pour combien de temps est-ce que tu vas y travailler?»
Gabriel:	«Le stage durera trois mois.»
Jade:	«Alors, tu reviendras quand?»
Gabriel:	«Je reviendrai en septembre.»

3. Was sagt Malika ihrer Mutter? Gib das Telefongespräch in der indirekten Rede wieder und beginne mit: **Malika a dit à sa mère que ...** . Denke an die Anpassung der Zeitangaben.

«Je vais rentrer plus tard aujourd'hui parce que j'ai raté mon bus. Le prof d'allemand a voulu me parler à cause de l'échange avec l'Allemagne. Je prendrai le prochain bus à dix-sept heures et je serai à la maison vers dix-sept heures trente. Est-ce que Chloé a déjà apporté le livre? Elle voulait me prêter un livre sur l'Allemagne. Elle voudrait participer aussi à l'échange de mon école. Elle a envie d'aller en Allemagne pour six semaines et d'aller à l'école allemande.»

Die Lösungen findest du unter
www.cornelsen.de/webcodes
Gib dort den webcode gramm-bilan22 ein.

23. Der verneinte Satz
La phrase négative

Elle travaille.
Sie arbeitet.

Elle **ne** travaille **pas**.
Sie arbeitet <u>nicht</u>.

Elle **ne** travaille **plus**.
Sie arbeitet <u>nicht mehr</u>.

Elle **ne** travaille **jamais**.
Sie arbeitet <u>nie</u>.

Sätze können bejaht oder verneint sein. Im Französischen gibt es mehrere Verneinungswörter, mit denen du Sätze verneinen kannst.

Inhalt dieses Kapitels:

Außerdem findest du:
→ **Auf einen Blick:** Die Verneinungswörter, S. 270,
→ **Qui dit mieux: Wie vermeide ich Fehler?**, S. 271–272,
→ einen **Bilan**, S. 273, in dem du dein Wissen überprüfen kannst.

23.1 Die Verneinung mit *ne … pas/plus/jamais*
La négation avec *ne … pas/plus/jamais*

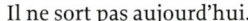

Il ne sort pas aujourd'hui.

Il ne sort plus aujourd'hui.

Il ne sort jamais.

Il **ne** sort **pas** aujourd'hui.	Er geht heute <u>nicht</u> aus.
Il **ne** sort **plus** aujourd'hui.	Er geht heute <u>nicht mehr</u> aus.
Il **ne** sort **jamais**.	Er geht <u>nie</u> aus.

Im Französischen besteht die Verneinung aus zwei Teilen: **Ne** stellst du vor die konjugierte Form des Verbs und **pas/plus/jamais** dahinter, so dass das Verb wie von einer Verneinungsklammer umschlossen ist. Vor Vokal und „stummem h" verkürzt du **ne** zu **n'**.

Margaux **n'**aime **pas du tout** la musique pop.	Margaux mag Popmusik überhaupt nicht.
Elle **n'**aime **pas non plus** le rap.	Sie mag Rap auch nicht.
Il **n'**a **pas encore** mangé au resto-U.	Er hat noch nicht in der Mensa gegessen.
Je ne ferai **plus jamais** la vaisselle!	Ich werde nie wieder abwaschen.
Il **n'**a **plus du tout** envie de travailler.	Er hat überhaupt keine Lust mehr zu arbeiten.

Ne ... pas kannst du mit du tout, non plus und encore verstärken; ne ... plus mit jamais und du tout.

C'est **pas** vrai.	Das ist nicht wahr.	Il aime **pas** les chiens.	Er mag keine Hunde.
Elle t'écoute **plus**.	Sie hört dir nicht mehr zu.	Il a **plus du tout** envie.	Er hat überhaupt keine Lust.
Il danse **jamais**.	Er tanzt nie.	Elle fait **jamais** ses devoirs.	Sie macht nie ihre Hausaufgaben.

Im gesprochenen Französisch wird das **ne** meist weggelassen. Im geschriebenen Französisch ist das nicht möglich.

 Zusatzwissen:

Elle **ne** vient **guère** nous voir ces derniers temps.	Sie besucht uns kaum noch in letzter Zeit.

Im gehobenen Französisch kannst du manchmal ne ... guère hören. In der Umgangssprache verwendet man stattdessen ne ... pas souvent, ne ... pas beaucoup oder ne ... presque pas:
Elle **ne** vient **pas souvent** ces derniers temps.

Il **n'**a **point** compris.	Er hat nicht verstanden.
Elle **n'**a **point** de cœur.	Sie hat kein Herz.

Ne ... point findest du manchmal in der Literatur. Es gilt als veraltet und wird genauso gebraucht wie ne ... pas.

23.2 Die Verneinung mit *ne ... personne/rien*
La négation avec *ne ... personne/rien*

Personne und rien kannst du als Subjekt und als Objekt im Satz verwenden.

Verwendung als Subjekt

Personne ne vient le voir.	Niemand besucht ihn.
Personne n'est venu.	Niemand ist gekommen.
Rien ne l'intéresse.	Nichts interessiert ihn.
Rien n'a été oublié.	Nichts ist vergessen worden.

Wenn du **personne** oder **rien** als Subjekt des Satzes verwendest, stellst du sie mit dem nachfolgenden **ne** zusammen vor das Verb.

Verwendung als Objekt

Je **ne** vois **personne**.	Ich sehe niemanden.
Elle **ne** parle **à personne**,	Sie spricht mit niemandem,
et elle **n'**est d'accord **avec personne**.	und sie ist mit niemandem einverstanden.
Il **ne** fait **rien**.	Er macht nichts.
Ils **ne** pensent **à rien**.	Sie denken an nichts.
Je **n'**ai besoin **de rien**.	Ich brauche nichts.

Als Objekt umschließen ne … personne und ne … rien genau wie ne … pas das Verb: Ne steht vor dem Verb, personne und rien dahinter. Personne und rien kannst du mit Präpositionen (à, de, avec usw.) verwenden.

Zur Stellung von ne … personne bei zusammengesetzten Zeiten ▶ s. S. 267.

Zusatzwissen:

Die Verneinung mit ne … aucun / pas un seul

Verwendung als Subjekt

J'ai regardé les photos.	Aucune **ne** m'a plu.	Keins hat mir gefallen.
	Pas une seule **ne** m'a plu.	Kein Einziges hat mir gefallen.

Wenn du aucun oder pas un seul als Subjekt des Satzes verwendest, stellst du sie mit dem nachfolgenden ne zusammen vor das Verb. Das ist genau wie bei ne … personne und ne … rien. Aucun/e und pas un/e seul/e sind veränderlich. Du gleichst sie im Geschlecht dem Nomen an, das sie vertreten (hier: la photo).

Verwendung als Ergänzung

Il **n'**a lu aucun de ces livres.	Er hat kein Einziges dieser Bücher gelesen.
Elle **ne** connaît aucune femme qui bricole.	Sie kennt keine Frau, die bastelt.
Il **n'**a **pas** reçu un seul message.	Er hat keine einzige Nachricht erhalten.
Je **n'**y crois **pas** une seule seconde.	Ich glaube keine einzige Sekunde daran.

Als Ergänzung umschließen diese Verneinungswörter genau wie ne … pas das Verb: Ne steht vor dem Verb, aucun/e und pas un/e seul/e dahinter. Aucun und pas un seul gleichst du im Geschlecht dem Nomen an, vor dem sie stehen.

23.3 Die Einschränkung mit *ne … que*   La restriction avec *ne … que*

Elle **ne** m'écrit **qu'**une fois par an.	Sie schreibt mir nur einmal im Jahr.
Il **n'**y a **qu'**un métier qui l'intéresse:	Es gibt nur einen Beruf, der ihn/sie interessiert:
journaliste.	Journalist.
Je **ne** voudrais manger **qu'**une salade.	Ich möchte nur einen Salat essen.
Il **n'**a **que** 17 ans.	Er ist erst 17 Jahre alt.
Elle **n'**arrive **qu'**à 18 heures.	Sie kommt erst um 18 Uhr an.

Ne … que entspricht dem deutschen *nur* oder *erst*. Ne steht vor der konjugierten Form des Verbs, que vor dem Satzteil, der eingeschränkt werden soll. Ein Subjekt und ein Verb kannst du nicht mit ne … que einschränken.

Der verneinte Satz

Je plaisante **seulement**. Je **ne** fais **que** plaisanter.	Ich scherze nur.

Um ein Verb einzuschränken, verwendest du **seulement** oder **ne faire que** + Infinitiv.

Seul Clément peut venir. / Clément **seul** peut venir. **Il n'y a que** Clément **qui** puisse venir.	Nur Clément kann kommen.

Ein Subjekt kannst du mit **seul/e** oder mit **il n'y a que … qui** (+ **subjonctif**) einschränken.

23.4 Die Verneinung mit *ne … ni … ni / ni … ni … ne*
La négation avec *ne … ni … ni / ni … ni … ne*

23.4.1 *ne … ni … ni*

Elle **n'**est **ni** blonde **ni** brune **ni** rousse. Elle **n'**aime **ni** le rap **ni** le hip-hop.	Sie ist weder blond noch brünett noch rothaarig. Sie mag weder Rap noch Hip-Hop.

Die Verneinung **ne … ni … ni** besteht aus drei Teilen. **Ne** steht vor der konjugierten Form des Verbs, **ni** vor den Satzteilen, die verneint werden sollen. Nach dem Verb steht kein **pas**!
Ne … ni … ni liest du vor allem im geschriebenen Französisch.

Elle **n'**est **pas** blonde, **ni** brune, **ni** rousse. Elle **n'**aime **pas** le rap et le hip-hop **non plus**.	Sie ist weder blond noch brünett noch rothaarig. Sie mag weder Rap noch Hip-Hop.

Im gesprochenen Französisch hörst du für *weder … noch* eher Verneinungen mit **ne … pas … ni** oder **ne … pas … non plus**.

---

ne dire **ni** oui **ni** non **ne** savoir **ni** lire **ni** écrire **ni** l'un **ni** l'autre	weder ja noch nein sagen weder lesen noch schreiben können weder der/die/das eine noch der/die/das andere

Ne … ni … ni kommt in der gesprochenen Sprache fast nur in festen Wendungen vor.

23.4.2 *ni … ni … ne*

Ni Sven **ni** Matti **ne** connaissent le Portugal. **Ni** moi **ni** mes amis **ne** savons parler espagnol.	Weder Sven noch Matti kennen Portugal. Weder ich noch meine Freunde können Spanisch sprechen.

Mit **ni … ni … ne** kannst du mehrere Subjekte verneinen. **Ni** steht vor den Subjekten, **ne** vor dem konjugierten Verb. Nach dem Verb steht kein **pas**! Auch **ni … ni … ne** liest du vor allem im geschriebenen Französisch.

Sven **ne** connaît **pas** le Portugal. Matti **non plus.**

Sven kennt Portugal <u>nicht</u>. Matti <u>auch nicht</u>.

Je **ne** sais **pas** parler espagnol.
Mes amis **non plus.**

Ich kann <u>nicht</u> Spanisch sprechen.
Meine Freunde <u>auch nicht</u>.

> In der gesprochenen Sprache hörst du für *weder* (Subjekt) *noch* (Subjekt) … eher zwei Sätze.

> Gesprochenes und geschriebenes Französisch:
> **Arthur ne** veut **pas** et **ne** peut **pas** chanter.
>
> Nur geschriebenes Französisch:
> **Arthur ne** veut **ni ne** peut chanter.

Arthur will und kann <u>nicht</u> singen.

Arthur will und kann <u>nicht</u> singen. /
<u>Weder</u> will <u>noch</u> kann Arthur singen.

> Sollen zwei Verben verneint werden, verneinst du jedes Verb einzeln.
> Im geschriebenen Französisch findest du auch die Verneinung mit ne (+ Verb) ni ne (+ Verb).
> Vor dem ersten Verb steht nur **ne**, vor dem zweiten Verb **ni ne**.

23.5 Die Wortstellung im verneinten Satz
L'ordre des mots dans la phrase négative

1.	Elle	**ne**	fait	**rien.**	
	Max	**ne**	viendra	**pas.**	
	Pourquoi est-ce qu'il	**ne**	vient	**pas**?	
	Il	**ne**	faisait	**jamais**	de bruit.
2.	Clara	**n'**	est	**pas**	venue	non plus,
	car elle	**n'**	avait	**pas**	noté	la date.
3.	Daniel	**ne**	va	**pas**	venir.
	Il	**ne**	peut	**pas**	venir.

> Die Verneinungsklammer umschließt in den einfachen Zeiten das konjugierte Verb (1). In den zusammengesetzten Zeiten (2) das konjugierte Verb (Hilfsverb), nicht aber das Partizip.
> Bei Verben mit Infinitiv (3) umschließt sie nur das konjugierte Verb, nicht den Infinitiv.

> **Merke!**
>
> ne + konjugiertes Verb + pas + Partizip/Infinitiv

Der verneinte Satz

23.5.1 *Ne ... personne/aucun(e)* und *ne ... pas un(e) seul(e)*

Je	**n'**	ai		vu	**personne.**		Ich habe <u>niemanden</u> gesehen.
Elle	**n'**	a		lu	**aucun**	de ces livres.	Sie hat <u>keines</u> von diesen Büchern gelesen.
Elle	**ne**	veut		voir	**personne.**		Sie will <u>niemanden</u> sehen.
Elle	**ne**	veut		lire	**aucun**	de ces livres.	Sie will <u>keines</u> von diesen Büchern lesen.
Il	**n'**	a	**pas**	fait	**une seule**	faute.	Er hat <u>keinen einzigen</u> Fehler gemacht.
Il	**n'**en	a	**pas**	fait	**une seule.**		Er hat <u>keinen Einzigen</u> gemacht.
Il	**ne**	va	**pas** en	faire	**une seule.**		Er wird <u>keinen Einzigen</u> machen.

Nur **personne**, **aucun/e** und **un/e seul/e** stehen in den zusammengesetzten Zeiten hinter dem Partizip, in Sätzen mit **futur composé** oder mit Modalverb hinter dem Infinitiv.

23.5.2 Verneinter Imperativ / *participle présent* / *gérondif*

	Ne	faites	**pas**	de bruit.	Macht / Machen Sie <u>keinen</u> Lärm.
	Ne	parlant	**pas**	le français, il n'a pas compris.	Weil er <u>nicht</u> Französisch spricht, hat er <u>nicht</u> verstanden.
En	**n'**y	allant	**pas,**	tu auras la paix.	Wenn du <u>nicht</u> dorthin gehst, wirst du deine Ruhe haben.

Auch Imperative und das **participle présent** umschließt die Verneinungsklammer. Beim **gérondif** wird nur die Verbform in die Verneinungsklammer eingeschlossen; **en** steht vor **ne**.

23.5.3 Verneinte Inversionsfrage

Pourquoi **ne** vient-il **pas**?	Warum kommt er <u>nicht</u>?
Pourquoi **n'**est-il **pas** venu?	Warum ist er <u>nicht</u> gekommen?

Bei Inversionsfragen umschließt die Verneinungsklammer das Verb und das nachgestellte Subjektpronomen.

23.5.4 Objektpronomen im verneinten Satz

Il **ne** <u>lui</u> téléphone **plus**.	Er ruft ihn/sie <u>nicht mehr</u> an.
Elle **ne** <u>se</u> lève **pas** tôt.	Sie steht <u>nicht</u> früh auf.
Elle **ne** <u>m'</u>a **pas** répondu.	Sie hat mir <u>nicht</u> geantwortet.
Elle **ne** <u>s'</u>est **pas** baignée avec nous.	Sie hat <u>nicht</u> mit uns gebadet.

Objektpronomen stehen innerhalb der Verneinungsklammer und direkt vor dem konjugierten Verb.

▶ s. S. 55–58 (Die Stellung der Pronomen im Satz)

Il **ne** va **pas** lui téléphoner.
Er wird ihn/sie <u>nicht</u> anrufen.
Il **ne** veut **plus** lui téléphoner.
Er will ihn/sie <u>nicht mehr</u> anrufen.
Je **n'**aime **pas** le dire.
Ich sage es <u>nicht</u> gerne.

Nur bei Verben mit Infinitiv (**futur composé**, Modalverb + Infinitiv) steht ein Objekt-pronomen außerhalb der Verneinungs-klammer und direkt vor dem Infinitiv.
▶ s.S.55 (Die Stellung der Pronomen im Aussagesatz)

Merke !

ne + **Pronomen** + konjugiertes Verb + pas

Aber:

ne + aller/Modalverb + pas + **Pronomen** + Infinitiv

23.5.5 Verneinter Infinitiv

Ne pas <u>marcher</u> sur les pelouses.
Die Grünflächen <u>nicht</u> betreten.
Il vaut mieux **ne plus** le <u>faire</u>.
Es ist besser, das <u>nicht mehr</u> zu tun.

Bezieht sich eine Verneinung auf einen Infinitiv, so stellst du beide Verneinungs-wörter vor den Infinitiv.

■ 23.6 Die Verneinung nur mit *pas*   La négation avec *pas*

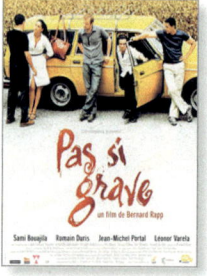

Elle est Suisse, **pas** Italienne.
Sie ist Schweizerin, <u>nicht</u> Italienerin.

Elle habite dans une maison **pas** loin du centre.
Sie wohnt in einem Haus <u>nicht</u> weit vom Zentrum entfernt.

Nous partons aujourd'hui, **pas** demain.
Wir fahren heute weg, <u>nicht</u> morgen.

Willst du nur einen Satzteil verneinen, lässt du ne weg. Du stellst pas vor den Satzteil, den du verneinen willst.

 Zusatzwissen:

Elle est Suisse, **non** Italienne.
Elle habite une maison **non** loin du centre.

In der geschriebenen Sprache findest du statt pas auch non.

Der verneinte Satz

Zusatzwissen:
Die Verneinung nur mit *ne*

Elle **ne cesse** de parler.   cesser de + Infinitiv
Sie hört nicht auf zu reden.

Il **n'ose** parler à ses parents.   oser + Infinitiv
Er traut sich nicht mit seinen Eltern zu reden.

Elle **ne peut** leur pardonner.   pouvoir + Infinitiv
Sie kann ihnen nicht vergeben.

Je **ne sais** que faire.   savoir + Infinitiv
Ich weiß nicht, was ich tun soll.

Vor den oben genannten Verben steht häufig nur die Verneinung **ne**. Die Verneinungsklammer **ne ...
pas** ist in diesen Fällen jedoch auch korrekt.

In den folgenden Wendungen steht **ne** immer allein:

n'importe qui   irgendwer/jeder
N'importe qui peut faire ça.   Das kann doch jeder.
Si je **ne** me trompe.   Wenn ich mich nicht irre.
Je **ne** saurais vous le dire.   Ich kann es euch/Ihnen nicht sagen.

Das expletive *ne*

Im geschriebenen Französisch und in sehr gewählter gesprochener Sprache kannst du nach bestimm-
ten Verben und Ausdrücken – die einen **subjonctif** auslösen – ein **ne** finden. Dieses **ne** drückt keine
Verneinung aus, es ist also funktionslos. Man nennt es das „expletive **ne**".

Das expletive **ne** steht im **que**-Satz:

Je **crains** qu'il **ne** soit trop tard.   – nach einigen Verben, z.B.: **craindre, éviter, douter,**
Ich fürchte, dass es zu spät ist.   **empêcher,**

Il faut lui parler pour **éviter**
qu'il **ne** fasse une faute.
Man muss mit ihm reden, um zu vermeiden,
dass er einen Fehler macht.

Je vais l'appeler **à moins qu'**il **ne** soit trop tard.   – nach Konjunktionen, z.B.: **avant que,**
Ich rufe ihn/sie an, es sei denn, es ist zu spät.   **à moins que, sans que,**

La maison coûte **moins cher**   – nach Vergleichen mit **plus/moins que.**
que je **ne** le pensais.
Das Haus kostet weniger, als ich dachte.
Il est **plus grand que** je **ne** pensais.
Er ist größer, als ich dachte.

23.7 Der Gebrauch der Verneinungswörter in positiver Bedeutung
L'emploi des mots de négation avec une connotation positive

C'est le plus beau roman que j'aie **jamais** lu.	Das ist der schönste Roman, den ich jemals gelesen habe.
Si **jamais** je l'attrape …	Wenn ich ihn jemals erwischen sollte …
Je n'ai **jamais rien** entendu d'aussi bête.	Ich habe niemals etwas so Dummes gehört.
Il la regarde sans **rien** dire.	Er sieht sie an ohne etwas zu sagen.
Il a disparu sans que **personne** l'ait remarqué.	Er ist verschwunden, ohne dass es jemand bemerkt hätte.
Tu le sais mieux que **personne**.	Das weißt du besser als irgendein anderer.

Die Verneinungswörter **jamais**, **personne** und **rien** können, anders als im Deutschen, auch in positivem Sinn verwendet werden. Sie stehen dann ohne **ne**.

Zusatzwissen:

Je doute qu'**aucun** d'eux réussisse.	Ich bezweifle, dass irgendeiner von ihnen Erfolg haben wird.
Il travaille plus qu'**aucun** de ses collègues.	Er arbeitet mehr als irgendeiner seiner Kollegen.

In gehobener Sprache findet man auch **aucun/e** in bejahendem Sinn.

Auf einen Blick: Die Verneinungswörter

ne … pas	nicht	
ne … pas du tout	überhaupt nicht	
ne … pas encore	noch nicht	
ne … pas non plus	auch nicht	
ne … plus	nicht mehr	
ne … plus du tout	überhaupt nicht mehr	
ne … plus jamais	nie mehr	
ne … jamais	nie/niemals	
ne … que	nur/erst	
ne … rien	nichts	(Objekt)
ne … rien du tout	überhaupt nichts mehr	(Objekt)
Rien ne …	Nichts …	(Subjekt)
ne … personne	niemanden	(Objekt)
Personne ne …	niemand	(Subjekt)
ne … aucun/e	kein/e/n Einzige/s/n	(Objekt)
Aucun/e ne …	kein/e Einzige/r/s	(Subjekt)
ne … ni … ni	weder … noch	(Ergänzungen)
Ni … ni … ne	weder … noch	(Subjekte)

Qui dit mieux: Wie vermeide ich Fehler?

Wie übersetzt du *kein, keine, keinen* ins Französische?

Sie hat kein Geld.	Elle **n'**a **pas d'argent**.
Er hat keine Lösung gefunden.	Il **n'**a **pas** trouvé **de solution**.
Sie hat keine Freunde.	Elle **n'**a **pas d'amis**.
Wir haben keinen Tee.	Nous **n'**avons **pas de thé**.
Ich will keinen Computer.	Je **ne** veux **pas d'ordinateur**.

Kein, keine, keinen übersetzt du mit **ne … pas de**. Ein Nomen schließt du in der Regel mit **de** an eine Verneinung an.

Merke:
Kein, keine, keinen = ne pas … **de** (+Nomen)

Wie übersetzt du *niemand, keiner, kein Einziger, nichts* ins Französische?

Niemand ist gekommen.	**Personne n'**est venu.
Keiner besucht ihn.	**Personne ne** vient le voir.
Kein Einziger funktioniert richtig.	**Aucun ne** fonctionne correctement.
Nichts hindert dich daran zu singen.	**Rien ne** t'empêche de chanter.
Nichts wird sein wie vorher.	**Rien ne** sera plus comme avant.

Denke daran, dass die Verneinungswörter **personne, aucun** und **rien** als Subjekt immer zusammen mit **ne** stehen.

Verneintes *être, avoir, aimer, préférer, adorer, détester*

1. Ce **n'**est **pas de la** musique. C'est **du** bruit.	Das ist keine Musik. Das ist ▮ Lärm.
2. Ce **n'**est **pas une** blague. C'est **une** histoire vraie.	Das ist kein Witz. Das ist eine wahre Geschichte.
3. Louis **n'**aime **pas le** poisson. Il aime **la** viande.	Louis mag keinen Fisch. Er mag ▮ Fleisch.

In Sätzen mit verneintem être, aimer, préférer, adorer, détester steht derselbe Begleiter wie im bejahten Satz: 1. Teilungsartikel, 2. unbestimmter Artikel, 3. bestimmter Artikel.

J'ai **le** temps.	Ich habe ▮ Zeit.
Je n'ai pas **le** temps.	Ich habe keine Zeit.

Auch in dieser feststehenden Wendung bleibt nach der Verneinung der bestimmte Artikel erhalten.

aber:

J'ai peur/envie/faim/soif.	Ich habe Angst/Lust/Hunger/Durst.
Je **n'**ai **pas** peur/envie/faim/soif.	Ich habe keine Angst / Lust / keinen Hunger / Durst.

Bei Ausdrücken mit **avoir** + Nomen steht auch in der Verneinung weder ein Artikel noch **de**.

Nur: *seul, seulement* oder *ne ... que*?

Seul Frédéric travaille.   Hier bezieht sich seul auf **Frédéric**.
Nur Frédéric arbeitet.

Frédéric travaille **seul**.   Hier bezieht sich seul auf **travailler**.
Frédéric arbeitet alleine.

Je ne l'ai pas vu,   Hier bezieht sich seulement auf **entendre**.
je l'ai **seulement** entendu parler.
Ich habe ihn nicht gesehen,
ich habe ihn nur sprechen gehört.

Merke dir folgende Wendungen mit ne ... que:

Tu **n'**as **qu'**à écrire.   n'avoir qu'à + Infinitiv   nur etw. zu tun brauchen
Du brauchst nur zu schreiben.

Il **ne** me reste **qu'**à partir.   ne rester à qn qu'à + Infinitiv   nichts anderes übrig bleiben als
Es bleibt mir nichts anderes übrig als zu gehen.

▶ s. S. 264–265 (Die Einschränkung mit ne ... que)

Verneinte Sätze ohne Verb

Malika ne parle pas l'arabe.   **Moi** non plus.   Ich auch nicht.
Mais elle parle très bien l'espagnol. **Moi** pas.   Ich nicht.
Et ton frère?   **Lui** non plus.   Er auch nicht.

In verneinten Sätzen ohne Verb werden die unverbundenen Personalpronomen verwendet.

Oui, si oder *non*?

– Tu ne viens pas ce soir?   – Si.   – Non.
– Kommst du heute Abend nicht?   – Doch.   – Nein.

– Vous venez ce soir?   – Je pense **que oui**.   Ich denke ja.
– Elena vient aussi?   – Je crois **que non**.   Ich glaube nein. / Ich glaube nicht.
– Elena ne vient pas?   – J'espère **que si**.   Ich hoffe doch.

Die Antwort auf eine verneinte Frage lautet si oder non.
In bejahten und verneinten Antworten mit oui, non, si werden diese Wörter mit que angeschlossen.
Das ist anders als im Deutschen oder Englischen.

Passende Verneinung in Antworten

Frage   Verneinte Antwort

Tu as **déjà** fait les courses?   Non, je **ne** les ai **pas encore** faites.
Hast du schon die Einkäufe erledigt?   Nein, ich habe sie noch nicht erledigt.

Élise fait **toujours** du volley?   Non, elle **ne** fait **plus** de volley.
Spielt Élise (immer) noch Volleyball?   Nein, sie spielt kein Volleyball mehr.

Il aime **beaucoup** la musique?   Mais non! Il **n'**aime **pas du tout** la musique.
Mag er Musik sehr gerne?   Aber nein. Er mag überhaupt keine Musik.

Achte in verneinten Antworten auf die richtige Verneinung, die zu den Adverbien im Fragesatz passt.

Der verneinte Satz

Abschlussübung   Bilan

1. Bring die Satzteile dieser verneinten Sätze in die richtige Reihenfolge.

a. Ne – pas – a – Alain – répondu – mon – encore – à – mail.
b. Ne – plus – écrire – je – lui – vais – si – il – répond – ne – me – pas.
c. Jamais – sortir – ne – Aïcha – peut – le soir. Ne – permettent – ses – pas – parents – le –lui.
d. Ne – personne – a – rencontré – elle – semaines – des – depuis.
e. Vraiment – intéresse – rien – le – ne.

2. Beantworte die folgenden Fragen mit einem vollständigen Satz. Beachte die Vorgaben in Klammern.

a. Tu as déjà donné à manger aux chats?	(noch nicht)
b. Est-ce que Patrick fait encore du karaté?	(nicht mehr)
c. Mais il fait beaucoup de sport?	(nie)
d. Est-ce que Djamal aime beaucoup la musique?	(überhaupt nicht)
e. Est-ce que quelqu'un connaît ce site?	(niemand)
f. Qu'est-ce que tu lui as dit?	(nichts)
g. Qu'est-ce qui l'intéresse?	(nichts)
h. Est-ce que tu l'as dit à quelqu'un d'autre?	(niemandem)
i. Qui est-ce que tu veux inviter pour ton anniversaire?	(niemanden)

3. Beantworte folgende Fragen verneint. Achte auf die Begleiter.

a. Est-ce que le copain de Camille a une voiture?
b. Est ce-que c'est une bonne idée?
c. Dites-moi: Est-ce que c'est une blague?
d. Est-ce que tu as le temps?
e. Est-ce que les Masson aiment les animaux?
f. Est-ce que ce sont des jeux vidéo?

4. Übersetze die Sätze.

a. Sie kennen weder Spanien noch Portugal.
b. In dieser Schule haben die Schüler im Sommer keine langen Ferien.
c. – Mathis geht überhaupt nicht mehr ins Stadion. – Ich auch nicht.
d. Warst du jemals ohne Arbeit?
e. Justine ist weggegangen ohne etwas zu sagen.
f. Louise hat kein Einziges von diesen Büchern gelesen.
g. Ludo liest nur Krimis.
h. Er ist erst zwölf Jahre alt.

Die Lösungen findest du unter
www.cornelsen.de/webcodes
Gib dort den webcode gramm-bilan23 ein.

24. Der Text
Le texte

Die Kenntnis grammatischer Strukturen reicht allein nicht aus, um Texte schreiben zu können.
Dieses Kapitel gibt dir Anleitungen zum Schreiben französischer Texte.
Du findest darin Ausdrücke und Strukturen, die beim Verfassen eines Textes hilfreich sein können
(Abschnitte 1 und 2).
Hier findest du außerdem Beispiele zu verschiedenen Textsorten. Diese Modelltexte können dir als
Ausgangspunkt für eigene Texte dienen. Sie sind kommentiert, damit du ihren Aufbau und ihre
Strukturen besser nachvollziehen kannst (Abschnitte 4, 5, 6, 7, 8, 9, 10).
Auch im Französischen musst du zwischen gesprochener und geschriebener Sprache unterschei-
den. Die wichtigsten Unterschiede kannst du hier an Beispieltexten nachvollziehen (Abschnitt 3).
Da beim Schreiben von Texten Fehler unterlaufen können, die man während des Schreibprozesses
nicht wahrnimmt, ist es notwendig, nach dem Schreiben einen Text gründlich Korrektur zu lesen.
Eine Anleitung dazu findest du im Abschnitt 11.

Der Inhalt des folgenden Kapitels:

24.1 Ausdrücke, die einen Text gliedern
Expressions pour structurer un texte

Die Übersetzung der Beispiele und Texte
dieses Kapitels findest du unter
www.cornelsen.de/webcodes
Gib dort den webcode gramm-texte274 ein.

Seine Gedanken gliedern

commençons par	beginnen wir mit
pour commencer	zu Beginn
(tout) d'abord	zuerst
premièrement	erstens
en premier lieu	zunächst, an erster Stelle
deuxièmement	zweitens
quant à (son avenir)	was (seine/ihre Zukunft) betrifft
en ce qui concerne (son avenir)	was (seine/ihre Zukunft) betrifft
d'ailleurs	übrigens
finalement	schließlich

Ausdrücke, die einen Text gliedern

en dernier lieu	ganz zuletzt
pour terminer	zum Schluss
en résumé	zusammenfassend
pour conclure	zusammenfassend
en somme	im Großen und Ganzen
bref	kurz (und gut)
en un mot	mit einem Wort

Seine Meinung formulieren

à mon avis		meiner Meinung nach
je suis d'avis que …		ich bin der Meinung, dass …
pour ma part		meinerseits
pour moi		für mich
en ce qui me concerne		was mich betrifft
quant à moi		was mich betrifft
je suis sûr/e que		ich bin sicher, dass …
je suis certain/e que		ich bin sicher, dass …
je suis convaincu/e que		ich bin überzeugt, dass …
je suis persuadé/e que	+ Indikativ	ich bin überzeugt, dass …
j'ai l'impression que		ich habe den Eindruck, dass …
je crois que		ich glaube, dass …
il me semble que		es scheint mir, dass…
sans aucun doute		zweifellos

Präzisieren

c'est-à-dire que …	das heißt, dass …
autrement dit	anders gesagt
en d'autres termes	mit anderen Worten
plus précisément	genauer gesagt

Beispiele geben, belegen

par exemple / prenons l'exemple de …	zum Beispiel
prenons le cas suivant	nehmen wir den folgenden Fall
si on prend le cas de …	wenn man den Fall … nimmt
je prends en exemple …	ich nehme … als Beispiel
cela se voit à …	das sieht man an …
en plus / de plus	außerdem / darüber hinaus
en outre	außerdem

Argumente anführen

en effet	tatsächlich/denn/nämlich
effectivement	tatsächlich
étant donné que	da / weil / angesichts der Tatsache, dass …
indiscutablement	zweifellos

probablement	wahrscheinlich
tout au plus	höchstens
en principe	im Grunde
apparemment	offensichtlich
normalement	normalerweise
au moins	wenigstens
en tout cas	jedenfalls
en général	im Allgemeinen
peut-être (+ Inversion)	vielleicht
en fait	in der Tat
c'est pourquoi	deshalb
c'est la raison pour laquelle	deswegen / aus diesem Grund
donc	also/daher/folglich
ce qui compte, c'est que ...	worauf es ankommt, ist, dass ...
on voit / s'aperçoit donc que	man sieht also, dass
d'après / selon l'auteur	dem Autor zufolge
il faut tenir compte du fait que ...	man muss berücksichtigen, dass ...

Widersprechen

contrairement à (ce que dit l'auteur)	im Gegensatz zu (dem, was der Autor sagt)
bien au contraire	im Gegenteil
je ne suis pas de son avis	ich bin nicht seiner/ihrer Meinung
je ne suis pas du tout d'accord avec ...	ich bin überhaupt nicht einverstanden mit ...
il n'est pas question de ...	es kommt nicht in Frage zu ..., / es geht nicht darum ...
je suis (absolument) contre ...	ich bin (absolut) gegen ...
en réalité	in Wirklichkeit
c'est insignifiant/marginal	das ist unbedeutend

Einräumen

il est vrai que ... mais ...	es stimmt zwar, dass ..., aber ...
certes, mais ...	sicherlich, aber ...
... c'est exact.	... das stimmt.
c'est incontestable, mais ...	das ist unbestreitbar, aber ...
d'accord sur ce point	einverstanden, was diesen Punkt betrifft
d'ailleurs	übrigens / im Übrigen
en fait	in der Tat / eigentlich

Schlussfolgerungen ziehen

c'est pourquoi / c'est pour cela que ...	deswegen/deshalb
c'est la raison pour laquelle	deswegen / aus diesem Grund
en raison de cela	aufgrund dessen
on peut en conclure que ...	hieraus kann man schließen, dass ...
dans l'ensemble	im Großen und Ganzen
on voit donc que ...	man sieht also, dass ...
j'en tire la conclusion que ...	daraus folgere ich, dass ...
pour conclure, on pourrait dire que ...	abschließend könnte man sagen, dass ...

24.2 Schreibabsichten und grammatische Strukturen
Des structures grammaticales utiles pour la rédaction d'un texte

Im Folgenden findest du eine Auflistung verschiedener Schreibabsichten. Diesen Schreibabsichten sind grammatische Strukturen zugeordnet, die du beim Schreiben von Texten verwenden kannst, z.B. Adjektive und Vergleiche für Beschreibungen; den **subjoncif** bei Bewertungen und Kommentaren. Die Beispielsätze in der rechten Spalte zeigen dir auf, wie du deine Ideen vielseitiger formulieren und dich präziser ausdrücken kannst.

▶ s.S.296–298 (Selbst geschriebene Texte korrigieren)

Die Themenwahl begründen

Schreibabsicht	grammatische Struktur	Beispiele
Den Leser für ein Thema interessieren	Fragen, wie z.B.: Ergänzungs-fragen (**pourquoi / comment / dans quelle situation?**), Entscheidungsfragen	Pourquoi les langues sont-elles importantes? Comment se fait-il que tant d'enfants soient pauvres? Est-ce que les enfants ont besoin des deux parents? Voilà la question que je me pose. Vous parlez chinois?
	indirekte Fragen	Je me demande pourquoi tant d'enfants sont pauvres.
Sein persönliches Interesse / seine Vorlieben / Abneigungen formulieren	**Ce qui / ce que**	Ce qui m'a toujours intéressé(e) c'est … Ce que j'ai toujours voulu savoir c'est pour-quoi … Ce que j'aime beaucoup, c'est … Ce que je déteste plus que toute autre chose c'est …
Begründung für sein Interesse angeben	Kausalsätze (**parce que, grâce à, à cause de / à l'occasion de**)	Je m'intéresse à cette question parce que … Grâce à mon professeur de politique, j'ai fait la connaissance d'un auteur intéressant. À cause / À l'occasion de ce terrible accident, je me demande comment on peut éviter …
Eine provozierende Behauptung aufstellen und damit den Leser packen	Einfacher Aussagesatz, Negation	Le bonheur, cela n'existe pas. La famille monoparentale n'est pas une famille. On ne peut plus regarder la télévision. Personne n'est vraiment heureux.
… und die Behauptung in Zweifel ziehen	**la mise en relief c'est … qui/que**	C'est une opinion qu'on entend souvent. C'est une affirmation que l'on peut mettre en doute.
	subjonctif bei **douter**	Je doute (fort) que ce soit vrai.
Häufigkeit angeben	Zeitadverbien	On dit souvent/rarement que … On entend tous les jours / fréquemment que …
	Adverbien der Menge (**beaucoup de / trop de / bien des / assez de / peu de …**)	Beaucoup de gens pensent que … Peu de gens savent que …

Zur Argumentation übergehen

Schreibabsicht	grammatische Struktur	Beispiele
Die Eingangsfrage abschließen	Aussagesatz **Voilà / C'est / Ce sont …**	Voilà la question. C'est un vrai problème. C'est la question qui se pose.
Vorschläge machen, wie es weitergehen soll	Aufforderungssätze **Il faut** + Infinitiv **Il faut que** + subjonctif	Regardons la question de plus près. Examinons donc ce problème. Il faut étudier cette question. Il faut qu'on éclaircisse le sujet.

Zitieren

Schreibabsicht	grammatische Struktur	Beispiele
Rede- oder Frageeinleitung	Indirekte Rede/Frage **Tipp:** Verwende im Hauptsatz das Präsens (**Il dit que …**). So vermeidest du Zeitverschiebungen im Nebensatz.	Il dit/prétend que ce n'est pas possible. Il dit/affirme que ce ne sera pas possible. Il dit que ce n'était pas possible. Il se demande pourquoi ce n'est pas possible. Il se demande si c'est possible.

Eine Behauptung begründen

Schreibabsicht	grammatische Struktur	Beispiele
Begründung mit Nebensatz	Konjunktionen	Elle est malheureuse parce qu'elle n'a pas de succès. Comme/Puisqu'elle n'a pas de succès, elle est triste.
Begründung ohne Nebensatz	Konjunktionen Adverbiale Ausdrücke	Car on voit souvent des gens qui … En effet, … Par conséquent (+ sujet) On voit donc que … C'est pourquoi beaucoup de gens … Ainsi, il est clair que … Aussi (daher) voit-on des gens qui …
	Partizip Präsens statt Nebensatz	Étant très timide, elle n'ose pas lui adresser la parole. Ayant peu d'amis, ils ne sortent pas beaucoup.
Beispiel geben	Ausdrücke	Prenons l'exemple de … Un exemple en est (le cas suivant). Ce n'est qu'un exemple.

Schreibabsichten und grammatische Strukturen

Zwei Seiten einer Sache betrachten

Schreibabsicht	grammatische Struktur	Beispiele
Gegensätzliche Eigenschaften nennen	Adverbien, Konjunktionen	L'argent est une bonne et une mauvaise chose à la fois. Non seulement ... mais aussi ... Ce n'est ni bon ni mauvais. D'une part, l'argent est une bonne chose, d'autre part, il crée aussi des soucis. D'un côté ... de l'autre côté Il est assez intelligent, mais trop paresseux. Il n'est pas riche, mais pas pauvre non plus.
Gegensätze benennen	Adverbien, adverbiale Ausdrücke, Konjunktionen + **subjonctif**	Malgré cela, ... Malgré tous ces aspects positifs démontrés ... Bien qu'il soit intelligent, il fait des erreurs. Quoiqu'il soit intelligent, ...
	(**Tout +**) **gérondif** statt Nebensatz	Tout en sachant que le tabac nuit à la santé, elle continue à fumer.

Bedingungen nennen

Schreibabsicht	grammatische Struktur	Beispiele
Eine reale Bedingung nennen	Si-Satz im Präsens (+ Hauptsatz im Präsens oder Futur)	Si vous voulez parler français, vous pouvez l'apprendre ici. Si vous l'apprenez en France, vous l'apprendrez plus vite.
	gérondif als Ersatzkonstruktion für den si-Satz	En travaillant beaucoup, vous pourrez l'apprendre assez vite.
	En cas de + Nomen	En cas de doute appelez-moi.
	Au cas où	Au cas où on vous agresse, courez.
Eine (irreale) bloß gedachte Bedingung nennen	Si-Satz im **imparfait** oder **plus-que-parfait** (+ Hauptsatz im **conditionnel présent** oder **conditionnel passé**)	Si on ne réagissait pas, ce serait la catastrophe. Si on n'avait pas réagi, cela aurait été la catastrophe.

Etwas beschreiben

Schreibabsicht	grammatische Struktur	Beispiele
Eine Person oder eine Sache beschreiben	Adjektive Relativsätze	Un vieil homme, assez célèbre. C'est une femme belle et intéressante. C'est une chanson qui m'a beaucoup plu. Voilà un livre dont on parle peu.
	Vergleiche	Mais ce livre est meilleur que l'autre.

| Einen Zustand oder ein Verhalten beschreiben | Adjektive | C'est une situation insupportable.
Son comportement est intolérable. |
| | Adverbien
Vergleiche | Elle a vraiment trop parlé ce soir.
Ils se comportent comme des fous. |

Folgen beschreiben

Schreibabsicht	grammatische Struktur	Beispiele
Über die Folgen/ Konsequenzen sprechen	Adverbiale Redewendungen	Par conséquent / En conséquence À la suite de cet événement, on aurait pu s'attendre à un changement. Nécessairement, il a dû se retirer.
Tatsächlich eintretende Folgen schildern	Einleitungssätze	La conséquence en est qu'elle se sent beaucoup mieux. Il est inévitable que ... (+ subjonctif)
	Konjunktion **de façon que** (+ Indikativ) (*so dass*)	Elle parle de façon que tout le monde la comprend.
Über eine beabsichtigte Folge sprechen	Nebensatz und **subjonctif** (bei unterschiedlichen Subjekten in Haupt- und Nebensatz)	Il travaille pour que sa famille ait de quoi manger. Elle parle fort afin que tout le monde la comprenne.
	Infinitiv als Ersatz für einen Nebensatz mit **subjonctif** (bei gleichem Subjekt in Haupt- und Nebensatz)	Il travaille pour gagner de l'argent. Afin d'être toujours bien informée, elle lit les journaux chaque jour.

Vermutungen/Gewissheiten äußern

Schreibabsicht	grammatische Struktur	Beispiele
Eine Vermutung äußern, etwas als ungewiss erscheinen lassen	**conditionnel**	Selon la police il y aurait cinq blessés. On pourrait croire que ... (+ Indikativ)
	Adjektiv + Nebensatz (**subjonctif**)	Il n'est pas sûr qu'elle vienne. Il est improbable qu'elle réussisse. Il est impossible qu'elle ne comprenne pas.
Eine Hypothese aufstellen	Verb + Nebensatz **Tipp:** Verneine das Verb im Nebensatz (nicht im Hauptsatz) → kein **subjonctif**.	Je crois qu'il viendra / qu'il ne viendra pas. Je suis sûr/e que cet auteur a raison. Je suis sûr/e que cet auteur n'a pas raison / se trompe. Je ne crois pas que beaucoup de gens soient d'accord avec lui. / Je crois que beaucoup de gens ne sont pas d'accord avec lui.

Schreibabsichten und grammatische Strukturen

Gewissheit ausdrücken	Adjektive + Nebensatz	Il est clair/évident que c'est cher. Je suis sûr(e)/certain(e) qu'il a raison.
	Adverb	Vous avez probablement/certainement raison.
	Verb + Nebensatz	Je pense/crois que … Je suis persuadé(e)/convaincu(e) que … (+ Indikativ)

Etwas beurteilen

Schreibabsicht	grammatische Struktur	Beispiele
Bewertung	Adjektive (evtl. mit Adverbien zum Verstärken oder Abschwächen)	C'est tout simplement merveilleux. Cette attitude, je la trouve assez surprenante. Son comportement est totalement incompréhensible.
	Superlativ + Relativsatz (subjonctif)	C'est la chose la plus bizarre que j'aie jamais entendue. C'est le meilleur livre que j'aie jamais lu. C'est la seule personne qui puisse la comprendre.
	Mit Nebensätzen (subjonctif)	C'est bien/utile/inutile que les politiciens en discutent. C'est normal/logique que tout le monde le connaisse.
	Tipp: Bilde zwei Sätze. So vermeidest du den **subjonctif.**	Tout le monde le connaît. C'est normal.
Meinung äußern	Redewendungen ▸ s.S.275	Je suis d'avis que … Selon mon expérience … Selon moi …
Anderer Meinung sein	Redewendungen ▸ s.S.276	Je ne partage pas ton opinion / votre point de vue. Je ne comprends pas pourquoi tu es de cet avis. Il est, par principe, d'un avis différent/opposé. Après la lecture de ce livre j'ai changé d'avis. Je ne suis pas sûr/e que ce soit la seule solution. J'aimerais me permettre une remarque / de faire une objection …

24.3 Gesprochenes und geschriebenes Französisch
Français parlé et français écrit

Wir haben keine Lust ins Museum zu gehen.

Ich hab' kein Bock auf Museum!

Diese beiden Sätze sagen dasselbe aus. Du würdest den zweiten Satz jedoch nicht in jeder Situation verwenden.

Wenn du einen schriftlichen Text verfasst, drückst du dich anders aus als beim Sprechen und bevor du etwas sagst, überlegst du dir, an wen du dich wendest:
– an Gleichaltrige, an Bekannte oder
– an Personen, die du siezt.

Wie im Deutschen gibt es auch im Französischen unterschiedliche Sprachniveaus und -stile, die zu unterschiedlichen Situationen passen.

nur Sprechen → **le français familier**	Das **français familier** wird vor allem in der Familie und unter Freunden gesprochen. In Klausuren oder anderen schriftlichen Texten verwendest du es nur dann, wenn du die wörtliche Rede einer Person wiedergibst, die so spricht.

Sprechen und Schreiben → **le français standard**	Das **français standard** ist immer richtig. Du kannst es schriftlich und mündlich in jeder Situation verwenden.

Schreiben, selten Sprechen → **le français soutenu**	Das **français soutenu** ist eine gepflegte Ausdrucksweise, der du vor allem in schriftlichen Texten, aber auch in Vorträgen oder in Sendungen begegnest. Du kannst die Elemente dieses Sprachniveaus verwenden, wenn du dich besonders gewählt ausdrücken willst.

Jedes dieser Sprachniveaus ist durch die vorwiegende oder häufige Verwendung bestimmter sprachlicher Elemente gekennzeichnet.

Die folgenden drei Texte sagen inhaltlich dasselbe aus. Sie sind aber in drei unterschiedlichen Sprachniveaus abgefasst.

Gesprochenes und geschriebenes Französisch

24.3.1 *Le français standard*

Cécile hat einige Zeit als Austauschschülerin in Deutschland verbracht. Nach ihrer Rückkehr stellen ihr die Lehrer ihrer Schule Fragen über ihre Zeit in Deutschland:

– **Comment est-ce que vous avez passé vos journées?**

– Le matin, nous allions à l'école. L'après-midi nous étions libres, sauf le lundi. Nous avions gymnastique jusqu'à 14 heures 45. Quelquefois je suis allée dans un club de tennis avec ma correspondante. Mais pas trop souvent. Nous sommes allées au centre-ville pour faire des courses
5 ou pour aller au cinéma. Et, bien sûr, il fallait faire les devoirs. La plupart du temps, nous ne faisions rien de spécial.

– **Avez-vous parlé français ou allemand avec vos correspondants?**

– Ma correspondante parlait souvent allemand avec moi. Au début, j'ai répondu en français, mais plus tard, je ne parlais presque plus français.

10 – **Est-ce qu'il y a de grandes différences entre l'école en Allemagne et en France?**

– Oui. Nous passons toute la journée à l'école et nous travaillons plus. En Allemagne, les professeurs sont moins sévères et ils tutoient les élèves de notre âge. C'est étonnant.

24.3.2 *Le français familier*

Das gleiche Gespräch hört sich mit Céciles Freunden auf dem Schulhof ganz anders an:

	Elemente des français familier:
– Vous avez passé vos journées **comment**?	– Frage mit nachgestelltem Fragewort
– Le matin, **on** allait à l'école et l'**aprèm** on était libre – sauf le lundi.	– on statt nous – Verkürzung von Wörtern
Le lundi, on avait **gym** jusqu'à trois heures 5 moins l'quart.	– Verkürzung von Wörtern – l' statt le auch vor Konsonanten
Des fois, moi, je suis allée dans un club de tennis avec Jana.	– des fois statt quelquefois – Wiederholung des Subjekts (moi, je)
Mais moi, le tennis, j'aime pas trop.	– segmentierte Sätze
On est allées aussi dans le centre – faire des 10 courses ou aller au **ciné**.	– Verkürzung von Wörtern
Fallait aussi faire les devoirs.	– faut und fallait statt il faut und il fallait
Souvent on faisait **pas** grand chose.	– Verneinung ohne ne
– **T'as** parlé français ou allemand là-bas?	– t' statt tu vor Vokal
– **Jana, elle** parlait souvent allemand et **moi**, au 15 début, **j'**ai répondu en français.	– Wiederholung des Subjekts
Plus tard, je parlais presque **plus** français.	– Verneinung ohne ne
– **Y a des grandes** différences entre l'école en Allemagne et en France?	– y a statt il y a; des + Adjektiv im Plural
– **Ouais. Nous, on** passe plus de temps à l'école et 20 on **bosse** plus. Leurs **profs**, ils sont moins sévères et ils tutoient les élèves de notre âge.	– ouais statt oui; Wiederholung des Subjekts (nous, on); besonderes Vokabular, Verkürzung von Wörtern
Ça m'a étonnée.	– ça statt cela

Elemente des français familier

- on statt **nous** (▶ S.S.47)
- Wiederholung des Subjekts (**moi, je / nous, on**)
- Verkürzung von Wörtern
- besonderes Vokabular, das einer niederen Stilebene angehört (z.B. **bosser** = **travailler**)
- y a statt il y a
- ça statt **cela** (▶ S.S.62)
- verkürzter bestimmter Artikel
- t' statt **tu** vor Vokal
- Verneinungen ohne **ne** (▶ S.S.268)
- Intonationsfrage (▶ S.S.228)
- Frage mit nachgestelltem Fragewort (▶ S.S.229)
- segmentierte Sätze/Fragen (▶ S.S.224, 231)

24.3.3 *Le français soutenu*

Eine Jugendzeitschrift stellt Fragen an die Austauschschülerin und bittet darum, die schriftlichen Antworten drucken zu dürfen. Natürlich drückt sich Cécile schriftlich anders aus als mündlich.

	Elemente des français soutenu:
– **Comment avez-vous passé** vos journées?	– Inversionsfrage
– Le matin, nous allions à l'école et l'après-midi nous étions libres – sauf les lundis, quand nous avions gymnastique jusqu'à 14h45. Quelquefois 5 j'ai accompagné Jana, ma correspondante, dans un club de tennis.	– komplexe Sätze mit Haupt- und Nebensätzen anstelle von aneinander gereihten Hauptsätzen
Mais, n'**aimant** pas trop le tennis, je **n'**y suis **pas** allée trop souvent. Quelquefois, nous sommes allées au centre-ville pour faire les courses ou 10 bien encore pour aller au cinéma. L'après-midi, il fallait aussi faire les devoirs. Souvent nous ne faisions rien d'extraordinaire.	– **participe présent** statt Nebensatz – vollständige Verneinung – komplexe Sätze mit Haupt- und Nebensätzen anstelle von einfachen Hauptsätzen
– **Votre correspondante, a-t-elle parlé** français ou allemand avec vous?	– Absolute Frage
– Elle me parlait souvent en allemand. Au début, 15 je n'ai répondu qu'en français. Mais plus tard, je ne parlais plus qu'allemand.	
– **Y a-t-il de grandes différences** entre l'école en France et en Allemagne?	– Inversionsfrage, **de** + Adjektiv im Plural (statt **des**)
– Oui, **il y en a**. Comme nous passons toute la 20 journée à l'école, nous y travaillons plus. **En outre**, les professeurs allemands sont moins sévères que les nôtres. Ils tutoient les élèves de notre âge, ce qui m'a beaucoup étonnée.	– vollständige Antworten – Wortwahl
(Les participants de l'échange scolaire **écriront** 25 encore un reportage plus détaillé. L'interview **sera publiée** dans le numéro suivant.)	– Verwendung des **futur simple** – Verwendung des Passivs.

284

Elemente der geschriebenen Sprache, die selten in der gesprochenen Sprache verwendet werden:

– Inversionsfrage (▶ s. S. 230)
– absolute Frage (▶ s. S. 231)
– vollständige Verneinung
– participe présent (▶ s. S. 185–188)
– Passiv (▶ s. S. 181–184)
– futur simple (▶ s. S. 152)

24.4   Die Zusammenfassung   Le résumé

Das folgende **résumé** fasst das Kapitel 13 aus dem Roman „Le tour du monde en 80 jours" von Jules Verne zusammen.
Vorinformation: Phileas Fogg und sein Diener Passepartout machen eine „Reise um die Welt in achtzig Tagen". In Indien werden sie gemeinsam mit einem englischen General und einem indischen Führer Zeugen der Vorbereitung zu einer Witwenverbrennung.

Dans le chapitre XIII du roman «Le tour du monde en 80 jours» de Jules Vernes, l'auteur raconte comment une jeune Indienne est sauvée par Passepartout.[1] Les voyageurs **prennent**[2] la
5   décision de sauver la jeune veuve et leur guide **se déclare**[2] prêt à les aider. Ils attendent **alors**[3] le soir pour pouvoir s'approcher de la pagode où la jeune femme est emprisonnée. **Mais**[3] ils ne peuvent pas y entrer parce qu'il y a des gardes devant les portes
10   et des Indiens autour du bûcher où se trouve le corps du mari. **C'est pourquoi**[3] les voyageurs attendent que les fanatiques s'endorment. **Mais**[3] à minuit la situation n'a pas encore changé. Ils décident **donc**[3] d'entrer dans la pagode par der-
15   rière. Cette tentative échoue et les voyageurs risquent de se faire découvrir. **Finalement**[3], ils sont sur le point d'abandonner l'entreprise. Fogg seul s'y oppose: il veut attendre le matin pour tenter sa chance.
20   Avant la levée du jour, la victime est amenée sur le bûcher. **Au moment où**[3] Fogg veut s'élancer pour la sauver, le mort semble reprendre vie et descend du bûcher, la jeune femme dans ses bras. **En réalité**[3], c'est Passepartout qui s'y était glissé.
25   **Comme**[3] les Indiens sont encore sous l'influence de la surprise, les voyageurs peuvent s'enfuir avec la veuve.

1 Du beginnst dein **résumé** mit einem einleitenden Satz, der kurz darstellt, worum es geht.
2 Ein **résumé** schreibst du im Präsens (als Leit-Tempus).
3 Du verwendest Wörter und Ausdrücke, die Sätze miteinander verknüpfen. Sie sind wichtig, weil sie den Leser beim Verstehen der Zusammenhänge unterstützen.

Lerntipp:

Du gibst in deinem **résumé** die Informationen wieder, die wichtig für das Verständnis des Textes sind. Wie trennst du am besten Wichtiges von Unwichtigem? Bevor du zu schreiben beginnst, stellst du an den Text die W-Fragen. Die Antworten auf die W-Fragen notierst du als Stichworte. Sie sind die Grundlage für dein **résumé**.

W-Fragen

Wer	(tut etwas)?
Was	(passiert)?
Wann	(passiert es)?
Wo	(passiert es)?
Warum	(kommt es dazu)?
Wie	(endet es)?

Lies dein fertiges **résumé** durch und stelle dir folgende Fragen:
Kann jemand, der den Ursprungstext nicht kennt, anhand deines **résumé** verstehen, worum es geht und wie (und eventuell warum) die Handlung abläuft? Hast du alle wichtigen Fakten berücksichtigt?

Merke!

Résumé
– auf die W-Fragen antworten
– im Präsens
– deutlich kürzer als der Ursprungstext (ca. 1/3 des Originaltextes)
– keine direkte Rede, stattdessen indirekte Rede
– keine wörtlichen Zitate aus dem Ursprungstext
– keine persönliche Stellungnahme

24.5 Die Charakteristik Le portrait physique et moral

Eine häufige Aufgabenstellung ist die Charakteristik einer Person aus einem literarischen Text. Drei Arbeitsschritte sind erforderlich:

– Sammeln aller Daten, die dir für diesen Zweck nützlich erscheinen,
– Ordnen dieser Daten,
– Schreiben der Charakteristik.

Nun kann man eine Person ziemlich oberflächlich darstellen, indem man ihr Äußeres beschreibt und dann noch ein paar Persönlichkeitsmerkmale (**malheureux, a du succès**) hinzufügt. Interessant wird eine Charakteristik, wenn man zu erklären versucht, *warum* ein Mensch so und nicht anders handelt. Hier als Beispiel eine Charakteristik von Pierre aus Anna Gavaldas Erzählung „**Pendant des années**".

Die Aufgabenstellung lautete:
Caractérisez le personnage principal en considérant son changement.

Die Charakteristik

Le protagoniste Pierre a 36 ans, il est marié et a trois enfants (deux filles, de sept et trois ans, un garçon d'un an). On ne sait pas ce qu'il fait comme travail, mais il gagne bien sa vie: «Professionnellement, j'ai réussi mieux que je ne l'aurais imaginé.»

5 (p. 50, l. 5). [1] Il adore ses enfants, est assez heureux, mais il ne peut pas vraiment oublier son ancienne amie, Hélèna: «Je croyais que je n'y pensais plus mais il me suffisait d'être un moment seul dans un endroit à peu près calme pour la laisser venir.» (p. 52, l. 9–11). [1]

10 Hélèna joue un rôle particulier dans sa vie. Quand il était étudiant, âgé de 26 ans, il était fou amoureux d'elle, n'avait de pensées que pour elle et ne s'occupait que très peu de ses études: «À l'époque j'étais surtout celui qui ne pensait qu'aux filles, enfin … qu'à cette fille, celui qui écrivait des lettres pendant les

15 cours magistraux […]. Plutôt Arlequin que golden boy, c'est vrai. Comme je l'aimais, je négligeais mes études […]» (p. 50, l. 14 – p. 51, l. 1). [1] **Voilà pourquoi**, le jour où elle l'a quitté sans lui dire au revoir, il est désorienté, très malheureux et désespéré: «J'ai été un garçon délabré admirable» (p. 48, l. 6). [1] Cette expé-

20 rience change son attitude envers les femmes. Il devient indifférent et n'est plus capable d'aimer profondément. **Par conséquent**, sa décision de se marier est initiée par sa femme: «Une autre femme m'a rencontré. Une femme très différente est tombée amoureuse de moi […].» (p. 49, l. 11–12). [1]

25 La séparation d'Hélèna influence **non seulement** sa relation envers les femmes, **mais aussi** son attitude envers le travail. **C'est-à-dire** que maintenant, après qu'elle l'a quitté, il est capable de se concentrer sur son travail et il réussit tandis que pendant ses études il ne travaillait pas vraiment: «Elle devait

30 penser que l'avenir était trop … incertain avec un type dans mon genre. Quand je lis mes relevés de banque aujourd'hui, je vois bien que la vie est une drôle de farceuse.» (p. 51, l. 4–7). [1] **D'un côté**, il a évolué de manière positive parce qu'il est plus indépendant. **De l'autre côté**, il ne trouve pas vraiment le

35 bonheur. On a l'impression qu'il attend toujours quelque chose: «Combien de fois me suis-je retourné dans la rue, le cœur en vrille parce que j'avais cru apercevoir un bout de silhouette qui … ou une voix que … ou une chevelure comme … Combien de fois?» (p. 52, l. 4–7). [1] **Malgré** sa vie normale et tranquille d'homme

40 marié et de père de famille il ne peut pas oublier Hélèna et reste **donc** au fond un homme malheureux.

[1] Diese Charakteristik arbeitet mit vielen Zitaten. Das ist normal, denn Behauptungen muss man belegen. Zitate kannst du in einen Satz einbauen, in Klammern als Beleg setzen oder nach einem Doppelpunkt anführen. Denke daran, Anführungszeichen zu setzen und die Seiten und Zeilen anzugeben, auf die du dich beziehst. Längere Textstellen als Zitat kannst du als eigenen Absatz schreiben.

Den Gedankengang des Textes kannst du durch Absätze und die hier wieder **fett** gedruckten Verknüpfungen deutlich machen.

Leit-Tempus der Charakteristik ist das Präsens.

In einer Charakteristik verwendest du in der Regel viele Adjektive, du beschreibst ja das Äußere oder den Charakter einer Person.

24.6 Der Kommentar Le commentaire

Der folgende Kommentar bezieht sich auf die Erzählung „**Pendant des années**" von Anna Gavalda. Die Aufgabenstellung lautete:
Appeler son ancien ami et le revoir – un acte égoïste d'Hélèna? Commentez son comportement.

D'abord il faut comprendre Hélèna, connaître ses états d'âme: elle est désespérée face à la mort imminente. Elle aimerait faire le point sur sa vie. Son ex-copain Pierre jouait un grand rôle dans sa vie, **voilà pourquoi** elle l'appelle. Est-ce donc un acte égoïste
5 de l'appeler pour le revoir une dernière fois?

D'un côté, cet acte peut paraître égoïste [1]. On pourrait dire [1] qu'elle ne pense qu'à elle-même et ne considère **donc** pas les conséquences que pourrait avoir cette rencontre pour Pierre: est-ce qu'il l'aime toujours? Est-ce qu'il pourra retourner vivre sa
10 vie comme avant? Est-ce qu'il vivra encore davantage dans le regret? Est-ce qu'il sera blessé? Cette idée spontanée de vouloir le revoir avant de mourir correspond un peu à la situation du début de la nouvelle où elle le quitte sans le prévenir.
De l'autre côté, cela ne semble pas être égoïste [1] car, **de cette**
15 **manière**, Pierre, lui aussi, a l'occasion de faire le point sur cette relation. **C'est-à-dire qu'**il pourra dire adieu à son ancienne amie. Cette rencontre inattendue rendra éventuellement [1] la situation plus facile: il ne rêvera plus d'Hélèna et pourra finalement vivre sans elle.

20 À mon avis [1], la question ici est toute autre. Pour moi [1], cet acte exprime un désir tout à fait compréhensible. Je trouve normal que [1] les gens qui s'attendent à mourir bientôt aient besoin de dire adieu à ceux qu'ils aiment. **De plus**, je suis d'avis [1] que quand on meurt on a bien le droit d'être égoïste.

[1] Kennzeichnend für den Kommentar sind bewertende Ausdrücke, denn hier bist du aufgefordert einen Standpunkt zu beziehen. Viele dieser bewertenden Ausdrücke ziehen den **subjonctif** nach sich. Eine Liste der wichtigsten Ausdrücke findest du auf
▶ S. 207 und 209.

Auch den Kommentar verfasst du im Präsens.

Die hier wieder fett gedruckten Ausdrücke dienen der Textgliederung. Diese Ausdrücke tragen dazu bei deinen Text zusammenhängend und für den Leser verständlicher zu machen. Was du sagen willst und welche Gliederung du deinem Text geben willst, entscheidest du aber selbst.

Tipp:
Du kannst dir zunächst eine Liste mit Stichpunkten anlegen, mit der du deinen Kommentar vorbereitest.

Für den oben abgedruckten Text könnte sie etwa so aussehen:

Introduction: comprendre le comportement d'Hélèna

Acte égoïste:
– elle ne pense qu' à elle-même
– elle ne voit pas les conséquences
  possibles pour Pierre
– comportement qui rappelle le début
  de la nouvelle où elle le quitte sans rien dire

Acte non-égoïste:
– chance pour Pierre de terminer la
  relation une fois pour toutes
– revoir son ex-amie pourrait le «guérir»
  aussi

Conclusion:
Pour moi: ce n'est pas la question
– normal qu'elle veuille dire adieu
– droit d'agir de manière égoïste quand on
  sait qu'on va mourir

In deinem Kommentar kannst du außerdem wichtige Stellen der Vorlage zitieren und deine Behauptungen mit Beispielen belegen.

24.7 Der Klappentext   „La quatrième de couverture"

Ein Klappentext ist eine besondere, kurze Form der Inhaltsangabe oder ein kurzer Auszug aus dem Buch auf der Innenseite eines Bucheinbands oder auf einem Buchrücken.
Ein Klappentext informiert den Leser kurz darüber, was ihn in dem Buch erwartet. Vor allem aber muss er den Leser neugierig machen oder Spannung erzeugen, denn er ist dazu da, das Interesse des Käufers zu wecken. Ein Klappentext ist also ein Werbetext.

Laurence Ink: Piège en forêt

Jamais Julien n'aurait dû aller pêcher seul ce jour-là.
Jamais il n'aurait dû [1] s'approcher de cette piste d'atterrissage à
5 l'abandon. Un avion en panne d'essence [2], des trafiquants [2] aux abois qui le prennent en otage [2] ... et le cauchemar commence [3].
Même s'il parvient à échapper à
10 ses ravisseurs, Julien pourra-t-il échapper aux pièges de l'immense forêt canadienne? [4] Un roman d'aventure palpitant dans la nature sauvage du Grand Nord. [5]

1 Einen Klappentext mit der Aufzählung dessen zu beginnen, was der Held nicht hätte tun sollen, weckt Neugier. Warum hätte er es nicht tun sollen? Durch die Wiederholung wird dieser Effekt verstärkt.

2 Schlüsselbegriffe werden aufgezählt ohne Zusammenhänge zu schaffen.

3 Ein Schlagwort wie **le cauchemar** verspricht eine spannende Handlung.

4 Die Frage am Ende des Textes, auf die keine Antwort gegeben wird, erzeugt das Bedürfnis, das Buch zu lesen, um eine Antwort zu finden.

5 In einem Abschlusssatz wird eine kurze Beurteilung des Buches gegeben und der Leser wird über den Ort der Handlung informiert.

Christophe Lambert: La loi du plus beau

Au fil des années, la «dictature de la beauté» s'est imposée dans notre société qui privilégie l'apparence à outrance. En 2031, les citoyens
5 sont classés sur une échelle allant de la catégorie 1 (très, très moche) à la catégorie 5 (super canon). [1] **Dynamique** et **munie de** [3]
diplômes, Karol, 22 ans, déboule
10 pleine d'espoir dans la vie active.
Mais elle n'est que catégorie 3 et les portes se ferment devant elle. [2] **Ecœurée par** [3] tant de discriminations, elle rejoint Héphaïstos, un groupe de militants bien **décidés à** [3] ne pas plier devant cette loi du plus beau.
15 La première mission de la jeune femme consiste à taguer des affiches publicitaires sur une ligne du super-métro aérien. Mais, **entraînés par** [3] le beau Luther, certains militants sont partisans de l'action terroriste. **Epaulée par** [3] son ami Momo, Karol
20 va-t-elle parvenir à convaincre le groupe d'éviter cette dérive? [4]

1 Dieser Klappentext beginnt mit einer knappen Einführung in die Handlung des Buches.
2 Daraufhin werden die Hauptperson und ihr Problem vorgestellt.
3 Durch die häufige Verwendung von Adjektiven und Partizipialkonstruktionen vermeidet der Autor erklärende Nebensätze, die den Text länger machen würden. Der Leser erhält so viele Informationen in einem kurzen Text. Auch durch die Straffung eines Textes und durch eine schnelle Informationsabfolge kann Spannung geschaffen werden.
4 Am Ende des Textes steht eine Frage, deren Beantwortung nur durch die Lektüre des Buches möglich ist.

Merke!

Wie schreibst du einen Klappentext?

Du kannst
– Namen, Orte, Schlüsselbegriffe nennen.
– kurz aufzählen, was die Hauptperson tut (oder nicht tut).
– Fragen aufwerfen und sie nicht beantworten.
– aus dem Buch zitieren (z.B. eine besonders witzige oder spannende Stelle oder einen Dialog, der typisch für das Buch oder die Hauptpersonen ist).
– ein kurzes Urteil über das Buch abgeben.

Du solltest
– dich kurz fassen.
– Neugier wecken.

24.8 Eine Karikatur beschreiben und kommentieren
Décrire et commenter une caricature

Cette caricature de Boris représente une carte très simplifiée du monde qui se situe à l'arrière-plan et un homme qu'on voit de profil et qui se situe au premier plan. [1]

La caricature est accompagnée d'une légende **indiquant** [2] en
5   rouge „les régions affectées par les changements climatiques" et en bleu „les régions non affectées par les changements climatiques". [3] Toutes les régions du monde sans exception sont rouges. La couleur bleue n'apparaît que dans la tête de l'homme, un homme **grimaçant** [2] qui ferme les yeux. [1]

10   On se demande pourquoi le cerveau de l'homme est la seule partie bleue de la caricature. [4] Le monde entier est marqué de rouge, ce qui veut dire que le monde entier souffre des changements climatiques.
Le fait que l'auteur de la caricature ait choisi de mettre l'homme
15   au premier plan attire l'attention sur l'homme et son comportement. Le cerveau peint en bleu et les yeux fermés représentent non seulement un homme qui ne voit pas, mais surtout un homme qui refuse de voir les résultats et les conséquences des changements climatiques!
20   Soit qu'il les ignore, soit qu'il veuille les ignorer pour ne pas se sentir responsable ou coupable et pour ne pas devoir en assumer les conséquences. [5]
Il est bien connu qu'il y a des changements climatiques sur la terre et qu'ils ont des conséquences sur la nature. [6] Un
25   exemple: La température moyenne de notre planète a augmenté au cours du vingtième siècle, ce qui a entraîné la fonte des glaciers, la montée du niveau des océans, la multiplication de tempêtes violentes etc. [6,7]
On ne sait pas encore dans quelle mesure ces changements
30   climatiques sont naturels, mais ce qui est sûr: [8] les activités humaines contribuent au réchauffement de la planète et on en connaît les effets: la désertification, l'inondation des régions

1 Als erstes beschreibst du die Karikatur wie ein Bild, das heißt, du beschreibst nur das, was du siehst, ohne Interpretation. Leittempus ist auch hier das Präsens.

2 Das **participe présent** dient zur Satzverkürzung, du kannst damit komplizierte Nebensätze vermeiden.

3 Wenn die Karikatur Text beinhaltet, der entscheidend für ihr Verständnis ist, gehst du auf diesen Text ein: Du kannst ihn zitieren oder seine Aussage zusammenfassen.

4 Nach der Beschreibung kommt die Interpretation: Dafür stellst du dir am besten Fragen: z.B. Was ist die Aussage der Karikatur? Benutzt der/die Karikaturist/in bestimmte Mittel, z.B. die Übertreibung, zur Verdeutlichung?

5 In deiner Interpretation antwortest du auf diese Fragen.

basses entre autres. D'après les recommandations des climatologues, il faut donc immédiatement réduire
35 les émissions des gaz à effet de serre pour retarder le réchauffement planétaire. [6] Mais l'homme ne change pas son comportement pour autant. Parce qu'il est plus confortable de prendre sa voiture plutôt que de prendre son vélo par exemple, beaucoup continuent
40 à prendre leur voiture, même s'ils savent que ce n'est pas bon pour la planète. Ils ferment les yeux parce qu'ils ne veulent pas renoncer à leur confort. [7]

On peut donc en conclure que la caricature est une critique envers le comportement de l'homme peu
45 soucieux de sa propre planète.
Je trouve que c'est une bonne caricature et je suis d'accord avec son message. L'homme doit ouvrir les yeux pour prendre conscience du problème et doit changer son comportement car lui seul est respon-
50 sable. [9]

6 Du kannst auch Hintergrundwissen, das zum Verständnis der Karikatur notwendig ist, anführen.

7 Konkrete Beispiele tragen dazu bei, die Karikatur besser zu verstehen.

8 Ein Doppelpunkt als Verbindung zwischen zwei Sätzen kann einen Nebensatz mit **que** ersparen.

9 Als Abschluss formulierst du deine Meinung zu der Karikatur und ihrer Aussage.

Merke!

Eine Karikatur beschreiben und kommentieren:

Grundregel:
Erst beschreiben und dann kommentieren.

Für die Interpretation stellst du dir Fragen, z.B.:
– Was ist das Thema der Karikatur?
– Welche Stilmittel verwendet der/die Karikaturist/in? (z.B. Übertreibung, Verzerrung)
– Welche Wirkung haben diese Stilmittel?
– Ist ein Text vorhanden: Welche Funktion hat der Text?
– Welche Wirkung hat die Karikatur auf dich?
– Hältst du sie für gelungen? Was missfällt dir? Stimmst du ihr zu?

Diese Fragen beantwortest du in deiner Interpretation.

Bevor du zu schreiben beginnst, sammelst du am besten Vokabular und Ausdrücke, die zur Beschreibung einer Karikatur nützlich sein können, z.B.:

exagérer, exagéré/e	übertreiben, übertrieben
ironique, sarcastique, moqueur/-euse, mordant/e	ironisch, sarkastisch, spöttisch, bissig
pessimiste, optimiste	pessimistisch, optimistisch
étonnant/e, stupéfiant/e, époustouflant/e	erstaunlich, verblüffend, unglaublich
extraordinaire	außerordentlich

cette caricature	attire l'attention sur qc / sur le fait que …	zieht die Aufmerksamkeit auf etw. / auf den Sachverhalt, dass …
	fait allusion à qc	spielt auf etw. an
	rend attentif au fait que …	macht darauf aufmerksam, dass …
	critique qc	kritisiert etw.
	me fait réfléchir sur qc	bringt mich zum Nachdenken über etw.
	produit un choc sur le lecteur	versetzt dem Leser einen Schock
	(n') est (pas) réussie parce que …	ist (nicht) gelungen, weil …

24.9 Die Erzählung La narration

Diesen Text hat eine Schülerin geschrieben. An ihm kannst du nachvollziehen, wie man eine spannende Geschichte erzählt.

C'était minuit, et j'avais beaucoup travaillé. Je voulais seulement dormir. **Tout à coup** [6] mon téléphone a sonné. Zut! **Qui veut parler avec moi maintenant?** [1] J'ai décroché: [7] c'était un homme que je ne connais-
5 sais pas. Il avait une voix excitée et je n'ai pas bien compris ce qu'il voulait. Il m'a demandé de venir chez lui, il m'a donné son adresse et a raccroché. Je n'ai plus eu le temps de lui demander des informations supplémentaires.
10 J'irai ou je n'irai pas, c'était ma question. **Après avoir réfléchi** [8] un moment, j'étais sûre: [7] mon métier est celui d'un détective et **comme ça** [6] je dois partir. **Je n'aurai pas peur, jamais!** [2]

Je prends mon manteau, **je descends, je démarre.** [4]
15 C'est un quartier étrange où j'arrive: froid, désert, brumeux et morbide. **Arrivée à l'adresse indiquée** [9], j'observe la villa, style dix-neuvième siècle. Une seule fenêtre est éclairée. Je m'approche de la porte qui n'est pas fermée à clé. J'entre dans le foyer, il est sombre. Il
20 n'y a personne.
C'était seulement une blague? [1]
Mais comme [6] je suis curieuse, je reste là. **Pour être sûre** [8], j'entre dans le petit salon à côté: [7] rien. **Qu'est-ce que c'est?** [1] Un bruit bizarre vient d'en haut.
25 **Lentement** [5] je monte l'escalier **en regardant** [10] autour de moi. L'homme qui m'a appelée doit être derrière cette grande porte.
«**Il y a quelqu'un?**» [3]

1 Die Erzählerin gebraucht unterschiedliche Satztypen: Aussagesätze, Fragesätze

2 Ausrufesätze,

3 direkte Rede. Kurze und längere Sätze wechseln einander ab. Diese Abwechslung macht die Erzählung lebendig.

4 Als Vergangenheitszeiten verwendet die Erzählerin das **imparfait**, das **passé composé**, das **plus-que parfait**, aber auch das **présent historique**. Sie setzt es als Stilmittel in dem Augenblick ein, in dem die eigentliche Handlung beginnt. Diese Aufzählung ihrer Handlungen im **présent historique** gibt der Erzählung Tempo und macht sie spannend.

5 Ein weiteres Stilmittel ist die Platzierung des Adverbs am Anfang des Satzes (der „normale" Platz wäre hinter dem Verb): Das hebt das Adverb hervor und erhöht die Spannung.

6 Im Text findest du Verknüpfungswörter als Bindeglieder zwischen den Sätzen.

7 Auch der Doppelpunkt ist eine praktische Verknüpfungsmöglichkeit.

8 Infinitivkonstruktionen oder

9 Partizipialkonstruktionen und

10 die Verwendung des **gérondif** dienen zur Satzverkürzung und haben den Vorteil, eventuell komplizierte Nebensätze ersetzen zu können.

293

Ma voix résonne drôlement dans la maison vide. Une personne derrière moi dit **soudain** [6]: «Je suis content que vous soyez venue ...» [3]

24.10 Briefe Lettres

Briefumschlag

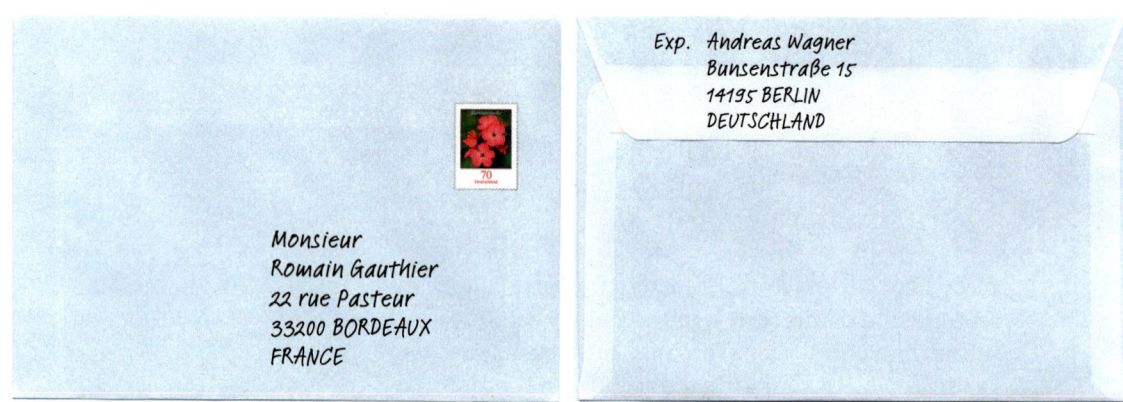

Einleitungs- und Schlussformeln eines Briefs

Einleitung	Schluss	
Cher Romain, Chère Camille, Chers amis,	Amitiés / (Bien) amicalement Cordialement / À bientôt Je t'embrasse / Je vous embrasse (Grosses) bises / Salut	Brief an Freunde, gute Bekannte

Einleitung	Schluss	
Chère Madame, Cher Monsieur,	Cordialement/Sincèrement Meilleures salutations Bien à vous!	Brief an Bekannte, die du siezt

Einleitung	Schluss	
Madame, Monsieur,	Veuillez agréer l'expression de mes sentiments les meilleurs. Je vous prie d'accepter mes sentiments distingués. Nous vous prions de croire en l'expression de nos sentiments les meilleurs. Je vous prie d'agréer, Monsieur, l'assurance de mes salutations distinguées.	Sehr formeller Brief

Briefe

Textbeispiel: Bewerbung für ein Praktikum

Johanna Stephan
Mozartweg 17
97074 Würzburg
Deutschland

Hôtel Verte Vallée
BP31
68 140 Munster
France

Madame, Monsieur,   Würzburg, le 29 mars 2010

J'ai obtenu votre adresse par l'Entraide allemande de Paris. J'ai l'intention de perfectionner mon français et je voudrais travailler quelques semaines en France. C'est pourquoi je me permets de vous demander si vous avez des postes de stagiaires vacants cet été.

J'ai 18 ans. Je parle allemand (langue maternelle), anglais (Niveau: C1) et français (Niveau: B2; DELF).

J'aime les langues et le contact avec les gens.

Actuellement, je suis en terminale.
J'ai déjà travaillé pendant les vacances scolaires dans un hôtel à Francfort et j'ai trouvé cette expérience très intéressante.

Je serai libre à partir du 1er août et je serai disponible pendant huit semaines.

Dans l'espoir d'une réponse positive, je vous prie d'accepter, Madame, Monsieur, mes salutations les meilleures.

(Signature)

Pièces jointes: CV
                 certificat de stage

Textbeispiel: Persönlicher Brief

Chère Madame, cher Monsieur, cher Thomas,

Je vous remercie de tout mon cœur de m'avoir si gentiment et si chaleureusement reçu. J'ai passé des jours extraordinaires avec vous.

Je n'oublierai jamais le moment de mon arrivée où je n'ai rien compris de ce que vous m'avez dit. Vous m'avez beaucoup aidé à comprendre et à parler le français.

Grâce à toutes les excursions que vous avez faites avec moi, je connais bien votre ville et votre région. J'ai aussi pu faire la connaissance de votre grande famille et je garde un excellent souvenir du week-end chez vos parents qui m'ont fait goûter à toutes les spécialités de votre région.
Mes parents et moi serions très heureux de recevoir Thomas chez nous.

Je vous remercie encore une fois.

Cordialement
Tobias

24.11 Selbst geschriebene Texte korrigieren: deine persönliche Fehlerliste   Corriger ses propres textes

Nachdem du einen Text geschrieben hast, lies ihn noch einmal, um ihn zu korrigieren. Deine Chance, Fehler zu finden, ist größer, wenn du deine Fehlersuche strukturierst und deinen Text mehrmals liest. Im Folgenden findest du Vorschläge, wie eine solche Fehlersuche aussehen könnte.

Die Begleiter, das Nomen und die Adjektive

– Stimmen die Begleiter und Adjektive mit dem Nomen überein, zu dem sie gehören?
  Z.B.: les livres, cette chanson, leurs cahiers, une robe bleue, des fêtes françaises.
– Hast du an die Apostrophierung oder besondere Form von Begleitern vor Nomen mit Vokal oder „stummem h" gedacht?
  Z.B.: l'hôtel, cet ordinateur, mon amie, beaucoup d'oranges.
– Hast du an die Stellung der Adjektive vor oder nach dem Nomen gedacht?
  Z.B.: un bon livre, aber: un livre intéressant.
– Hast du daran gedacht, dass beau, nouveau und vieux im Singular drei Formen haben?
  Z.B.: un bel homme, un nouvel ordinateur, un vieil ami.

Selbst geschriebene Texte korrigieren

Die Verben

– Stimmen die Verbformen mit dem Subjekt überein?
  Z.B.: ils/elles parlent, tu regardes, ils/elles regardaient
– Hast du daran gedacht, das Partizip Perfekt nach être anzugleichen?
  Z.B.: elles sont venues, elle est arrivée, ils sont partis
– Hast du die Zeitformen der Verben korrekt gebildet?
  Z.B.: lire → nous lisons → je lisais; aller → j'irai; devoir → je dois, nous devons → je devais

Die Sätze

– Stimmen deine Pronomen mit den Wörtern überein, die sie ersetzen?
– Stehen die Pronomen im Satz an der richtigen Stelle?
  Z.B.: Il me l'a donné. Elle va le payer. Ils ne veulent pas le voir.
– Hast du Ausdrücke verwendet, nach denen der subjonctif stehen muss?
  Z.B.: Il faut que, il n'est pas sûr que
– Steht in deinem si-Satz auch ganz bestimmt kein conditionnel oder Futur?
  Z.B.: Si tu viens, si elle venait,
– Stimmen die Zeiten von si-Satz und Hauptsatz überein?
  Z.B.: Si tu viens, on pourra ...; Si elle venait, on pourrait ...; Si elle était venue, on aurait pu ... .
– Hast du die indirekte Rede mit einem Verb in der Vergangenheit eingeleitet? Dann überprüfe die Zeitenfolge in deinen Sätzen.
  Z.B.: Il a dit qu'il allait venir.

Der Text

– Stehen deine Sätze untereinander im richtigen Zusammenhang? Hast du Wörter und Ausdrücke verwendet, um diesen Zusammenhang deutlich zu machen?
  Z.B.: Magali est contente parce que ses vacances commencent. Tandis que Luc est malheureux puisqu'il n'a pas de vacances. Il doit travailler.
– Hast du unterschiedliche Satzstrukturen verwendet, um deinen Text lebendiger zu machen?

Die Checkliste

Aus den vorhergehenden Punkten kannst du dir eine persönliche Checkliste für das Korrekturlesen deiner Texte erstellen:

> – Übereinstimmung der Nomen und Begleiter
> – Übereinstimmung der Nomen und Adjektive
> – Form und Stellung der Adjektive
> – Übereinstimmung von Subjekt und Verb
> – Angleichung des Partizips nach être (wenn nötig auch nach avoir)
> – Übereinstimmung von Bezugswort und Pronomen
> – subjonctif? Gibt es Auslöser?
> – Verbformen in si-Sätzen
> – Zeitenfolge in der indirekten Rede

Beim Korrekturlesen auf alle Punkte auf einmal zu achten, ist nicht einfach. Deshalb solltest du mehrere Korrekturgänge vorsehen: Beim ersten Lesen achtest du nur auf die Nomen, ihre Begleiter und die Adjektive; beim zweiten Durchgang auf die Übereinstimmung von Subjekt und Verb, beim dritten Lesen auf die Pronomen usw.

Zum Abschluss noch drei Tipps:

Rückwärts lesen

Wenn man einen eigenen Text Korrektur liest, verharrt man immer wieder gedanklich beim Inhalt und schaut nicht auf die Formen der Wörter und Sätze. Anders ist es, wenn du deinen Text Satz für Satz rückwärts liest. Dadurch, dass der Zusammenhang wegfällt, löst du dich beim Lesen vom Inhalt und kannst besser auf einzelne Wörter und Sätze achten.

Grammatik auf Extra-Zettel

Beim Schreiben eines Textes musst du gleichzeitig auf viele grammatische Regeln achten. Dabei können dir schnell Fehler unterlaufen.
Wenn du deinen Text Korrektur liest und an einer Form, die du geschrieben hast, zweifelst, dann nimm dir einen Extrazettel und schreibe nur die Formen auf.

Z.B. zweifelst du an einer **imparfait**-Form:
Gehe auf dem Zettel die Ableitung der **imparfait**-Formen durch:
réfléchir → nous réfléchissons→ il réfléchissait.

Du zweifelst an einer **subjonctif**-Form:
prendre → ils prennent→ qu'il prenne / que nous prenions.

Lieblingsfehler? Deine persönliche Fehlerliste

Machst du in deinen Texten immer wieder dieselben oder ähnliche Fehler? Mithilfe einer Liste kannst du deine Schwachstellen herausfinden. Nimm dir deine schon korrigierten Klausuren vor und mache für jeden Fehler einen Strich bei der Kategorie, zu der er gehört. So kannst du feststellen, welche Art von Fehlern dir am häufigsten unterläuft.
Auf diese solltest du dann beim nächsten Korrekturlesen besonders achten.
Deine persönliche Fehlerliste kannst du übrigens auch bei den Hausaufgaben anwenden.

Fehler kennen
hilft Fehler vermeiden

Anhang
L'Annexe

Im Anhang findest du folgende Abschnitte:

1. Die Konjugation der unregelmäßigen Verben
2. Aussprache
3. Rechtschreibung
4. Die Satzzeichen

Außerdem findest du ein Register der Wörter und grammatischen Begriffe, S. 318–326.

1. Die Konjugation der unregelmäßigen Verben
La conjugaison des verbes irréguliers

1.1 Die Hilfsverben *avoir* und *être*

avoir (*haben*)

présent		imparfait		futur simple	
j'	ai	j'	avais	j'	aurai
tu	as	tu	avais	tu	auras
il/elle	a	il/elle	avait	il/elle	aura
nous	avons	nous	avions	nous	aurons
vous	avez	vous	aviez	vous	aurez
ils/elles	ont	ils/elles	avaient	ils/elles	auront

passé simple		conditionnel présent		subjonctif présent	
j'	eus	j'	aurais	que j'	aie
tu	eus	tu	aurais	que tu	aies
il/elle	eut	il/elle	aurait	qu'il/elle	ait
nous	eûmes	nous	aurions	que nous	ayons
vous	eûtes	vous	auriez	que vous	ayez
ils/elles	eurent	ils/elles	auraient	qu'ils/elles	aient

impératif	participe présent	participe passé
aie!	ayant	eu
ayons!		
ayez!		

être (*sein*)

présent		imparfait		futur simple	
je	suis	j'	étais	je	serai
tu	es	tu	étais	tu	seras
il/elle	est	il/elle	était	il/elle	sera
nous	sommes	nous	étions	nous	serons
vous	êtes	vous	étiez	vous	serez
ils/elles	sont	ils/elles	étaient	ils/elles	seront

passé simple		conditionnel présent		subjonctif présent	
je	fus	je	serais	que je	sois
tu	fus	tu	serais	que tu	sois
il/elle	fut	il/elle	serait	qu'il/elle	soit
nous	fûmes	nous	serions	que nous	soyons
vous	fûtes	vous	seriez	que vous	soyez
ils/elles	furent	ils/elles	seraient	qu'ils/elles	soient

impératif	participe présent	participe passé
sois!	étant	été
soyons!		
soyez!		

1.2 Liste der unregelmäßigen Verben

  *   bedeutet, dass das Verb in den zusammengesetzten Zeiten mit dem Hilfsverb être verbunden wird.

  ** bedeutet, dass das Verb je nach Bedeutung in den zusammengesetzten Zeiten mit den Hilfsverben **avoir** oder **être** verbunden wird.

infinitif	indicatif présent	futur simple	subjonctif présent
participe passé		passé simple	
accueillir ▸ **cueillir**			
acquérir	j'acquiers	j'acquerrai	que j'acquière
	tu acquiers		que nous acquérions
acquis	il/elle acquiert		
	nous acquérons	j'acquis	
	vous acquérez	nous acquîmes	
	ils/elles acquièrent		
admettre ▸ **mettre**			
* **aller**	je vais	j'irai	que j'aille
	tu vas		que nous allions
allé	il/elle va		
	nous allons	j'allai	
	vous allez	nous allâmes	
	ils/elles vont		
* **s'apercevoir** ▸ **recevoir**			
** **apparaître** ▸ **connaître**			
appartenir ▸ **venir**			
apprendre ▸ **prendre**			

Die Konjugation der unregelmäßigen Verben

infinitif	indicatif présent	futur simple	subjonctif présent
participe passé		passé simple	
* **s'asseoir**	je m'assieds	je m'assiérai	que je m'asseye
	tu t'assieds		que nous nous asseyions
assis	il/elle s'assied		
	nous nous asseyons	je m'assis	
	vous vous asseyez	nous nous assîmes	
	ils/elles s'asseyent		
	im présent auch geläufig:		
	je m'assois		
	tu t'assois		
	il/elle s'assoit		
	nous nous assoyons		
	vous vous assoyez		
	ils/elles s'assoient		
atteindre ▸ peindre			
battre	je bats	je battrai	que je batte
	tu bats		que nous battions
battu	il/elle bat		
	nous battons	je battis	
	vous battez	nous battîmes	
	ils/elles battent		
boire	je bois	je boirai	que je boive
	tu bois		que nous buvions
bu	il/elle boit		
	nous buvons	je bus	
	vous buvez	nous bûmes	
	ils/elles boivent		
bouillir	je bous	je bouillirai	que je bouille
	tu bous		que nous bouillions
bouilli	il/elle bout		
	nous bouillons	je bouillis	
	vous bouillez	nous bouillîmes	
	ils/elles bouillent		
combattre ▸ battre			
comparaître ▸ connaître			
comprendre ▸ prendre			
conclure	je conclus	je conclurai	que je conclue
	tu conclus		que nous concluions
conclu	il/elle conclut		
	nous concluons	je conclus	
	vous concluez	nous conclûmes	
	ils/elles concluent		

infinitif	indicatif présent	futur simple	subjonctif présent
participe passé		passé simple	
conduire	je conduis	je conduirai	que je conduise
	tu conduis		que nous conduisions
conduit	il/elle conduit		
	nous conduisons	je conduisis	
	vous conduisez	nous conduisîmes	
	ils/elles conduisent		
connaître	je connais	je connaîtrai	que je connaisse
	tu connais		que nous connaissions
connu	il/elle connaît		
	nous connaissons	je connus	
	vous connaissez	nous connûmes	
	ils/elles connaissent		
conquérir ▸ **acquérir**			
construire ▸ **conduire**			
contenir ▸ **venir**			
contredire ▸ **dire**	⚠ vous contredisez		
convaincre ▸ **vaincre**			
* **convenir** ▸ **venir**			
coudre	je couds	je coudrai	que je couse
	tu couds		que nous cousions
cousu	il/elle coud		
	nous cousons	je cousis	
	vous cousez	nous cousîmes	
	ils/elles cousent		
courir	je cours	je courrai	que je coure
	tu cours		que nous courions
couru	il/elle court		
	nous courons	je courus	
	vous courez	nous courûmes	
	ils/elles courent		
couvrir ▸ **ouvrir**			
craindre ▸ **peindre**			
croire	je crois	je croirai	que je croie
	tu crois		que nous croyions
cru	il/elle croit		
	nous croyons	je crus	
	vous croyez	nous crûmes	
	ils/elles croient		
cueillir	je cueille	je cueillerai	que je cueille
	tu cueilles		que nous cueillions
cueilli	il/elle cueille		
	nous cueillons	je cueillis	
	vous cueillez	nous cueillîmes	
	ils/elles cueillent		
cuire ▸ **conduire**			
décevoir ▸ **recevoir**			

Die Konjugation der unregelmäßigen Verben

infinitif	indicatif présent	futur simple	subjonctif présent
participe passé		passé simple	
découvrir ▸ ouvrir			
décrire ▸ écrire			
détruire ▸ conduire			
* devenir ▸ venir			
devoir	je dois	je devrai	que je doive
	tu dois		que nous devions
dû	il/elle doit		
	nous devons	je dus	
	vous devez	nous dûmes	
	ils/elles doivent		
dire	je dis	je dirai	que je dise
	tu dis		que nous disions
dit	il/elle dit		
	nous disons	je dis	
	vous dites	nous dîmes	
	ils/elles disent		
** disparaître ▸ connaître			
écrire	j'écris	j'écrirai	que j'écrive
	tu écris		que nous écrivions
écrit	il/elle écrit		
	nous écrivons	j'écrivis	
	vous écrivez	nous écrivîmes	
	ils/elles écrivent		
élire ▸ lire			
entreprendre ▸ prendre			
entretenir ▸ venir			
envoyer	j'envoie	j'enverrai	que j'envoie
	tu envoies		que nous envoyions
envoyé	il/elle envoie		
	nous envoyons	j'envoyai	
	vous envoyez	nous envoyâmes	
	ils/elles envoient		
éteindre ▸ peindre			
exclure ▸ conclure			
faire	je fais	je ferai	que je fasse
	tu fais		que nous fassions
fait	il/elle fait		
	nous faisons	je fis	
	vous faites	nous fîmes	
	ils/elles font		
fuir	je fuis	je fuirai	que je fuie
	tu fuis		que nous fuyions
fui	il/elle fuit		
	nous fuyons	je fuis	
	vous fuyez	nous fuîmes	
	ils/elles fuient		

infinitif	indicatif présent	futur simple	subjonctif présent
participe passé		passé simple	
haïr	je hais	je haïrai	que je haïsse
	tu hais		que nous haïssions
haï	il/elle hait		
	nous haïssons	je haïs	
	vous haïssez	nous haïmes	
	ils/elles haïssent		
inclure ▸ **conclure**	⚠ inclus (participe passé)		
inscrire ▸ **écrire**			
instruire ▸ **conduire**			
interdire ▸ **dire**	⚠ vous interdisez		
interrompre	j'interromps	j'interromprai	que j'interrompe
	tu interromps		que nous interrompions
interrompu	il/elle interrompt		
	nous interrompons	j'interrompis	
	vous interrompez	nous interrom-pîmes	
	ils/elles interrompent		
* **intervenir** ▸ **venir**			
introduire ▸ **conduire**			
joindre ▸ **peindre**			
lire	je lis	je lirai	que je lise
	tu lis		que nous lisions
lu	il/elle lit		
	nous lisons	je lus	
	vous lisez	nous lûmes	
	ils/elles lisent		
méconnaître ▸ **connaître**			
mettre	je mets	je mettrai	que je mette
	tu mets		que nous mettions
mis	il/elle met		
	nous mettons	je mis	
	vous mettez	nous mîmes	
	ils/elles mettent		
* **mourir**	je meurs	je mourrai	que je meure
	tu meurs		que nous mourions
mort	il/elle meurt		
	nous mourons	je mourus	
	vous mourez	nous mourûmes	
	ils/elles meurent		
* **naître**	je nais	je naîtrai	que je naisse
	tu nais		que nous naissions
né	il/elle naît		
	nous naissons	je naquis	
	vous naissez	nous naquîmes	
	ils/elles naissent		
obtenir ▸ venir			

Die Konjugation der unregelmäßigen Verben

infinitif	indicatif présent	futur simple	subjonctif présent
participe passé		passé simple	
offrir ▸ ouvrir			
ouvrir	j'ouvre	j'ouvrirai	que j'ouvre
	tu ouvres		que nous ouvrions
ouvert	il/elle ouvre		
	nous ouvrons	j'ouvris	
	vous ouvrez	nous ouvrîmes	
	ils/elles ouvrent		
** **paraître ▸ connaître**			
parcourir ▸ courir			
peindre	je peins	je peindrai	que je peigne
	tu peins		que nous peignions
peint	il/elle peint		
	nous peignons	je peignis	
	vous peignez	nous peignîmes	
	ils/elles peignent		
permettre ▸ mettre			
plaindre ▸ peindre			
plaire	je plais	je plairai	que je plaise
	tu plais		que nous plaisions
plu	il/elle plaît		
	nous plaisons	je plus	
	vous plaisez	nous plûmes	
	ils/elles plaisent		
poursuivre ▸ suivre			
pouvoir	je peux	je pourrai	que je puisse
	tu peux		que nous puissions
pu	il/elle peut		
	nous pouvons	je pus	
	vous pouvez	nous pûmes	
	ils/elles peuvent		
prendre	je prends	je prendrai	que je prenne
	tu prends		que nous prenions
pris	il/elle prend		
	nous prenons	je pris	
	vous prenez	nous prîmes	
	ils/elles prennent		
prévenir ▸ venir			
prévoir ▸ voir		⚠ je prévoirai	
promettre ▸ mettre			
recevoir	je reçois	je recevrai	que je reçoive
	tu reçois		que nous recevions
reçu	il/elle reçoit		
	nous recevons	je reçus	
	vous recevez	nous reçûmes	
	ils/elles reçoivent		
reconnaître ▸ connaître			

infinitif	indicatif présent	futur simple	subjonctif présent
participe passé		passé simple	
recueillir ► **cueillir**			
réduire ► **conduire**			
rejoindre ► **peindre**			
renvoyer ► **envoyer**			
reprendre ► **prendre**			
résoudre	je résous	je résoudrai	que je résolve
	tu résous		que nous résolvions
résolu	il/elle résout		
	nous résolvons	je résolus	
	vous résolvez	nous résolûmes	
	ils/elles résolvent		
revoir ► **voir**			
rire	je ris	je rirai	que je rie
	tu ris		que nous riions
ri	il/elle rit		
	nous rions	je ris	
	vous riez	nous rîmes	
	ils/elles rient		
savoir	je sais	je saurai	que je sache
	tu sais		que nous sachions
su	il/elle sait		
	nous savons	je sus	
	vous savez	nous sûmes	
	ils/elles savent		
	⚠ participe présent: sachant		
séduire ► **conduire**			
souffrir ► **ouvrir**			
sourire ► **rire**			
* **se souvenir** ► **venir**			
suivre	je suis	je suivrai	que je suive
	tu suis		que nous suivions
suivi	il/elle suit		
	nous suivons	je suivis	
	vous suivez	nous suivîmes	
	ils/elles suivent		
surprendre ► **prendre**			
survivre ► **vivre**			
* **se taire**	je me tais	je me tairai	que je me taise
	tu te tais		que nous nous taisions
tu	il/elle se tait		
	nous nous taisons	je me tus	
	vous vous taisez	nous nous tûmes	
	ils/elles se taisent		
tenir ► **venir**			
traduire ► **conduire**			

infinitif	indicatif présent	futur simple	subjonctif présent
participe passé		passé simple	
transmettre ▶ **mettre**			
vaincre	je vaincs	je vaincrai	que je vainque
	tu vaincs		que nous vainquions
vaincu	il/elle vainc		
	nous vainquons	je vainquis	
	vous vainquez	nous vainquîmes	
	ils/elles vainquent		
* **venir**	je viens	je viendrai	que je vienne
	tu viens		que nous venions
venu	il/elle vient		
	nous venons	je vins	
	vous venez	nous vînmes	
	ils/elles viennent		
vivre	je vis	je vivrai	que je vive
	tu vis		que nous vivions
vécu	il/elle vit		
	nous vivons	je vécus	
	vous vivez	nous vécûmes	
	ils/elles vivent		
voir	je vois	je verrai	que je voie
	tu vois		que nous voyions
vu	il/elle voit		
	nous voyons	je vis	
	vous voyez	nous vîmes	
	ils/elles voient		
vouloir	je veux	je voudrai	que je veuille
	tu veux		que nous voulions
voulu	il/elle veut		
	nous voulons	je voulus	
	vous voulez	nous voulûmes	
	ils/elles veulent		

1.3 Liste der unpersönlichen Verben

infinitif	indicatif présent	imparfait	futur simple	subjonctif présent
participe passé			passé simple	
falloir	il faut	il fallait	il faudra	qu'il faille
fallu			il fallut	
pleuvoir	il pleut	il pleuvait	il pleuvra	qu'il pleuve
plu			il plut	
valoir	il vaut	il valait	il vaudra	qu'il vaille
valu			il valut	

falloir – *brauchen/müssen/sollen*, pleuvoir – *regnen*, valoir – *kosten / gelten / wert sein*

1.4 Die Konjugation im Passiv

infinitif	participe	gérondif
présent	**présent**	**présent**
être aimé	étant aimé	en étant aimé
passé	**passé**	**passé**
avoir été aimé	aimé ayant été aimé	en ayant été aimé

indicatif

présent			passé composé			imparfait		
je	suis	aimé	j'	ai	été aimé	j'	étais	aimé
tu	es	aimé	tu	as	été aimé	tu	étais	aimé
il	est	aimé	il	a	été aimé	il	était	aimé
nous	sommes	aimés	nous	avons	été aimés	nous	étions	aimés
vous	êtes	aimés	vous	avez	été aimés	vous	étiez	aimés
ils	sont	aimés	ils	ont	été aimés	ils	étaient	aimés

plus-que-parfait			passé simple			passé antérieur		
j'	avais	été aimé	je	fus	aimé	j'	eus	été aimé
tu	avais	été aimé	tu	fus	aimé	tu	eus	été aimé
il	avait	été aimé	il	fut	aimé	il	eut	été aimé
nous	avions	été aimés	nous	fûmes	aimés	nous	eûmes	été aimés
vous	aviez	été aimés	vous	fûtes	aimés	vous	eûtes	été aimés
ils	avaient	été aimés	ils	furent	aimés	ils	eurent	été aimés

futur simple			futur antérieur			impératif
je	serai	aimé	j'	aurai	été aimé	sois aimé
tu	seras	aimé	tu	auras	été aimé	soyons aimés
il	sera	aimé	il	aura	été aimé	soyez aimés
nous	serons	aimés	nous	aurons	été aimés	
vous	serez	aimés	vous	aurez	été aimés	
ils	seront	aimés	ils	auront	été aimés	

subjonctif

conditionnel

présent				passé				présent		
	je	sois	aimé		j'	aie	été aimé	je	serais	aimé
	tu	sois	aimé		tu	aies	été aimé	tu	serais	aimé
que/	il	soit	aimé	que/	il	ait	été aimé	il	serait	aimé
qu'	nous	soyons	aimés	qu'	nous	ayons	été aimés	nous	serions	aimés
	vous	soyez	aimés		vous	ayez	été aimés	vous	seriez	aimés
	ils	soient	aimés		ils	aient	été aimés	ils	seraient	aimés

imparfait				plus-que-parfait				passé		
	je	fusse	aimé		j'	eusse	été aimé	j'	aurais	été aimé
	tu	fusses	aimé		tu	eusses	été aimé	tu	aurais	été aimé
que/	il	fût	aimé	que/	il	eût	été aimé	il	aurait	été aimé
qu'	nous	fussions	aimés	qu'	nous	eussions	été aimés	nous	aurions	été aimés
	vous	fussiez	aimés		vous	eussiez	été aimés	vous	auriez	été aimés
	ils	fussent	aimés		ils	eussent	été aimés	ils	auraient	été aimés

2. Aussprache   La prononciation

2.1 Die Lautschrift

Les consonnes Die Konsonanten

[b] **b**anane, **b**on**b**on
[d] **d**anse, or**d**inateur
[f] **ph**oto, soi**f**
[g] **g**are, **g**uide
[k] **c**lasse, **ch**ocolat
[l] **l**a, vi**ll**e
[m] **m**ardi, ai**m**er, fil**m**
[n] **n**on, to**nn**e
[ŋ] campi**ng**
[ɲ] campa**gn**e, Allema**gn**e
[p] **p**age, ré**p**ondre
[ʀ] **r**ue, liv**r**e
[s] scharfes „s" wie in *Kuss*: **ç**a, mer**c**i, **s**onner, pa**ss**er
[z] summendes „s" (tritt nur zwischen zwei Vokalen als Bindungs -s bzw. -x oder in der Schreibung „z" auf) wie in *Rasen*: mai**s**on, le**s**_enfants, si**x**_heures, **z**éro
[ʃ] „sch" wie in *Tasche*: **ch**er**ch**er, **ch**at
[ʒ] „j" wie in *Garage*: a**g**enda, **j**ouer
[t] **t**our, me**tt**re
[v] **v**oisin, li**v**re, élè**v**e

Les semi-voyelles Die Gleitlaute

[ɥ] c**u**isine, min**u**it
[j] ca**ill**ou, fam**ill**e, doss**i**er
[w] **oi**seau, hist**oi**re, **ou**i

Les voyelles Die Vokale

[a] kurzes „a" wie in *Ball*: **a**mi, f**e**mme
[ɑ] langes „a" wie in *Bahn*: **â**ge
[ɛ] offenes „e" wie in *Ende*: m**ai**s, disqu**e**tte, c'**e**st
[e] geschlossenes „e" wie in *See*: **é**cole, b**é**b**é**
[ə] stummes „e" wie in *Kabel*: l**e**, d**e**, r**e**garder
[i] **i**dée, gu**i**de, l**i**t
[o] geschlossenes „o" wie in *Floh*: tr**o**p, p**au**vre
[ɔ] offenes „o" wie in *doch*: p**o**ste, s**o**rtir
[ø] geschlossenes „ö" wie in *böse*: j**eu**di, Mons**ieu**r
[œ] offenes „ö" wie in *öffnen*: fl**eu**ve, c**œu**r
[u] „u" wie in *Mut*: **o**ù, bonj**ou**r, s**ou**s
[y] „ü" wie in *müde*: **u**nité, m**u**scle, min**u**te

Les voyelles nasales Die nasalierten Vokale

[ã] **en**f**an**t, c**an**tine, l**am**pe
[ɔ̃] p**on**t, rac**on**ter, pard**on**
[ɛ̃] dess**in**, f**aim**, cop**ain**
[œ̃] parf**um**

2.2 Die Aussprache von *g*

gare, égoïste, lé**g**umes	Vor -a, -o, -u wird g wie [g] gesprochen.
génial, â**g**e, ré**g**ion, technolo**g**ie, gara**g**e	Vor -e und -i wird g wie [ʒ] gesprochen.
nous man**ge**ons, nous ran**ge**ons, il man**ge**ait	Soll ein g vor -a oder -o doch wie [ʒ] gesprochen werden, schreibt man -ge-.

An diese Regel musst du bei den Verben, die auf -ger enden, denken:
Vor Verbendungen, die mit -o- oder -a- beginnen, muss ein -e- stehen:
nous chan**ge**ons, nous bou**ge**ons   1. Ps. Pl. Präsens
je man**ge**ais, tu man**ge**ais, il/elle man**ge**ait,   1.–3. Ps. Sg. imparfait
ils/elles man**ge**aient   3. Ps. Pl. imparfait
Zu diesen Verben zählen z. B.: **manger** *essen*, **ranger** *aufräumen*, **bouger** *(sich) bewegen*, **changer** *wechseln/ändern*, **neiger** *schneien*, **plonger** *tauchen*.

| baguette, **gu**erre, **gu**êpe, **gu**érir, **gu**ichet, **gu**ide, **gu**itare, **gu**ignol | Soll ein g vor -e oder -i doch wie [g] gesprochen werden, schreibt man -gu-. |

2.3 Die Aussprache von *c*

| **c**adeau, **c**ollège, **c**uisine | Vor -a, -o, -u wird c wie [k] gesprochen. |
| **c**'est, **c**entime, **c**inéma, **c**irque | Vor -e und -i wird c wie [s] gesprochen. |

| français, ça, garçon, leçon, maçon, conçu | Soll ein c vor -a oder -o doch wie -s gesprochen werden, erhält es eine „cédille": -ç-. |

An diese Regel musst du bei den Verben, die auf -**cer** enden, denken:
Vor Verbendungen, die mit -o- oder -a- beginnen, muss -ç- stehen:
nous avançons, nous divorçons   1. Ps. Pl. Präsens
j'avançais, tu effaçais, il/elle dénonçait,   1.–3. Ps. Sg.
ils/elles divorçaient   3. Ps. Pl. imparfait
Zu diesen Verben zählen z. B.: **annoncer** *bekannt machen/ankündigen,* **avancer** *vorankommen/(Uhr) vorgehen,* **commencer** *anfangen/beginnen,* **dénoncer** *denunzieren/anzeigen,* **divorcer** *sich scheiden lassen,* **effacer** *auswischen/auslöschen.*

2.4 „Stummes *h*" und „behauchtes *h*"

Im Französischen gibt es zwei h: das **h muet** („stummes h") und das **h aspiré** („behauchtes h").
Beide werden nicht ausgesprochen. Französische Wörter, die mit h beginnen, werden so ausgesprochen, als würde das Wort mit dem folgenden Vokal beginnen: **habiter** [abite], **hôtel** [otɛl].

Trotzdem gibt es Unterschiede.

Ein h muet („stummes h") wird wie ein Vokal behandelt. Vor einem „stummen h":

l'homme, **l'**heure	– wird der bestimmte Artikel verkürzt,
j'habite	– wird je verkürzt,
mon histoire (*f.*)	– wird **mon** verwendet und nicht **ma**,
cet homme	– wird cet verwendet und nicht ce,
les histoires, **des** histoires, **ces** histoires	– wird das -s des vorangehenden Wortes gebunden (liaison).

Ein **h aspiré** („behauchtes h") wird wie ein Konsonant behandelt. Vor einem „behauchten h":

le handball, **le** haricot, **la** Hollande, **le** huit août	– wird der bestimmte Artikel nicht verkürzt,
je hais, ils **me** haïssent, **se** heurter	– werden Pronomen nicht verkürzt,
les haricots, **des** haricots, **ces** haricots	– wird das -s des vorangehenden Wortes nicht gebunden (keine **liaison**).

⚠ Welches **h** behaucht und welches **h** stumm ist, findest du im Wörterbuch.

2.5 Die Bindung (*la liaison*)

Die Liaison verhindert, dass beim Aussprechen zwei Vokale aufeinander treffen. Der Endkonsonant eines Wortes, der sonst stumm ist, wird ausgesprochen und mit dem Anfangsvokal des folgenden Wortes gebunden. Hier findest du die häufigsten Fälle der **liaison**.

Begleiter + Nomen

les_ordinateurs [lezɔʀdinatœʀ], mon_ordinateur [mɔ̃nɔʀdinatœʀ],
les_hôtels [lezotɛl], un_hôtel [ɛ̃notɛl],
des_écoles [dezekɔl], une_école [ynekɔl],
des_habitudes [dezabityd], une_habitude [ynabityd], ses_habitudes [sezabityd],
ces_amies [sezami], tes_amis [tezami],
quelles_affaires [kɛlzafɛʀ], mes_affaires [mezafɛʀ],
cet_exercice [sɛtɛgzɛʀsis],
leurs_enfants [lœʀzɑ̃fɑ̃]

Adjektiv + Nomen

un petit_ami [ɛ̃p(ə)titami], des beaux_animaux [debozanimo], un bon_élève [ɛ̃bɔ̃nelɛv],
des bons_élèves [debɔ̃zelɛv], des nouvelles_armoires [denuvɛlzaʀmwaʀ]

Personalpronomen + Verb

on_attend [ɔ̃natɑ̃], nous_aimons [nuzemɔ̃], vous_organisez [vuzɔʀganize], ils_écoutent [ilzekut],
elles_embrassent [ɛlzɑ̃bʀas], ils_attendent [ilzatɑ̃d]

Objektpronomen + Verb

je vous_entends [ʒ(ə)vuzɑ̃tɑ̃], il nous_écoute [ilnuzekut], on les_adore [ɔ̃lezadɔʀ]

Keine Bindung

les huit participants [le'ɥipaʀtisipɑ̃],
les onze joueurs [le'ɔ̃zʒwœʀ]

Vor Zahlen, die mit Vokal oder **h** beginnen, wird der bestimmte Artikel im Plural nicht gebunden.

Die Apostrophierung

je	j'	**J'h**abite à Berlin.
me	m'	Elle **m'é**nerve.
te	t'	Il **t'a** appelé.
se	s'	Elle **s'a**ppelle Nadja.
que	qu'	Je ne sais pas ce **qu'i**l dit.
si	s'	Je ne sais pas **s'i**l vient.
		aber: Je ne sais pas **si e**lle vient.

Um das Aufeinandertreffen von zwei Vokalen oder von einem Vokal und einem „stummen h" zu vermeiden, wird im Französischen häufig (aber nicht immer) verkürzt.

Tu oublies tout. Je connais un garçon **qui h**abite à Paris.	Tu und qui werden nie verkürzt.
s'il vient, **s'ils** viennent aber: **si elle** vient, **si elles** viennent, **si on** vient	Si wird nur vor **il** und **ils** verkürzt, nie vor **elle**, **elles** und **on**.
le huit, **le o**nze, **le h**uitième arrondissement, **le o**nzième jour, **le u**n, **la u**ne	Vor Zahlen, die mit Vokal oder **h** beginnen, wird der bestimmte Artikel im Singular nicht verkürzt.

3. Rechtschreibung   L'orthographe

Auch Frankreich hat seine Rechtschreibung reformiert, aber nicht per Gesetz, sondern als Empfehlung. 2004 hat der „Conseil supérieur de la langue française" in Paris Empfehlungen zu einer vereinfachten Rechtschreibung gegeben, die gleichberechtigt neben der bisherigen Rechtschreibung gültig ist. Seither gelten beide Schreibweisen, die alte und die neue. Keine von beiden ist falsch.
Im Folgenden findest du die zehn Regeln der neuen Rechtschreibung mit Beispielen und Kommentaren versehen.

3.1 Alle zusammengesetzten Zahlen werden mit Bindestrich geschrieben.

Alt	Neu
vingt et un	vingt-et-un
deux cents	deux-cents
mille cinq cent soixante-quinze	mille-cinq-cent-soixante-quinze

Le **million** und le **milliard**, die Nomen sind, werden nicht mit Bindestrich mit den Zahlwörtern verbunden: **deux millions trois-cent-mille**.

Das heißt, dass nach dem Vorbild von **quatre-vingt-un** und **quatre-vingt-onze** jetzt auch alle anderen zusammengesetzten Zahlen mit Bindestrich geschrieben werden. Das erleichtert die Verwendung des Bindestrichs bei den Zahlen, die vorher komplizierten Regeln folgte.
Aufpassen muss man allerdings bei den Bruchzahlen, z.B. **vingt et un tiers** (20 1/3) und **vingt-et-un tiers** (21/3). Hier sind die Bindestriche bedeutungstragend.

3.2 Einige zusammengesetzte Nomen, die früher mit Bindestrich geschrieben wurden, werden jetzt zusammengeschrieben.

Alt	Neu	
le porte-monnaie	le portemonnaie	der Geldbeutel / das Portmonee
le porte-manteau	le portemanteau	der Garderobenständer
le porte-clé	le porteclé	der Schlüsselanhänger
le tire-bouchon	le tirebouchon	der Korkenzieher
le tire-botte	le tirebotte	der Stiefelknecht
le pique-nique	le piquenique	das Picknick
le week-end	le weekend	das Wochenende
le contre-exemple	le contrexemple	das Gegenbeispiel

Leider konnte sich der „Conseil supérieur" nicht entschließen, diese Regel auf alle mit Bindestrich geschriebenen zusammengesetzten Nomen auszuweiten, um eine einheitliche Regelung zu treffen. Die Autoren französischer Wörterbücher werden aber ausdrücklich aufgefordert, die Zusammenschreibung zu bevorzugen.
Das bedeutet aber weiterhin: Im Zweifelsfall im Wörterbuch nachschlagen!

3.3 Bei zusammengesetzten Nomen, die aus Verb + Nomen oder Präposition + Nomen (mit Bindestrich) zusammengesetzt sind, nimmt im Plural der zweite Wortteil die Pluralmarkierung an. Pluralmarkierungen im Singular fallen weg.

Kein Plural-s oder -x in der Singularform mehr:

Alt	Neu	
le compte-gouttes	le compte-goutte / les compte-gouttes	die Pipette
le cure-ongles	le cure-ongle / les cure-ongles	der Nagelreiniger
le sèche-cheveux	le sèche-cheveu / les sèche-cheveux	der Haartrockner
le pèse-lettres	le pèse-lettre / les pèse-lettres	die Briefwaage
le porte-avions	le porte-avion / les porte-avions	der Flugzeugträger

Eine Markierung des Plurals erhalten:

Alt	Neu	
les après-midi	les après-midis	die Nachmittage
les sans-abri	les sans-abris	die Obdachlosen
les presse-citron	les presse-citrons	die Zitronenpressen
les chasse-neige	les chasse-neiges	die Schneepflüge
les gratte-ciel	les gratte-ciels	die Wolkenkratzer
les taille-crayon	les taille-crayons	die Bleistiftspitzer
les grille-pain	les grille-pains	die Toaster
les presse-papier	les presse-papiers	die Briefbeschwerer
les chauffe-eau	les chauffe-eaux	die Durchlauferhitzer / die Boiler
les lave-vaisselle	les lave-vaisselles	die Spülmaschinen

Das bedeutet, dass bei einigen Wörtern eine frühere Pluralmarkierung im Singular entfällt. Aber alle Nomen, die aus Verb + Nomen oder Präposition + Nomen zusammengesetzt sind, erhalten eine Pluralmarkierung, wenn das ganze Nomen im Plural steht.

3.4 Fremdwörter bilden den Plural genauso wie französische Wörter.

Das bedeutet, dass Fremdwörter den Plural nicht wie in ihrer Ursprungssprache bilden (z. B.: gentleman – gentlemen), sondern nach dem Vorbild der französischen Nomen durch Anhängen eines -s. Diese Regelung betrifft auch Fremdwörter, die in ihrer Ursprungssprache schon im Plural stehen (le spaghetti – les spaghettis).

le bluejean	les bluejeans	die Bluejeans
le spaghetti/ravioli	les spaghettis/raviolis	die Spaghetti, die Ravioli
le cowboy	les cowboys	der Cowboy
le gentleman	les gentlemans	der Gentleman
le hobby	les hobbys	das Hobby
le hotdog	les hotdogs	der/das Hotdog
le land	les lands	das Bundesland
le leitmotiv	les leitmotivs	das Leitmotiv
le lied	les lieds	das Kunstlied
le match	les matchs	das Match, das Spiel
le sandwich	les sandwichs	das Sandwich
le solo	les solos	das Solo

Um die französische Aussprache der Fremdwörter zu vereinheitlichen, werden einige Fremdwörter mit **accent** versehen (z. B.: le revolver → le révolver; le phoenix → le ph**é**nix).

3.5 Vor einer Silbe mit *e* wird *è* anstelle von *é* geschrieben.

Insbesondere betrifft diese Regel die Verben des Typs **préférer**, **céder** im **futur simple** und im **conditionnel**:

Alt	Neu	
j'accélérerai / j'accélérerais	j'accélèrerai / j'accélèrerais	beschleunigen
j'aérerai / j'aérerais	j'aèrerai / j'aèrerais	lüften
je céderai / je céderais	je cèderai / je cèderais	nachgeben
je célébrerai / je célébrerais	je célèbrerai / je célèbrerais	feiern
je considérerai / je considérerais	je considèrerai / je considèrerais	abwägen/berücksichtigen
j'espérerai / j'espérerais	j'espèrerai / j'espèrerais	hoffen
je préférerai / je préférerais	je préfèrerai / je préfèrerais	vorziehen/bevorzugen
je répéterai / je répéterais	je répèterai / je répèterais	wiederholen

Ebenso:

Alt	Neu	
un événement	un évènement	ein Ereignis
réglementaire	règlementaire	vorschriftsmäßig/ordnungsgemäß
la crémerie	la crèmerie	das Milchgeschäft
la sécheresse	la sècheresse	die Trockenheit
le céleri	le cèleri	der Sellerie

Mit dieser Regel wird die Schreibung der längst gängigen Aussprache angepasst: Offenes e (è) wird geschrieben, wo es gesprochen wird.
Ausnahmen bilden die Präfixe **dé-** und **pré-**, Wörter, deren Aussprache mit geschlossenem e (é) erhalten ist, und Wörter mit é- im Anlaut: **dégeler** *auftauen/abtauen*, **prévenir** *benachrichtigen/ warnen*, **le médecin** *der Arzt*, **la médecine** *die Medizin*, **l'échelon** *die Stufe / der Rang*, **élever** *aufziehen/ erziehen*

3.6 Der *accent circonflexe* auf *i* und *u* fällt weg.

Alt	Neu	
connaître, il/elle connaît	connaitre, il/elle connait	kennen, er/sie kennt
s'entraîner	s'entrainer	trainieren
paraître, il paraît	paraitre, il parait	scheinen, er/es scheint
s'il vous plaît	s'il vous plait	bitte
le coût, coûter	le cout, couter	die Kosten, kosten
la boîte	la boite	die Dose / der Kasten (*ugs.* die Kneipe)
la chaîne	la chaine	die Kette / das (Fernseh-)Programm
la flûte	la flute	die Flöte
la fraîcheur, fraîche	la fraicheur, fraiche	die Frische, frisch
le gîte	le gite	die Unterkunft / das Lager
le goût	le gout	der Geschmack
l'huître	l'huitre	die Auster
l'île	l'ile	die Insel
le maître	le maitre	der Grundschullehrer / der Meister

Da der **accent circonflexe** auf **i** und **u** keinen phonetischen Wert hat – im Unterschied zu dem **accent circonflexe** auf **a, e** und **o**, der die Qualität des Vokals verändert – kann er getrost wegfallen. Das heißt u.a., dass alle Verben auf -**aître** und -**oître** (außer **croître**) den **accent circonflexe** verlieren.
Nur in den Verbformen des **passé simple** (z.B. **il fît** – faire, **nous vîmes** – voir, **nous eûmes** – avoir) und des **subjonctif** (z.B. **il fût** – être, **il eût** – avoir) bleibt der **accent circonflexe** auf -**î**- und -**û**- erhalten. Außerdem wird er in Wörtern beibehalten, die sonst mit anderen verwechselt werden könnten, z.B.:
sûr/e *sicher* – **sur** *auf/über*,
mûr/e *reif* – **le mur** *die Mauer*,
jeune *jung* – **le jeûne** *das Fasten*,
du (Präposition **de** + best. Artikel **le**) – **dû** (Partizip von **devoir**)
und in allen Formen des Verbs **croître**:

croître *wachsen/ansteigen*	**croire** *glauben*
je croîs, il croît, crû	je crois, il croit, cru

3.7 In den Buchstabenfolgen -güe- und -güi- steht das Trema auf dem -u-.

Alt	Neu	
aiguë	aigüe [egy]	akut/spitz
ambiguë	ambigüe [ãbigy]	zwei-/mehrdeutig
l'ambiguïté	l'ambigüité [lãbigчite]	die Zwei-/Mehrdeutigkeit
contiguë	contigüe [kɔ̃tigy]	aneinandergrenzend, benachbart
la contiguïté	la contigüité [lakɔ̃tigчite]	die Nachbarschaft

Das Trema wird jetzt auf den Buchstaben gesetzt, der ausgesprochen wird: das **u**. Da es nur wenige Wörter mit dieser Buchstabenkombination gibt, betrifft diese Regel nur ca. ein Dutzend Wörter.

Alt	Neu	
arguer, j'argue, j'ai argué	argüer, [aʁgчe] j'argüe, j'ai argüé	argumentieren
la gageure	la gageüre [lagaʒyʁ]	das Ding der Unmöglichkeit

Außerdem wird bei einigen Wörtern ein Trema hinzugefügt, um Aussprachefehlern vorzubeugen: **argüer** [aʁgчe] *argumentieren*.
aber: **blaguer** [blage] *scherzen/spaßen*, **naviguer** [navige] *fahren/navigieren*.
Damit wird auch in der Schrift ein -**u**-, das ausgesprochen wird, von einem -**u**- unterschieden, das nur die palatale Aussprache eines -**g**- anzeigt.
Nomen auf -**eure** erhalten auf dem -**u**- ebenfalls ein Trema. Dadurch wird angezeigt, dass -**eu**- nicht als Diphtong gesprochen wird. Vergleiche:
la gageüre [lagaʒyʁ] *das Ding der Unmöglichkeit*,
aber: **le voyageur** [ləvwajaʒœʁ] *der Reisende/Fahrgast*
So kann das Trema eine falsche Aussprache verhindern.

3.8 Die Konjugation der Verben auf -eler und -eter wird der Konjugation von acheter angepasst.

Das bedeutet, dass die Verdoppelung eines Konsonanten nach einem **e** im Stamm eines Verbs weg-fällt. Das letzte **e** im Verbstamm wird jetzt mit **accent grave (è)** geschrieben.

Alt	Neu	
amonceler, j'amoncelle	j'amoncèle	aufhäufen
dételer, je dételle	je détèle	abkuppeln/ausspannen
épousseter, j'époussette	j'époussète	abstauben / Staub wischen
ficeler, je ficelle	je ficèle	umwickeln/verschnüren
moucheter, je mouchette	je mouchète	sprenkeln/tupfen
pelleter, je pellette	je pelète	schippen/schaufeln

Zwei häufig verwendete Verben bilden eine Ausnahme zu der obigen Regel: **appeler** *rufen/anrufen* und **jeter** *werfen* und ihre Komposita, die die Verdoppelung des letzten Stammkonsonanten beibe-halten: **j'appelle, je jette.** Ebenso: **rappeler** – **je rappelle** *erinnern*, **interpeler** – **j'interpelle** *dazwischen-rufen / ins Wort fallen*.

3.9 Wörter auf -*olle* und Verben auf -*otter* werden nicht mehr mit Doppelkonsonanten geschrieben.

Alt	Neu	
la corolle	la corole	die Blütenkrone
la girolle	la girole	der Pfifferling
frisotter	frisoter	kräuseln/kringeln
grelotter	greloter	(vor Kälte) bibbern / schlottern

Ausnahmen bilden Wörter wie **la colle** *der Klebstoff*, **folle** (*f.* von **fou**) *verrückt*, **la botte** *der Stiefel* und Ableitungen von diesen Wörtern (**la botte** – **botter** *treten / einen Tritt versetzen*; **le frottage** *das Reiben/Abreiben*– **frotter** *reiben/frottieren*).

3.10 Das Partizip Perfekt von *laisser* ist unveränderlich, wenn darauf ein Infinitiv folgt.

Alt	Neu
les enfants que tu as laissés partir	les enfants que tu as laissé partir
elle s'est laissée maigrir	elle s'est laissé maigrir
je les ai laissés sortir dans le jardin	je les ai laissé sortir dans le jardin

Nach dem Vorbild des Partizips von **faire** ist auch das Partizip von **laisser** jetzt nicht mehr veränderlich, wenn es vor einem Infinitiv steht.

4. Die Satzzeichen   Les signes de la phrase

.	le point	der Punkt
,	la virgule	das Komma
?	le point d'interrogation	das Fragezeichen
!	le point d'exclamation	das Ausrufezeichen
:	les deux points	der Doppelpunkt
;	le point-virgule	das Semikolon
« »	les guillemets	die Anführungszeichen
-	le trait d'union	der Bindestrich
–	le tiret	der Gedankenstrich
( )	les parenthèses	die Klammern
[ ]	les crochets	die eckigen Klammern
...	les points de suspension	die Auslassungspunkte

Register
L'index

In dieser Liste kannst du alle grammatischen Begriffe auf französisch und deutsch sowie französische und deutsche Stichwörter nachschlagen. Suchst du einen Begriff, der aus einem Nomen und einem anderen Wort besteht, schlag zuerst unter dem Nomen nach. Wenn du z. B. den Begriff „bestimmter Artikel" suchst, musst du unter „Artikel" nachsehen. Dort findest du: **Artikel**, bestimmter S.11 f./1.2. Das bedeutet: Seite 11, Abschnitt 1, Unterabschnitt 2. Manchmal findest du auch die folgenden Angaben: S.18 f./1.5.2 = Seite 18 und die folgende Seite, Abschnitt 1, Unterabschnitt 5, Unterpunkt 2; S.194 ff./15 = Seite 194 und die folgenden Seiten, Abschnitt 15; S.249/Z= Seite 249, Zusatzwissen.

Hier findest du
– grammatische Begriffe auf **französisch** und deutsch
– deutsche und **französische** Wörter

A

à (Präposition für Orts-, Richtungs-, Zeitangaben) S.122 f./7.2.2/7.2.3/ 7.2.4, S.127 f.
à (Präposition); Gebrauch des zusammengezogenen Artikels bei à S.12/1.3
à vor Ländernamen S.121/7.2.1
à moi, à toi usw. S.48/3.2
à-Ergänzung nach dem Verb S.52/3.6
à cause de S.119 f./7.1/7.2, S.124/7.2.8, S.277/24.2
à condition de + Infinitiv S.242/Z
à condition que + subjonctif S.135/8.3.4, S.242/Z, S.243
à moins que + subjonctif S.135/8.3.4, S.243
à partir de + Infinitiv S.123/7.2.4
à peine am Satzanfang S.218/Z
à supposer que + subjonctif S.135/8.3.4
aber S.131/8.1

absolute Frage S.231/Z
acheter (Verben des Typs) S.149/10.1.1
adjectif attribut → Adjektiv, prädikativ gebrauchtes S.79 f./4.2.2
adjectif épithète → Adjektiv, attributiv gebrauchtes S.79/4.2.1
adjectif verbal S.188/Z, S.192
Adjektiv S.74 ff./4
    attributiv gebrauchtes ~ S.79/4.2.1
    prädikativ gebrauchtes ~ S.79 f./4.2.2
        unveränderliches ~ S.74 f./4.1.1
        unregelmäßiges ~ S.78/4.1.6
    Angleichung S.74 ff./4, S.80 f./4.2.3
    Stellung S.79 f./4.2, S.81 ff./4.3
    Steigerung S.83 ff./4.4
    Komparativ S.84/4.4.1
    Superlativ S.84 f./4.4.2
    Adjektive und ihre Ergänzungen S.86 ff./4.5
    Adjektive, die ihre Bedeutung ändern S.82 f./4.3.2
Adjektiv oder Adverb? S.102 ff./5.5
Adjektiv + à S.86 ff./4.5
Adjektiv + de S.86 ff./4.5
Adverb S.92 ff./5

    ursprüngliches ~ S.93/5.1.1
    abgeleitetes ~ S.93/5.1.2
    Stellung S.98 ff./5.3
    Steigerung S.96 ff./5.2
    Komparativ, S.96 f./5.2.1
    Superlativ, S.97 f./5.2.2
Adverb oder Adjektiv?, S.102 ff./5.5
Adverbien, die eine Inversion nach sich ziehen, S.218/Z
adverbiale Bestimmung, Arten, S.221 f./17.3.4
Stellung, S.221 f./17.3.4
~ als notwendige Ergänzung zum Verb, S.221/17.3.4
~ als freie Ergänzung zum Verb, S.221 f./17.3.4
Adverbialpronomen → **en, y**, S.52 ff./3.6/3.7
afin de oder afin que? S.137
afin que + subjonctif S.134/8.3.2, S.137, S.208/15.14.1
ainsi S.106, S.278/24.2
Aktiv und Passiv S.181 f./13
alle (Begleiter) S.24/1.9
alle (Pronomen S.66/3.14.1/3.14.2
aller (Hilfsverb) S.139/9.1.2, S.144/9.3.1, S.160/11, S.168/11.5
alles + Adjektiv (z.B. alles Schöne) S.89
als = quand/lorsque S.133/8.2.3, S.199/15.6.1

M

mais S.130 f./8.1
mal, Steigerung S.98/5.2.2
malgré (Präposition zur Angabe eines Grundes) S.124/7.2.8
malgré cela S.279/24.2
manger (Verben des Typs) S.149/10.1.1
Maskulinum = männlich
mauvais/e S.84/4.4.1, S.85/4.4.2
me, te oder moi, toi beim Imperativ S.56/3.8.2, S.58/3.8.4
mehrere S.26/1.9.5
meilleur/e S.84/4.4.1, S.85/4.4.2
mein/e, dein/e S.19/1.6
-même S.48/Z
même si S.243
Mengenangaben S.17/1.5.1
mich S.49/3.3
mieux S.98/5.2.2
million S.109 f./6.1.2
mir S.50/3.4
mise en relief → Hervorhebung
mit S.128
Modalverben S.140/9.1.3
mode → Modus
Modus und Zeit S.194 ff./15
moi, toi (unverbundene Personalpronomen) S.48/3.2
moi, toi beim Imperativ S.56/3.8.2, S.58/3.8.4
moi, toi oder me, te beim Imperativ S.56/3.8.2, S.58/3.8.4
moins + Adjektiv + que S.84/4.4.1
moins + Adverb + que S.96 f./5.2.1
mon, ton, son (Possessivbegleiter) S.19 ff./1.6

N

n'avoir qu'à S.264/23.3
n'importe comment S.68/3.14.8
n'importe lequel S.68/3.14.8
n'importe où S.68/3.14.8
n'importe quel S.25 f./1.9.4
n'importe qui S.68/3.14.8
n'importe quoi S.68/3.14.8
nach S.128
nachdem S.134/Z, S.137

Nachstellung → Inversion
narration → Erzählung
ne faire que S.265/23.3
ne ... aucun S.264/Z
ne ... aucun/e + Nomen S.24/1.9.1
ne ... guère S.249/Z, S.263/Z
ne ... jamais S.262 f./23.1
ne ... jamais rien S.270/23.7
ne ... ni ... ni S.265/23.4.1
ne ... pas S.262 f./23.1
ne ... pas beaucoup S.263/Z
ne ... pas de S.17/1.5.1
ne ... pas du tout S.263/23.1
ne ... pas encore S.263/23.1
ne ... pas souvent S.263/Z
ne ... pas un S.10/1.1.1
ne ... pas un seul S.264/Z
ne ... pas ...ni S.265/23.4.1
ne ... pas ... non plus S.263/23.1
ne ... personne S.263 f./23.2
ne ... plus S.262 f./23.1
ne ... plus de S.17/1.5.1
ne ... plus du tout S.263/23.1
ne ... plus jamais S.263/23.1
ne ... point S.263/Z
ne ... presque pas S.263/Z
ne ... que S.264 f./23.3
ne ... rien S.263 f./23.2
ne ... rien du tout S.270
ni ... ni ... ne ... S.265 f./23.4.2
négation = Verneinung
nicht (mehr) S.262 f./23.1
nicht nur ... sondern auch S.279/24.2
nichts + Adjektiv (nichts Neues) S.89
nicht S.262/23.1
nie S.262/23.1
niemals etwas S.270/23.7
nie mehr S.270
niemand S.263 f./23.2
noch nicht S.270
nom → Nomen
nombres cardinaux → Grundzahlen
nombres collectifs → Sammelzahlen
nombres ordinaux → Ordnungszahlen

Nomen, Singular/Plural S.37 ff./2.2
~ ohne Singular S.40/2.2.7
~ mit besonderen Pluralformen S.40/2.2.6
~ mit unterschiedlicher Bedeutung Sg./Pl. S.40/2.2.7
Geschlecht S.32 ff./2.1
Stolpersteine beim Geschlecht der ~ S.44
gleichklingende ~ mit unterschiedlichem Geschlecht und unterschiedlicher Bedeutung S.43
Plural der zusammengesetzten ~ S.41 f./2.3
non plus S.272, S.265/23.4.1
notre oder le nôtre? S.64/Z
nouveau, nouvel, nouvelle S.82/4.3.2, S.78/4.1.7
Numerus = Zahl (Einzahl oder Mehrzahl)
nur S.264 f./23.3

O

ob S.254/22.2.1
objet → Objekt
Objekt
~direktes S.219/17.3.1
~indirektes S.220/17.3.2
Objektpronomen
direkte ~ S.49/3.3
indirekte ~ S.50/3.4
~ bei laisser und faire → Beiheft S.8
Stellung der ~ im Aussagesatz S.55/3.8.1
Stellung der ~ im Imperativsatz S.56/3.8.2
Stellung von zwei ~ im Satz S.56 f./3.8.3
obwohl S.279/24.2
ohne S.16/1.4.7
ohne etwas S.270/23.7
ohne dass S.126/7.3, S.135/8.3.4, S.137
ohne ... zu S.125/7.2.9
on S.46 f./3.1
on, Angleichung des Partizip Perfekt S.47/3.1

Das Verb und seine Ergänzungen
Le verbe et ses compléments

Verben können unterschiedliche Ergänzungen haben:

Claire organise **une fête**.	– ein direktes Objekt organiser **qc**
Elle téléphone **à ses copains**.	– ein indirektes Objekt mit à téléphoner **à qn**
Elle joue **de la clarinette**.	– ein indirektes Objekt mit de jouer **de qc**

Elle parle **avec Matthieu**.	– ein indirektes Objekt mit einer
	   anderen Präposition
	   parler **avec qn**

Amélie peut **apporter des CD**.	– eine Infinitivergänzung pouvoir **faire qc**
Luc commence **à préparer une salade**.	– eine Infinitivergänzung mit à commencer **à faire qc**
Raphaël arrête **de travailler**.	– eine Infinitivergänzung mit de arrêter **de faire qc**

Dabei steht:

qn	für **quelqu'un** (*jemanden*, d.h. ein Personenobjekt)	z.B. **oublier qn** jdn vergessen
qc	für **quelque chose** (*etwas*, d.h. ein Sachobjekt)	z.B. **oublier qc** etw vergessen
faire qc	für einen Infinitiv	z.B. **oublier de faire qc** vergessen etw zu tun

Welche Ergänzungen ein Verb haben kann, findest du in der folgenden alphabetischen Liste mit 120 Verben.

Die Angaben	bedeuten, dass an das Verb folgende Ergänzungen angeschlossen werden können:
qn/qc	– ein direktes Objekt,
à qn / à qc	– ein indirektes Objekt mit à,
de qn / de qc	– ein indirektes Objekt mit de,
qc à qn	– ein direktes und ein indirektes Objekt,
à qn de qc	– zwei indirekte Objekte,
à faire qc	– ein Infinitiv mit à,
de faire qc	– ein Infinitiv mit de,
à qn de faire qc	– ein indirektes Objekt mit à und ein Infinitiv mit de.

1

Häufig gebrauchte Verben und Redewendungen

In dieser Liste findest du häufig gebrauchte Verben mit ihren geläufigen Ergänzungen.

accepter ~ qn/qc **Ses copains de classe ne l'ont jamais accepté/e.** Seine Klassenkameraden haben ihn/sie nie akzeptiert. **J'accepte votre proposition.** Ich akzeptiere euren/Ihren Vorschlag. / Ich nehme euren/Ihren Vorschlag an. ~ de faire qc **Elle a accepté de venir.** Sie hat zugesagt zu kommen.

accomplir ~ qc **accomplir un devoir** eine Aufgabe erfüllen; s'~ in Erfüllung gehen **Mon souhait s'est accompli.** Mein Wunsch ist in Erfüllung gegangen.

accorder ~ qc **accorder les instruments** die Instrumente stimmen; ~ qc à qn **On nous a accordé deux jours de vacances supplémentaires.** Sie haben uns zwei zusätzliche Urlaubstage gewährt. ~ qc à qc **accorder de l'importance / de la valeur à qc** etw. Bedeutung/Gewicht beimessen; ~ qc avec qc **accorder le verbe avec le sujet** das Verb dem Subjekt angleichen; s'~ **Pierre et Paul s'accordent bien.** Pierre und Paul kommen gut miteinander aus.

accrocher ~ qn **Leur musique accroche les passants.** Ihre Musik zieht die Aufmerksamkeit der Passanten auf sich. ~ qc **Il a accroché un cadre au mur.** Er hat ein Bild an die Wand gehängt. **Il a accroché une voiture sur le parking.** Er hat auf dem Parkplatz ein Auto angefahren. **Les maths? Je n'accroche pas.** Mathematik? Das ist nicht mein Ding.

accuser ~ qn/qc de qc **accuser qn d'un vol** jdn des Diebstahls beschuldigen/anklagen; ~ qn de faire qc **Il l'accuse de tricher.** Er beschuldigt sie/ihn zu betrügen.

adorer ~ qn/qc **Elle adore G. Depardieu.** Sie schwärmt für G. Depardieu. **Elle adore le cinéma.** Sie liebt das Kino. ~ faire qc **Elle adore faire du ski.** Sie fährt sehr gerne Ski.

agacer ~ qn/qc **Lucie m'agace.** Lucie ärgert/nervt mich. **Cela agace les yeux.** Das reizt die Augen. ~ que (+ subj.) **Cela m'agace qu'elle ne me parle plus.** Es ärgert mich, dass sie nicht mehr mit mir spricht.

aider ~ qn **Elle aide sa petite sœur.** Sie hilft ihrer kleinen Schwester. ~ qn à faire qc **Elle m'aide à faire la cuisine.** Sie hilft mir beim Kochen.

aimer ~ qn/qc **Hugo aime Lisa.** Hugo liebt Lisa. **Il aime les chiens / le sport.** Er mag Hunde/Sport. **Tu aimes ce film?** Gefällt dir dieser Film? ~ faire qc **J'aime aller au cinéma.** Ich gehe gerne ins Kino.

aller **Alex va à l'école.** Alex geht in die Schule. **Daniel va à Paris.** Daniel fährt nach Paris. **aller en voiture / en bateau / en train / en avion** Auto/Schiff/Zug fahren / fliegen; **aller à pied / à vélo / à cheval** zu Fuß gehen / Fahrrad fahren / reiten; **Comment allez-vous?** Wie geht es euch/Ihnen? **Ça ne va pas?** Geht es dir nicht gut? **Ces couleurs vont bien ensemble.** Diese Farben passen gut zusammen. ~ à qn/qc **Cette chemise te va très bien.** Das Hemd steht dir sehr gut. **À quatre heures, ça te va?** Um vier Uhr, passt dir das? ~ faire qc (futur composé) **Je vais venir vers six heures.** Ich werde gegen sechs Uhr kommen. **Je vais te chercher à la gare.** Ich werde dich am Bahnhof abholen. ~ voir qn **Elle va voir sa tante.** Sie besucht ihre Tante. y ~ **Vas-y! Allez-y!** Los! Fang an! / Fangt an! / Fangen Sie an! **Allons-y!** Los. Dann wollen wir mal! **On y va?** Kann es losgehen? / Seid ihr soweit? s'en ~ **Il s'en va.** Er geht weg.

allumer ~ qc **Il allume la lumière.** Er macht das Licht an. **Elle allume la télé / l'ordinateur.** Sie schaltet den Fernseher/Computer an. **allumer un feu / une bougie** ein Feuer / eine Kerze anzünden; s'~ **La lumière s'allume automatiquement.** Das Licht geht automatisch an.

Das Verb und seine Ergänzungen

amuser ~ qn **Il nous a bien amusés.** Er hat uns gut unterhalten. **Cela ne m'amuse pas.** Das macht mir keinen Spaß. s'~ avec qn/qc **Les filles s'amusent avec leurs poupées.** Die Mädchen spielen mit ihren Puppen. s'~ à faire qc **Ils s'amusent à inventer des histoires.** Es macht ihnen Spaß / Sie vergnügen sich damit, Geschichten zu erfinden. **Pour s'amuser.** Nur zum Spaß.

appeler ~ qn **Je l'ai appelé, mais il n'est pas venu.** Ich habe ihn gerufen, aber er ist nicht gekommen. **Je vais l'appeler ce soir.** Ich werde ihn/sie heute Abend anrufen. **Il appelle sa fille Marthe.** Er nennt seine Tochter Marthe. s'~ **Il s'appelle Clément.** Er heißt Clément.

apporter ~ qc à qn **Tu m'as apporté le CD que je t'avais prêté?** Hast du mir die CD mitgebracht, die ich dir geliehen hatte? ~ qc à qc **J'apporte les livres à la bibliothèque.** Ich bringe die Bücher zur Bücherei. **Qu'est-ce que cela t'a apporté?** Was hat dir das gebracht?

apprendre ~ qc **Elle apprend le français.** Sie lernt Französisch. **Je viens d'apprendre que Manon ne viendra pas.** Ich habe gerade erfahren, dass Manon nicht kommen wird. ~ qc à qn **Je lui apprends le français.** Ich bringe ihm/ihr Französisch bei. **Il m'a appris qu'il va travailler à Paris.** Er hat mir mitgeteilt, dass er in Paris arbeiten wird. ~ à faire qc **Elle apprend à parler français.** Sie lernt Französisch zu sprechen. **Je leur apprends à nager.** Ich bringe ihnen das Schwimmen bei.

approcher **Noël approche.** Weihnachten rückt näher. s'~ de qn/qc **Elle s'est approchée de lui.** Sie hat sich ihm genähert. **On s'approche de la fin de l'année scolaire.** Wir nähern uns dem Ende des Schuljahres.

arrêter **Matthieu, arrête.** Matthieu, hör auf! ~ qn **La police a arrêté le voleur.** Die Polizei hat den Dieb festgenommen. ~ qc **arrêter une voiture** ein Auto anhalten; **arrêter un moteur** einen Motor ausschalten; **arrêter le travail** die Arbeit einstellen/niederlegen; ~ de faire qc **Il a arrêté de fumer.** Er hat aufgehört zu rauchen. / Er hat mit dem Rauchen aufgehört. s'~ **Arrêtez-vous!** Bleiben Sie stehen! **Le train / La pendule s'arrête.** Der Zug / Die Uhr bleibt stehen.

arriver **Il arrive à dix heures.** Er kommt um zehn Uhr an. **J'arrive!** Ich komme schon. **L'accident est arrivé hier.** Der Unfall ist gestern passiert. **Cela arrive.** Das kommt vor/passiert. ~ à qn **Ça m'arrive souvent.** Das passiert mir oft. **Qu'est-ce qui t'arrive?** Was ist mit dir los? ~ à faire qc **Je n'arrive pas à terminer ce travail.** Ich schaffe es nicht / Es gelingt mir nicht, diese Arbeit zu beenden.

attendre **J'ai dû attendre longtemps.** Ich musste lange warten. ~ qn/qc **attendre les invités / le bus / une occasion** auf die Gäste / den Bus / eine Gelegenheit warten; **Elle attend un bébé.** Sie erwartet ein Baby. s'~ à qc **Je ne m'y attendais pas.** Damit hatte ich nicht gerechnet. / Das hatte ich nicht erwartet.

avoir ~ qn/qc **Il a un fils / une maison.** Er hat einen Sohn / ein Haus. **Il a 15 ans.** Er ist 15 Jahre alt. **La tour a 100 m de hauteur.** Der Turm ist 100 m hoch. ~ chaud/froid **Elle a chaud/froid.** Ihr ist heiß/kalt. ~ mal à la tête / faim/soif / de la chance **Elle a mal à la tête / faim/soif / de la chance.** Sie hat Kopfschmerzen/Hunger/Durst/Glück. ~ confiance en qn **Elle a confiance en lui.** Sie hat Vertrauen in ihn. ~ besoin/envie de qn/qc **J'ai besoin d'une grammaire.** Ich brauche eine Grammatik. **J'ai envie d'une glace** Ich habe Lust auf ein Eis. ~ l'air **Il a l'air triste.** Er sieht traurig aus. ~ lieu **Le concert a lieu ce soir.** Das Konzert findet heute Abend statt. ~ à faire (qc) **J'ai à faire.** Ich habe zu tun. **J'ai à te parler.** Ich muss mit dir reden. n' ~ qu'à faire qc **Tu n'as qu'à lire ce livre.** Du musst nur dieses Buch lesen. ~ envie de faire qc **J'ai envie d'aller au théâtre.** Ich habe Lust ins Theater zu gehen. y ~ **Il y a beaucoup de monde.** Da sind viele Leute. **il y a trois semaines** vor drei Wochen; en ~ pour **J'en ai pour cinq minutes.** Ich brauche fünf Minuten. ~ qn (figurativ) **On l'a eu.** Wir haben ihn reingelegt. se faire ~ **Je me suis fait avoir.** Ich bin (darauf) reingefallen.

3

baigner ~ qn **Elle baigne le bébé.** Sie badet das Baby. se ~ **Ils se baignent dans la mer.** Sie baden/schwimmen im Meer. **Elle était baignée de larmes / de sueur.** Sie war tränenüberströmt/schweißgebadet.

balancer ~ qc **Elle balance les jambes / les bras.** Sie baumelt mit den Beinen / schlenkert mit den Armen. **Il balance l'argent par les fenêtres.** Er schmeißt das Geld zum Fenster hinaus. se faire ~ (*umgangssprachlich*) **Il s'est fait balancer de l'école.** Er ist von der Schule geflogen. s'en ~ (*umgangssprachlich*) **Je m'en balance.** Es ist mir schnuppe.

battre **Mon cœur bat.** Mein Herz schlägt. ~ qn/qc **Samuel bat Maurice.** Samuel schlägt Maurice. **Il bat les cartes.** Er mischt die Karten. **Il bat tous les records.** Er schlägt alle Rekorde. ~ des ailes **L'oiseau bat des ailes.** Der Vogel schlägt mit den Flügeln. se ~ avec qn **Il s'est battu avec un autre garçon.** Er hat sich mit einem anderen Jungen geprügelt/geschlagen. se ~ pour qn/qc **Ils se battent pour la liberté.** Sie kämpfen für die Freiheit.

boire ~ qc **boire une tasse de thé** eine Tasse Tee trinken; **boire dans un verre / dans une tasse / à la source** aus einem Glas / einer Tasse / einer Quelle trinken; ~ à la santé de qn/qc **Nous buvons à la santé de Jean.** Wir trinken auf die Gesundheit von Jean.

casser ~ qc **Il casse un verre.** Er zerbricht ein Glas. **Il a cassé sa radio.** Er hat sein Radio kaputtgemacht. ~ qc à qn **Florian lui casse la tête / les pieds.** Florian geht ihm auf die Nerven / den Geist. se ~ **Le verre s'est cassé.** Das Glas ist zerbrochen. se ~ qc **Muriel s'est cassé le bras.** Muriel hat sich den Arm gebrochen.

changer **Le temps change.** Das Wetter ändert sich. **Il a beaucoup changé.** Er hat sich sehr verändert. ~ qc **changer de l'argent / la roue d'une voiture** Geld / das Rad eines Autos wechseln; ~ de qc **Je change de train à Paris.** Ich steige in Paris um. **Il change de chemise deux fois par jour.** Er wechselt sein Hemd zwei Mal am Tag. **Il a changé d'avis / d'adresse / de métier.** Er hat seine Meinung / seine Adresse / seinen Beruf geändert. **Léa a changé de place avec Chloé.** Léa und Chloé haben die Plätze getauscht. se ~ **Je vais me changer.** Ich gehe mich umziehen.

chercher ~ qn/qc **Camille cherche ses clés.** Camille sucht ihre Schlüssel. aller/venir/envoyer ~ qn/qc **Je vais chercher Léo à la gare.** Ich gehe/fahre Léo am Bahnhof abholen. **Viens me chercher à la gare.** Hole mich am Bahnhof ab. **Maman m'envoie chercher du pain à la boulangerie.** Mama schickt mich Brot in der Bäckerei holen. ~ à faire qc **Ils cherchent à trouver une solution.** Sie suchen eine Lösung.

choisir ~ qn/qc **On l'a choisi comme président.** Man hat ihn zum Präsidenten gewählt. **J'ai choisi une robe bleue.** Ich habe ein blaues Kleid ausgesucht/ausgewählt. ~ entre qn/qc **Tu peux choisir entre deux menus.** Du kannst zwischen zwei Menus auswählen. ~ de faire qc **Il a choisi de rester.** Er hat beschlossen zu bleiben.

claquer ~ qn (*umgangssprachlich*) **Ce travail m'a claqué.** Die Arbeit hat mich geschafft. ~ qc **Il claque la porte derrière lui.** Er knallt die Tür hinter sich zu. ~ de qc **claquer des dents** mit den Zähnen klappern; **claquer de l'argent** (*umgangssprachlich*) Geld verschleudern; faire ~ qc **faire claquer ses doigts / sa langue** mit den Fingern schnipsen / mit der Zunge schnalzen;

commencer **Le cours commence à huit heures.** Der Unterricht fängt um acht Uhr an. ~ qc **Je n'ai pas encore commencé mon travail.** Ich habe meine Arbeit noch nicht begonnen. ~ par qc **J'ai commencé par les explications.** Ich habe mit den Erklärungen begonnen. ~ à faire qc **Les élèves commencent à lire un roman.** Die Schüler beginnen einen Roman zu lesen. ~ par faire qc **J'ai commencé par visiter les musées.** Ich habe als erstes die Museen besucht.

Das Verb und seine Ergänzungen

comprendre ~ qn/qc **Je te comprends bien.** Ich verstehe dich gut. **Ce prix comprend le service.** Der Preis beinhaltet den Service. **service compris** Service inklusive/eingeschlossen. **La maison comprend six chambres.** Das Haus (umfasst) hat sechs Zimmer. ~ que (+ subj.) **Je comprends que ce soit difficile pour vous.** Ich verstehe, dass das schwierig für euch/Sie ist. ne rien ~ à qc **Je ne comprends rien à l'exercice.** Ich verstehe diese Übung überhaupt nicht. **Je n'y comprends rien.** Davon verstehe ich nichts. se ~ **Cela se comprend.** Das versteht sich von selbst. / Selbstverständlich. **On s'est mal compris.** Wir haben uns missverstanden. se faire ~ **Il sait se faire comprendre.** Er kann sich verständlich machen.

compter ~ qn/qc **Elle compte ses élèves.** Sie zählt ihre Schüler. ~ sur qn/qc **Je compte sur toi.** Ich zähle auf dich. / Ich rechne mit dir. **On ne peut pas compter sur lui.** Auf ihn kann man sich nicht verlassen. ~ faire qc **Je compte partir demain.** Ich habe vor morgen abzufahren.

conduire **Fabien conduit bien.** Fabien fährt gut (Auto). ~ qn/qc **Je l'ai conduit à la gare.** Ich habe ihn zum Bahnhof gefahren/gebracht. **Un guide va conduire le groupe.** Ein Führer wird die Gruppe führen. ~ à qn/qc **Le chemin conduit au château.** Der Weg führt zum Schloss. se ~ **Il s'est conduit comme un enfant.** Er hat sich wie ein Kind benommen.

connaître ~ qn/qc **Tu connais Julien?** Kennst du Julien? **Je l'ai connu à Paris en 2003.** Ich habe ihn 2003 in Paris kennen gelernt. **Il a connu des périodes difficiles.** Er hat schwere Zeiten durchgemacht/erlebt. **Ce spectacle a connu un grand succès.** Diese Aufführung hat einen großen Erfolg gehabt. ~ qn comme qn/qc **Je la connais comme pianiste.** Ich kenne sie als Pianistin. **Je n'y connais rien.** Ich verstehe nichts davon / weiß nichts davon. s'y ~ en qc **Elle s'y connaît en géographie.** Sie kennt sich in Geographie aus.

conseiller ~ qc à qn **Je te conseille un cours de français.** Ich empfehle dir einen / rate dir zu einem Französischkurs. ~ à qn de faire qc **Il a conseillé à Naomi de partir.** Er hat Naomi geraten abzufahren/wegzufahren.

continuer **Le travail continue.** Die Arbeit geht weiter. ~ qc **Il continue son travail.** Er setzt seine Arbeit fort / macht sie weiter. ~ à/de faire qc **Elle continue à jouer / de jouer.** Sie spielt weiter.

convaincre ~ qn **Tu m'as convaincu.** Du hast mich überzeugt. ~ qn de qc **Il nous a convaincus de son innocence.** Er hat uns von seiner Unschuld überzeugt. ~ qn de faire qc **On l'a convaincue de venir avec nous.** Wir haben sie überredet mit uns zu kommen.

couper ~ qn/qc **Nous avons été coupés.** Wir sind unterbrochen worden (am Telefon). **couper l'électricité / le gaz / l'eau** den Strom / das Gas / das Wasser abstellen; **Il m'a coupé la parole.** Er hat mir das Wort abgeschnitten. **Cette histoire m'a coupé le souffle.** Diese Geschichte hat mir den Atem geraubt / stocken lassen. **Il m'a coupé la route.** Er hat mir den Weg abgeschnitten. **Le village est coupé du monde.** Das Dorf ist von der Außenwelt abgeschnitten.

courir **L'eau court.** Das Wasser fließt/läuft. **Yann court plus vite que Benjamin.** Yann läuft/rennt schneller als Benjamin. **La route court le long de la rivière.** Die Straße verläuft am Fluss entlang. ~ qc **Elle court un grand risque.** Sie geht ein großes Risiko ein. **Qui a fait courir ce bruit?** Wer hat dieses Gerücht in die Welt gesetzt? **J'ai couru les magasins mais je n'ai rien trouvé.** Ich habe die Geschäfte abgeklappert, aber ich habe nichts gefunden.

craindre ~ qn/qc **Tout le monde craint ce professeur.** Alle fürchten diesen Lehrer / haben Angst vor diesem Lehrer. **Elle craint le pire.** Sie befürchtet das Schlimmste. **Cette plante craint la chaleur.** Diese Pflanze verträgt die Hitze nicht. ~ de faire qc **Il craint de la blesser.** Er hat Angst sie zu verletzen.

croire ~ qn/qc **Je te crois.** Ich glaube dir. **Je l'ai cru mort.** Ich habe ihn für tot gehalten; ~ à qc **croire aux revenants** an Gespenster glauben; ~ en qn/qc **croire en Dieu** an Gott glauben; **Je n'en crois pas mes yeux / mes oreilles.** Ich traue meinen Augen/Ohren nicht. faire ~ **Ils voulaient me faire croire que …** Sie wollten mir weismachen, dass … ~ que **Je crois que oui.** Ich glaube ja. **On croirait que …** Man könnte meinen, dass … se ~ + adj. **Elle se croit intelligente.** Sie hält sich für klug/intelligent.

décider **C'est moi qui décide.** Ich entscheide. ~ qc **Les parents ont décidé que les enfants restent à la maison.** Die Eltern haben beschlossen, dass die Kinder zu Hause bleiben.~ de faire qc **J'ai décidé de partir.** Ich habe beschlossen zu gehen/wegzufahren. se ~ pour qn/qc **Je me suis décidé pour le pull vert.** Ich habe mich für den grünen Pullover entschieden. se ~ à faire qc **Elle s'est décidée à partir.** Sie hat sich entschlossen zu gehen / abzufahren.

défendre ~ qn/qc **Isabelle a défendu son ami.** Isabelle hat ihren Freund verteidigt. **Elle défend son point de vue contre les critiques.** Sie verteidigt ihren Standpunkt gegen die Kritiker. **défendre une théorie** eine Theorie vertreten; ~ qc à qn **Le médecin lui a défendu le tabac.** Der Arzt hat ihm/ihr den Tabak verboten. ~ à qn de faire qc **Elle a défendu à ses enfants de sortir.** Sie hat ihren Kindern verboten auszugehen. se ~ **Il s'est bien défendu.** Er hat sich tapfer (durch-)geschlagen.

demander ~ qc **Elle demande une information.** Sie bittet um eine Information.~ qc à qn **Elle demande son chemin à un passant.** Sie fragt einen Passanten nach dem Weg. ~ à qn **Demande à ton professeur.** Frage deinen Lehrer. ~ à qn de faire qc **Je lui ai demandé de payer le livre.** Ich habe ihn/sie gebeten das Buch zu bezahlen. en ~ trop à qn **Il en demande trop à ses élèves.** Er verlangt zu viel von seinen Schülern. se ~ **Je me demande comment ça marche.** Ich frage mich, wie das funktioniert.

descendre (mit Hilfsverb être) **Elle est descendue.** Sie ist heruntergekommen/ausgestiegen/ hinuntergegangen. ~ **de la voiture / du train** aus dem Auto / dem Zug aussteigen; ~ **du bateau** von Bord gehen; ~ **de l'arbre** vom Baum herunterklettern; ~ **à l'hôtel / chez qn** im Hotel / bei jdm absteigen; (mit Hilfsverb avoir bei nachfolgendem COD) ~ qc **Elle a descendu l'escalier.** Sie ist die Treppe hinuntergegangen. **Elle a descendu sa valise.** Sie hat ihren Koffer hinuntergetragen. **Il a descendu les bouteilles à la cave.** Er hat die Flaschen in den Keller gebracht. **Elle a descendu les livres de l'étagère.** Sie hat die Bücher vom Regal heruntergeholt. **descendre un fleuve** einen Fluss hinunterfahren.

détester ~ qc **Il déteste la chimie.** Er hasst Chemie. ~ faire qc **Elle déteste sortir seule le soir.** Sie hasst es, abends alleine auszugehen.

devoir ~ qc à qn **Je lui dois cinq euros.** Ich schulde ihm fünf Euro. **C'est à lui que je le dois.** Das habe ich ihm/ihr zu verdanken.~ faire qc **Il doit partir.** Er muss/soll wegfahren. **Tu ne dois pas bavarder pendant les cours.** Du sollst im Unterricht nicht schwatzen. **Tu as dû te tromper.** Du musst dich geirrt haben.

dire ~ qc à qn **Il m'a dit la vérité.** Er hat mir die Wahrheit gesagt. ~ qc de qn **dire du mal de qn** über jdn schlecht reden; ~ qc de qc **Qu'est-ce que tu en dis?** Was sagst du dazu? vouloir ~ qc **Ça ne veut rien dire.** Das bedeutet gar nichts. **Qu'est-ce que ça veut dire?** Was heißt das? / Was bedeutet das? / Was soll das (denn) heißen? ~ à qn de faire qc **J'ai dit à Robin de chercher ce livre sur Internet.** Ich habe Robin gesagt, er soll das Buch im Internet suchen. se ~ **Cela ne se dit pas.** Das sagt man nicht. **Comment ça se dit en français?** Wie heißt das auf Französisch? **Comment dirais-je?** Wie soll ich sagen? **Disons …** Sagen wir mal … **Dis donc!** Sag bloß! / Sag mal. **pour ainsi dire** sozusagen; **à vrai dire** offengestanden

Das Verb und seine Ergänzungen

discuter ~ de qn/qc **Ils ont discuté de mon ami.** Sie haben über meinen Freund geredet. **Ils ont discuté de leurs projets.** Sie haben ihre Projekte besprochen. / Sie haben über ihre Projekte diskutiert.

donner ~ qc à qn **Elle me donne un livre / un conseil / un bisou / la main.** Sie gibt mir ein Buch / einen Rat / einen Kuss / die Hand. **Ils nous ont donné à boire et à manger.** Sie haben uns zu essen und zu trinken gegeben. **donner faim / raison / envie de qc** Hunger machen / Recht geben / Lust machen auf etw.; **donner de la joie** Freude machen; **Tu me donnes un coup de main?** Kannst du mir mal helfen? ~ sur qc **Mes fenêtres donnent sur la rue.** Meine Fenster gehen auf die Straße hinaus. **étant donné que** da, weil

échapper ~ à qn/qc **Il a échappé à la police.** Er ist der Polizei entkommen. **Le verre m'a échappé.** Das Glas ist mir aus der Hand gefallen. **Cette faute m'a échappé.** Diesen Fehler habe ich übersehen. **Son nom m'a échappé.** Sein Name ist mir entfallen. **Ce mot m'est échappé.** Das Wort ist mir herausgerutscht. **Il a échappé à une peine.** Er ist einer Bestrafung entgangen. **Il l'a échappé belle.** Er ist noch mal davongekommen.

éclater **Un pneu a éclaté.** Ein Reifen ist geplatzt. **L'orage a éclaté.** Das Gewitter ist losgebrochen. **La guerre a éclaté.** Der Krieg ist ausgebrochen. ~ de/en qc **Il a éclaté de rire / en sanglots.** Er ist in Gelächter/Tränen ausgebrochen. **Il a éclaté de colère.** Er ist vor Wut geplatzt. s'~ **On va s'éclater.** Wir werden uns gut amüsieren/austoben.

écouter **Écoute!** Hör mal! **Écoutez!** Hört mal! **Ils ont écouté à la porte.** Sie haben an der Tür gelauscht. ~ qn/qc **Nous écoutons Sophie.** Wir hören Sophie zu. **Ils ont toujours écouté leur père.** Sie haben immer auf ihren Vater gehört. **Ne l'écoute pas.** Hör nicht auf ihn! **Il écoute la radio.** Er hört Radio. **Il écoute son nouveau CD.** Er hört seine neue CD an.

empêcher ~ qc **On a empêché la construction du tunnel.** Wir haben den Bau des Tunnels verhindert. **Cela n'empêche pas que ...** Das ändert nichts daran, dass ... ~ qn de faire qc **Mon petit frère m'empêche de travailler.** Mein kleiner Bruder hindert mich daran zu arbeiten. s'~ de faire qc **Je n'ai pas pu m'empêcher de rire.** Ich konnte mich vor Lachen nicht halten. / Ich musste einfach lachen.

enseigner **Elle enseigne dans un lycée parisien.** Sie unterrichtet in einem Pariser Gymnasium. ~ qc **Elle enseigne le français.** Sie unterrichtet Französisch. ~ qc à qn **Elle enseigne le français aux élèves.** Sie bringt den Schülern Französisch bei. ~ à qn à faire qc **Il enseigne aux élèves à lire.** Er bringt den Schülern bei zu lesen. / Er bringt den Schülern das Lesen bei.

entendre **Il entend mal.** Er hört schlecht. **J'ai mal entendu.** Ich habe mich verhört. **(C'est) Entendu.** Abgemacht/Einverstanden. **Bien entendu.** Natürlich. ~ qn/qc **La police entend les témoins.** Die Polizei vernimmt die Zeugen. **J'entends des voix.** Ich höre Stimmen. ~ par qc **Qu'est-ce que vous entendez par cela?** Was versteht ihr / verstehen Sie darunter? / Was meint ihr / meinen Sie damit? s'~ **Ils s'entendent bien.** Sie verstehen sich gut. s'y ~ **Je n'y entends rien.** Ich verstehe nichts davon. **Elle s'y entend bien.** Das kann sie gut. / Davon versteht sie was.

entrer **Il entre dans la maison.** Er geht ins Haus hinein. **Il est entré au parti socialiste.** Er ist in die sozialistische Partei eingetreten. **Elle est entrée dans les détails.** Sie ist bis ins Detail gegangen. **Cela n'entre pas dans mes devoirs.** Das gehört nicht zu meinen Aufgaben/Pflichten. **Je suis entré en contact avec lui.** Ich bin mit ihm in Kontakt getreten. **Entrez!** Herein! **Défense d'entrer!** Eintritt verboten.

essayer ~ qc **essayer un fromage** einen Käse probieren; ~ **une robe** ein Kleid anprobieren; ~ **une voiture** ein Auto testen; ~ de faire qc **Nous essayons de faire cet exercice.** Wir versuchen diese Übung zu machen.

7

être Il est pianiste. Er ist Pianist. **Paris est la capitale de la France.** Paris ist die Hauptstadt Frankreichs. **Je suis mieux aujourd'hui.** Mir geht es heute besser. **On est quel jour?** Den Wievielten haben wir heute? **Nous sommes mardi.** Heute ist Dienstag. **Il est six heures.** Es ist sechs Uhr. ~ **en avance / en retard Je suis en avance / en retard.** Ich bin zu früh / zu spät. ~ **à** + Zeitangabe **La poste est à cinq minutes d'ici.** Die Post ist fünf Minuten von hier. ~ **à qn Ce livre est à moi.** Dieses Buch gehört mir. ~ **de Elle est de bonne/mauvaise humeur.** Sie hat gute/schlechte Laune. en ~ **Où en êtes-vous?** Wie weit seid ihr / sind Sie gekommen? Wo seid ihr / sind Sie stehen geblieben? y ~ **J'y suis.** Ich bin fertig/bereit. Ich hab's. **Je n'y suis pas.** Ich bin noch nicht fertig. / Ich verstehe nicht. **Ça y est.** Fertig. / Das war's. **Je n'y suis pour rien.** Ich kann nichts dafür. ~ **en train de faire qc (le présent duratif) Je suis en train de préparer le repas.** Ich bin gerade dabei, das Essen zu machen.

faire Je ne peux pas faire autrement. Ich kann nicht anders. **Pourquoi faire?** Wozu? ~ **qc Qu'est-ce que tu fais ce soir?** Was machst du heute Abend? **Quoi faire?** Was tun? **Que fait-il dans la vie?** Was macht er beruflich? **Elle fait la cuisine.** Sie kocht. **Il fait un gâteau.** Er backt. **faire la paix** Frieden schließen; **faire sensation** Aufsehen erregen; **faire un rêve** träumen; **faire la valise** Koffer packen; **faire la vaisselle** Geschirr spülen; **faire les courses** einkaufen gehen; **faire connaissance** Bekanntschaft machen; **faire l'amour** miteinander schlafen; **faire des calculs / des études** rechnen/studieren; **Il fait 1 m 90.** Er ist 1,90 m groß. **Il fait beau/chaud/ froid / 30 degrés.** Es ist schönes Wetter. / Es ist heiß / kalt / 30 Grad warm. **3 fois 3 font 9.** 3 mal 3 ist 9. **faire le clown / l'idiot / le malade** den Clown/Idioten/Kranken spielen; **faire qn président** jdn zum Präsidenten machen; **Fais comme chez toi.** Mach es dir bequem. **faire partie de qc** zu etw. dazu gehören; **Elle fait jeune.** Sie sieht jung aus. **Cela fait drôle.** Das sieht komisch aus. ~ **de Elle fait du 40.** Sie hat (Kleider-) Größe 40. **La voiture fait du 100.** Das Auto fährt 100. **Il fait du sport / du piano.** Er treibt Sport / spielt Klavier. **Ça fait du bien (de faire qc).** Das tut gut (etw. zu tun). ~ **faire qc à qn Il fait écrire un texte aux élèves.** Er lässt die Schüler einen Text schreiben. **Elle fait manger le bébé.** Sie füttert das Baby. **J'ai fait réparer ma voiture.** Ich habe mein Auto reparieren lassen. ~ **venir qn** jdn kommen lassen / jdn holen; ~ **voir Fais voir!** Zeig her / Zeig mal! se ~ **Cela ne se fait pas.** Das macht man nicht. se ~ **qc se faire un nom** sich einen Namen machen; se ~ **faire qc Je me suis fait couper les cheveux.** Ich habe mir die Haare schneiden lassen. s'y ~ **Elle s'y fait.** Sie gewöhnt sich daran. Ne pas s'en ~ **Ne t'en fais pas.** Mach dir nichts daraus. / Keine Sorge.

Verwechsle nicht **faire faire** und **laisser faire**		
faire faire qc	J'ai **fait réparer** mon vélo.	Ich habe mein Fahrrad reparieren lassen.
faire faire qc à qn	Il **fait écrire** un texte aux élèves.	Er lässt die Schüler einen Text schreiben.
laisser qn faire qc	Il **laisse** Marie **sortir** seule.	Er lässt Marie alleine ausgehen.
faire faire qc à qn	– jdn etw. tun lassen (veranlassen, dass jmd etw. tut)	
laisser qn faire qc	– jdn etw. tun lassen (zulassen, dass jmd etw. tut)	

falloir ~ **qc à qn Il nous faut du pain.** Wir brauchen Brot. **Il me faut de la patience.** Ich brauche Geduld. ~ **faire qc Il faut travailler.** Man muss arbeiten. ~ **faire qc à qn Il lui faut travailler. / Il faut qu'elle travaille.** Sie muss arbeiten.

fermer La fenêtre ferme mal. Das Fenster schließt schlecht. **Les magasins ferment à huit heures.** Die Geschäfte schließen um acht Uhr. ~ **qc fermer une porte** eine Tür schließen/zumachen; **fermer une porte à clé** eine Tür ab-/zuschließen/absperren; **Il a fermé la porte sur lui.** Er hat

Das Verb und seine Ergänzungen

die Tür hinter sich geschlossen. **Elle a fermé la porte au nez de Louis.** Sie hat Louis die Tür vor der Nase zugeschlagen. **Je n'ai pas fermé l'œil de la nuit.** Ich habe diese Nacht kein Auge zugetan.

finir ~ qc **Il a fini ce travail.** Er hat diese Arbeit beendet. ~ qc par qc **On finit le repas par un café.** Wir beenden das Essen mit einem Kaffee. ~ de faire qc **Il n'a pas encore fini de travailler.** Er hat noch nicht aufgehört zu arbeiten. ~ par faire qc **Elle a fini par dire oui.** Sie hat schließlich ja gesagt. en ~ **Ça n'en finit pas.** Das nimmt kein Ende. en ~ avec qn/qc **Il faut en finir avec ce travail.** Wir müssen diese Arbeit zu Ende bringen. ne pas en ~ de faire qc **Il n'en finit pas de parler.** Er redet ohne Ende.

forcer ~ qn à faire qc **Ils ont forcé Luc à venir.** Sie haben Luc gezwungen zu kommen. se ~ **Elle s'est forcée pour finir son assiette.** Sie hat sich Mühe gegeben den Teller leer zu essen. **Ne vous forcez pas.** Überanstrengen Sie sich nicht.

gagner **Il a gagné.** Er hat gewonnen. ~ qc **gagner un jeu / du temps / de la place / un prix** ein Spiel / Zeit / Raum / einen Preis gewinnen; **Il gagne sa vie / de l'argent.** Er verdient seinen Lebensunterhalt / Geld.

hésiter **J'hésite.** Ich bin unentschlossen. / Ich kann mich nicht entscheiden. ~ entre qn/qc **J'hésite entre le pull bleu et le pull vert.** Ich schwanke zwischen dem blauen und dem grünen Pulli. ~ à faire qc **Il a hésité à répondre à cette question.** Er hat gezögert auf diese Frage zu antworten.

informer ~ qn de qc **Tu l'as informé de ton départ?** Hast du ihn über deine Abfahrt informiert? s'~ de / sur qc **Je me suis informé/e de sa santé.** Ich habe mich über seine/ihre Gesundheit informiert.

installer ~ qc **installer une lampe** eine Lampe anbringen; **installer des meubles** Möbel aufstellen; s'~ **On s'installe autour de la table.** Wir setzen uns an den Tisch. **Marion s'est installée à Paris.** Marion hat sich in Paris niedergelassen.

interdire (⚠vous inter**disez**) ~ à qn de faire qc **Mme Delveau a interdit à son fils de sortir.** Mme Delveau hat ihrem Sohn verboten auszugehen.

joindre ~ qn **Je n'ai pas pu te joindre.** Ich habe dich (telefonisch) nicht erreichen können. ~ qc etw. beifügen; **Je joins la copie à ma lettre.** Ich lege die Kopie meinem Brief bei. **ci-joint(e)** beiliegend (einem Brief) / in der Anlage se ~ à qn **Je peux me joindre à vous?** Kann ich mich euch/Ihnen anschließen?

jouer ~ qc **jouer une carte** eine Karte ausspielen; ~ **un cheval** auf ein Pferd setzen; ~ **son avenir** seine Zukunft aufs Spiel setzen; ~ à qc spielen (Sport/Spiel); ~ **au foot / au tennis / à cache-cache / aux échecs / aux cartes** Fußball/Tennis/Verstecken/Schach/Karten spielen; ~ de qc (Instrument) spielen; **jouer de la guitare / du piano** Gitarre/Klavier spielen

juger ~ qn **On l'a jugée coupable.** Sie wurde für schuldig befunden. **Elle le juge incapable.** Sie hält ihn für unfähig. ~ qn sur qc **Ils ont jugé les filles sur les vêtements.** Sie haben die Mädchen nach ihren Kleidern beurteilt. **juger qc bon/mauvais/nécessaire/étrange** etw. für gut/ schlecht/nötig/merkwürdig halten.

laisser ~ qn **Laisse-moi tranquille.** Lass mich in Ruhe. ~ qc **J'ai laissé mes affaires chez elle.** Ich habe meine Sachen bei ihr gelassen. **Il n'a pas laissé d'adresse.** Er hat keine Adresse hinterlassen. ~ qc à qn **Elle m'a laissé sa voiture.** Sie hat mir ihr Auto überlassen. ~ faire **Tu la laisses sortir seule?** Lässt du sie alleine ausgehen? **Ils laissent jouer les enfants dehors.** Sie lassen die Kinder draußen spielen. **Laisse tomber!** Gib's auf! se ~ aller sich gehen lassen; se ~ faire sich alles gefallen lassen; **Ne te laisse pas faire.** Lass dir das nicht gefallen.

Verwechsle nicht **faire faire** und **laisser faire**

faire faire qc	J'ai **fait réparer** mon vélo.	Ich habe mein Fahrrad reparieren lassen.
faire faire qc à qn	Il **fait écrire** un texte aux élèves.	Er lässt die Schüler einen Text schreiben.
laisser qn faire qc	Il **laisse** Marie **sortir** seule.	Er lässt Marie alleine ausgehen.
faire faire qc à qn	– jdn etw. tun lassen (veranlassen, dass jmd etw. tut)	
laisser qn faire qc	– jdn etw. tun lassen (zulassen, dass jmd etw. tut)	

lever ~ qc **Levez le bras.** Hebt / Heben Sie den Arm. **L'élève lève le doigt.** Der Schüler meldet sich. **On lève le verre à ta santé.** Wir erheben das Glas auf deine Gesundheit. se ~ **Je me lève toujours à six heures.** Ich stehe immer um sechs Uhr auf. **Elle se lève de sa chaise.** Sie steht (von ihrem Stuhl) auf. **Le soleil se lève.** Die Sonne geht auf. **Le jour se lève.** Der Tag bricht an. **Le vent se lève.** Wind kommt auf.

manquer **Thomas manque ce matin.** Thomas fehlt heute Morgen. **Il manque deux livres.** Es fehlen zwei Bücher. ~ qc **Elle a manqué le bus / le train.** Sie hat den Bus/Zug verpasst. **Il manque l'école.** Er fehlt in der Schule. ~ à qn **Tu nous manques.** Du fehlst uns. ~ de **Il manque de courage.** Es fehlt ihm der Mut. ~ de faire qc etw. fast tun; **Elle a manqué de tomber.** Sie ist/wäre fast hingefallen.

marcher **On a marché longtemps jusqu'ici.** Wir sind lange bis hier gelaufen. **marcher pieds-nus** barfuß laufen; **marcher à quatre pattes** auf Händen und Füßen laufen; **Ma montre ne marche pas.** Meine Uhr geht nicht. **Ça ne marche pas.** Das funktioniert/geht/klappt nicht. / Das verkauft sich nicht gut. **Ça marche bien.** Das läuft/geht/funktioniert gut. / Das verkauft sich gut. ~ sur qc **J'ai marché sur une guêpe.** Ich bin auf eine Wespe getreten.

mentir à qn **Tu as menti à tes parents?** Hast du deine Eltern belogen?

mettre ~ qn **mettre ses enfants à l'école** seine Kinder in die Schule schicken; **mettre qn à la porte** jdn hinauswerfen; **mettre un enfant au monde** ein Kind zur Welt bringen; ~ qc **mettre son casque / son manteau** seinen Helm aufsetzen / seinen Mantel anziehen; **mettre la table / le couvert** den Tisch decken; **Il met le livre sur la table.** Er legt das Buch auf den Tisch. **Elle met la clé dans la serrure.** Sie steckt den Schlüssel ins Schloss. **Il met son nom sur le cahier.** Er schreibt seinen Namen auf das Heft. **mettre une plante en terre** eine Pflanze einpflanzen; **mettre une lettre à la poste** einen Brief zur Post bringen; **mettre qc à la poubelle** etw. in den Mülleimer werfen / etw. wegwerfen; **mettre les points sur les i** etw. auf den Punkt bringen; **mettre fin à qc** etw. ein Ende setzen; **mettre au jour** etw. ans Tageslicht bringen; **mettre le chauffage** die Heizung anstellen; **mettre toutes ses chances de son côté** sich alle Möglichkeiten offen halten; ~ de **mettre du sel** salzen; **mettre de l'argent sur un compte** Geld auf ein Konto einzahlen; **mettre de l'huile sur le feu** Öl ins Feuer gießen; ~ en **mettre en scène** (Theater) inszenieren; **mettre en question** in Frage stellen; **mettre en danger** in Gefahr bringen; **mettre en liberté** freilassen; **mettre en vente** zum Verkauf anbieten; **mise en bouteille à ...** (Wein) abgefüllt in ... ~ (Zeitangabe) à **Il a mis une heure à ranger sa chambre.** Er hat eine Stunde gebraucht, um sein Zimmer aufzuräumen. se ~ **se mettre d'accord** sich einigen; **se mettre du côté de qn** sich auf jds Seite stellen; **se mettre en route** sich auf den Weg machen; **se mettre debout** sich hinstellen/aufstehen; **se mettre à table** zu Tisch gehen / anfangen zu essen; **se mettre à genoux** sich hinknien; **Il s'est mis en colère.** Er ist wütend geworden. se ~ à qc **Je me mets au travail / au piano.** Ich setze mich an die Arbeit / ans Klavier. **Elle se met au volant.** Sie setzt sich ans Steuer.

Das Verb und seine Ergänzungen

se mettre à l'abri sich unterstellen, in Deckung gehen; **se ~ à faire qc Elle s'est mise à pleurer.** Sie hat angefangen zu weinen. **Il se met à pleuvoir.** Es beginnt zu regnen.

monter (mit Hilfsverb être) **Elle est montée.** Sie ist hinaufgestiegen/hinaufgegangen/eingestiegen. **Lucien est monté au quatrième étage.** Lucien ist in den 4. Stock hochgegangen. **Elles sont montées sur la colline.** Sie sind den Hügel hinaufgestiegen. **monter dans un taxi** in ein Taxi einsteigen; **Le chemin / La température monte.** Der Weg / Die Temperatur steigt (an). **Les prix montent.** Die Preise steigen. **monter à cheval** reiten; (mit Hilfsverb avoir bei nachfolgendem COD) **~ qc Il a monté l'escalier.** Er ist die Treppe hochgestiegen. **monter une tente** ein Zelt aufstellen; **Il a monté ma valise au quatrième étage.** Er hat meinen Koffer in den vierten Stock gebracht.

se moquer ~ de qn/qc Tu te moques de moi? Machst du dich über mich lustig? **Il se moque des autres.** Ihm sind die Anderen egal. **Il se moque de mes problèmes.** Meine Probleme sind ihm egal. **Je m'en moque.** Das ist mir egal. **Je m'en moque pas mal.** Das ist mir völlig Wurst/ schnuppe.

occuper ~ qn/qc Ce livre m'a occupé longtemps. Das Buch hat mich lange beschäftigt. **Ce travail m'a beaucoup occupé.** Diese Arbeit hat mich sehr in Anspruch genommen. **Il occupe 40 ouvriers.** Er beschäftigt 40 Arbeiter. **Elle occupe ma place.** Sie nimmt meinen Platz ein. **occuper un pays** ein Land besetzen; **s'~ de qn/qc Il s'occupe de sa petite nièce.** Er kümmert sich um seine kleine Nichte. **On s'occupe de vous?** Werden Sie schon bedient? **Je m'en occupe.** Ich kümmere mich darum. **(Ne) t'occupe pas de ça!** Das geht dich nichts an. / Mische dich nicht ein.

offrir ~ qc à qn J'ai offert un livre à ma sœur pour son anniversaire. Ich habe meiner Schwester ein Buch zum Geburtstag geschenkt. **offrir un verre de vin à qn** jdm ein Glas Wein anbieten; **Il m'a offert 100 euros pour ce travail.** Er hat mir 100 Euro für diese Arbeit angeboten. **~ à qn de faire qc Elle a offert à son frère de l'aider.** Sie hat ihrem Bruder angeboten ihm zu helfen. **s'~ qc Il s'est offert ce voyage.** Er hat sich diese Reise geleistet/gegönnt.

oser ~ faire qc Il ose entrer. Er wagt sich hinein (zu gehen). **Il n'ose pas parler allemand.** Er traut sich nicht Deutsch zu sprechen. **Je n'ose pas en croire mes oreilles.** Ich traue meinen Ohren nicht. / Ich höre wohl nicht richtig.

ouvrir Les magasins ouvrent à neuf heures. Die Geschäfte öffnen um neun Uhr. **~ qc ouvrir une bouteille / un livre / son cœur** eine Flasche / ein Buch / sein Herz öffnen; **ouvrir un restaurant / un compte / le feu** ein Restaurant / ein Konto / das Feuer eröffnen; **s'~ La porte s'ouvre.** Die Tür öffnet sich. **La porte s'ouvre facilement.** Die Tür lässt sich leicht öffnen.

paraître Il paraît malade. Er scheint krank zu sein. **~ faire qc Il paraît être en colère.** Er scheint wütend zu sein.

parler Elle parle fort/bas/beaucoup. Sie spricht laut/leise/viel. **~ qc Il parle bien le français.** Er spricht gut Französisch. **~ à qn Il a parlé à Martin.** Er hat mit Martin gesprochen. **~ avec qn Tu as parlé avec elle?** Hast du mit ihr gesprochen? **~ de qn/qc à qn Lucie nous a parlé de vous / de ses problèmes.** Lucie hat mit uns über euch/Sie / über ihre Probleme gesprochen. **Il nous a parlé de ses vacances.** Er hat uns von seinen Ferien erzählt. **se ~ Ils ne se parlent plus.** Sie sprechen nicht mehr miteinander. **Le français se parle dans beaucoup de pays.** Französisch wird in vielen Ländern gesprochen.

partir Elle est déjà partie. Sie ist schon weggegangen/weggefahren/losgegangen/losgefahren. **Le train / Le bus part.** Der Zug / Der Bus fährt los. **L'avion part.** Das Flugzeug fliegt ab/los. **L'affaire est mal partie.** Die Sache hat schlecht angefangen. **partir en vacances** in den Urlaub

11

fahren; **à partir de maintenant / d'aujourd'hui / d'ici** von jetzt/heute/hier an; ~ **faire qc**
Il part chercher son frère à la gare. Er holt seinen Bruder am Bahnhof ab.

passer **Le film passe à la télé.** Der Film läuft im Fernsehen. **Le temps passe.** Die Zeit vergeht.
passer dans la classe supérieure in die nächste Klasse versetzt werden; ~ **par qc La Seine**
passe par Paris. Die Seine fließt durch Paris. **Je passe par Lyon.** Ich fahre über Lyon. **Qu'est-ce**
qui te passe par la tête? Was geht dir durch den Kopf? **Défense de passer.** Durchgang verboten. ~
qc Elle passe ses vacances en France. Sie verbringt ihre Ferien in Frankreich. **Il a passé son**
examen. Er hat sein Examen gemacht. **Il passe l'aspirateur.** Er saugt Staub. **passer qc à la**
radio im Radio senden/spielen; ~ **qc à qn Tu me passes le sel, s'il te plaît?** Kannst du mir bitte
das Salz geben? **faire ~ Fais passer les copies.** Gib die Kopien weiter. Laisser ~ **Laissez-le**
passer. Lasst / Lassen Sie ihn vorbei-/durchgehen. se ~ **L'histoire se passe en France.** Die
Geschichte spielt in Frankreich. se ~ **de qn/qc Elle ne peut pas se passer de son ordinateur.**
Sie kann ihren Computer nicht entbehren / nicht ohne ihren Computer sein.

penser **Penses-tu!** Wo denkst du hin! Von wegen! ~ **à qn/qc À quoi penses-tu?** Woran denkst du?
N'y pensons plus. Denken wir nicht mehr daran. / Vergessen wir es. ~ **qc de qn/qc Que pensez-**
vous de lui? Was haltet ihr / Was halten Sie von ihm? **Qu'en pensez- vous?** Was haltet ihr /Was
halten Sie davon? ~ **à faire qc Pensez à acheter du pain.** Denkt / Denken Sie daran, Brot zu kaufen.
~ **faire qc Elle pense aller en Afrique.** Sie hat vor nach Afrika zu gehen.

perdre ~ **qn/qc J'ai perdu mes clés.** Ich habe meine Schlüssel verloren. **Je perds patience.**
Ich verliere die Geduld. **perdre connaissance** ohnmächtig werden / das Bewusstsein verlieren;
perdre le fil den roten Faden verlieren; ~ **de perdre de sa valeur / de crédibilité / de vue**
an Wert / an Glaubwürdigkeit / aus den Augen verlieren; **perdre au jeu** im Spiel verlieren; se ~ **Il s'est**
perdu. Er hat sich verlaufen.

permettre ~ **à qn de faire qc Ses parents lui permettent d'utiliser leur voiture.**
Seine Eltern erlauben ihm/ihr ihr Auto zu benutzen.

plaindre **Il est à plaindre.** Er ist zu bemitleiden. **Il n'est pas à plaindre.** Er kann sich nicht beklagen.
~ **qn Je vous plains.** Ihr tut / Sie tun mir Leid. se ~ **(à qn) de qc Elle s'est plainte à moi de**
son travail. Sie hat sich bei mir über ihre Arbeit beschwert. **De quoi te plains-tu?** Worüber beklagst
du dich? **Il s'est plaint auprès de moi.** Er hat sich bei mir beklagt.

plaire ~ **à qn Ces photos m'ont beaucoup plu.** Diese Fotos haben mir sehr gut gefallen. **S'il vous**
plaît. / S'il te plaît. Bitte. ~ **de faire qc Ça te plaît d'aller au cinéma?** Gehst du gerne ins
Kino?

porter ~ **qn/qc Tu peux porter mes valises?** Kannst du meine Koffer tragen? **porter les lettres**
à la poste die Briefe zur Post bringen; **Ils ont porté son livre à l'écran.** Sie haben sein Buch
verfilmt. **porter un jugement** urteilen / ein Urteil fällen; **porter secours** Hilfe leisten;
porter accusation Anklage erheben; **porter témoignage** Zeugnis ablegen; **porter conseil**
Rat geben; **porter qc à la perfection** etw. zur Vollendung bringen; ~ **sur Cet article porte sur**
l'enseignement. In diesem Artikel geht es um die Lehre. se ~ **Je me porte mieux.** Es geht mir
besser (gesundheitlich).

poser ~ **qc Il pose sa valise.** Er stellt seinen Koffer ab. **poser une lampe** eine Lampe anbringen/
installieren; **Cela pose un problème.** Das bringt ein Problem mit sich. **poser une question** eine
Frage stellen; **poser des conditions** Bedingungen stellen; **poser sa candidature** sich bewerben;
~ **pour une photo** für ein Foto posieren

Das Verb und seine Ergänzungen

pousser L'enfant / L'herbe pousse. Das Kind / Das Gras wächst. **Poussez** (Aufschrift auf einer Tür) Drücken; **Ne poussez pas.** Drängelt / Drängeln Sie nicht. ~ qn/qc **Le garçon l'a poussé.** Der Junge hat ihn geschubst. **pousser une voiture** ein Auto anschieben; **pousser un cri** einen Schrei ausstoßen; ~ qn à faire qc **C'est lui qui m'a poussé à changer d'école.** Er hat mich dazu gebracht, die Schule zu wechseln. se ~ Platz machen, rücken, rutschen **Pousse-toi un peu!** Mach mal Platz! Rück mal ein Stück! se laisser ~ **Je me laisse pousser les cheveux.** Ich lasse mir die Haare wachsen.

pouvoir Je n'en peux plus. Ich kann nicht mehr. **Je n'y peux rien.** Ich kann nichts dafür. ~ faire qc **Je ne peux pas venir.** Ich kann nicht kommen. **Si l'on peut dire** wenn man so sagen darf; se ~ **Ça se peut.** Das kann sein. **Ça se pourrait bien.** Möglich! / Das könnte (möglich) sein.

prendre ~ qn **Qu'est-ce qui te prend?** Was ist denn in dich gefahren? ~ qc **Prenez la 3ᵉ rue à droite.** Nehmt / Nehmen Sie die dritte (Straße) rechts. **prendre des leçons d'allemand** Deutschstunden nehmen; **prendre de l'argent à la banque** Geld von der Bank holen; **prendre un apéritif / un verre / un café** einen Aperitif / ein Glas / einen Kaffee trinken; **prendre une photo** ein Foto machen; **prendre le taxi / le bus / le métro / le train / l'avion / des vacances** das Taxi / den Bus / die U-Bahn / den Zug / das Flugzeug / Urlaub nehmen; **prendre qc en main** etw. in die Hand nehmen; **prendre la fuite** die Flucht ergreifen; **prendre l'habitude de** sich angewöhnen zu; **prendre le pouvoir** die Macht übernehmen/ergreifen; **prendre pied** Fuß fassen; ~ de qc **prendre du temps** Zeit kosten; **prendre des risques** Risiken eingehen; ~ qc à qn **Elle m'a pris ma place.** Sie hat mir meinen Platz weggenommen. se ~ pour **Elles se prennent pour des génies.** Sie halten sich für Genies. se ~ par qc **Ils se prennent par la main.** Sie nehmen sich an der Hand. **passer ~ qn** jdn abholen

préparer ~ qc **J'ai préparé le repas.** Ich habe das Essen vorbereitet/gemacht. se ~ à faire qc **Elle s'est préparée à partir très tôt.** Sie hat sich darauf vorbereitet ganz früh abzufahren/wegzugehen.

promettre ~ qc à qn **Il me l'a promis.** Er hat es mir versprochen. ~ à qn de faire qc **Elle lui a promis de venir.** Sie hat ihm versprochen zu kommen.

rappeler ~ qc à qn **Elle lui a rappelé sa promesse.** Sie hat ihn an sein Versprechen erinnert. ~ à qn de faire qc **Il a rappelé à Jérôme de téléphoner.** Er hat Jérôme daran erinnert anzurufen.

réfléchir Il est en train de réfléchir. Er überlegt gerade / denkt gerade nach. ~ à qc **Je vais réfléchir à ta proposition.** Ich werde über deinen Vorschlag nachdenken. **J'ai réfléchi à ce que tu m'avais dit.** Ich habe darüber nachgedacht, was du mir gesagt hattest. ~ sur qc **Je réfléchis sur ce qu'on pourrait faire en été.** Ich überlege, was wir im Sommer machen könnten.

regarder ~ qn **Cela ne te regarde pas.** Das geht dich nichts an. ~ qc **Il regarde la télé.** Er sieht fern. **Elle regarde sa montre.** Sie sieht auf die Uhr. **Regardez page 66.** Schaut / Schauen Sie auf Seite 66 nach. ~ à qc **Il faut y regarder à deux fois.** Das überlege ich mir zweimal. se ~ **Il se regarde dans le miroir.** Er sieht sich im Spiegel an.

remercier ~ qn **Je te remercie.** Ich danke dir. **Elle a remercié ses fans pour leur soutien.** Sie hat sich bei ihren Fans für ihre Unterstützung bedankt. ~ qn de faire qc **Je te remercie de m'appeler.** Ich danke dir, dass du mich angerufen hast.

remettre ~ qc **Il a remis les livres sur l'étagère.** Er hat die Bücher zurück ins Regal gestellt. **J'ai remis les clés dans la poche.** Ich habe die Schlüssel wieder in die Tasche gesteckt. **remettre des vêtements** Kleider wieder anziehen; **remettre sa montre à l'heure** die Uhr stellen; **remettre qc en marche** etw. wieder in Gang setzen; **remettre qc en question** etw. in Frage stellen; **remettre qc à plus tard** etw. auf später verschieben; se ~ à faire qc **Elle s'est remise à**

travailler. Sie hat wieder angefangen zu arbeiten. **se ~ de qc Il s'est remis de sa maladie.** Er hat sich von seiner Krankheit wieder erholt.

rendre ~ qc à qn **Elle m'a rendu l'argent.** Sie hat mir das Geld zurückgegeben. **rendre service à qn** jdm einen Gefallen tun / behilflich sein; **rendre visite à qn** jdn besuchen; ~ qn/qc + adj. **Il me rend heureux/fou/célèbre/malade/nerveux.** Er macht mich glücklich/verrückt/berühmt/krank/ nervös. **Ça rend les choses compliquées.** Das macht die Sache schwierig. **se ~ à qn/qc / quelque part Je dois me rendre à Paris.** Ich muss nach Paris fahren. **se rendre compte de qc** sich über etw. klar werden / im Klaren sein; sich bewusst werden/sein **Je m'en suis rendu compte.** Ich bin mir dessen bewusst geworden. **se rendre utile** sich nützlich machen

rentrer (mit Hilfsverb être) **Elle est déjà rentrée.** Sie ist schon nach Hause gekommen. **Il est rentré dans un arbre.** Er ist gegen einen Baum gefahren. **Les écoles / Les facultés rentrent dans quelques jours.** In wenigen Tagen ist Schulbeginn (1. Schultag nach den Ferien) /Semesterbeginn. **Après l'école, il est rentré dans la police.** Nach der Schule ist er zur Polizei gegangen. (mit Hilfsverb avoir bei nachfolgendem COD) ~ qc **Il a rentré les chaises du jardin dans la cave.** Er hat die Gartenstühle in den Keller gebracht. **Le chat rentre ses griffes.** Die Katze zieht die Krallen ein. **rentrer le ventre** den Bauch einziehen; **rentrer la voiture au garage** das Auto in die Garage fahren

reprocher ~ qc à qn **Ses parents lui reprochent son comportement.** Seine Eltern werfen ihm/ ihr sein/ihr Verhalten vor. ~ à qn de faire qc **Marie reproche à Pierre d'être toujours en retard.** Marie wirft Pierre vor, immer zu spät zu kommen. **se ~ de faire qc Elle se reproche de ne pas être venue à l'heure.** Sie wirft sich vor nicht rechtzeitig gekommen zu sein.

réussir J'ai réussi. Ich hab's geschafft. **Il réussit dans tout ce qu'il fait.** Ihm gelingt alles, was er macht. ~ qc **Elle a réussi cette sauce.** Diese Sauce ist ihr gelungen. ~ à qc **Il a réussi à l'examen.** Er hat die Prüfung bestanden. ~ à faire qc **Je n'ai pas réussi à le convaincre.** Es ist mir nicht gelungen, ihn zu überzeugen.

revenir Il n'est toujours pas revenu. Er ist immer noch nicht zurückgekommen. ~ à qn/qc **Je reviens à ce sujet.** Ich komme auf dieses Thema zurück. **Cela revient au même.** Das läuft auf das Gleiche hinaus. **Son nom m'est revenu.** Sein Name ist mir wieder eingefallen. ~ à soi **Elle est revenue à elle.** Sie ist wieder zu sich gekommen. Ne pas en ~ **Je n'en reviens pas.** Ich kann es nicht fassen. ~ sur qc **revenir sur une décision** eine Entscheidung zurücknehmen/ korrigieren

rêver Il était assis dans son fauteuil et rêvait. Er saß in seinem Sessel und träumte vor sich hin. **On croit rêver. / Il me semble que je rêve.** Ich glaube, ich träume. **J'ai rêvé cette nuit que j'habitais à la mer.** Heute Nacht habe ich geträumt, dass ich am Meer wohne. ~ de qn/qc **J'ai rêvé de toi.** Ich habe von dir geträumt. **Il rêve d'une vie meilleure.** Er träumt von einem besseren Leben. ~ à qc **À quoi rêves-tu?** Woran denkst du gerade? ~ de faire qc **Je rêve de voyager.** Ich träume davon zu reisen.

savoir J'ai su que ... Ich habe erfahren, dass ... **On ne sait jamais.** Man weiß nie. / Man kann nie wissen. **savoir par cœur** auswendig kennen/wissen; **autant que je sache** soviel ich weiß; ~ qc **Il sait tout.** Er weiß alles. **Je sais son adresse.** Ich weiß/kenne seine Adresse. ~ faire qc **Elle sait nager.** Sie kann schwimmen. faire ~ qc à qn **Ils m'ont fait savoir qu'ils étaient bien arrivés.** Sie haben mir mitgeteilt, dass sie gut angekommen sind.

sembler Il (me) semble gentil. Er scheint (mir) nett zu sein. **Il semble que ...** Es scheint, dass ... **Cela me semble possible.** Das scheint mir möglich zu sein. **Il me semble le voir.** Es scheint mir, als ob ich ihn sehe.

Das Verb und seine Ergänzungen

servir ~ qn/qc **On vous sert?** Werden Sie bedient? **~ des cartes** Karten geben (im Spiel); ~ à qc / à faire qc **À quoi sert cela? / À quoi ça sert?** Wozu dient das? **Cela ne sert à rien.** Das nützt nichts. **Cette machine sert à faire du café.** Die Maschine dient dazu, Kaffee zu machen. ~ de qc à qn **Il nous a servi d'interprète.** Er hat uns als Dolmetscher gedient. **Cela lui sert de prétexte.** Das dient ihm als Vorwand. se ~ **Servez-vous.** Bedient euch. / Bedienen Sie sich. se ~ de qc **Comment se servir d'un ordinateur?** Wie bedient/benutzt man einen Computer? **se faire ~** sich bedienen lassen

sortir (mit Hilfsverb être) **Elle est sortie en ville.** Sie ist in die Stadt gegangen. **Il sort tous les soirs.** Er geht jeden Abend aus. **La rivière est sortie de son lit.** Der Fluss ist über die Ufer getreten. **Le livre vient de sortir.** Das Buch ist gerade herausgekommen/ erschienen. (mit Hilfsverb avoir bei nachfolgendem COD) ~ qc **Elle a sorti la voiture du garage.** Sie hat das Auto aus der Garage geholt. **Il sort son chien.** Er führt seinen Hund spazieren. **Je sors de chez lui.** Ich komme gerade von ihr/ihm. **sortir d'une école** eine Schule abgeschlossen haben; **sortir du sujet** vom Thema abweichen; **sortir d'un pays** ein Land verlassen; se ~ de **Sa situation était difficile, mais il s'en est bien sorti.** Seine Situation war schwierig, aber er ist gut damit fertig geworden.

souhaiter ~ qc à qn **Je te souhaite une bonne fête.** Ich wünsche dir ein schönes Fest. **Je te souhaite bon anniversaire.** Ich gratuliere dir zum Geburtstag. ~ faire qc **Je souhaite partir.** Ich möchte gerne wegfahren.

tenir **La corde ne tient plus.** Das Seil hält nicht mehr. **Tiens!** Da! Nimm! **Tiens, tiens!** Sieh an! / Sieh mal einer an! **Tenez!** Nehmt! / Nehmen Sie bitte! **tenir debout** stehen bleiben (= nicht umfallen); ~ qc **tenir une promesse** ein Versprechen halten; **tenir sa langue** den Mund halten; **tenir les yeux fermés** die Augen geschlossen halten; **tenir le coup** etw. aushalten; **tenir un hôtel / un magasin** ein Hotel / ein Geschäft führen; **tenir le volant** das Steuer in der Hand haben; **tenir un chien en laisse** einen Hund an der Leine haben; **tenir qc propre** etw. sauber halten; **tenir compagnie à qn** jdm Gesellschaft leisten; **tenir compte de qc** etw. berücksichtigen; **tenir qc de qn** etw. von jdm übernehmen; **tenir qn au courant** jdn auf dem Laufenden halten; ~ qn/qc pour qn/qc **Je le tiens pour un menteur.** Ich halte ihn für einen Lügner. **Je tiens cela pour impossible.** Ich halte das für unmöglich. ~ à qn/qc **J'y tiens beaucoup.** Ich lege großen Wert darauf. **tenir tête à qn** jdm die Stirn bieten; se ~ **Les enfants se tenaient par la main.** Die Kinder hielten sich an der Hand. **Tiens-toi bien!** Benimm dich. **se tenir tranquille** sich ruhig verhalten

trouver **C'est tout trouvé.** Das ist schon alles klar. ~ qn/qc **J'ai trouvé la solution.** Ich habe die Lösung gefunden. **trouver moyen** Mittel und Wege finden; **Je trouve qu'il exagère.** Ich finde, (dass) er übertreibt. ~ + adjectif **Je le trouve amaigri.** Ich finde, er hat abgenommen. **Je trouve bon/difficile/curieux/drôle que** (+ subj) ... ich finde es gut/schwierig/merkwürdig/lustig, dass...; **J'ai trouvé qu'il s'appelle Jean Nollet.** Ich habe herausgefunden, dass er Jean Nollet heißt. ~ (qc) à faire **Je n'ai rien trouvé à lui dire.** Ich wusste nicht, was ich ihm/ihr sagen sollte. **aller trouver qn** jdn aufsuchen; se ~ **Il se trouve à Nantes actuellement.** Er ist / befindet sich gerade in Nantes. **La maison se trouve à côté du parc.** Das Haus liegt neben dem Park. **une plante qui se trouve partout** eine Pflanze, die es überall gibt; **Mon nom ne se trouve pas sur la liste.** Mein Name steht nicht auf der Liste. **Il se trouve que ...** es trifft sich, dass ...

venir **Il vient de France.** Er kommt aus/von Frankreich. **Elle est venue à six heures.** Sie ist um sechs Uhr gekommen. **Es-tu venu par le train?** Bist du mit dem Zug gekommen? **venir au monde** zur Welt kommen; **Ils sont venus à son aide.** Sie sind ihm zu Hilfe gekommen. **les générations à venir** die kommenden Generationen; ~ à qn **Il m'est venu une drôle d'idée.** Mir ist eine lustige

Idee gekommen. **y ~ J'y viens.** Ich komme gleich darauf (zu sprechen). **en venir à** auf etw. zu sprechen kommen; **Où veut-il en venir?** Worauf will er hinaus? **~ voir qn Dimanche, Damien est venu me voir.** Am Sonntag hat mich Damien besucht. **Venez me voir.** Besucht / Besuchen Sie mich! **faire ~ qn Il faut faire venir un médecin.** Man muss einen Arzt kommen lassen/holen. **~ de faire qc (passé récent) Je viens de manger.** Ich habe gerade gegessen.

vouloir Comme tu voudras. Wie du willst. **~ qc Voulez-vous un apéritif?** Möchten Sie einen Aperitif? **Je voudrais du café.** Ich hätte/möchte gerne Kaffee. **~ qc de qn Que voulez-vous de moi?** Was wollt ihr / wollen Sie von mir? **ne pas ~ de qn/qc Je ne veux pas de ces vêtements-là.** Ich will diese Kleider nicht. **Il ne veut pas de nos excuses.** Er will nichts von unseren Entschuldigungen wissen. **en ~ à qn Je lui en veux.** Ich bin ihm/ihr böse. **Tu m'en veux?** Bist du mir böse? **Ne m'en veux pas.** Sei mir nicht böse. **~ dire que Cela veut dire que ...** Das heißt / Das bedeutet, dass ... **~ faire qc Je veux manger.** Ich will essen. **Veuillez ouvrir la porte.** Würden Sie bitte die Tür öffnen. **se ~ + adjectif Il se veut charmant.** Er will charmant sein. **s'en ~ de Je m'en veux de ne pas l'avoir appelé.** Ich mache mir Vorwürfe, dass ich ihn nicht angerufen habe.

Quellenverzeichnis